21世紀初期中美日安全關係中的臺灣問題

張仕榮 著

崧燁文化

目　　錄

序言

導言

　一、選題說明及現實意義

　二、文獻綜述

　三、寫作指導思想、寫作方法和主要內容

　四、寫作創新點、難點及有待深入研究的相關問題

第一章 臺灣問題的緣起及在冷戰期間的演變軌跡

第一節 中日甲午戰爭與臺灣的殖民地歷史及其終結

第二節 國共內戰衍生的臺灣問題及中美雙方的角力

第三節 1950～60年代新中國與美、日的對峙及臺灣問題

第四節 中美三個聯合公報與中日建交及臺灣問題

第二章 後冷戰時期中美日安全關係的演變

第一節 冷戰後世界格局的轉換對中美日安全關係的影響

第二節 後冷戰時期中美日安全戰略及相互安全政策的調整

第三節 21世紀初期中美日安全關係的基本特徵

第三章 臺灣問題對中美日安全關係影響的嬗變

第一節 臺灣問題是21世紀初中國國家安全的核心內容

第二節 美國在臺灣的綜合安全利益突出

第三節 日本的「臺灣情結」歸因於日本在臺灣的根本安全利益

第四節 21世紀初期中美日安全關係博弈的焦點集中在臺灣

第四章 中美日安全框架的構建及其對中國國家統一的促進作用
第一節 中美日三國共享「和平紅利」制約「臺獨」勢力「以武拒統」
第二節 區域一體化背景下的中美日經濟安全關係有助於臺灣問題的邊緣化
第三節 在反恐等非傳統安全領域中，中美日的協調、磋商機制有利於中國的「遏獨促統」
第四節 中美日安全框架的合理構建將促進中國的和平統一
第五節 美、日之外反對「臺獨」的國際陣營日益壯大

第五章 美日臺「隱性安全同盟」成為中國解決臺灣問題的主要障礙
第一節 美日臺「隱性安全同盟」的形成及其認知根源與現實基礎
第二節 美日臺「隱性安全同盟」的戰略目標、組織形式、運行機制
第三節 美日臺「隱性安全同盟」對於中國國家統一的負面影響
第四節 美日臺「隱性安全同盟」的內在矛盾、結構性困境及基本走勢

第六章 「三國四方」安全博弈的走勢及中國相關對策的調整
第一節 中美日安全架構的理性構建與和平解決臺灣問題的一致性
第二節 中美日安全關係的錯位與「臺獨」勢力的失控及其引發臺海戰爭的可能性
第三節 中國圍繞國家統一可能進行的對美、對日外交政策的深層次調整
第四節 中國大陸反「臺獨」活動的鬥爭及國家安全戰略上的調整
第五節 中美日三國在臺灣問題上博弈的基本模型與未來走勢

第七章 中國國家統一的歷史思考和長遠戰略
第一節 基於世界歷史與中國歷史有關國家統一的思考
第二節 中國實現國家統一的長遠戰略與現實對策
結束語 2008年及其後臺灣島內政局述評

參考文獻
後記

序言

　　1949年以來，中國共產黨領導中國人民為解決臺灣問題進行了不懈的努力。然而，臺灣問題客觀上受到外部環境的制約，一些大國出於自己的利益，總是利用各種機會介入臺灣問題，其中最為突出的是美國，其次應屬日本。對臺灣問題中的美國因素，或中美關係中的臺灣因素，中國國內外學術界給予了足夠的關注和研究，有許多很有份量的成果。然而，對臺灣問題中的日本因素，或中日關係中的臺灣因素，國內外學術界則關注得相對較少，研究得也相對薄弱。尤其對日美同盟對臺灣問題的影響，更是少有人涉足。

　　張仕榮博士的這部著作可算是將臺灣問題放在中美日安全關係框架內，將臺灣問題中的美國因素、日本因素和日美同盟因素綜合起來進行考察的一部力作。該書是在他的博士學位論文的基礎上加工、拓展而成的。仕榮博士於2003至2006年在中央黨校國際戰略研究所攻讀博士學位，作為他的指導老師，我非常瞭解他對這個問題的研究歷程。他的碩士學位論文就是以臺灣問題和中美關係為主題。在攻博一開始，他就選定了博士論文題目。經過三年苦讀而寫成的論文，在答辯時受到專家的一致好評，全部評議專家在評議書的評分欄都打了「優秀」。之後，他在工作之餘和攻讀博士後期間又對博士論文做了進一步的加工、拓展、深化，終成此書。

　　這部著作的最大亮點是，提出在中美日安全關係這個框架內來解決臺灣問題，為此要搭建合理的中美日安全架構。無論是和平解決臺灣問題，還是迫不得已採用非和平方式解決臺灣問題，都避不開美日這兩個國家及其同盟關係的影響。從近期來看，美國因素的影響較大。但是從長遠來看，日本因素的影響可能更大。日本將臺灣海峽看成是它的「生命線」，它最為擔憂的事情是臺灣問題解決

之後，中日關係處於對抗狀態。此外，由於歷史的原因，日本在臺灣有許多利益訴求。對臺灣50年的統治，使日本同臺灣有著千絲萬縷的聯繫，並且對臺灣的前途命運有著複雜的心態。日美同盟的存在，使得日本在臺灣問題上處於一個很有利的境地。它可以躲在美國的後面「搭便車」，在阻礙臺灣與中國大陸統一上推波助瀾的同時，又不直接同中國大陸對抗。但是，隨著美國的相對衰落和在西太平洋地區影響力的減弱，日本很有可能在臺灣問題上由後台走向前台，而且這種行為又會得到其盟友美國的鼓勵。自2005年後，美日「2＋2」會議（國防部長和外交部長）數次在公開文件中將臺海局勢納入美日同盟關注的對象，就是日本開始由後台走向前台的突出表現。所以，臺灣問題的最終解決，不只是兩岸的事情，也不只是中美之間的事情，而且還是中日之間的事情。正因為這樣，作者提出要搭建合理的中美日安全架構，並在這個框架內解決臺灣問題。只有中美、中日在安全上實現了戰略互信，美日兩國都認識到，臺灣問題解決並不會構成對它們安全利益的威脅，它們才不會阻撓兩岸和平統一。而在中國同美日的綜合實力差距仍然懸殊的情況下，透過非和平方式解決臺灣問題，不僅會使中國付出極高的成本，而且還有可能事與願違，促使臺灣在美日的「保護」下實現法理獨立。

　　該書的另一個重要亮點是，對美日臺安全同盟進行了深入分析，同時預測其未來走勢。作者認為，美國和日本在同中國大陸保護正常外交關係的同時，都同臺灣保持著非常密切的非官方關係，實際上是「準官方」關係。尤其是在軍事上，美日與臺灣的關係要比與大陸的關係密切得多。更為值得關注的是，美日臺密切的軍事關係是以它們同中國大陸潛在對立關係為基礎的，美日臺實際上是隱性的軍事同盟關係。這是一個客觀現實，是中國大陸在解決臺灣時所面對的最嚴峻的挑戰之一。如何破解這個難題，是需要大戰略謀劃的。作者在書中對這個問題進行了相當深入的探討，有很強的

啟發性。

　　臺灣問題自2008年後，熱度有所降低。主要原因在於，臺灣方面在國民黨馬英九上台後，積極與大陸發展關係，臺灣法理獨立以及由此而引發的中國與美日軍事衝突的危險大大降低。此外，美國和日本都有許多難題需要解決，比如反恐、金融危機等，在許多方面需要中國的合作，因此它們都樂見臺海兩岸關係緩和，以免因臺灣問題而導致同中國關係惡化，甚至對抗。然而，三國四方關係的基本結構未變。臺灣問題距最終解決還有相當長的路要走，而且中間還有許多變數，不排除再度「熱化」的可能性。就臺灣方面來說，民進黨重新上台的可能依舊存在。而且馬英九的兩岸政策只是發展兩岸關係，並不是積極促進統一。在兩岸政治關係上，他的理念與「兩國論」和「一邊一國論」沒有本質的區別。就美日對華和對臺政策來說，伴隨著中國的和平崛起，它們利用臺灣因素來制約中國崛起的戰略圖謀，不僅不會消失，反而有可能越來越強化。所以，在中美日關係框架下來解決臺灣問題這個戰略思路的價值並不會因為兩岸關係緩和而減弱或消失。

　　以上只是筆者對本書的一點讀後感，是為序。

劉建飛

中共中央黨校國際戰略研究所教授、副所長

導言

一、選題說明及現實意義

　　本書題目為「21世紀初期中美日安全關係中的臺灣問題」，主要是闡述21世紀前10年臺灣問題在中美日安全關係中的嬗變及其展望。書中提出的中美日安全關係並非簡單的三個雙邊關係相加，而是一個複雜多變的體系，並衍生出諸多子系統。本書中「安全」的定義是寬泛的，並非狹義上的「傳統安全」，而是界定為「綜合安全」，包括傳統安全、非傳統安全（含經濟安全、反對恐怖主義等）。

　　進入21世紀以來，臺灣問題引起國內外學術界的高度關注。正如許多國內學者提出的設想，中國解決臺灣問題將分為兩個階段，第一階段的目標是遏制臺灣獨立，第二階段的目標將是完成國家統一。第一階段是完成第二階段的前提和基礎，第二階段是第一階段的延續和提升。中國大陸自身的發展與兩岸關係的整合是遏制「臺獨」和完成統一的內因，就外因而言，當前「臺獨」勢力分裂活動的重要特徵是「挾洋自重」，如何在「臺獨」勢力「法理獨立」乃至「以武抗統」時有效地應對國際勢力的干涉（主要指美、日等國家），需要戰略上的高瞻遠矚和策略上的縝密應對。

　　本書的核心部分將圍繞中國國家統一過程中第一階段的主要目標和任務加以展開，即研究如何在中美日三邊安全架構中解決臺灣問題，特別是遏制「臺獨」分裂活動，以及探討臺灣問題的走勢對於中美日安全關係的影響；當然也對完成第二階段的任務提出了初步設想，但是為突出寫作重點並沒有過多著筆墨論述臺灣問題的內

生因素、兩岸關係的中長期走向。

關於本書寫作的現實意義，有如下幾點考慮：

第一，進入21世紀初期，中國面臨實現推進現代化建設、完成中國統一、維護世界和平與促進共同發展這三大歷史任務，其中解決臺灣問題從而完成中國統一這項任務在當前國內和國際形勢下尤其具有緊迫性，將對實現其他兩項歷史任務產生重大而深遠的影響。近10年來，「臺獨」勢力分裂國家的傾向十分明顯，如何有效地遏制「臺獨」及促進統一，如何在本世紀前20年的戰略機遇期內處理好臺灣問題，這是中國政府面臨的一個重大的現實課題。

第二，中美日同為世界上有影響力的大國，中美日安全架構的形成不但有利於亞太及世界的和平，而且會對穩定臺海局勢乃至解決臺灣問題產生重大影響，本書著重探討在中美日安全關係的構建中解決臺灣問題特別是遏制「臺獨」分裂活動的可能性及其手段和途徑。另一方面，臺灣問題的嬗變及最終解決會推動中美日安全關係的發展甚至導致亞太格局的重新「洗牌」，中國的國家統一進程對中美、中日關係將產生實質意義上的影響。

第三，在本書提出的有關臺海局勢的安全架構中，主要參與者是由中美日及臺灣構成的「三國四方」（書中已經抽出其他的外部因素），從這個理論意義上的安全架構裡，可以發現和總結出一些基本的規律，如：中國正在進行的現代化進程與解決臺灣問題的進程呈現正向運動，並與中美關係、中日關係的平穩、健康發展和有效改善呈正向運動；美國的單邊化進程、日本的右傾化進程、「臺獨」勢力的分裂化進程與中國解決臺灣問題的進程呈現反向運動；美國的單邊化進程、日本的右傾化進程及「臺獨」勢力的分裂進程一旦達到在時空上的一致將會產生功能上的耦合，並對中國的現代化進程和國家統一進程造成嚴重的負面影響。如何認識並在實踐中把握這些規律，必須在構建健康、穩定的中美日安全架構中尋找答

案，並以系統的、辯證的觀點來尋求解決臺灣問題所要達到的前期階段性目標——遏制臺灣獨立和最終目標——實現國家統一。

二、文獻綜述

當前國內外研究中美日關係、臺灣問題的著作、文章較多，主要有以下幾個方面：

（一）國內相關論著

1.有關中美日關係方面的論著

比較有代表性的著作有劉建飛、林曉光合著的《21世紀初期的中美日戰略關係》一書，該書在系統地分析了21世紀初期中美日戰略關係發展的國際大背景、內在動力和外部影響力量的基礎上，指出臺灣問題在中美、中日關係中具有爆炸性和潛在的危險性，而日美安全合作會成為妨礙中國國家統一的外部阻力。但是在該著作中臺灣問題只是作為中美日三邊關係中的重要問題之一進行闡述，並非核心議題，所以只占較小的篇幅。同時，該書重點闡述中美日戰略關係，由此沒有深入探討在中美日安全關係的背景下解決臺灣問題的可能性和途徑。

2.美日臺三邊關係方面

外交學院99級碩士侯瑞方的碩士學位論文《近三十年來美日對臺干涉政策的比較分析》一文認為：從目前形勢來看，美日同盟已經對中國的統一構成威脅，成為中國實現統一的最大外部障礙。但是，美日兩國不同的政治制度和決策機制以及不同的國家實力和國家戰略，決定了它們在對華政策和干預臺灣問題上有不同的表現。中國對美日干涉臺灣問題日趨升級的情況，必須提高警惕，做好最壞的打算和充分的準備。該篇文章著重探討了美日同盟對中國

國家統一的負面影響,至於對中美日安全關係的構建對於中國國家統一的積極促進作用論述則不深入。

3.中美關係中的臺灣問題

蘇格著《美國對華政策與臺灣問題》一書是該領域的代表作,該書分析臺灣問題的由來及其走向,研究美國對華政策的緣起與發展,並借助於對美國外交、中美關係和臺灣海峽兩岸關係全面、系統的研究,指出美國的對華、對臺「雙軌」政策究其本質是要維持臺灣海峽兩岸「不獨不統」、「不戰不和」的局面,以使美國在「臺海」的利益最大化。該論著的資料選用截至1998年,雖然近5年的資料沒有收錄,但其主要觀點和思路仍具有重要的參考價值。現在看來,美國維持臺灣海峽兩岸「不獨不統」、「不戰不和」的局面有其戰略和策略上的側重點,戰略排序上表現為「不統、不武、不獨」,這也是該書尚未深入探討的領域。

4.中日關係中的臺灣問題

張耀武著《中日關係中的臺灣問題》一書以歷史為線索,從中日關係的角度闡述了臺灣問題的歷史沿革,特別是「日臺關係」的發展,提出日本在「臺灣問題」上是有所企圖的,日本方面是在用「無為」的表象來掩蓋「有為」的實質,並對戰後以來日本右翼勢力在「臺灣問題」上對中國國家統一的干擾和破壞做了必要的揭露和批判。但是,該著作對「臺灣問題」中美國因素的影響較少系統論述,特別是對日美因素的現實綜合影響沒有深入論證,此外在中日關係的發展特別是經貿合作對於解決臺灣問題的積極影響方面亦論述不多。

中國人民解放軍外國語學院碩士王飛的碩士學位論文《冷戰後日臺關係強化的動因分析》,對於冷戰後日本與臺灣關係強化的動因從國際與地區格局、大國權力政治和國際行為體的文化與認同等角度進行了分析。受寫作角度所限,書中對於美臺關係、中美日關

係對於臺灣問題的影響沒有進行系統、全面的論述。

5.臺灣問題的國際因素

中央黨校國際戰略研究所郭建平教授主編的《冷戰後美日歐盟與臺灣關係研究》系統研究了冷戰後美國、日本、歐盟的臺海政策及對於中國國家統一的影響，資料詳實，論述嚴謹，同時將2007年後臺海地區的最新情況予以收錄，是一部重要的課題研究成果。

北京大學國際關係學院賀志軍的博士學位論文《臺灣問題的國際因素與中國解決臺灣問題的國際戰略》，全文闡述了從新中國建國到冷戰結束後影響臺灣問題的國際因素的嬗變；同時提出在新的歷史條件下，中國可以而且必須以正確的國際戰略推動國家統一的進程。論文提出穩定國際社會承認一個中國原則的基本框架，構築周邊戰略依託帶，推動中美安全合作進程，經略東亞「邊緣地帶」，作為中國解決臺灣問題國際戰略的主要構想。該論著以歷史為線索縱向理清了臺灣問題的諸多國際因素，同時把美、日關係作為臺灣問題主要的國際因素加以考量，但是對於臺灣問題的國際因素橫向對比較少，同時沒有系統、全面地論證在中美日安全框架中解決臺灣問題的手段和途徑。

6.相關論文集

盧曉衡主編的《中國對外關係中的臺灣問題》一書收錄了中國社會科學院亞太所、日本所、美國所等9個有關國際問題的研究所自1990年代以來從各自專業範圍完成的涉及臺灣問題的研究報告，其中王緝思、姚文禮等有關美臺關係、日臺關係的文章對於本書寫作具有一定的參考價值。

（二）國外相關論著

吉姆·赫爾姆斯、詹姆斯·普利斯特主編的《外交與威懾：美國對華戰略》一書在「兩岸關係：美國對外政策的含義」一章中指

出：在美國決策者心目中，臺灣位於中國東南沿海和西太平洋第一島鏈的中央，扼海上交通要沖，具有持久的地緣戰略價值；美國還認為，臺灣透過改革移植了美國的政治模式，已變為「亞洲地區國家的民主楷模」，是中國大陸政治改革應當仿效的榜樣。所以，美國不會放棄臺灣。

李侃如在《美國對華政策》一文中指出：布希政府應該堅持「一個中國」政策並且採取措施阻止海峽兩岸圍繞部署導彈及反導彈為主要內容的軍備競賽，應該提倡建立以一種以不威脅臺灣自由、繁榮和安全為前提的兩岸聯結。布希政府應該尋求一種積極的兩岸政策，主要在於減少緊張，增加互信，鼓勵兩岸重啟對話進程。美國需要採取的重要一步在於不斷強調堅持和平解決臺灣問題的立場和「一個中國」政策的同時，繼續地解釋一方的見解且關注另一方的觀點。

日本京都大學教授中西輝政在《臺灣是日本的生命線》的文章中表示，迄今為止，日本對中臺政策的基本路線，表面看起來似乎是偏向中國，但實質上絕非拋棄臺灣。臺灣對日本的安全來說，是最後的生命線。

國外相關著作的共同特點是：從所在國家的國家利益出發看待臺灣問題，關注臺海的緊張局勢和臺灣問題能否和平解決，如吉姆·赫爾姆斯、詹姆斯·普利斯特和中西輝政的作品。這些作品或者迴避、或者模糊臺灣問題的實質及中國的國家利益訴求，所以觀點偏頗並且意識形態色彩濃厚。同時，對於在中美日安全框架中解決臺灣問題的論著、文章很少，仍是亟待填補的空白點。

文獻綜述總結：

第一，以上國內外各類文獻大多把臺灣問題放在雙邊關係中闡述，表現為「兩國三方」的形態，如中美關係、中日關係、美日關係中的臺灣問題，涉及領域以地區安全為主，還包括經濟、意識形

態等議題。

第二，涉及三邊、多邊關係的論文、著作中，臺灣問題多數情況下作為子議題進行討論，基本沒有作為核心議題加以闡釋，如有些文章闡述中美日、中美俄關係時臺灣僅是討論議題之一。

第三，涉及中美日關係中的臺灣問題時，對美日關係影響臺灣問題的負面效應論述較多，而對中美日安全框架中解決臺灣問題的正面效應論述不夠全面、客觀，綜合闡述兩方面的效應以及制定相關對策的研究較為欠缺。

第四，個別論著在全面論述臺灣問題的國際因素時，論證過程中存在過於求全而缺乏重點以及不夠深入等特點。

第五，大多數相關文獻以歷史為線索，運用歷史學的方法進行研究，縱向的歷史性分析脈絡清晰，橫向的以空間為坐標的現實性分析則略顯薄弱。

三、寫作指導思想、寫作方法和主要內容

本書寫作指導思想是馬列主義、毛澤東思想、鄧小平理論，同時借鑑、參考西方國家的有關國際關係理論，如博弈論等。本書將以辯證唯物主義和歷史唯物主義的觀點來分析中美日安全關係中的臺灣問題，並探討可能的解決方案。

本書的寫作方法主要採用政治學的方法進行比較分析，同時輔之以未來學、歷史學的方法開展相關研究。

本書的寫作重點在於探討影響臺灣問題解決的國際因素，主要是中美日三邊關係的構建對解決臺灣問題的正反兩方面影響及其相

關對策。

　　本書所採用的資料包括國內外已經出版的中、英文書籍、期刊，並參考相關網站上發布的有關資料，對於日文資料則以轉引其中文版本為主。

　　本書採用了從一般到特殊的寫作體系，全書除導言、結束語外，正文共計七章。第一章闡述了臺灣問題的緣起及在冷戰期間的演變軌跡，這有助於讀者充分認識當今臺灣問題的實質以及美、日介入臺灣問題的深刻國際背景。第二章闡述了後冷戰時代中美日安全關係的演變，著重探討了冷戰後世界格局的轉換對中美日安全關係，尤其是中美日三國國家安全戰略及相互安全政策的影響，並歸納了21世紀初期中美日安全關係的基本特徵。第三章總結了臺灣問題對中美日安全關係的影響，指出臺灣問題是中國國家安全的核心內容，並且美日兩國都在臺灣有著重大的安全利益，論證了21世紀初期中美日安全關係博弈的焦點集中在臺灣。第四章總結了中美日安全框架的構建及其對中國國家統一的積極促進作用，該部分從中美日三國在傳統安全領域、經濟合作及反恐等非傳統安全領域合作的角度闡釋了中美日安全框架的構建對於「臺獨」分裂勢力的制約作用，提出中美日安全框架的構建有利於促進中國的和平統一。第五章總結了美日臺「隱性安全同盟」的形成對解決臺灣問題的負面影響，分析了美日臺「隱性安全同盟」的運行機制和未來走勢，論證了美日臺「隱性安全同盟」的清晰化直接挑戰中國的國家統一，特別是加劇了「臺獨」勢力的頑固性、冒險性。第六章是本書的核心部分，重點對中美日安全關係中臺灣問題的基本走勢及解決思路進行了闡釋，包括中美日安全關係的理性構建與臺灣問題和平解決的前景、中美日安全關係的錯位與「臺獨」勢力的失控及引發臺海戰爭的可能性，同時對於中國圍繞國家統一可能進行的對美、對日外交政策的深層次調整提供了對策建議，相應地運用「博弈論」的方法建立了中美日安全關係中預測臺海局勢走向的基本模

型。此外，在第四章、第五章中分別安排了一定的篇幅，補充闡釋了美、日之外的影響臺灣問題的國際因素。第七章則總結了中國國家統一的歷史經驗和長遠戰略。解決臺灣問題是大勢所趨，同時是一個長期和複雜的過程，解決臺灣問題與構建穩定的中美日安全架構具有辯證統一的關係，而中國的發展質量是解決臺灣問題和構建穩定的中美日安全架構的核心，最終解決臺灣問題實現中國的國家統一要立足當前、放眼長遠。結束語則就2008年及其後續的臺海局勢進行了評述。

四、寫作創新點、難點及有待深入研究的相關問題

　　本書在理論上的創新點在於從影響臺灣問題解決的外部國際因素（主要以美日因素為主）入手，進一步完善中國國家統一理論的外延和內涵，全面闡釋中、美、日安全關係的演變與中國國家統一的辯證關係。同時，探討構建中美日三國的安全框架過程中影響中國國家統一的積極因素和消極因素，從而以博弈論為基礎制定出具有一定決策參考價值的安全模型（包括中、美、日及臺灣四方面），對相關國際關係研究領域的薄弱環節加以補充和完善，具體的創新點有以下幾個方面：

　　第一，本書把臺灣問題放在中美日的安全架構中進行討論，涉及三國四方，這是在以往文獻研究的基礎上進行的創新性研究。

　　第二，中美日安全關係存在「缺口」，主要表現為三邊關係不平衡，美國主導的「軸心──軸輻」式結構使中美日難以形成完整、穩定的三角架構，「臺獨」勢力正是利用這一「缺口」走漸進式「臺獨」路線並頻頻得逞。

第三，2008年前「臺獨」勢力試圖實現「法理獨立」，臺海局勢的危險係數大增，美、日臺海政策的調整對「臺獨」勢力的影響、制約逐步加深，建立穩定、可行的中美日安全架構勢在必行。

第四，中美日安全關係發展中的一些良好趨勢有助於維持臺海局勢的和平。中美日三國在臺灣問題上的共同點是「反急獨」。中國要立足當前，放眼長遠，把解決臺灣問題和構建中美日安全架構統一起來。

第五，中美日安全關係中的一些障礙和暗流將有可能導致臺海局勢的複雜化。美國對「臺獨」勢力的支持成為阻礙中國國家統一的主要外部障礙，日本逐漸右傾化並且加快介入臺海局勢的步伐在某種條件下可能成為支持「臺獨」勢力的重要依託平台。

第六，中國的發展質量決定國家統一的前景，並將對中美日安全關係的走向產生重要影響。中國要根據對臺工作需要相應調整對美、對日外交策略，必須把握「重點論」、「兩點論」、「節點論」、「燃點論」等四項對策。本書的寫作難點表現為：

第一，臺灣問題的複雜性、多變性使其未來走勢不易準確預測。

第二，中美日三國圍繞臺灣問題進行安全博弈的外部表現形式多變，受突發因素影響較多，所以相對準確地從三國安全關係的外部表現形式歸納出其內在的規律性需要全面、客觀地加以把握。

第三，建立包括中、美、日及臺灣四方的安全模型國內外尚無先例，需要綜合運用多種方法。

最後，有待深入研究的相關問題有：

第一，本書側重於探討解決臺灣問題所面臨的外部因素，對於影響臺灣問題的內生因素的論述不夠全面、深入，如海峽兩岸的互動、臺灣島內的政壇走向等。

第二，對20世紀中後期臺灣問題與中美日關係相互影響的各個階段雖有論及，但非本書重點，因此沒有進行全面的研究、闡釋。

第一章　臺灣問題的緣起及在冷戰期間的演變軌跡

　　臺灣問題的緣起要追溯到三個階段：近代鴉片戰爭後中國淪為半殖民地和半封建社會，臺灣作為19世紀末中日甲午戰爭的「戰利品」被割讓給日本；1940年代中國的抗日戰爭勝利後，日本戰敗投降，臺灣隨之歸還中國，在其主權歸屬這一點上國際社會並無異議；1940年代國共內戰後，國民黨殘餘政權退據臺灣，在美國的多方阻撓下，臺灣問題成為中國內戰的「衍生品」，導致臺灣至今沒有與中國大陸實現統一。臺灣問題的產生恰逢冷戰期間，中美、中日關係的演變一直牽動著臺海局勢的跌宕起伏。

　　所以，探討臺灣問題的緣起及在冷戰期間的演變軌跡有助於我們充分認識當今臺灣問題的實質及美、日介入臺灣問題的深刻國際背景。

第一節　中日甲午戰爭與臺灣的殖民地歷史及其終結

　　19世紀末的中日甲午戰爭後，臺灣徹底淪為日本的殖民地，這種狀況一直持續到二戰結束，由於日本戰敗，作為戰勝國的中國才得以收回自己的固有領土——臺灣，從而結束了臺灣地區長達半個世紀的殖民歷史。

　　一、歷史上臺灣是中國領土不可分割的一部分

　　臺灣省包括臺灣本島及蘭嶼、綠島、釣魚島等21個附屬島

嶼、澎湖列島等64個島嶼，目前所稱的「臺灣地區」還包括臺灣當局控制的福建省的金門、馬祖等島嶼，總面積為36006平方公里。

　　康熙三十三年（1694年）高拱乾主修的《臺灣府志》中即記載著，夏商時期的揚州包括臺灣。據此，日本學者尾崎秀真也認為「島夷」就是臺灣最早的名稱。至於後代所稱「臺灣」這一地名，可在臺灣政治名人連戰的祖父、著名歷史學家連橫的代表作《臺灣通史》的記述中知其由來。據《臺灣通史》記載，「臺灣原名『埋冤』，為漳泉人所號。」這主要是因明代許多閩南人為求生存而背井離鄉渡海前往臺灣，雖歷盡艱辛到達心中理想的「樂土」，卻由於水土不服和勞累困苦致使其病死者甚眾，這些客死異鄉者是最終連屍骨都無法運回故鄉的，只能草草葬於當地，「故以『埋冤』名之。」因為「埋冤」不吉利，而閩南話「埋冤」又與「臺灣」同音，所以易名為「臺灣」。

　　臺灣地區物產富饒，因之被譽為中國的「寶島」，歷史上「野沃土膏，物產利溥，耕桑並耦，魚蝦滋生，滿山皆屬茂樹，遍地俱植修竹」，屬於「肥饒之區」。

　　但臺灣的重要性不僅在於其自然特產的豐富，更主要的在於其所處的戰略地理位置。自明清以來，就已有「七省藩籬」、「東南門戶」之稱，是中國東南沿海地區的天然海上屏障。至清康熙朝統一臺灣後，大臣施琅就針對朝廷中關於棄留臺灣的爭論，上《恭陳臺灣棄留疏》，敏銳地指出：「臺灣地方，北連吳會，南接粵嶠，延袤數千里，山川峻峭，港道迂迴，乃江、浙、閩、粵四省之要害」，「東南數省之藩籬」；並一針見血地指出「此地原為紅毛住處，（紅毛）無時不在涎貪，嚌必乘隙以圖」，「棄守臺灣，不僅金甌破缺」，「沿海數省，斷難晏然無慮」，「棄之必釀成大禍」！施琅的論述說明有識之士已經充分認識到了臺灣的重要戰略

地位。

　　臺灣自古以來就是中國神聖領土不可分割的一部分。公元1335年，元朝正式在澎湖設立「巡檢司」，是中央政府派駐臺澎地區的第一個行政執法機構。自此以後，歷代中央王朝開始派員管理臺澎地區。

　　明朝在東南沿海實行海禁政策，導致東南沿海海盜盛行，為保衛沿海地區不受海盜侵擾，明廷在基隆、淡水二港派駐軍隊，防止海盜利用臺澎地區作為騷擾東南沿海的基地，這是中央政府第一次在島內駐紮軍隊，保衛海防。

　　臺灣高雄鳳山出有特產「三寶薑」，即為明代鄭和下西洋的行程中到達臺灣時留下的，因此以鄭和原名命名此物，以示紀念，這也是中原到達臺灣的第一支大規模的商隊。

　　17世紀初期，由於明末農民起義和東北滿族勢力逐漸興起、強大，明廷疲於應付，禦外之心略有鬆懈，這就為西方殖民主義勢力提供了侵入臺灣的可乘之機。西班牙、荷蘭等西方殖民勢力藉機進入中國臺灣。1622年7月，荷蘭人侵占澎湖，並積極為其侵臺行動作準備。1624年9月，以精心策劃的欺騙手段為遮掩，荷蘭武裝船隊全面入侵臺灣。在此後至1642年為止的殖民爭奪戰中，荷蘭人最終打敗了西班牙人，臺灣完全淪為荷蘭的殖民地。

　　明亡清興之際，烽火遍地，抗清鬥爭極其活躍，及至清初依然如此。隨著形勢的發展變化，長期從事抗清鬥爭的志士鄭成功決心收復為荷蘭殖民者所盤踞的臺灣，將之開闢為鞏固的抗清根據地。清順治十八年（1661年）4月21日中午，鄭成功大軍於金門料羅灣誓師出發。其在出發前的《祭海表文》等文告中鄭重宣告：收復臺灣，上報國家，下拯蒼生，建立萬世不拔基業。

　　鄭成功軍隊與荷蘭殖民者的軍隊進行了艱苦激烈的鬥爭，

1662年2月最終打敗荷蘭殖民者。荷蘭總督揆一向鄭成功投降，熱蘭遮城內降下已經飄揚了38年的荷蘭國旗。荷蘭在臺灣的殖民統治徹底結束，鄭成功一舉收復臺灣，這也是中國人第一次把占領自己領土的外國侵略者驅趕出去。

1683年，清政府從鄭氏家族手中收復臺灣後，在臺灣本土內正式設立臺灣府，下轄臺灣、鳳山、諸羅三縣。臺灣府隸屬於福建省管轄，後又改為2府8縣4廳。清政府對臺灣地區逐步建立起完整的統治機構、制度，實施有效管理。

二、日本對臺灣的覬覦及《馬關條約》的簽署

日本為中國一衣帶水的鄰邦，但是在歷史上日本對中國臺灣的覬覦之心可謂由來已久，奪取臺灣是其處心積慮的陰謀。

早在明代後半葉，來自日本的倭寇就不斷侵擾中國東南沿海地區，對當地的貿易、民生造成了極大破壞。彼時，倭寇就已竄入澎湖及臺灣地區為非作歹。後明代著名將領戚繼光等率軍痛與還擊，倭寇被驅逐出東南沿海一帶地區，不敢繼續興風作浪。但殘餘倭寇賊心不死，一路逃竄進澎湖、臺灣，妄圖將之作為日後重新進犯東南沿海的據點。倭寇在澎湖、臺灣地區無惡不作，為患幾近五十年。直至1601年，福建都司沈有容派兵剿殺，才盡行殲滅，徹底平息倭患。

16紀末，日本在侵朝的同時亦派遣官員到臺灣，命令臺灣居民向其納貢，並派戰船200艘，企圖進犯、占據臺灣。明廷及時得到奏報，在沿海警戒，並於澎湖地區設兵防範。日本方面見無可乘之機，暫且退兵作罷。

17世紀的德川幕府時期，日本政府繼承了前代對臺灣的野心，曾於1609年和1616年兩次試圖以武力占據臺灣，但都因受到中國軍民的頑強抵抗而遭遇失敗。

德川幕府統治期間對外主要推行「鎖國」政策，其囂張氣焰有所平息。儘管如此，主張侵略、擴張的思想潮流依舊在日本國內暗潮湧動，從未中斷。這種思想的主要代表人物之一吉田松陰更在其《幽囚錄》中明確提出他所構想的日本進取計劃，其中「南則掠取臺灣」即為重要一步。對臺灣的圖謀，已經變成赤裸裸的文字形諸筆端。

　　第一次鴉片戰爭後，西方侵略者入侵中國，中國面臨著前所未有的危機。1860、70年代，英國、法國、俄國等列強紛紛入侵中國邊疆，造成普遍的邊疆危機。恰於此時發生了「牡丹社事件」。

　　1871年12月，兩艘琉球漁船在海上遇到颱風，漂流至臺灣海岸，其中一艘遇救，被安全送到臺灣府；另一艘在臺南琅嶠北瑤灣觸礁沉沒，逃生船員上岸後，與當地牡丹等社居民發生衝突，結果54名琉球漁民被誤殺。史稱「牡丹社事件」。

　　其時正在進行「明治維新」的日本，對外擴張欲望很強，琉球、臺灣成為其向南擴張的目標。「牡丹社事件」為日本提供了入侵臺灣的藉口，其詭稱琉球漁民為日本屬民，於1874年5月出動軍隊，進軍臺灣，並於6月初占領牡丹社，在臺灣節節推進。得知日本出兵，清政府迅即就日軍入侵臺灣提出交涉，隨後命福建船政大臣沈葆楨全權處理。由於浩罕阿古柏入侵新疆，以及沙俄乘機出兵強占伊犁，中國西北邊疆危機不斷，塞防、海防難以兼顧。日益衰微的清政府為「息事寧人」，避免衝突擴大，在列強的壓力下，被迫作出讓步，簽訂了是非顛倒的《北京專條》，向侵略者賠償軍費50萬兩，以換取日本軍隊全部撤出臺灣。此後，日本對清藩屬國——琉球的侵占更加有恃無恐，1879年最後吞併琉球，改為沖繩縣。

　　明治維新後，日本逐步強盛，攫取中國臺灣的野心更加膨脹，窺伺以待時機。1894年，朝鮮爆發起義，請求清政府出兵協助鎮

壓，日本藉機挑起侵略性的中日甲午戰爭。甲午一戰，中國軍隊終因抵抗不力遭到慘敗。次年，中方代表李鴻章在日本的馬關被迫簽訂了喪權辱國的《馬關條約》。《馬關條約》條約規定：中國承認朝鮮完全獨立自主；割遼東半島、臺灣及其附屬島嶼、澎湖列島給日本；賠償日本軍費白銀二億兩；開放沙市、重慶、蘇州、杭州為商埠，日本輪船可沿內河駛入以上各口；允許日本在中國的通商口岸開設工廠，產品運銷中國內地免收內地稅等。臺灣被割讓給日本，並要求條約批准互換後兩個月交接清楚。

《馬關條約》的屈辱內容傳入京師，「廷臣交章論奏，謂地不可棄，費不可償，仍應廢約決戰，以期維繫人心，支撐危局」。此時正逢乙未科會試完畢，等待發榜之際。驚聞《馬關條約》，應試舉人群情激奮，奔走相告。臺籍舉人更是痛心疾首，垂淚請命，他們會同在京臺籍官員多方奔走，並在臺灣會館集會，上書都察院，表明臺灣民眾心跡：只要清政府不捨棄臺島，「臺地軍民必能捨生忘死，為國家效命」，強烈反對割讓臺灣。4月22日，應試的十八省一千三百多名舉人響應聯名上書的主張，推舉人康有為起草。康有為慷慨陳詞，寫成一萬八千字的《上今上皇帝書》，強烈反對清政府割地求和，尖銳指出割臺灣給日本是「棄臺民」、「散天下」，會造成「民心先離」，中國將有土崩瓦解之患。這就是著名的「公車上書」。「公車上書」把反對割讓臺灣與救亡圖存、維新變法結合起來，賦予反割臺、維護國家統一的鬥爭以新的內容，將其推進到一個新的高度。

然而，懦弱的清政府最終還是批准了這一不平等條約。對此，光緒帝亦深感上愧祖宗，下慊國人，於其後發布朱諭，詳述自開戰以來儘管「徵兵調餉，不遺餘力，而將少宿選，兵非素練，紛紜召集，不殊烏合，以致水陸交綏，戰無一勝。至今日而關內外情事更迫，北則竟逼遼、瀋，南則直犯京畿，皆現前意中之事」。聲稱「陪都為靈寢重地，京師則宗社攸關」，「加以天心示警，海嘯成

災，沿海防營多被沖沒，戰守更難措手」，「將一和一戰，兩害熟權，而後幡然定計。此中萬分為難情事，乃言者章奏所未詳，而天下臣民皆應共諒者也」。時局風雨飄搖，煌煌天子當此深重國難之際除了萬般無奈的興嘆卻無計救民救國於水火之中。腐朽的清政府一味退讓，以割讓臺灣來保全其京師重地和東北的「龍興」要地，所付出的沉重代價不僅僅是喪權辱國，而且還深深的傷害了國人尤其是臺灣人民的心靈。臺灣人民認為清政府這種以散地換要地的做法是徹底的棄之於不顧，使之蒙受侵略者的凌辱，由此在廣大愛國臺胞心底形成了一種極為濃重的悲情意識。

《馬關條約》割讓臺灣的消息傳入臺灣島內後，臺灣民怨沸騰，人們奔走相告，聚哭於市中，夜以繼日，哭聲達於四野。人們痛心疾首，發出「丞相有權來割地，孤臣無力可回天」的無奈慨嘆。愛國民眾義憤填膺，紛紛衝進臺灣巡撫衙門示威抗議，他們發表檄文，質問大清國皇帝為何棄吾臺民，指斥簽訂《馬關條約》的李鴻章等人，是十足的「賊臣」、「無廉恥」。同時，激憤的民眾也並未喪失愛國保臺的願望。臺北市民鳴鑼罷市，宣布：「抗繳釐金，謂臺歸中國則繳；並禁各鹽館售鹽；餉銀不准運出，製造局不准停工，皆稱應留為軍民抗倭之用。」臺灣人民誓「願人人戰死而失臺，決不願拱手而讓臺」。士紳富商聯名致電清政府，表達誓死抗日衛國的決心。愛國鄉紳丘逢甲血書「守土抗倭」四字，率領臺民通電清政府要誓死守禦。負責防守臺南的清軍總兵劉永福、臺東知州胡傳等也先後表明守土決心，誓與臺北城共進退。臺灣島內開始了波瀾壯闊的反割臺武裝鬥爭，臺灣人民和留下的清軍官兵在艱難的條件下浴血奮戰，歷時長達五個多月，日本侵略者為實現真正意義上對臺灣的占領付出了極其慘重的代價。臺灣軍民用鮮血和生命譜寫了中國近代史上的一曲慷慨悲歌，其捍衛中國領土完整的堅定決心和不屈鬥爭在中國人民的反侵略鬥爭史上留下了光輝的一頁。

《馬關條約》中日本強迫清政府割讓臺灣，在包括臺灣島在內的中國國內引起了強烈反對，並引發了不同形式的反割臺鬥爭，這足以說明臺灣與中國的血脈始終相連，中國對臺灣擁有無可爭議的合法主權，因此才會在日本侵略者侵略、攫取臺灣之時，在中國人心中有如此錐心刺骨的、「四萬萬人齊下淚」的傷痛。

三、二戰後日本戰敗及臺灣回歸中國

《馬關條約》的簽署，使日本長期以來占有臺灣的貪欲得以實現，此後其在臺灣進行了長達五十年的殖民統治。日本殖民者以殘暴的高壓政策治理臺灣，妄圖使臺灣人民屈從。但臺灣人民始終進行著不屈不撓的鬥爭，抵制日本的殖民統治。據日本方面的統計，僅1898年至1902年間，被其殺害的抗日志士達1.19萬餘人，戰死者無計其數。1937年7月7日，「盧溝橋事變」爆發，日本發動全面侵華戰爭。自此，中國大陸處於艱苦的對日抗戰時期。日本對臺灣的控制，也變本加厲，強制推行所謂「皇民化運動」，企圖借此進一步同化臺灣人民。對於日本侵略者而言，臺灣在其對華南以及東南亞擴張戰略中發揮著日益重要的作用，因此在臺灣的經濟和軍事方面，日本採用極端強硬的暴力手段，妄圖使臺灣成為配合其侵略計劃的基地，為其推行的侵略活動提供相應保障。然而這一切都不能徹底平息臺灣民眾的反抗鬥爭，更不能阻斷臺灣人民的日夜思歸之心。這一時期的臺灣詩人就用真情的詩句傳達出臺灣人民的泣血心聲：「未曾見過的中國，隔著海似近似遠，夢見的，在書上看見的中國，流過幾千年在我的血液裡，住在胸脯裡的影子，在我心裡反響，呵！是中國呼喚我呢？或是我呼喚中國？......還給我們中國呀！向海叫喊，還我們中國呀！」也正是由於這種深藏於臺灣人民心中的血濃於水的愛國情感，八年抗戰時期很多臺灣同胞設法回到大陸積極參加抗戰，為抗戰的勝利作出了貢獻。

1941年12月，日本偷襲美國海軍基地珍珠港，太平洋戰爭爆

發。美國、英國、中國相繼對日宣戰。12月9日，中國政府正式發布對日《宣戰布告》，明確宣布：「茲特正式對日宣戰，昭告中外，所有一切條約、協定、合約有涉及中日間關係者，一律廢止。特此布告。」根據國際法的一般原則，中國對日宣戰就意味著《馬關條約》等中日之間一切條約協定的自然廢止，因此日本藉以侵占臺灣的法理依據也就不復存在。

1943年，在歐洲戰場上蘇聯紅軍取得了史達林格勒保衛戰的偉大勝利，美軍也逐漸取得了太平洋戰場上的主動權，世界反法西斯戰爭朝著有利於同盟國的形勢發展。11月下旬，中、英、美三國首腦在開羅舉行會議。會議三方最終達成共識，並於12月初發表了由三國政府簽署的《開羅宣言》。《開羅宣言》明確規定：「三國之宗旨在剝奪日本自1914年第一次世界大戰開始以後在太平洋所奪得或占領之一切島嶼，在使日本所竊取於中國之領土，例如滿洲、臺灣、澎湖列島等，歸還中華民國」。《開羅宣言》的實質精神是要瓦解所謂的日本帝國，亦體現著尊重中國領土完整的原則。宣言明確向國際社會宣告，中國對包括臺灣在內的一系列被日侵占領土擁有神聖不可侵犯的主權，日本對中國領土的竊取是非正義的侵略，中、英、美三國將聯合起來對日本的侵略行為採取必要的行動。

隨著戰事的發展，1945年5月8日，陷於內外交困境地的德國不得不宣布無條件投降。這是第二次世界大戰又一個重要轉折點。自此，戰爭發展局勢更加清晰明朗，同盟國的打擊目標直接集中指向仍在負隅頑抗的日本。1945年7月26日，中、英、美三國共同簽署《促令日本投降之波茨坦公告》，後蘇聯亦加入此公告。《波茨坦公告》再次重申「開羅宣言之條件必將實施，而日本之主權必將限於本州、北海道、九州、四國及吾人所決定之其他小島之內」。《波茨坦公告》敦促日本終止其踰越自身領土範圍的非法侵略活動，進一步明確了中國對臺灣等領土無可爭議的主權，肯定了臺灣

作為中國領土一部分的法律地位。

　　1945年8月15日，日本宣布無條件投降。9月2日，美、英、中、法等九國代表於停泊在東京灣的美國海軍戰艦「密蘇里」號上接受日本投降。日本簽署了《無條件投降書》，表示接受「中、美、英共同簽署的，後又有蘇聯參加的一九四五年七月二十六日的《波茨坦公告》中的條款」。戰敗的日本亦對《波茨坦公告》的內容予以認同並加以確認，這就表明當時的國際社會對中國擁有臺灣等地區的領土主權是不存在任何爭議的。

　　國際反法西斯戰爭期間的《中國對日宣戰布告》、《開羅宣言》、《波茨坦公告》以及日本《無條件投降書》等一系列的國際協定，組成了環環相扣的國際法律鏈條，確定了臺灣的法律地位，即臺灣為中國的神聖領土，是中國領土不可分割的一部分。

　　1945年10月25日，國民政府臺灣省行政長官兼警備總司令陳儀在臺北市主持對日受降儀式，接受日本第10方面軍司令長官安藤吉利的投降。陳儀莊嚴宣告：「從今天起，臺灣及澎湖列島已正式重入中國版圖。所有一切土地、人民、政事皆已置於中國主權之下。此一極有歷史意義之事實，本人特向中國同胞及全世界報告周知。」至此，自《馬關條約》簽訂後被日本竊取了50餘年的臺灣主權終於又回歸中國。

　　半個多世紀以來，臺灣民眾飽受日本殖民統治的欺凌和壓迫，歷盡坎坷艱辛，終於以不屈的抗爭迎來了勝利的解放，臺灣人民「終以純潔的中華血統歸還給中國，以純潔的愛國心奉獻給中國」。受降典禮結束的當天，「臺北40餘萬市民，……老幼俱易新裝，家家遍懸燈彩，相逢道賀，如迎新歲，鞭炮鑼鼓之聲，響徹雲霄，獅龍遍舞於市，途為之塞。」「家家戶戶，歡欣無比，家家戶戶，祭祖謝神，向先民冥中告知臺灣已歸回中國。」臺北乃至整個臺灣都沉浸在重歸中國母親懷抱的無比喜悅之中。創刊於當日的

《臺灣新生報》發表社論指出：「回憶50年的往事，像一場噩夢。一旦醒來，說興奮不是，說安慰也不是。應清算的歷史被清算了，我們只覺得幸福與感謝……說到光復，我們的心裡，自有壓抑不住的歡樂。『否極泰來』，臺灣所以有今天，實乃中國無數災難換來的果實。臺灣同胞所受的痛苦，尤其深重……臺胞們！前日我們是奴隸，今天我們是主人，做了主人責任加重了！」為了紀念這個具有重大歷史意義事件，臺灣人民把10月25日定為「光復日」。

中國人民以無畏的勇氣和堅強的決心驅逐了日本侵略者，收回了被日本侵略者占據和踐踏的領土。尤其是臺灣的光復，從此洗卻甲午戰爭留給中華民族的五十年的恥辱烙印，也表明中國抗戰為世界反法西斯戰爭做出的偉大貢獻贏得了國際社會的普遍承認，這無疑進一步加固了日後兩岸統一的歷史依據和國際認同。

中國政府收回了臺灣並對其進行了有效的管轄。因此，第二次世界大戰結束之後，臺灣領土及主權不僅在法律上而且在事實上已經歸還中國。

第二節　國共內戰衍生的臺灣問題及中美雙方的角力

一、抗日戰爭結束後國共陷入內戰與美方的介入

1945年8月，日本投降，抗日戰爭宣告結束。中國國內的形勢發生了變化，中日之間的民族矛盾不再是支配中國局勢的主要矛盾，國內民族矛盾上升為主要矛盾，中國未來的政局走向仍舊撲朔迷離。

然而，在紛飛的戰火中艱難生存了八年的中國人民熱切渴望安

寧和平。中國共產黨以人民利益和大局為重，為避免內戰，盡快實現全國人民和平建國的願望，派出毛澤東、周恩來、王若飛組成的代表團前往重慶同國民黨統治集團進行和平談判。經過四十三天的激烈爭論，1945年10月10日，國共雙方正式簽訂《政府與中共代表會談紀要》，即《雙十協定》，在避免內戰以及和平建國基本方針等方面達成共識。1946年1月10日，在中國共產黨代表團的堅持和鬥爭下，國共兩黨簽訂了《停戰協定》。

根據《雙十協定》的規定，1946年1月10日至31日，在重慶召開了政治協商會議，國民黨、共產黨、民盟、青年黨和無黨派人士38名代表與會。經過激烈鬥爭，會議最終通過政府組織案、國民大會案、和平建國綱領、軍事問題案、憲法草案等五項協議。政治協商會議協議反映了人民和民主黨派的意願，在一定程度上有利於衝破國民黨獨裁統治和實行民主政治，有利於和平建國，符合最廣大人民的利益。

表面看起來，形勢似乎在向著好的方面發展，中國國內和平的實現指日可待，但真實的情況是錯綜複雜的。以蔣介石為首的國民黨統治集團與中國共產黨進行和平談判，只是迫於國內外輿論的壓力，事實上國民黨方面對這次具有重要意義的談判毫無誠意，他們在舉行和平談判的同時正積極進行內戰的準備。儘管《停戰協定》業已簽訂，國民黨卻暗中密令其軍隊迅速「搶占戰略要點」，屢次調動軍隊攻擊解放區，不斷進行挑釁。

而在世界反法西斯戰爭結束後，美國的經濟和軍事力量都獲得空前膨脹，開始推行全球擴張政策，控制中國為其全球戰略的重要組成部分。美國擔心一個共產黨統治的中國將在政治、經濟、軍事上與蘇聯結成緊密的聯盟，出於「遏制蘇聯」的總體戰略考慮，美國企圖推動中國建立一個統一的親美政府，以在亞洲贏得一個主要支持者，藉以穩定其亞洲戰線。美國認為長久以來奉行親美外交路

線的蔣介石可以作為其長期控制中國的工具，因此確定了其戰後的對華基本政策——扶蔣反共，對國民黨蔣介石提供大力援助就是這一政策的重要內容。因此日本一宣布投降，美國就迅速出動飛機、艦艇運送蔣軍約54萬人到達發動內戰的前線和戰略要地，幫助國民黨搶奪抗戰的勝利果實。美軍還在中國塘沽、青島、秦皇島等地登陸，進駐北平、天津等戰略要地和華北的鐵路和公路交通線。120萬駐華日軍的絕大部分軍械裝備落入了國民黨手中。至1945年11月底，駐華美軍已達9萬餘人。美國的扶植令國民黨蔣介石集團更加有恃無恐。在完成了內戰的相關準備後，國民黨蔣介石集團置廣大中國人民的和平願望於不顧，單方面撕毀了《停戰協定》和政協協議。1946年6月26日，國民黨30萬軍隊圍攻中原解放區，悍然向解放區發起全面進攻。國民黨蔣介石集團無情地粉碎了人民對和平建國的憧憬，挑起了反共反人民的內戰，再次將人民置於水深火熱之中。

面對國民黨蔣介石集團的背信棄義，中國共產黨領導解放區軍民進行了不屈不撓的鬥爭，人民解放戰爭自此揭開帷幕。

在解放戰爭期間，美國繼續對蔣介石集團予以大力支持。美國總統杜魯門就曾經承認，美國在抗戰勝利後給予蔣介石政府的物資援助，是抗戰勝利前美國援華物資的兩倍。除了物質上的投入，在技術和裝備方面美國也不遺餘力，陸續為國民黨軍隊訓練了各種技術軍官15萬人，重新裝備了45個陸軍師（旅），為空軍配備了各類飛機936架（其中大部分是抗戰勝利後移交給國民黨軍隊的）。全面內戰爆發後，美國政府又向國民黨軍移交了艦艇131艘。1948年，美國國務院正式向國會提出援華法案，隨後國會磋商後通過，蔣介石政權共計得到2.75億美元的援助和1.25億美元的贈款。美國走上了出錢、出槍、出顧問幫助蔣介石打內戰的道路。

1946年6月，全面內戰成為事實後，中國共產黨領導解放區軍

民開始了自衛戰爭。從1946年6月至1947年6月，戰爭主要在解放區進行，得到美國軍事和經濟援助的國民黨軍隊裝備相對精良，處於優勢地位；中國人民解放軍則裝備落後，人數少並分散於各個根據地，處於劣勢。雙方力量相差懸殊，中國人民解放軍只能進行戰略防禦。但是，在中國共產黨正確方針的指導下，人民解放軍粉碎了國民黨的全面進攻，並努力打破其重點進攻，同時國統區人民還在中國共產黨的領導下掀起了反饑餓、反內戰、反迫害的民主愛國運動，形成了反對國民黨蔣介石集團反動統治的第二條戰線。

1947年7月起，人民解放軍開始由戰略防禦轉入戰略進攻，迅速改變了敵我力量的對比。儘管有美國的大力支持，國民黨軍隊卻戰績不佳，節節敗退。1948年9月至1949年1月，人民解放軍先後進行了著名的三大戰役——遼瀋戰役、淮海戰役、平津戰役，基本上殲滅了國民黨軍主力，解放了長江中下游以北地區。為早日結束戰爭，實現國內和平，1949年4月以周恩來為首席代表的中國共產黨代表團同以張治中為首席代表的國民黨政府代表團在北平舉行談判，但南京的國民黨政府拒絕接受談判達成的《國內和平協定最後修正案》，談判宣告破裂。1949年4月，中國人民解放軍打響了渡江戰役，摧毀國民黨軍的「長江防線」，並於23日占領南京，延續二十二年的國民黨反動統治覆滅。隨後，人民解放軍各路大軍繼續向全國進軍，1949年9月底，大陸絕大部分地區獲得解放。經過三年的艱苦奮鬥，中國共產黨領導人民取得了解放戰爭的偉大勝利。1949年10月1日，中華人民共和國宣告成立。

二、國民黨戰敗後退據臺灣與美方「放棄臺灣」

1949年，國民黨在人民解放軍勢如破竹的猛烈攻勢下不斷失利，敗局已成定勢。蔣介石只得帶領部分軍政追隨者及大批軍隊敗逃臺灣，企圖盤踞該地以待反攻大陸的時機。

早在1948年，隨著中國人民解放軍在戰場上以摧枯拉朽之勢

對國民黨軍隊予以沉重打擊，國民黨在大陸的失敗已見端倪，美國不得不重新審視其在中國的政策，開始考慮是否該從中國內戰的泥潭中抽身而退。美國參謀長聯席會議從戰略角度得出的結論是：臺灣對美國在西太平洋的安全有重要戰略地位，一旦為在蘇聯影響下的力量所控制，對美極不利。因此，要儘量保證其不落入共產黨之手，而要保留在對美友好的政府手中；美國在全世界戰線已拉得很長，無力對臺承擔任何軍事義務。根據這一分析，美國政府於1949年3月，由總統正式批准了一項對臺政策，規定目標是「不讓臺灣、澎湖列島落入共產黨手中」，為此要將該島嶼與中國大陸隔開。同時規定只能透過外交和經濟手段實現此目標，美國無意承諾以任何武裝力量「保衛」該島。這是此後的一年裡，美國實施其對臺政策基本原則。

配合其對臺政策，美國對臺灣為中國領土這一點也不斷予以強化確認。1949年8月，美國務院發表《美國與中國的關係》白皮書，其中說：「臺灣人民受異族管轄五十年，因之歡迎中國解放，於日本占領期中，臺灣人民最大希望為重歸中國。」「1945年9月，根據日本投降書......中國軍隊從日本手裡接收了該島行政權」。12月23日，美國務院內部又發出了《關於臺灣政策的宣傳指示》，指出「臺灣在政治上、地理上和戰略上都是中國的一部分」，「在政治上和軍事上，它是一種嚴格的中國的責任」。1950年1月5日，杜魯門發表聲明，他說：「過去四年來，美國及其盟國亦承認中國對該島行使主權。」「美國對臺灣或中國其他領土從無掠奪的野心。現在美國無意在臺灣獲取特別權利或建立軍事基地。美國亦不擬使用武裝部隊干預其現在的局勢。美國政府不擬遵循任何足以把美國捲入中國內戰的途徑。」同年2月9日，美國務院就臺灣問題向眾議院外交委員會作公開答覆說：「自從駐在臺灣的日軍向中國投降後，臺灣即由中國管理，它已包括在中國之內，成為一省。......參加對日作戰的各盟國對這些步驟並未質疑，

美國政府對這些步驟也未質疑。因為這些步驟，明顯地符合於開羅所作的並在波茨坦重予確認的諾言。換句話說，包括美國在內的各盟國在過去四年中，已認為福爾摩沙是中國的一部分。」美國關於臺灣的系列闡述有這樣兩層含義：一是臺灣為中國領土的一部分是國際公認的事實；二是中國擁有對臺灣主權並在二戰後恢復對臺灣行使主權都是毋庸置疑的。其中特別需要指出的是杜魯門總統的聲明，它是公開表示美國已經準備遵守有關臺灣問題的國際協議的信號，透露出美國實行一項不介入臺灣問題、放棄分離臺灣的政策的訊息。質言之，美國政府所作的上述闡述均是在為其日後可能採取的「放棄臺灣」做輿論準備。

由於國民黨大勢已去，美國早已更加著意於美中特別是與臺灣關係的探討研究，以圖制定出更符合自身利益的相關政策。1949年10月，美國務院據美中央情報局分析估計，中國人民解放軍不久將對臺灣進行軍事攻擊，臺灣的國民黨政權無抵抗這種進攻的能力，如無美國的軍事占領或控制，臺灣大約將於1950年底處於中共控制之下。根據當時形勢的發展趨勢，美國面臨著兩種選擇：或者放棄臺灣；或者強力支持國民黨政權，甚至以武力「保衛」臺灣。對於這一問題，在美國政府內部產生了嚴重分歧，雙方展開了激烈的辯論。以國務院為代表的一方主張放棄臺灣，認為不應「被牢牢地釘在一個名譽掃地的政府的桅杆上，去參加一場早已注定失敗的鬥爭」。以軍事部門為代表的另一方主張仍少量軍事援助幫助支持蔣介石，盡量延長國民黨在臺灣的統治時間。最後，由杜魯門總統裁決，支持了國務院的意見。1949年10月26～27日，在美國務院作出的八條決定中講道：「我們不應試圖把福爾摩沙（臺灣）和共產黨控制的大陸分離開來。」12月29日，艾奇遜在會見參謀長聯席會議主席布萊德雷等人時指出，「共產黨事實上已控制中國」，「我們必須面對這個現實」，如果再繼續援蔣，臺灣只是推遲一年「陷落」，美國的代價甚大，根本問題在於沒有理由說明

「臺灣會真正危及我們的防務」,「除非說明臺灣戰略的重要性」。1950年1月5日,美國總統杜魯門發表聲明:「過去四年(註:1945～1949年),美國及其他盟國亦承認中國對該島(注:臺灣)行使主權」,「美國對臺灣或中國其他領土從無掠奪的野心」。1月12日,艾奇遜又在「新聞俱樂部」發表了有關亞洲政策的講話,把臺灣劃在了美國遠東防線之外。可見,此時的美國對臺政策的立場是不介入,甚至準備接受中共可能接管臺灣的現實,已經在積極準備「脫身」。

在國際政治的大洪流中,這一時期的美國儘管在內部於對華政策處於爭論之中,但就其外部而言,開始有意識地逐步拉開與蔣介石政權的距離並暫時放棄分離臺灣的計劃,其所推行的對華政策表現為較為冷靜的觀望態度,一直在等待「塵埃落定」。美國此舉完全是出於其自身利益的需求。對於美國來說,無論中國的當權者是誰,美國的長遠目標都是試圖發展起一個對己友好的國家。尤其是美國政府內的一些決策者認為,中共「不一定是傳統正宗的馬克思主義者,也不一定受蘇聯的控制」,「如果美國的目的是防止中國成為蘇聯的附庸,美國則應該及時改變策略,離間中共和蘇聯的關係,將中國的民族主義情緒引向俄國人。」這種觀點也更加促使美國適當調整其策略,希望可以改善與中共的關係,使新中國成立後能夠在對外政策中把發展和提升中美關係擺在重要位置上,同時也阻止中國繼續向蘇聯靠攏並成為其「附庸」,力圖防止形成對美國不利的局面。美國的這一對華政策突出的反映了其現實主義的外交思想。

三、朝鮮戰爭爆發,美方入侵臺灣海峽阻撓新中國解放臺灣

隨著人民解放軍的勝利進軍,為實現對全中國的解放,徹底完成新民主主義革命任務,中國共產黨早已作出了解放臺灣的戰略部署。1949年3月15日,新華社就曾發表題為〈中國人民一定要解放

臺灣〉的社論，第一次提出「解放臺灣」的口號。

　　1949年7月上旬，中國人民解放軍入閩作戰，主力為第三野戰軍第十兵團。第十兵團在司令員葉飛的率領下以排山倒海的態勢向南推進，先後發動了福州、平潭島等戰役，不斷取得勝利。1949年10月1日，中華人民共和國正式宣告成立，人民解放軍的士氣更加銳不可當，所向披靡。10月17日，福建戰場的解放軍一舉解放了廈門。在這種情勢下，位於廈門東部約七八海里處的大金門島迅即成為解放軍的下一個首要軍事目標。大金門島作為連接臺灣與大陸的重要樞紐，其地理位置及戰略意義至關重要。攻克該島，則臺灣失去了一道天然屏障，解放軍也就成功控制了臺灣海峽的交通線，下一步解放臺灣島就會變得輕而易舉。因此，福建戰場的解放軍為盡快實現「解放臺灣」的口號，決心乘勝攻打大金門島，進而進軍臺灣。葉飛將軍最後確定以28軍作為進攻金門的主力。為便於海戰，又命令集中有限的船隻，將32軍所屬船隻分發給28軍。儘管對船隻進行了這樣的必要集中，解放軍的船隻數量仍未充足敷用，鑑於此，確切的進攻日期被迫向後推延，並未立即確定。延至10月24日，人民解放軍最終於當天夜間打響了金門戰役，28軍下屬三個團共九千餘人渡海進攻大金門。是役，打得極其艱苦而又慘烈，解放軍遭遇了自成立以來唯一一次徹底的失利。進攻部隊在島上與國民黨守軍苦戰三晝夜，終因船隻缺乏，後援不繼，而全軍覆滅。此次金門戰役的嚴重失利，根本原因在於在作戰準備不足的情況下輕率發動進攻，犯了兵家輕敵的大忌，而戰中相應的組織指揮又不力，故而未能成功。

　　儘管建國之初「解放臺灣」的嘗試遭遇了重大挫折，中國共產黨「解放臺灣」、實現真正意義上中國統一的堅強決心並未動搖。1949年12月31日，中共中央發表《告前線將士和全國同胞書》，其中再次明確將「解放臺灣」以及全殲蔣介石集團的最後殘餘勢力作為人民解放軍1950年的任務之一。然而，國際形勢是不斷變化

的，此後不久的嚴峻國際狀況為中國實現「解放臺灣」的既定目標設置了重重障礙。

1950年，美國內部形形色色的「保臺」方案又相繼提出，不斷衝擊美國當時所持的觀望並等待「塵埃落定」的對華政策。這些「保臺」方案中最具代表性的有兩個：一是麥克阿瑟於1950年5月和6月兩次提出的內容相似的備忘錄；一是杜勒斯和遠東事務助理國務卿魯斯克正式提出的臺灣中立化備忘錄。麥克阿瑟在其備忘錄中提出，臺灣如掌握在「一個敵對的強國手裡，可以比作一艘不沉的航空母艦和潛水艇供應艦，處於完成攻勢戰略的理想的地位」。這裡，麥克阿瑟所說的「航空母艦」是指臺灣可能成為蘇聯的航空母艦，其前提是如中共占有臺灣，必然會提供給蘇聯使用。麥克阿瑟認為，若聽憑福爾摩沙為敵視美國的力量所統治，美國的戰略利益將受到嚴重破壞。因此，美國應把西部戰略邊界沿阿留申群島經菲律賓向南伸展，臺灣處於這條防線的中段，與大陸遙遙相望，戰略意義重大。可見，麥克阿瑟的備忘錄已把臺灣的戰略地位大大提升，而且與美國政府不介入臺灣問題的政策相左。同樣，在杜勒斯和遠東事務助理國務卿魯斯克臺灣中立化備忘錄中亦指出，美國在世界的地位目前處於一個新的關鍵時刻。中國之淪入共產黨之手，標誌著局勢起了有利於蘇聯而不利於美國的變化。「美國必須在遠東採取激烈而強硬的立場，不應在世界處於一個新的關鍵時刻的形勢下畏縮不前，全世界的光都注視著福爾摩沙」。這句話意味深長，暗示了美國應該在臺灣問題上採取更加強硬立場的態度，為此甚至不惜增加戰爭風險。該備忘錄還提出，派第七艦隊駐紮臺灣水域，防止海峽雙方動武。事實證明，此備忘錄提出的對臺政策產生了極為重要的影響，為美國後來軍事介入臺灣海峽奠定了輿論基礎。

1950年6月，朝鮮戰爭爆發。朝戰爆發兩天後的6月27日，美國政府公開拋出了其「臺灣地位未定」論。杜魯門宣稱：「我已命

令第七艦隊阻止對臺灣的任何攻擊……臺灣未來地位的決定，必須等待太平洋安全的恢復，對日和約的簽訂，或經由聯合國的考慮。」同時，美國派遣其第七艦隊封鎖臺灣海峽，公然以武力干涉中國內部事務，阻撓中國大陸與臺灣統一。自此，美國在臺灣問題上所持的不介入政策被徹底拋棄，竭力將臺灣納入其亞洲戰略的軌道，轉而採取囂張的軍事介入，這是美國軍事干涉中國內政的新起點。

第三節　1950～60年代新中國與美、日的對峙及臺灣問題

　　1950～60年代，中美兩國陷入對抗的局面，中日關係從屬於中美關係，期間又伴隨著中蘇關係的惡化，臺灣地區成為中國與美、日對峙的前列。

　　一、美蘇對峙與中美對抗

　　1946年3月5日，英國前首相邱吉爾由杜魯門陪同在美國的富爾敦發表關於「鐵幕」的演說，揭開了「冷戰」序幕。1947年3月12日，杜魯門在國會兩院聯席會議上宣讀了一篇咨文，攻擊蘇聯是「極權國家」，要求國會批准向希臘和土耳其提供4億美元的緊急援助，以抵制「極權政體」強加於它們的種種侵犯行動，杜魯門提出的這項政策後來被稱為「杜魯門主義」。「杜魯門主義」是美蘇「冷戰」正式開始的重要標誌。美國為了持續推行遏制蘇聯的戰略，1949年4月4日與加拿大、英國、法國、比利時、荷蘭、盧森堡、丹麥、挪威、冰島、葡萄牙、義大利共計12國在華盛頓簽訂了《北大西洋公約》，宣布成立北大西洋公約組織，公約於1949年8月24日生效。隨著1955年西德加入北約後，在蘇聯的發起下，歐洲社會主義陣營國家包括東德簽署了《華沙公約》，形成了與北

約對立的社會主義同盟。《華沙公約》由原蘇聯領導人赫魯雪夫起草，1955年5月14日於波蘭首都華沙簽署，東歐社會主義國家除南斯拉夫以外，全部加入了華約組織，條約規定：「如果在歐洲發生了任何國家或國家集團對一個或幾個締約國的武裝進攻，每一締約國應......以一切她認為必要的方式，包括使用武裝部隊，立即對遭受這種進攻的某一個或幾個國家給予援助」。華約是作為對抗北大西洋公約（北約）組織而成立的政治軍事同盟，從此以美蘇為首的兩大陣營展開了近半個世紀的對峙。

　　冷戰開始後，美國對於中國的內戰及其產生的臺灣問題曾經持觀望態度，直到1950年朝鮮戰爭爆發，美國政府才公開拋出了「臺灣地位未定」論，並且入侵臺灣海峽，阻撓中國實現國家統一。1953年1月，美國共和黨上台，艾森豪入主白宮。2月，艾森豪即發表第一個國情咨文，其中宣布不保護一個在朝鮮對美作戰的國家，取消臺灣海峽「中立化」。根據這個咨文，美國第七艦隊隨即中止在臺灣海峽進行的所謂「中立巡邏」。艾森豪咨文的內容不過是表面文章，只是美國對自己行為冠冕堂皇的粉飾，其潛在用心則是暗中慫恿臺灣當局對大陸進行武裝襲擾，這就是「放蔣出籠」的政策。這一政策的目的性極為明確，就是企圖藉以增加中國的心理壓力，以此為標誌，美國政府對中國大陸的政策也逐步走向強硬。此外，朝鮮戰場的美軍還向中朝前線投放大量炸彈，並擴大增強了對南朝鮮的軍援，艾森豪更試圖說服參加「聯合國軍」的16國支持對中國實行封鎖。不僅如此，美國政府甚至還就使用原子彈的可能性進行了反覆討論。美國先後採取這一系列措施就是要增加對中朝方面的壓力。

　　中國人民志願軍入朝作戰後，同朝鮮人民軍一道，以運動戰為主連續進行了五次戰役，把「聯合國軍」和南朝鮮軍從鴨綠江邊趕回到三八線附近，迫使對方轉入戰略防禦和接受停戰談判。1951年7月，朝鮮戰爭進入了打打談談的新階段。中朝方面在談判中提

出了原則上以三八線為軍事分界線，雙方軍隊各後撤10公里，脫離接觸，建立非軍事區的建議。但因不從朝鮮撤軍是美國的既定方針，美方代表拒絕接受這一建議。談判進展極其艱難。與此同時，在戰場上中朝兩國軍隊也進行著不屈不撓的艱苦鬥爭，不但粉碎對方多次局部進攻，而且成功進行了多次反擊戰役，使美軍大受挫折。這些在戰場上的較量有效地配合、推動著談判的繼續，促使美國不得不對朝鮮戰爭加以重新考慮。1953年7月，美國最終同中朝雙方在板門店簽署停戰協定。

侵朝戰爭的失敗使美國政府開始重新審視自身力量，意識到了侷限性的存在，也進一步認識到要在世界各地維持龐大的地面部隊顯然在經濟上力不從心。實際上1953年艾森豪出任美國總統不久即已考慮改變這種戰略，準備著手制定新的戰略。至1954年1月，美國國務卿杜勒斯發表演說，公開而詳盡地闡述了一種新的戰略。他宣稱，美國目前的基本決定主要依靠一支龐大的報復力量，它能夠用我們選擇的武器與我們選擇的地方馬上進行報復。這種新的軍事戰略被稱之為「大規模報復戰略」。杜勒斯的「大規模報復戰略」得到了總統艾森豪的批准，這一戰略主要把賭注壓在核武器上，主張削減常規兵力，重點擴充導彈核力量和戰略空軍，在外交上提出要執行比杜魯門的遏制政策更有利、更主動的「解放」政策，即把社會主義國家從共產黨的領導下「解放」出來。而該戰略得以確立的根本基礎就在於美國具有核壟斷和核優勢。

二、美國片面對日媾和與「日臺合約」的簽訂

在亞洲和太平洋地區，美國更是加速了其擴大冷戰的步伐，視中國為蘇聯的「附庸」，對中國採取了極端的全面遏制政策。美國透過發展與臺灣、韓國、日本、印支、東南亞及大洋洲等國家的關係，簽訂一系列雙邊、多邊條約，加強這些國家與地區的經濟與軍事實力，構築起一道遏制中國的半月形防線，以圖對中國實行封鎖

和遏制。

尤其隨著日本在美國亞洲防衛體系中地位的日益凸顯，美國不顧世界輿論的壓力，處心積慮地準備與日本進行片面媾和。1951年9月4日，美國在排除中國參加的情況下召開舊金山對日和會，片面通過對日和約，在這一條約中美國別有用心的對臺灣問題作了如下規定：「日本放棄對臺灣及澎湖列島的一切權利、根據與要求。」該條約的不明朗表述正是當年討論《開羅宣言》時中英雙方爭論的焦點問題。八年後，美國放棄簽署《開羅宣言》時的立場，其此舉目的顯然是在有意迴避臺灣的歸屬問題，為臺灣地位未定論留下伏筆。周恩來總理兼外長代表中國9月18日發表聲明，指出對日和約是「非法的」、「無效的」。

在準備對日和約的同時，《日美安全條約》的談判亦在進行中。9月8日，美日簽訂《日美安全條約》，結成軍事同盟。

1952年2月，日美兩國又簽訂了《日美行政協定》，規定了美國在日駐軍的具體實施辦法。如此，日本雖在形式上恢復了主權與獨立，但其長期處於美軍半占領的狀態，實際上已被納入了美國陣營之內，成為美國在亞太地區最大的軍事基地，是美國在亞洲遏制共產主義、遏制中國的重要一環。

美國在順利掌控日本的同時，為進一步遏制中國，又不斷對日本施壓，敦促其與臺灣當局締結和約，以儘量切斷日本與中國大陸的經貿聯繫。面對美國的強力政策，日本向美國表示「日本政府無意與中國共產黨政權締結一個雙邊條約」，並保證「日本政府準備一俟法律允許就與中國國民政府締結條約，以便按照多邊條約中提出的原則，重建兩國政府間的正常關係」。1952年2月，日臺開始媾和談判，4月底達成最後協議。日臺雙方私下達成的所謂「日臺和約」受到了中國政府的強烈譴責。5月5日，周恩來外長發表聲明，堅決反對日蔣和約。

在臺灣當局與日本簽訂的和約中，美國又迫使臺灣接受了美日和約中有關臺灣歸屬的表述方式。顯而易見，美日和約和日臺和約都在力圖迴避、淡化《開羅宣言》和《波茨坦公告》中對臺歸屬的原則立場，這絕非不約而同的巧合，純屬幕後操縱者美國有意為之。

美日片面媾和以及所謂「日臺和約」的簽訂，均為美國按照其戰略意圖和規劃實施的相關步驟。此後不久，美國還曾策動紐西蘭出面，企圖透過聯合國安排海峽兩岸停火，使海峽兩岸關係固定化，以達到使臺灣問題國際化的目的。儘管美國的這一陰謀未能得逞，但自朝鮮戰爭開始，美國始終頑固的公開堅持「臺灣地位未定」、「一中一臺」甚至「兩個中國」的錯誤立場，直到尼克森訪華前，美國在臺灣地位問題上的態度始終未變。

新中國建立後，本著「打掃乾淨房子再請客」的對外方針，不急於同美國等帝國主義國家建交，但對日本卻採取了相對靈活的態度。毛澤東主席決定對日本採取「著眼於人民、寄希望於人民」的戰略思想，周恩來總理提出「民間先行，以民促官」的對日方針，並親自出面做了大量日本各界人士的工作，這成為新中國對日關係的一個重要特點。

1952年3月，日本帆足計等三位前國會議員不顧美國禁運和日本政府阻撓，繞道來到中國，雙方簽訂了第一次中日民間貿易協定，打開了中日交往的大門。1953年起，中日工會、青年與婦女組織、友協、和平團體等民間交往蓬勃發展。中日之間締結了民間漁業、文化交流等有關協議。

1955年8月17日，周總理向日本記者說明：中國雖堅決反對對日舊金山和約，但這並不妨害促進兩國關係正常化直至締結中日之間和約。1955年10月，毛主席在接見日本國會議員訪華團時強調，「中日關係的歷史是很長的」，「我們吵過架，打過仗，這一

套可以忘記啦！」「我們應該盡一切辦法，讓美國人的手從（日本）縮回去」，中日應該「互相幫助，互通有無，和平友好，文化交流，建立正常的外交關係」。一直到1956年底，中國政府曾多次建議中日兩國政府就促進關係正常化問題進行談判。時任日本首相的鳩山也多次表示過訪華的意願。但是當時日本政府由於受到美國壓力，不敢同中方進行官方談判。

1957年2月，曾在戰後被定為甲級戰犯嫌疑人的岸信介在美國扶植下擔任首相，在政治上進一步實行親美、敵視中國、製造「兩個中國」的政策，四次破壞中日貿易協定。中國決定對岸信介政府在政治上要孤立、打擊，在經濟上停止了1952年開始的中日民間貿易往來。

三、「美蔣共同防禦條約」的簽訂

隨著朝鮮戰爭的結束，臺灣當局意識到中國政府的戰略部署勢必作出相應調整，大陸針對臺灣的軍事力量注定會得到增強，形勢的變化令其恐慌不安，對中國共產黨控制的沿海島嶼的擔心與日俱增，感受到了極大威脅。因此蔣介石迫切希望同美國締結共同防禦條約，使美臺之間的關係以條約的形式固定下來。

關於美臺之間的簽約問題，美國卻有自己的考慮，艾森豪政府不願因此被綁在蔣介石「反攻大陸」的戰車上，捲入與中國大陸的戰爭，所以遲遲未對蔣介石的要求給予積極回應，與臺灣方面的迫切形成鮮明對比。1953年10月，美國與南朝鮮簽署了共同防衛條約。臺灣當局得知這一消息後，再次急切敦促美國，希望能夠藉機簽訂類似的防禦條約。1954年11月間，美臺雙方在華盛頓為此進行了多次談判，雖最終達成協議，但美臺之間始終存在著一定分歧。後又中經幾次交涉，最後於12月2日簽訂《美臺共同防禦條約》。該條約第五條稱：「每一締約國承認對在西太平洋區域內任一締約國領土上之武裝攻擊，即將危及其本身之和平與安全，茲並

宣告將依其憲法程序採取行動，以對付此共同危險。」美臺之間的戰略夥伴關係基本形成。《美臺共同防禦條約》基本上貫徹了美國的意圖，沒有使美國承擔為臺灣保衛沿海島嶼的義務，相反還規定臺灣要對大陸方面動用武力還必須得到美國同意，這就有效防止了蔣介石貿然對大陸動武從而影響到美國使其深陷戰爭危機的危險。對於臺灣而言，也獲得了美國的保障，進入了美國的安全防禦體系。但恰恰因為如此，使得美國一直以來的推行臺灣與大陸分離的圖謀更加順利。

儘管國民黨當局公開地為這個條約的簽訂表示歡欣鼓舞，蔣介石甚至稱之加強了反攻大陸的堡壘之戰鬥力，但私下裡美臺雙方對於條約的解釋存在明顯的差異。尤其是該條約第六條中規定的所謂共同防禦的「領土」，就「中華民國」而言，應指臺灣與澎湖，顯然將仍被蔣軍占領的金門和馬祖等沿海島嶼排除在外，因此美國是否會對這些地區施以保護就缺乏明確依據，這對於臺灣方面和蔣介石而言，始終存有懸念，是一塊心病。臺灣當局和蔣介石的這種擔心是不無道理的，這一點在第二次臺海危機中得到了充分印證。

對於《美臺共同防禦條約》，中國政府表示了強烈反對和堅決抵制。12月5日，《人民日報》刊登了題為〈中國人民不解放臺灣決不罷休〉的社論譴責這一條約。12月8日，周恩來外長代表中國政府發表鄭重聲明，對該條約進行了批駁，嚴正譴責其為「一個露骨的侵略條約」，「根本是非法的，無效的」，指出中國人民一定要對干涉者和挑釁者給予堅決回擊，只有反抗侵略，才能保衛和平。

針對美國同臺灣當局策劃、簽訂《美臺共同防禦條約》的挑釁活動，中國政府決定採取措施打擊美臺的囂張氣焰，準備透過軍事行動收復浙江沿海國民黨控制下的島嶼，以顯示維護中國統一的堅強決心。在《美臺共同防禦條約》簽訂前後，浙東前線中國人民解

放軍從1954年12月中旬到1955年1月上旬，進行了三軍聯合演習，加緊為解放一江山島做著積極的準備工作。1月10日，浙東前線解放軍空軍和海軍航空兵共出動飛機130架次，投彈709枚，對大陳島上的國民黨軍進行轟炸，令其遭受重大損失。浙東前線解放軍的行動迫使國民黨海軍艦艇白天不敢在大陳錨地停泊，飛機不敢飛抵大陳上空，成功地將大陳地區制空、制海權控制在中國人民解放軍手中。18日，浙東前線解放軍出動1個步兵師、137艘艦艇、22個航空兵大隊，陸海空三軍互相配合，對作為臺灣門戶的一江山島發起了猛烈攻擊。參戰部隊經過數小時的激烈戰鬥，於翌日迅速攻克了一江山島。取得了這一重大勝利後，解放軍將目標迅即指向大陳島。

　　大陳島離大陸海岸只有12英里，離臺灣有200多英里，島上岩石遍布，易攻難守。美國對這種狀況心知肚明，因此主張臺灣方面放棄大陳島，將軍隊撤出。但臺灣當局並不肯輕易就執行美國主張，而是借此時機向美國討價還價，想趁機換取美國保證協助其保衛金門、馬祖的承諾，以解決自《美臺共同防禦條約》簽訂以來自己非常關心卻又始終懸而未決的遺留問題。然而，臺灣方面沒有很快得到期望中的美方許諾，大陳島形勢的發展又不容其繼續遲延，再加上當時《美臺共同防禦條約》雖已簽訂，卻尚未得到美國國會的正式批准，對此蔣介石集團也難免心存顧忌，因此臺灣當局最終還是遵從了美國讓其從大陳島撤軍的主張。美國政府命令第七艦隊和其他部隊幫助國民黨軍隊從大陳島撤退。2月8日至12日，美軍派出大量艦隻到大陳，並以大量飛機護航，接運守島的國民黨軍並裹脅島上居民去臺灣。解放軍順利占領了上下大陳島。至2月底，浙東海面的島嶼全部獲得解放。

　　中國政府的此次軍事行動有效打擊了國民黨軍對沿海地區的騷擾活動，也打破了臺灣當局利用沿海島嶼封鎖大陸實現其反攻計劃的夢想。

四、兩次海峽危機與美方的介入

美國艦隊進入臺灣海峽,雖然提出了「中立」臺灣海峽的政策,但主要意圖在於保護臺灣的蔣介石集團,至於臺灣當局對大陸進行騷擾的軍事襲擊活動,美國不但沒有控制甚至還予以縱容,因此美國的「中立」是帶有明顯偏袒性質的中立。美國的介入為中國人民的解放戰爭製造了障礙,從而形成了臺灣問題,使之進一步複雜化。但其時正值朝鮮戰爭期間,由於形勢的變化,中國的軍事戰略重心發生了轉移,尚無暇集中精力解決臺灣問題,因此延遲了解放臺灣的時間。

臺灣問題的暫且擱置並非代表中國政府忽略這一問題,中國共產黨統一中國的決心從未發生改變,解決臺灣問題只是一個時間問題。朝鮮戰爭結束後,為打擊國民黨在沿海地區的破壞活動,從1954年3月起解放軍逐步加強了在浙江地區的軍事行動,先後攻占了東磯列島等島嶼,基本控制了浙江沿海地區的制海權和制空權。自7月開始,中國領導人就又把解放臺灣和沿海島嶼放在了突出地位。

7月23日,《人民日報》發表題為〈一定要解放臺灣〉的社論,指出解放臺灣是中國人民的神聖使命。8月1日,朱德在慶祝建軍27周年的講話中強調,不解放臺灣,中國人民的解放事業就沒有完成;解放臺灣是中國的內政,中國人民不允許任何外國對此加以干涉。11日,周恩來在中央人民政府第33次會議上作外交報告,指出臺灣是中國領土,不容外國侵略,不容聯合國託管,解放臺灣是中國內政,不容外國干涉;反對美臺簽約,只有實現臺灣解放才能真正實現中國統一。22日,中國人民政治協商會議全國委員會、中國共產黨、中國國民黨革命委員會、中國民主同盟等十八個組織發表了《中華人民共和國各民主黨派各人民團體為解放臺灣聯合宣言》,聲明臺灣是中國領土不可分割的一部分,決不容許美

國侵占或者聯合國託管；解放臺灣為中國內政，決不容許外國干涉；解放臺灣才能完成中國的完全統一；宣告中國人民一定要解放臺灣。

對於臺灣問題，中國領導人還認識到若長久拖延會在世界形成中國政府接受既成事實的錯誤認識，使之誤以為臺灣海峽等同於又一條「三八線」，這將造成不利的國際影響。中國領導人始終警惕著美國使臺灣與大陸分裂長期化的企圖，認為決不能用維持現狀的辦法來解決臺灣問題。

進入8月，中共中央在要求華東軍區加緊準備攻打大陳島的同時，積極準備透過炮擊金門對國民黨軍實施懲罰性打擊，以顯示解放臺灣的決心和力量。在掌握國民黨軍的狀況後，打擊行動於9月3日正式發起，中國人民解放軍駐福建前線部隊猛烈炮擊金門，連續發炮5000餘發，摧毀國民黨軍砲兵陣地7個，擊沉炮艇、拖輪各1艘，擊毀其水下活動碼頭1個。國民黨部隊立即以炮火回擊，並從9月6日起出動飛機連續轟炸廈門大嶝，9日出動艦隻攻擊梧嶼白石炮臺，由此第一次臺海危機爆發。這一狀況的發生，迫使美國國務卿杜勒斯緊急趕赴臺灣。為向世界表明中國人民強烈反對美國干涉臺灣問題的立場，中國人民解放軍駐福建前線部隊向大小金門繼續發動連續炮擊。

中國人民解放軍的行動對美臺雙方不啻為有力警示，表明了中國政府堅決反對將臺灣問題固定化，反對美國製造「兩個中國」的陰謀。

隨著形勢的發展變化，1955年1月底美國國會通過了「授權總統在臺灣海峽使用武裝部隊的緊急決議」，授權總統在其認為「對確保和保護臺灣和澎湖列島不受武裝進攻的具體目標是必要的事後，使用美國武裝部隊，這項權力包括確保和保護該地區中現在在友好國家手中的相關陣地和領土，以及包括採取他認為在確保臺灣

和澎湖列島的防禦方面是必要的和適宜的其他措施」。這一授權法案的通過，意味著美方甚至將把臺灣方面最關注的金門和馬祖也置於其保護之下，但從中也不難體會到美國之所以如此，其根本出發點完全是美國自身的戰略安全。美國試圖利用臺灣海峽的局勢變化之際明確其在臺灣海峽地區的保護範圍，發出可能以武力參與其中的戰爭預警信號，企圖透過這樣的威懾令中國政府妥協退讓。然而美國並沒有收到想像中的預期效果，中國政府對美國的行為進行了深刻揭露，譴責了其侵略性和干涉中國內政的實質，也更加堅定地表明了統一中國的決心。

　　1955年初中國政府的系列軍事行動使蔣介石高度警覺，他開始重點關注金門列島。金門列島位於福建南部廈門以東，包括大小金門島，距大陸約5.5海里，地理位置極其重要。從7月起，蔣介石開始向金門大量增派軍隊，加強該地區軍事力量。在臺灣島內，1955年下半年以後「反攻大陸」的論調亦甚囂塵上。特別是在1956年，東歐發生了「波匈事件」（即波蘭和匈牙利國內爆發的反對蘇聯干涉其內政的大規模群眾運動），無形中使盤踞臺灣的國民黨集團深受鼓舞，「反攻大陸」的宣傳和準備在1957年再度急劇升溫。在美國艾森豪政府的慫恿和包庇下，臺灣方面不斷出動飛機深入中國大陸內地，在雲南、貴州、青海、四川等地空投特務、散發傳單，號召大陸人民起來造反，配合其反攻行動，甚至對福建沿海地區進行轟炸。不僅如此，蔣介石繼續向金門方面增派軍隊，至1958年夏季在金、馬地區集結的軍隊已達10萬人，其中絕大多數駐於金門，約占全部國民黨軍隊的1/3，而且是國民黨軍隊中較為精銳的部分。金門島附近的大擔、二擔兩個小島，亦均被國民黨軍困守，他們以金門島及其附近島嶼為據點不斷對福建沿岸進行騷擾，對中國大陸造成了嚴重威脅。臺灣海峽地區局勢日益緊張。

　　1957年底，美國還中斷了中美大使級會談，再次表明了與新中國對立的立場。除縱容甚至暗中鼓勵臺灣當局對中國沿海的騷擾

破壞活動外，美國還在臺灣建造了可供B52轟炸機起降的大型機場。更有甚者，3月6日，美臺就在臺灣部署中程導彈鬥牛士導彈達成協定，5月6日雙方就此發表聯合聲明。報刊文章透露，這種導彈既可以攜帶常規彈頭，也可以攜帶核彈頭，「而其實際效用主要在於可以攜帶核彈頭」。文章沒有披露，核彈頭是否運到了臺灣，但推測說，核彈頭「或許已與美軍一起駐在臺灣，或許儲存在附近的海軍或空軍基地，一旦開戰，即可運往臺灣」。中國政府對美國的這種做法予以強烈譴責，指出：「美國在被它侵占的中國領土臺灣、南朝鮮和日本設置發射核彈頭的火箭的基地，加劇了遠東的緊張局勢，並且已經引起中國人民和亞洲各國人民的強烈反對。」

1958年中東地區風雲突變。7月，伊拉克人民舉行了武裝起義，推翻了費薩爾王朝，組建了革命政府，宣布退出由美英組織的巴格達條約組織，退出由英國一手炮製的伊拉克——約旦聯邦。英國迅即出兵入侵約旦，威脅伊拉克人民的民族革命。美國亦調動第六艦隊運送美軍在黎巴嫩登陸，悍然入侵，扼殺黎巴嫩的人民起義。英美對他國內政的干涉引發了中東危機，中東局勢驟然緊張。中國政府敏銳地看到中東危機的深刻根源就在於美國，於是在7月16日發表聲明，明確要求美軍撤出黎巴嫩、英軍撤出約旦，並宣布承認伊拉克共和國。

為進一步支持中東人民的解放鬥爭，同時抓住這一有利時機對美國支持的國民黨殘餘勢力在軍事上給予打擊，中共中央決定再次對金門實施大規模炮擊。這一決定一方面旨在透過炮擊金門牽制美國軍事力量，支援中東地區的反侵略鬥爭；另一方面更主要的是為了反對美國使臺灣與大陸分離成為固定化，以順理成章的製造「兩個中國」的陰險企圖。

中國人民解放軍進行了一系列周密準備，在各個戰略要地部署

駐紮了軍隊，並對侵犯大陸領空的國民黨空軍予以迎頭痛擊，奪取了福建上空的制空權。8月6日，臺灣當局命令軍隊進入緊急戒備狀態，並迅速增兵沿海諸島，為增強蔣介石的力量，美國也提供了一定軍事援助。

8月23日，中國人民解放軍福建前線部隊對大小金門島進行了大規模炮擊，前線部隊的36個地面砲兵營和6個海岸砲兵營一起向金門猛烈開炮，重創國民黨軍，極大地破壞了其相應軍事設施，取得了此次炮擊的重大勝利，實現了對大小金門和大擔、二擔等島嶼的嚴密封鎖。此後，中國人民解放軍繼續實施對國民黨軍的軍事打擊，大小戰役不斷打響。臺海地區的炮火硝煙令美國深覺不安，美國迅速增加第七艦隊軍事力量，短時間內在臺灣海峽集結了7艘航空母艦、3艘重巡洋艦、40餘艘驅逐艦。美國空軍巡邏隊和海軍陸戰隊也進駐臺灣和菲律賓。此外海軍陸戰隊近4000人在臺灣登陸。

9月3日，毛澤東決定從次日起對金門暫停炮擊三天。9月4日，中國政府即發表聲明，宣布中華人民共和國領海寬度為12海里，包括大小金門島、大擔、二擔等島嶼，一切外國飛機和軍用船舶，未經中國政府許可，不得進入中國領海及其上空。中國政府暫停炮擊、明確領海，是有著深刻用意的，主要是為了探測美國的動向，搞清美國究竟要在臺灣和金門馬祖問題上準備介入多深，其長遠的戰略意圖是什麼。這種酣戰之中暫停作戰的舉措具有非同尋常的意義，唯有做到「知己知彼」，方可在這場複雜的軍事、政治、外交鬥爭中應對自如，制定出最為恰切的對策。

金門受到中國人民解放軍的炮轟並被嚴密封鎖，供給困難，島上的國民黨軍陷入困境，臺灣當局緊急向美國求援。9月7日，美國軍艦公然為國民黨軍運輸船和軍艦護航。對此，毛澤東作出指示：一照打不誤；二只打蔣艦，不打美艦。9月8日，福建前線實

施了一次大規模炮擊，炮擊持續5個多小時。11日，人民解放軍又炮擊3個多小時。在這兩次大規模炮擊行動中，為國民黨軍護航的美國軍艦均在蔣艦遭受炮擊時倉皇逃離戰場，至外海處觀望，並未妄自採取軍事行動。由此可見，美國出於自身利益和潛在目的（即製造「兩個中國」）並不願意捲入這場戰爭之中直接與中國方面對立衝突。

洞悉美方的態度，一方面中國人民解放軍將火力集中於打擊國民黨軍。9月11日後，又增調一些部隊陸續入閩作戰，使參加炮擊的地面砲兵力量達到14個團又7個營又14個連；參戰的海岸砲兵也增加至8個連，對國民黨軍隊實施軍事壓力。另一方面，中國政府積極準備和美國重新開始中斷九個月之久的大使級會談。9月6日，周恩來發表《關於臺灣海峽地區局勢的聲明》，闡明中國政府在臺灣問題上的立場和原則，反對任何外來干涉，尤其是反對美國的侵略和干涉，並建議「同美國政府坐下來談判」，以利於緩和臺海地區的緊張局勢。

面對國際輿論的巨大壓力，美國政府立即同意恢復中美大使級會談，9月15日在波蘭首都華沙，中美雙方的代表再次坐到了一起。儘管中方代表王炳南受命在會談中採取委婉、策略的方式，但再次回到會談桌上的美國依然堅持其在臺灣問題上的錯誤政策，態度頑固，沒有絲毫改變，缺乏誠意，因此會談未取得任何突破性進展。

在複雜的臺海形勢中，毛澤東高瞻遠矚，認為金、馬留在蔣介石手裡，就保留了一個大陸與臺灣對話的渠道；如果把金、馬收回，美國就會把臺灣孤立起來，造成「兩個中國」的局面。因此中國政府在與美國繼續會談的同時，為粉碎美國製造「兩個中國」的陰謀，決定對金門採取「打而不登，封而不死」的戰術方針。接下來一段時期內，中國人民解放軍斷續對金門進行炮擊，但是火力猛

烈程度已經降低，且不以進占金門為目的，這也令蔣介石更加堅定了其駐守金、馬的決心，不輕易聽從美國從該地區撤軍的動員。

配合軍事行動的變化，中國政府的對臺重心轉移到了政治攻勢方面。10月6日，以國防部長彭德懷的名義發表了由毛澤東親自起草的《告臺灣同胞書》，文告首先強調說明「我們都是中國人，三十六計，和為上計」，並宣布「以沒有美國人護航為條件」暫停炮擊7天，以方便金門地區國民黨軍「充分地自由地輸送供應品」。10月13日，又宣布繼續停止炮擊兩星期，以使金門軍民同胞得到充分補給。

但是10月19日，美國軍艦再次為國民黨軍護航侵入金門海域。此外，美國國務卿杜勒斯計劃將於21日訪臺。中央軍委立即作出決定，提前恢復炮擊。10月20日，福建前線部隊向金門實施了大規模炮擊。10月25日，彭德懷又發表了由毛澤東起草的《再告臺灣同胞書》。文告宣布「仍以不引進美國人護航為條件」，規定「逢雙日不打金門的飛機場、料羅灣的碼頭、海灘和船隻，使大金門、小金門、大擔、二擔大小島嶼上的軍民同胞都得到充分的供應，包括糧食、蔬菜、食油、燃料和軍事裝備在內」，以利其長期固守，而且還宣布如有不足，只要開口，人民解放軍可以供應。文告同時說明「逢單日，你們的船隻、飛機不要來。逢單日我們也不一定打炮，但是你們不要來，以免受到可能的損失。這樣，一個月中有半月可以運輸，供應可以無缺」。這就基本明確了對金門「單日打炮、雙日不打」的方針。一般我方炮擊都不以對方軍隊陣地和居民駐地為目標，逢年過節還要停炮三天，對金門的炮擊進行到後期，砲彈已經不再是具有殺傷力的炸藥，而改裝宣傳品。這場戰爭也日益演變為象徵性色彩濃厚的戰爭。對於這種雙日不打單日打、事先向對方進行通告的做法，美國方面感到極其困惑不解。艾森豪懷疑：「我奇怪我們是不是在進行一場滑稽歌劇式的戰爭。」然而在這場令艾森豪也為之迷惑的「滑稽歌劇式的戰爭」中，中國政府

始終掌握著主動權，一旦時機必須，就決不含糊的真槍實彈。11月3日，為影響美國選舉，反對美國政府的「戰爭邊緣政策」和干涉中國內政的行徑，毛澤東指示大打一天。1959年1月3日金門國民黨軍炮擊大陸沿海村莊，為懲罰國民黨軍，福建前線砲兵奉命於1月7日對金門實施大規模炮擊，發射砲彈2.6萬餘發。1960年6月，艾森豪公然出訪臺灣。中國人民解放軍福建前線司令部發表《告臺、澎、金、馬軍民同胞書》，宣布按例於17、19日兩天打炮，以特殊方式對艾森豪進行「迎送」，並提醒當地同胞儘量避免炮火危險。

這樣「打打停停，半打半停」、只有少數幾次真打的「炮戰」，從1958年秋冬一直延續到1979年元旦，整整打了20年。從這個過程可以看出，最初的炮擊是真正意義上的戰鬥，是對美國和臺灣國民黨軍的武裝騷擾、挑釁進行有效打擊的必要步驟；後來的炮擊則逐漸轉變為一種策略，更主要的是為了粉碎美國企圖實現「劃峽而治」、製造「兩個中國」的陰謀。

五、國共雙方聯手抗擊美國所謂「劃峽而治」

1954年9月，第一次臺海危機發生後，美國企圖藉機實現臺海狀況的固定化，使「一中一臺」成為既定事實，於是蠢蠢欲動。經過一番預先精心策劃，美國決定將臺海局勢問題交由聯合國安理會討論決定。但此事需要由一個會員國提出，美國並不打算此時親自出面，於是在其盟國英國的支持下暗地裡授意、指使紐西蘭充當這一角色，紐西蘭遂領命於1955年1月28日向聯合國安理會提出了關於臺灣海峽兩岸對立雙方停火的提案。紐西蘭的這一提案把中國解放臺灣和沿海島嶼的內政問題說成是「國際衝突」，要聯合國出面「斡旋停火」，將本屬中國內政的問題國際化，意圖完全是要製造「兩個中國」，以使海峽兩岸關係從此固定化。對紐西蘭的提案，蘇聯清楚其幕後主使者為美國，因此針鋒相對地提出了一個制止美

國侵略中國的提案。1月31日，安理會通過決議，把兩項提案都列入議程，但要先討論紐西蘭提案，然後再討論蘇聯提案，並決定邀請中華人民共和國代表與會，一起參加討論紐西蘭提案。

對於來自聯合國的這一邀請，中國政府深知其意在何處。2月3日，周恩來在致聯合國秘書長哈馬紹的覆電中堅決反對干涉中國內政、掩蓋美國對中國侵略行為的紐西蘭提案，表示在蔣介石集團代表仍占據聯合國中國合法席位的情況下，中華人民共和國不能派代表參加安理會的討論，在沒有中華人民共和國代表參加的情況下安理會對有關中國問題的任何決議都是非法的、無效的。中國政府明確表明了對提案的態度。此後，周恩來分別在同瑞典大使雨果·維斯特朗和印度大使賴嘉文的談話中指出，紐西蘭提案包含著陰謀，企圖把屬於任何外國或聯合國都無權干涉的中國內政的事情，放在國際舞台上，要在臺灣地區造成「兩個中國」的形勢，要割裂中國領土；因此，中方不能同意紐西蘭的提案，也完全有理由拒絕參加此次討論。

對於紐西蘭的提案，臺灣當局同樣持強烈反對意見。蔣介石明確表示反對紐西蘭提案的態度，他認為紐西蘭的提案只會對共產黨有利，但是他也敏感的指出沿海島嶼停火和中立只是第一步，下一步就是臺灣中立化，再接下去就是中共進入聯合國，形成兩個中國，然後直至臺灣被共產黨接管。他向美國指出，如果臺灣贊同這個議案，那麼對國民黨軍隊、生活在臺灣的老百姓、海外華人和大陸的中國人將產生「毀滅性影響」。因此，他致電指示臺灣駐華盛頓「大使」顧維鈞，指示其「對紐西蘭在安理會的行動應予以極大保留，它將引起巨大的疑惑、憂慮和誤解，並將鼓勵和支持那些正在以『兩個中國』為目標的人。」2月8日，蔣介石在臺北國父紀念日大會上發表講話，斥責紐西蘭提案，是「不守正義，不講公理，乘人之危，落井下石」，「所謂『兩個中國』的奇論，尤其荒謬絕倫」。2月14日，蔣介石再次在中外記者招待會上說：「『兩

個中國」的說法，真是荒謬絕倫。在四千餘年的中國歷史上，雖間有賣國賊勾結亂寇叛亂之事，但中華民族不久終歸於一統。」後來，蔣介石又進一步說：「臺灣和大陸本屬一體，骨肉相關，休戚與共。」雖然從狹隘的立場出發，國民黨認為「停火」無異於要臺灣放棄「反攻大陸」的計劃，是有利於中國共產黨的舉措，但是臺灣當局直至蔣介石本人堅決反對美國製造「兩個中國」的陰謀是確定無疑的，也是值得肯定的。

由於海峽兩岸都堅決反對紐西蘭提案，提案遇到的困難是美國始料未及的。2月15日，蘇聯代表在安理會譴責紐西蘭提案，並要求討論蘇聯提案，但是遭到美英拒絕。雙方僵持不下，安理會只得決定無限期擱置討論。美國暗中操縱的紐西蘭提案最終破產，美國的如意算盤落空。

1958年8月23日，第二次臺海危機爆發，臺海局勢再度緊張。還是早在1956年2月8日，臺灣當局新任駐美「大使」葉公超在答覆美國立法院有關外交的詢問時就堅定的表示：「我政府決心堅持外島，任何國家不能迫我方放棄外島。」對於金、馬等島嶼，臺灣當局誓與占據，絕無退讓之心。這與美方主張其放棄外島，僅孤立駐守於臺灣島本身與大陸對峙，從而達到其製造「兩個中國」的企圖南轅北轍。而且美國公眾輿論也不希望美國軍隊捲入臺海地區的衝突，美國決策者不能不顧及國內公眾的意願。因此，在臺灣當局試圖保障其外圍島嶼的軍事行動上，美國的支持是甚為有限的，歷來不是很積極。

1958年8月的金門炮擊來勢十分兇猛，蔣介石據此斷定目前的臺海局勢已經形成了金、馬爭奪戰關係臺灣存亡的印象，而且可以借此戰機使得這種印象進一步強化，最終迫使美國也參與進來，因此金門炮戰伊始，蔣介石便拚命拉美國下水，要求美國共同襲擊中國大陸福建沿海地區。美國從製造「兩個中國」的陰謀出發，未同

意蔣方要求，雙方發生分歧、爭執。

　　1958年10月21日，時值解放軍繼續停止炮擊兩星期之際，美國國務卿杜勒斯趁機訪臺。杜勒斯聲稱此行目的是為完成所謂「和平使命」，實則是借此停火之機壓迫蔣介石將軍隊撤出沿海島嶼，放棄金、馬，使美國「劃峽而治」的要求順理成章的得以實現。中共中央對美國的態度早已瞭然於胸，因此決定以特殊的方式——恢復對金門的炮擊助臺堅定占據金、馬的決心，徹底粉碎美國的陰謀。

　　杜勒斯抵達臺灣後一直試圖說服蔣介石聽從美國意見，並在會談期間向蔣介石提交了一份書面文件。臺灣「外交部長」黃少谷斥責杜勒斯的書面文件的建議「幾乎是動搖中華民國的基礎。這等於讓本政府自願承認接受『兩個中國』的概念」，接受這樣的建議是不可能的。此時，金門戰火又重新燃起，根本不是美國期待中的風平浪靜，美國也就失去了藉以向臺灣方面進行強勢說服、施加政治壓力的依據。因此在固有的分歧之上，美臺雙方經過一番激烈的討價還價，於23日達成聯合公報。在公報中，美國承認「金門、馬祖與臺灣、澎湖在防衛上有密切之關聯」，「中華民國是自由中國的以及廣大中國人民所抱的希望和願望的真正發言人」；臺灣當局則在公報中宣布放棄軍事「反攻大陸」口號，稱「恢復大陸人民之自由的主要途徑，為實行孫中山先生之三民主義，而非憑藉武力」。這一公報，美臺雙方互有妥協，都做了某種程度的讓步。但是蔣介石所代表的臺灣當局始終堅守「一個中國」理念的底線，不肯以此做交易，再次打亂了美國推行「兩個中國」的計劃，讓美國也感到無可奈何。

　　兩次臺海危機前後相繼，從規模、影響和意義上講，第二次臺海危機要遠遠超過第一次臺海危機。但在兩次臺海危機中，無論見解分歧存在多麼大的差距，國共雙方領導者均有一致的共同點

——反對「兩個中國」。也正是基於這樣的共同點，中國政府並沒有打算真正拿下金門、馬祖等地區，而是把金、馬等保留在臺灣當局手中，作為連接大陸與臺灣的紐帶，以此反對美國使臺灣與大陸的分離永久化的企圖，維護了「一個中國」的局面。

第四節　中美三個聯合公報與中日建交及臺灣問題

從1960年代到70年代，中美兩國開始了兩國關係正常化艱難曲折的歷程，儘管中美兩國有約束和解決臺灣問題的《上海公報》與《建交公報》，但臺灣問題始終如幽靈般困擾雙方關係的健康發展，因此到80年代初，中美針對美對臺軍售問題簽署了《八一七公報》。日本在這一時期的對外戰略方面一直追隨美國，但是在對華關係和臺灣問題上也表現出了強烈的利益訴求。

一、中美《上海公報》的簽署與美方承認「一個中國」

1950年代中至60年代初是蘇美爭霸的第一階段。此階段雙方關係既有緩和的一面，又有緊張的一面。其中1959年赫魯雪夫訪美在戴維營舉行會談，表明美國實際上承認了蘇美同是超級大國的事實。「柏林牆」的修築和「古巴導彈危機」，由此蘇聯已走上同美國進行全球爭奪的道路，同時也表明當時的戰略優勢仍在美國方面。另一方面，由於蘇聯推行大國沙文主義和在國際共產主義陣營中的大黨主義，導致50年代末中蘇兩黨關係陷入停滯，而兩國則從關係破裂發展到接近全面戰爭的邊緣，所以60年代大部分時期中國面對的國際環境十分不利，處於兩個超級大國的夾擊之下，對外戰略也是「兩個拳頭打人」。

60年代中至70年代末，是美蘇爭霸的第二階段，此時轉換為

「蘇攻美守」。此時的蘇聯經濟實力與美國的差距大為縮短，蘇聯的擴張野心不斷膨脹。布里茲涅夫執政時期的主要戰略目標，已是要與美國爭奪世界霸權的積極進攻戰略。1979年蘇軍出兵阿富汗，直接實行軍事占領，標誌著蘇聯霸權主義政策發展到了頂點。而這一階段的美國，受經濟危機的衝擊，又因侵越戰爭的困擾和挫折，軍事實力被蘇聯趕上，在爭霸中處於守勢。

1960年代初期及中期，美國的甘迺迪和詹森總統執政，他們繼續奉行「兩個中國」的政策，加上中國於60年代中期發動了「文化大革命」，中美關係一直僵持不下，唯一的溝通渠道是馬拉松式的中美大使級會談；當然，在詹森執政後期逐漸認識到了中國的重要性，表達了一定的改善中美關係的願望。同期，臺灣的蔣介石政權一直想著「反攻復國」，但是沒有得到美國政府的支持，因此國共雙方的對峙一直在繼續。

1969年尼克森入主白宮，在就職演說中，他再次含蓄地表達了緩和對華關係的主張：「我們謀求建立一個開放的世界」，「在這個世界裡，大小國家的人民都不會怒氣衝衝地處於與世隔絕的地位。」他就任美國總統後，對外戰略從進攻轉為防禦。這種調整的基本傾向是收縮美國的海外態勢，收縮的重點在亞洲，同時試圖與中國結盟對抗蘇聯。1969年3月，在同法國總統戴高樂（Charles De Gaulle）的一次會談中，尼克森提出希望與中國開展對話，並請求法國向中國轉達他的這個意向。

1969年3月，中蘇珍寶島之戰將已經惡化的中蘇關係降到了冰點。面對嚴峻的國際形勢，1969年3月至10月，毛主席和周總理指定陳毅為召集人，與葉劍英、徐向前、聶榮臻三位老帥一起開了23次國際形勢座談會，就當時的國際形勢，特別是國際戰略格局和大三角關係的變化以及對中國外交政策的影響，就尼克森總統上台後美國對華政策的變化等戰略問題進行了深入的研究和分析。老

帥們先後向毛主席和周總理提交了《對戰爭形勢的初步估計》和《對目前形勢的看法》兩個報告。老帥們認為，美蘇的爭奪和矛盾是第一位的，因此，美蘇單獨或聯合發動對華戰爭的可能性不大，美國的戰略重點在西方，蘇聯對我安全構成的威脅比美國大，因此，中國應利用美蘇之間的矛盾，儘早恢復中美大使級會談，打破中美關係僵持局面。同年十二月，中美恢復華沙大使級會談。國際形勢座談會為毛主席和黨中央做出對外戰略調整以及改善中美關係的重大決策提供了正確的判斷和科學的論證。

　　中美雙方都在積極把握住改善中美關係的契機。1971年4月3日，在第31屆世乒賽即將結束的時候，中國外交部及國家體委就是否邀請美國乒乓球隊訪華問題向中央請示。經過3天的反覆考慮，4月6日毛澤東在比賽閉幕前夕決定邀請美國隊訪華。4月7日，美國白宮發言人在新聞發布會上說：「美國政府對美國乒乓球隊計劃中的北京之行表示歡迎。」他還指出：「總統在向國會提交的對外政策報告中清楚地表明，他歡迎中華人民共和國人民同美國人民之間的接觸。」1971年4月10日，美國乒乓球代表團和一小批美國新聞記者抵達北京，成為自1949年以來第一批獲准進入中國境內的美國人。14日，周恩來在人民大會堂接見美國乒乓球隊時說：「你們在中美兩國人民的關係上打開了一個新篇章。我相信，我們友誼的這一新開端必將受到我們兩國多數人民的支持。」1972年4月11日，中國乒乓球隊回訪美國。由此，以毛澤東、周恩來為首的中國領導人成功地以「小球轉動了大球」，成為中美外交史上一段膾炙人口的佳話。

　　「乒乓外交」之後，中美之間正式的官方溝通提上了議事日程。1971年4月27日，中國透過巴基斯坦渠道正式送交美國一份照會。照會說：「中國政府重申它願意在北京公開接待美國總統本人，以便直接進行會晤和討論。」第二天，尼克森交給季辛吉祕密訪問中國的任務。

7月8日，季辛吉在訪問巴基斯坦期間，祕密登上了巴基斯坦航空公司的波音707飛機飛抵北京。7月9日至11日，周恩來同季辛吉進行了會談。會談時，雙方著重討論了臺灣問題。周恩來堅持，美國必須承認臺灣是中國的一個省，臺灣問題是中國的內政，因而不容外人干涉；美國還必須確定撤走駐臺美軍的期限，並廢除美蔣《共同防禦條約》。

　　季辛吉表示：（1）承認臺灣屬於中國。（2）美國不再與中國為敵，不再孤立中國，在聯合國內將支持恢復中國的席位，但不支持驅逐蔣介石集團的代表。（3）美國準備在印度支那戰爭結束後一個規定的短時期內撤走其駐臺美軍的三分之二，至於美蔣《共同防禦條約》，美國認為歷史可以解決這個問題。

　　1971年10月25日，第二十六屆聯大以59票反對、55票贊成、15票棄權否決了所謂「重要問題」案。接著以76票贊成、35票反對、17票棄權的壓倒多數通過了阿爾巴尼亞、阿爾及利亞等23國的提案（即聯合國歷史上著名的聯大2758號決議），決定恢復中華人民共和國在聯合國的一切合法權利，並立即把國民黨集團的代表從聯合國及所屬一切機構中驅逐出去。這個提案從政治上、法律上、程序上公正徹底地解決了中國在聯合國的代表權問題。第二十六屆聯大恢復中華人民共和國在聯合國的合法權利，這是中國外交工作一次重大突破。同時，使中美關係的改善成為時代潮流，中美關係中臺灣問題的邊緣化趨勢日益明顯。

　　1972年2月21日至28日，美國總統尼克森正式訪華。尼克森此次訪華是20世紀國際外交史上最重大的事件之一。22日，周恩來總理同尼克森總統在北京人民大會堂舉行會談，就中美關係正常化及雙方關心的其他問題進行了討論。周恩來表示：臺灣問題是阻礙兩國關係正常化的關鍵。尼克森表示：美國承認世界上只有一個中國，臺灣是中國的一部分。

2月28日，中美兩國發表了指導兩國關係的《中美聯合公報》，中美交往的大門終於被打開。《中美聯合公報》是中美兩國簽署的第一個指導雙邊關係的文件。它的發表，標誌著中美隔絕狀態的結束和關係正常化進程的開始。

《公報》列舉了雙方在重大國際問題上的不同觀點和看法，承認「中美兩國的社會制度和對外政策有著本質的區別」。但是《公報》強調指出，雙方同意在和平共處五項原則的基礎上處理國與國之間的關係和國際爭端。

關於臺灣問題，中國方面在《公報》中重申自己立場：臺灣是阻礙中美兩國關係正常化的關鍵問題；中華人民共和國政府是中國的唯一合法政府；臺灣是中國的一個省，早已歸還中國；解放臺灣是中國內政，別國無權干涉；全部美國武裝力量和軍事設施必須從臺灣撤走。中國政府堅決反對任何旨在製造「一中一臺」、「一個中國、兩個政府」、「兩個中國」、「臺灣獨立」或鼓吹「臺灣地位未定」的活動。

在1972年的中美《上海公報》中，美國政府表示：「美國認識到，在臺灣海峽兩邊的所有中國人都認為只有一個中國，臺灣是中國的一部分。美對這一立場不提出異議。它重申它對由中國人民自己和平解決臺灣問題的關心。考慮到這一前景，它確認從臺撤出全部美國武裝力量和軍事設施的最終目標。在此期間，它將隨著這個地區緊張局勢的緩和逐步減少它在臺的武裝力量和軍事設施。」這是頗為耐人尋味的一段話，從中可以解讀出許多美國對華、對臺政策的內涵。

可以看出，美國政府在第一次與中華人民共和國打交道的正式文件中已正式承認只有一個中國，臺灣是中國的一部分。儘管美國的立場與中國政府的要求還有相當大的差距，但與美國20多年堅持的「臺灣地位未定論」，公開製造「一中一臺」、「兩個中國」

的立場相比，不能不說是一次大的變動。它畢竟等於承諾今後不可能再明目張膽地鼓勵和支持臺灣搞「獨立」。應該說此次對臺政策的變動是向中國大陸立場的傾斜。然而，美國在《上海公報》對臺問題的表述中，採用了海峽兩岸可有不同的理解、雙方均可接受的模稜兩可的措辭。即：美國只是認識到「只有一個中國」，是中華人民共和國，還是中華民國，可由大陸和臺灣自行理解。在尼克森訪問中國以及此前的季辛吉祕密訪華的會談中，美方仍堅持三點，第一，還不能承認中華人民共和國是中國的唯一合法政府；第二，沒有規定從臺撤出軍事力量的時間；第三，把和平方式解決臺灣問題作為美國從臺撤軍的先決條件。這些充分證明美國在千方百計為日後與臺保持實質性關係留下伏筆。美對臺政策的第一次變動，並沒有動搖其對臺根深蒂固的立場，美臺關係的穩定性並未輕易改變。

事實上，美國並不打算放棄美臺軍事關係，而是在保有「哪一個中國」的解釋選擇權的同時，長期保持其對臺灣的軍事控制，並使之成為限制中國走向統一的控制權。就在《上海公報》公布不到10天之際，1972年3月6日，尼克森總統會見了臺灣駐美「大使」沈劍虹，並解釋說：《上海公報》既不是條約也不是協議，只是一份共同聲明而已。在我們兩個國家之間，我們有《共同防禦條約》，美國政府決心遵守它對中華民國的義務。據統計，僅在尼克森訪華後的三年中，美國政府透過各種渠道向臺灣作出過52次類似的保證。儘管根據新亞洲政策和《上海公報》的精神，美國從1970年代初開始逐步減少對臺軍事援助和在臺灣的軍事人員及裝備，然而同期美國卻大幅度增加對臺灣的軍事裝備的銷售，1974年與1972年相比增加了1倍。臺灣可用現款或貸款購買美國生產的軍事裝備。其中，1972年11月美國交付兩艘先進潛艇。1973年4月，又送去3艘驅逐艦。同年，美國政府批准一項2.5億美元的軍事貸款協議，支持美國公司在臺灣聯合生產F5E戰鬥機，其中一部分

成品賣給臺灣空軍。

從《上海公報》及公報之後的美國對臺政策可以看出：美國對華政策雖有較大的鬆動，但其「一個中國」的原則只是名義上承認中國的領土完整應包括臺灣在內，實際上對既存的美臺官方關係沒做任何事實上的改變，其實質依然是「兩個中國」。

二、中美建交「三原則」與中美《建交公報》的簽署

尼克森1972年訪華時曾承諾，如果大選獲勝他將在第二屆總統任期內實現中美關係正常化。1973年尼克森連任總統。1974年8月8日晚9時，尼克森在白宮舉行最後一次記者招待會，宣布因為「水門事件」辭去總統職務。1974年8月9日，傑拉德·福特繼任總統。

1974年8月12日，福特在致國會的第一次內外政策報告中談到對華政策時說：「對於中華人民共和國……我保證繼續信守《上海公報》的原則。在這些原則上建立起來的新關係已經表明，它是符合雙方的重要的、客觀的利益的，而且已經成為世界局勢的一個持久特徵。」

1974年11月下旬，福特總統派國務卿季辛吉再次訪華。由鄧小平副總理同季辛吉進行了會談，鄧小平指出在建交問題上美方提出的「倒聯絡處」的方案，中國不能接受；中美關係正常化要以「三原則」為前提，即美國必須同臺灣斷絕外交關係，廢除美臺《共同防禦條約》和從臺灣撤出一切軍事力量；在美國同臺灣斷交、廢約、撤軍後，臺灣問題應由中國人自己去解決，那是中國的內政，用什麼方式解決也是中國人自己的事。

儘管福特總統和季辛吉國務卿都保證，促進中美關係正常化是他們外交的首要工作，但實際上1974至1975年間中美關係正常化沒有多大進展。福特總統於1975年12月1日到4日訪問中國，福特

總統的訪問雖然沒有取得多少實質性的成果，但他透過做出新的承諾及確認《上海公報》的原則，基本上維持了中美關係的穩定，避免了在大選年中美關係的滑坡。1976年，福特在與吉米·卡特競選美國第39任總統中失利，迅速淡出了美國和國際社會的政治大舞台。

1977年1月，吉米·卡特入主白宮，成為美國第39任總統。1976年底，卡特當選美國總統後，雖然仍將美蘇關係置於中美關係之上，但隨著蘇聯在世界各地的積極擴張，卡特對蘇聯的看法發生了急劇的變化。加上此時中國正開始全力發展經濟，擴大對外經濟交往，卡特政府越來越感到早日實現中美關係正常化符合美國的戰略需要和經濟利益，於是開始實施聯華抗蘇的戰略轉移，積極推動中美關係正常化。

1977年8月22日，卡特總統委派范錫國務卿訪華，次日鄧小平會見萬斯時闡明中國的立場說，如果要中美建交，就是三條前提：廢約、撤軍、斷交；為了照顧現實，中國還可以允許保持美臺間非官方的民間往來；至於臺灣同中國統一的問題，還是讓中國人自己來解決，中國人是有能力解決這個問題的，奉勸美國朋友不必為此替中國擔憂。

經過中美雙方多輪接觸後，1978年5月20日，力主中美關係正常化的美國國家安全事務助理布里辛斯基一行十人訪華。黃華外長與之舉行了會談。鄧小平副總理與之進行了實質性談話，布里辛斯基開場就說，我一開始就想向你表示我們推進正常化進程的決心。我可以代表卡特總統說，美國在這個問題上已經下定決心。5月21日，鄧小平與布里辛斯基再次舉行了小範圍的會見，布里辛斯基再次重申美國接受中國提出的三個條件，並重申前任政府的五點聲明，表示建交之後，在臺灣不會有美國的領事館。他還說，在建交時，美國需要發表單方面的聲明，希望臺灣問題得到和平解決，希

望不會明顯遭到中國方面的批駁。鄧小平表示接受美方的建議，他說，很高興聽到卡特總統的這個口信。在這個問題上，雙方的觀點都是明確的，問題就是下決心。如果卡特總統是下了這個決心，事情就好辦。布里辛斯基的訪問給正常化進程注入了新的動力。

經過三年多緊張激烈的建交談判，中美兩國最終在擱置分歧、求同存異的基礎上達成了協議。1979年元旦，中美兩國正式建交。《中美建交公報》全稱《中華人民共和國和美利堅合眾國關於建立外交關係的聯合公報》，於1979年1月1日正式發布，宣布中華人民共和國與美國建立正式的大使級外交關係。中華人民共和國和美利堅合眾國關於建立外交關係的聯合公報的全文如下：

中華人民共和國和美利堅合眾國商定自一九七九年一月一日起互相承認並建立外交關係。美利堅合眾國承認中華人民共和國政府是中國的唯一合法政府。在此範圍內，美國人民將同臺灣人民保持文化、商務和其他非官方關係。中華人民共和國和美利堅合眾國重申上海公報中雙方一致同意的各項原則，並再次強調：

——雙方都希望減少國際軍事衝突的危險。

——任何一方都不應該在亞洲太平洋地區以及世界上任何地區謀求霸權，每一方都反對任何國家或國家集團建立這種霸權的努力。

——任何一方都不準備代表任何第三方進行談判，也不準備同對方達成針對其他國家的協議或諒解。

——美利堅合眾國政府承認中國的立場，即只有一個中國，臺灣是中國的一部分。

——雙方認為，中美關係正常化不僅符合中國人民和美國人民的利益，而且有助於亞洲和世界的和平事業。

中華人民共和國和美利堅合眾國將於一九七九年三月一日互派

大使並建立大使館。

在《上海公報》中美國只是認識到「只有一個中國」，從建交公報可以看出美對臺政策有根本改變，一是從只承認臺灣是中國的一部分變為承認中華人民共和國是唯一合法政府；二是從對臺建交、締約、駐軍轉變為「斷交、廢約、撤軍」；三是美臺關係從「官方關係」轉變為「文化、商務和其他非官方關係」。

1970年代，美國對臺政策的變動性強於穩定性。在理論上、文字上、法律上以及外交活動中美臺關係的變動是實質性的，是從官方關係到非官方關係；從雙方遵守《共同防禦條約》到「終止」條約執行；從美軍駐紮臺灣到被迫撤軍的變動，此變動方向，基本上是逐步接近中國大陸的立場。

三、《臺灣關係法》的通過導致臺灣問題的複雜化

1978年12月31日，臺灣駐美大使館降旗，臺灣「外交部」宣布同美國斷交，美國與臺灣的官方關係由此正式結束。與此同時，美國政界內的親臺分子堅決反對斷絕美臺官方關係，尤其是美國國會內親臺政治勢力反對卡特對華政策的活動最為猖獗。對卡特政府來說，比調整與臺灣關係更難的是處理與國會的關係。

1978年5月，布里辛斯基訪華後，美國參議院預感到中美關係的發展勢頭加快，為了防止行政當局不與國會商議就在對華政策方面採取什麼步驟，參議院於7月提出了《國際安全援助法》修正案，或曰《多爾·斯通修正案》。該修正案要求，「影響（美臺）共同防禦條約繼續有效的任何政策改變都須事先經過參議院與行政當局的磋商」。該修正案以94票對0票獲得通過，並於9月26日由卡特總統簽署成為法律。此後不久，高華德與24名議員又提出一項議案，要求總統未經與參議院商量並徵得參議院同意，不得單方面採取任何行動廢止和影響美臺之間和其他防禦條約。

事實上，1979年中美建交之後，在廢除《美臺共同防禦條約》之後，卡特政府出於平衡國會內親臺勢力的考慮，同時為了提醒和維護美國在臺利益，就美臺關係作立法調整而提出了《臺灣授權法案》。據瞭解，這個法案是提醒中國大陸重視美國在臺安全利益。但是在國會討論時，參眾兩院分別提出修正案，加進了所謂保證臺灣安全的條款以及「向臺灣提供防禦性武器」和「維護並促進全體臺灣人民的人權」等條款，並且實質上繼續把臺灣當作國家。因此，在一些重大問題上直接違反了中美建交公報。

　　1979年3月13日，美國國會參眾兩院分別通過了《臺灣關係法》。1979年4月10日經由卡特總統簽署後成為法律。該法共有18條和數十款。該法共18條，其中最關鍵的是關於美國對臺灣安全的承諾和臺灣的國際地位兩條。該法第二條宣布：

　　——美國決定同中華人民共和國建立外交關係是基於臺灣的前途將透過和平方式決定這樣的期望。

　　——認為以非和平方式包括抵制或禁運來決定臺灣前途的任何努力，是對西太平洋地區的和平和安全的威脅，並為美國嚴重關切之事。

　　——向臺灣提供防禦性武器。

　　——使美國保持抵禦會危及臺灣人民的安全或社會、經濟制度的任何訴諸武力的行為或其他強制形式的能力。

　　該法第三條又規定：

　　——美國將向臺灣提供使其能保持足夠自衛能力所需數量的防禦物資和防禦服務。

　　——總統和國會完全根據他們對臺灣的需要的判斷並依照法律程序來決定這類防禦物資和服務的性質和數量。對臺灣防禦需要做出的這類決定，應包括美國軍事當局為了向總統和國會提出建議

所做出的估計。

——總統將對臺灣人民的安全或社會、經濟制度的任何威脅，並由此而產生的對美國利益所造成的任何危險迅速通知國會。總統和國會應依照憲法程序決定美國應付任何這類危險的適當行動。

而且，「凡當美國法律提及或涉及外國和其他民族、國家、政府或類似實體時，上述各詞含意中應包括臺灣，此類法律亦適用於臺灣」。從上述引文可以看出《臺灣關係法》是對《中美建交公報》的否定，是用變相方式對終止的美臺《共同防禦條約》的恢復。其實質一是重申了美臺穩定的官方關係。所謂「保持同臺灣人民的商務、文化和其他關係」中的「其他」實際上已涵蓋了美臺「官方關係」；二是繼續關切臺灣安全，繼續保持美臺軍事同盟關係；三是仍把臺灣作為一個獨立的政治實體對待，為美繼續堅持「兩個中國」、「一中一臺」立場，繼續干涉中國內政提供法律依據。

在美國一些政要看來，《臺灣關係法》效力優於三個聯合公報（包括之後《八一七公報》），特別是在三個聯合公報同《臺灣關係法》相互抵觸時，應優先適用《臺灣關係法》，因為聯合公報是由美國政府與別國簽訂的，只是政府的一種具體行政行為，沒有經過國會。而《臺灣關係法》則是由美國國會參眾兩院通過，並由總統簽署的正式法律，而且是效力高於判例的制定法。

美國不顧中方一再表示的嚴正立場，通過了《臺灣關係法》，對此中方十分氣憤。1979年4月19日，鄧小平在會見以丘奇為首的參議院外委會訪華團時指出：「中美兩國關係正常化的政治基礎就是只有一個中國，現在這個基礎受到了干擾；中國對美國國會通過的《臺灣關係法》是不滿意的，這個法案最本質的一個問題，就是實際上不承認只有一個中國；卡特總統表示他在執行這個法案時要

遵守中美建交協議，中國正在看美國以後所採取的行動。」

四、《八一七公報》的簽署與美對臺軍售的「尾大不掉」

1978年中美建交談判時，美國對臺灣出售武器的問題並沒有得到根本解決。當時考慮到中美關係的大局，雙方決定暫時擱置這一分歧，希望過一段時間後能夠徹底解決這一問題。在建交公報公布的當天，中國方面還就美方在談判中提到的在正常化後美方將繼續有限度地向臺灣出售防禦性武器的問題闡明自己的立場——堅決不能同意。因為這不符合兩國關係正常化的原則，不利於和平解決臺灣問題，對亞太地區的安全和穩定也將產生不利影響。

1980年是美國大選年。在中美正式建交，而美國又與臺灣保持著非官方關係的情況下，美國對華政策特別是美國對臺軍售呈現出比以往更加複雜的情形。尤其是共和黨總統候選人雷根（Ronald Reagan）在競選初期，比任何候選人都更不遺餘力地抨擊卡特的對華政策，並稱：「如果當選，我比世界上任何事情都更想發出的一個訊息是，不會再有臺灣，不會再有越南，美國政府不會再出賣朋友和盟友了。」他在幾次講話中都提到，如果他當選，他將支持重建與臺灣的「官方關係」，他繼續稱臺灣為「中華民國」。

中國政府密切注視著美國大選中出現的種種可能導致中美關係倒退的言論和行動。6月14日，針對雷根的「反華親臺」言行，《人民日報》發表〈倒車開不得〉的社論，提出嚴厲批評。指出：「如果按照雷根聲稱的政策，美國和臺灣建立『官方關係』，這就意味著中美兩國關係正常化的原則基礎被徹底破壞，中美關係將倒退到兩國人民都不願看到的狀態。至於那種主張恢復在美國駐軍，恢復美臺『共同防禦條約』的荒謬言論，那更是對中國內政明目張膽的干涉。」

1980年11月，雷根在大選中獲勝。次年1月4日，鄧小平乘接

見美國參議院共和黨副領袖史帝文斯和共和黨少數民族委員會主席陳香梅的機會，就中美關係發表了重要談話，鄧小平指出，「中美關係不但不要停滯，而且要發展。我們對競選期間和總統就任以前的言論是注意的，但我們可以對這些言論做某種理解。我們重視的是美國新政府上任後採取的行動。」

中國始終關注美國向臺灣出售武器的問題。1月中旬，荷蘭政府不顧中國政府的多次警告，決定批准向臺灣出售潛艇。中國政府決定將中荷外交關係降為代辦級。《人民日報》評論員的文章指出，「我們決不容忍任何國家搞『兩個中國』或『一中一臺』的陰謀，也決不容忍任何同中國正式建交的國家向臺灣出售武器。中國政府在臺灣問題上的立場是堅定不移的，任何人以為中國政府和中國人民會拿原則作交易，那就大錯特錯了。」

1981年6月14日至16日，力主發展中美關係的美國國務卿海格訪問中國。這是雷根入主白宮以來中美兩國之間的首次高層會晤。鄧小平會見了海格，並就雙邊關係和共同關心的國際問題進行了深入的探討。鄧小平也著重與海格談了售臺武器問題。他說，擺在我們面前最敏感的問題還是美國向臺灣出售武器。現在臺灣海峽形勢很平靜，有什麼必要不斷向臺灣出售武器？這樣的問題涉及中國最大的政策之一，就是要統一中國，使臺灣回歸中國。我們真心誠意地希望我們兩國的關係不但不要停止在現階段的水平上，而且要發展，這對全球戰略有益。他表示，中國政府是有耐性的，但耐性是有限度的。如果美國走得太遠，中美關係可能踏步不前，甚至可能倒退。

1982年5月8日，鄧小平會見在任的美國副總統布希，鄧小平以其特有的坦率開門見山地說，中美之間的中心問題是美國向臺灣出售武器問題，它是檢驗中美關係穩固性的準則。這個問題解決好了，才可建立相互信任的關係。他指出，如果美國政府無限期地、

長期向臺灣出售武器，實際上是給臺灣提供保護傘。布希訪華後，中美之間已經原則同意達成協議，但是擬訂公報仍然是一個艱難的過程。

7月13日，美方向鄧小平遞交了雷根的一封信以及美方的公報草案。雷根在信中表示，美國不謀求，也不會無限期向臺灣出售武器，美國預期在一段時間內逐步減少售臺武器，以便導致這個問題的最終解決。

1982年8月17日，中美共同簽署並發表了與《上海公報》、《建交公報》的原則立場相一致的，關於兩國分步驟解決美國向臺灣出售武器問題的中美聯合公報，即《八一七公報》。

《八一七公報》的全稱是《中華人民共和國和美利堅合眾國聯合公報》，全文如下：

一、在中華人民共和國政府和美利堅合眾國政府發表的一九七九年一月一日建立外交關係的聯合公報中，美利堅合眾國承認中華人民共和國政府是中國的唯一合法政府，並承認中國的立場，即只有一個中國，臺灣是中國的一部分。在此範圍內，雙方同意，美國人民將同臺灣人民繼續保持文化、商務和其他非官方關係。在此基礎上，中美兩國關係實現了正常化。

二、美國向臺灣出售武器的問題在兩國談判建交的過程中沒有得到解決。雙方的立場不一致，中方聲明在正常化以後將再次提出這個問題。雙方認識到這一問題將會嚴重妨礙中美關係的發展，因而在趙紫陽總理與隆納·雷根總統以及黃華副總理兼外長與亞歷山大·海格國務卿於一九八一年十月會見時以及在此以後，雙方進一步就此進行了討論。

三、互相尊重主權和領土完整、互不干涉內政是指導中美關係的根本原則。一九七二年二月二十八的上海公報確認了這些原則。

一九七九年一月一日生效的建交公報又重申了這些原則。雙方強調聲明，這些原則仍是指導雙方關係所有方面的原則。

　　四、中國政府重申，臺灣問題是中國的內政。一九七九年一月一日中國發表的告臺灣同胞書宣布了爭取和平統一中國的大政方針。一九八一年九月三十日中國提出的九點方針是按照這一大政方針爭取和平解決臺灣問題的進一步重大努力。

　　五、美國政府非常重視它與中國的關係，並重申，它無意侵犯中國的主權和領土完整，無意干涉中國的內政，也無意執行「兩個中國」或「一中一臺」政策。美國政府理解並欣賞一九七九年一月一日中國發表的告臺灣同胞書和一九八一年九月三十日中國提出的九點方針中所表明的中國爭取和平解決臺灣問題的政策。臺灣問題上出現的新形勢也為解決中美兩國在美國售臺武器問題上的分歧提供了有利的條件。

　　六、考慮到雙方的上述聲明，美國政府聲明，它不尋求執行一項長期向臺灣出售武器的政策，它向臺灣出售的武器在性能和數量上將不超過中美建交後近幾年供應的水平，它準備逐步減少它對臺灣的武器出售，並經過一段時間導致最後的解決。在作這樣的聲明時，美國承認中國關於徹底解決這一問題的一貫立場。

　　七、為了使美國售臺武器這個歷史遺留的問題，經過一段時間最終得到解決，兩國政府將盡一切努力，採取措施，創造條件，以利於徹底解決這個問題。

　　八、中美關係的發展不僅符合兩國人民的利益，而且也有利於世界和平與穩定。雙方決心本著平等互利的原則，加強經濟、文化、教育、科技和其他方面的聯繫，為繼續發展中美兩國政府和人民之間的關係共同作出重大努力。

　　這一公報是中美三個聯合公報中唯一專門針對臺灣問題的公

報，也是三個聯合公報中爭議最大的一個公報。該公報是為了徹底解決美國對臺武器出售的問題而簽訂的，該問題在《上海公報》和《建交公報》中都未獲得有效解決，雙方只是闡明了各自的立場，但都未達成共識。但是在公報中，除了美方首次強調將逐步減少對臺武器銷售之外，中國則重申「爭取和平解決臺灣問題」，而美國也對此表示「讚賞」。《八一七公報》的達成使當時緊張的中美關係得到緩解，使中國在國際上有了更大的迴旋餘地。中美間三個聯合公報提出的中美關係的指導原則，對1980年代中美關係得到較全面發展造成了積極作用。

　　《八一七公報》使中美雙方在解決建交時遺留下來的美國售臺武器問題方面，邁出了重要的一步，指明了前進的方向。如果美國方面切實遵照這個公報執行，後來中美兩國間的許多摩擦本來是可以避免的。但後來的事實表明，美國並沒有嚴格履行公報，甚至不時有嚴重違反公報的情況。中國方面為此不得不進行持續不斷的交涉和嚴正的鬥爭。

　　雷根從競選到上任之初，對中國主張採取比較強硬的態度，但是在1982年出於現實考慮與中方簽署了「八一七公報」，雖然公報內容是美國最終將停止對臺出售武器，但後來又附加備忘錄，表示只要中國大陸對臺灣持續有軍事威脅，美國就會繼續對臺軍售，這也成為美國延續至今的臺海政策。而1984年雷根訪問中國後得到一個結論，中國已準備好與美國合作，他也授權建立美中之間某種軍事交流。他也鼓勵從西北方共同防禦蘇聯的戰略武器計劃。同時，雷根也看到中國在經濟方面有巨大的機會。

　　華盛頓的有關中國問題專家指出，雷根並不是對中國最友善的美國總統，但他在任內，開啟了美中都以現實利益為基礎的新關係，而他處理臺海問題的方式，也成為之後歷任美國總統依據的準則。

五、中日建交及日本在臺灣問題上的保留態度

1960年1月,日美簽訂了新日美安全保障條約,條約規定美國繼續有權在日本駐軍並使用軍事基地。日本社會黨、共產黨、工會組織、廣大人民開展了聲勢浩大的反對新日美安全保障條約的愛國鬥爭。中國也舉行大規模群眾集會和示威。日本人民的抗議運動,迫使美國總統艾森豪取消了原定對日本的訪問,岸信介也不得不於1960年6月下台,讓位給池田勇人。1964年11月,岸信介的弟弟佐藤榮作出任了首相。

60年代的中日關係一直出於低迷之中,而與中美關係不同之處在於「民間先行、以民促官」,中日民間外交活動在某種程度上取代了官方外交。1964年4月9日,中日雙方就備忘錄貿易互設辦事處、互派常駐記者達成了協議,中方開設了廖承志辦事處駐東京聯絡處,日方開設了高崎事務所駐北京聯絡事務所,在當時中日關係的境況下,這條半民半官的貿易渠道,為中日貿易和1972年中日邦交正常化做出了積極的貢獻。

1965年8月至12月,應中國政府邀請,日本38個青年代表團共400餘人分兩批訪華,參加首屆中日青年大聯歡活動,中國領導人毛澤東主席、周恩來總理等親切會見,這是中日民間友好交往史上的首次盛會。

由於美日結成同盟,50～60年代日本在外交上一直追隨美國,對新中國採取敵對態度。但尼克森政府卻在日方完全不知情的情況下,派季辛吉在1971年7月祕密訪問了北京。同年7月15日,中美兩國同時發表了尼克森將在1972年訪問中國的公報。而日本首相佐藤在公報發布前3分鐘才得知相關消息。這一消息對日本確實是個衝擊,被日本政界稱之為「越頂外交」。因為就在1970年10月的美日首腦會談中,尼克森還向佐藤保證,在對華關係上兩國將進行緊密磋商。沒想到,時間過去還不到一年,尼克森就背信

棄義。於是，搶在美國之前與中國復交，就成了日本政要慎重思考的問題。

1971年10月2日，中方提出「中日復交三原則」：中華人民共和國是代表中國的唯一合法政府；臺灣是中華人民共和國神聖不可分割的一部分；「日蔣和約」是非法的、無效的，必須廢除。

1972年6月，佐藤榮作首相被迫提前辭職。7月7日，田中角榮出任首相，組成了自民黨新內閣，田中首相在就任後第一次記者招待會上表示，日中邦交正常化的時機已經成熟。

1972年9月25日，田中角榮首相訪華。在雙方會談中，中方為了盡快恢復中日邦交，以便實現當時的共同對付蘇聯的戰略目標，體現了在策略上的高度靈活性，例如，中方同意雙方發表聯合聲明，而不採取簽訂和約的形式實現邦交正常化，締結和平友好條約留待以後再談判；又如，中方同意聯合聲明不觸及日美安全條約；沒有討論釣魚島的問題，達成「以後再說」的諒解。

1972年9月29日，中日兩國正式建交。周恩來總理和日本總理大臣田中角榮在北京簽署了《中日聯合聲明》，宣布自該聲明公布之日起，中華人民共和國和日本國之間迄今為止的不正常狀態宣告結束。條約簽署之前，中日雙方在歷史問題顯現出了一些分歧，田中首相在歡迎宴會致詞中輕描淡寫地說「過去十年日本給中國國民添了很大麻煩」，引起了中國人民的強烈反感。中方領導人對「添了很大麻煩」給予嚴肅批評。因此，最後在聯合聲明中寫上「日本方面痛思日本國過去由於戰爭給中國人民造成的重大損失的責任，表示深刻的反省」，同時「中國政府宣布，為了中日兩國人民的友好，放棄對日本的戰爭賠償要求」。

針對臺灣問題，在聯合聲明前言中寫上日方充分理解中方提出的「復交三原則」，但正文中不出現第三條原則即「日臺條約是非法的、無效的，應予以廢除」，而由大平外相在記者招待會上宣

布。而在《中日聯合聲明》中，日本政府表示「充分理解和尊重」「臺灣是中國領土不可分割的一部分」這一中國政府的立場，沒有使用「承認」一詞，日方在臺灣問題上的這一保留態度為其後日本右翼勢力介入臺灣問題並且阻撓中國實現國家統一提供了藉口。

1978年8月12日，《中日和平友好條約》簽訂。條約簽訂後，1978年10月22日至29日，鄧小平副總理為出席條約批准書交換儀式對日本進行了一週的訪問，受到隆重破格的接待，在日本又一次形成了「中國熱」。關於釣魚島問題，雙方約定不涉及這一問題。1984年10月，鄧小平提出「把主權問題擱置起來，共同開發」。

在80年代，中日之間曾經發生了「教科書事件」、日本首相「參拜靖國神社」等事件的干擾，但是透過中日雙方的妥善處理，中日關係基本處於健康發展的軌道。

第二章　後冷戰時期中美日安全關係的演變

　　臺灣問題是中國的內政，但是臺灣問題不是孤立存在的，與中國的國際環境有著千絲萬縷的聯繫，特別是冷戰後美日兩國在臺灣問題上有著許多新的舉動，所以理清後冷戰時期中美日安全關係演變的脈絡，並對其未來發展走向展開評估，這是本書的關鍵所在。

第一節　冷戰後世界格局的轉換對中美日安全關係的影響

一、蘇東劇變後世界格局由「兩極」向「單極＋多極」轉換

　　1991年12月8日，前蘇聯的三個斯拉夫共和國——俄羅斯、烏克蘭和白俄羅斯的首腦葉爾欽、克拉夫丘克、舒什克維奇在白俄羅斯首都明斯克附近的一個森林狩獵場簽署了《別洛韋日協定》，宣告了前蘇聯的正式解體，同時也宣告了持續了近半個世紀的雅爾達體系的終結。由此美蘇主宰的兩極格局瓦解，世界進入了多極格局尚未形成的「單極＋多極」，即「一超多強」的時代。

　　冷戰結束初期，當時學術界普遍的看法是，冷戰時期的大國軍備競賽拖垮了蘇聯，削弱了美國。在後冷戰時代的近20年裡，美國的綜合國力保持著強勁的發展勢頭。2000年，中央黨校馬克思主義研究所邀請校內外有關專家召開「21世紀初期的中美關係與中國應對戰略」專題研討會，與會者就認為在「一超多強」的格局中，美在經濟、政治、軍事、科技、文化等各方面占有全面優勢；

美近年來經濟增長強勁，經濟總量已近全世界的三分之一左右；美政治制度完善，特別是用人制度、教育制度有吸引力；美一國軍事實力超過全世界軍事力量總和；美科技發達，特別是電子、資訊等高新科技領先於世界；以好萊塢、迪士尼為代表的美國文化影響滲透到了全世界。2000年5月，江澤民在全國黨校工作會議上指出：我們必須清醒地看到，由於世界力量對比嚴重失衡，美國在經濟、科技、軍事上處於超強地位，世界走向多極化的進程不會一帆風順，將會經歷一個較長的發展進程。

2007年，《經濟導刊》在第8期發表了〈美國實力仍是第一〉的文章，文中指出，雖然美國傷痕纍纍、脾氣暴躁且缺乏應有的效率，但它仍是目前世界上舉足輕重的大國。「9·11」事件發生近6年後，對於美國「硬實力」狀態的緊張情緒與日俱增。伊拉克和阿富汗已經使五角大樓的資源告急。同時其他國家的現狀也令美國十分煩躁，包括中俄崛起。然而目前美國是被低估了。美國的軟硬實力都沒有衰退。在某種意義上，布希為美國贏得了在海外的影響力。即使是現在，美國的「否定力量」依然可觀。最起碼要有美國的默許，才能產生一點想法。在各領域——無論是應對全球變暖抑或尋求以阿和平——絕對少不了美國。有調查顯示美國的軟實力不像以前那麼受尊重了，但也顯示美國的價值觀，特別是自由和開放擁有持續而普遍的吸引力。如果美國是支股票，那它將是一個「績優股」：一個被低估的、需要加強管理的市場領導者。美國能自我糾正，其他對手都不能。

美國的硬實力居於全球之冠，同時努力要建設一個由其主導的世界政治經濟秩序。在海灣戰爭和蘇聯解體後，美國隨著國力上升，開始積極鼓吹「建立國際政治經濟新秩序」，1991年，美國總統布希（老）在《美國國家安全戰略報告》中指出：「美國準備對付未來的挑戰，它將作為一個可靠的盟國、朋友和領導者，對世界承擔義務並參與世界事務。」1994年，美國總統柯林頓在《美

國國家安全戰略報告》（《國家參與和擴展安全戰略報告》）中指出：「我們有無可比擬的機會來使我們的國家更加安全和更加繁榮昌盛。我們的軍事力量是無可比擬的……」，「美國的領導作用從來沒有像現在這樣重要。」2003年6月26日，時任小布希總統的國家安全事務顧問萊斯在英國倫敦國際戰略研究所發表談話提出多極化是敵對性理論，會帶來利益和價值觀的競爭，使世界產生分裂；她認為多極格局是導致大國衝突以至戰爭的根源，其講話背後的意蘊就是美國要奉行具有進攻性的單極戰略，防止其他力量挑戰美國的霸權；她號召歐洲國家放棄建立多極世界的努力，承認並維護以美國為核心的單極世界。國際問題研究專家王緝思指出，在未來的一段時期內，美國雖然仍將領先於世界，卻是孤立的，是無力稱霸世界的，「高處不勝寒」，可以作為今日美國地位的形象寫照。

畢竟世界多極化是國際社會的發展趨勢，歐盟、中國、俄羅斯、日本、印度等國家的綜合國力在冷戰後有了不同程度的增強，並對於建立國際政治經濟新秩序相應地提出了各自的觀點和主張。近年來，針對美國在科索沃、阿富汗、伊拉克發動的戰爭，俄羅斯、中國、印度甚至美國的盟友歐盟、日本都發出了不同的聲音。

1997年4月，中國和俄羅斯簽署了《中俄關於世界多極化和建立國際新秩序的聯合聲明》，這份聲明提出「世界多極化的積極趨勢加快發展」，「建立和平穩定、公正合理的國際政治經濟新秩序成為時代的迫切要求和歷史發展的必然」。

2002年，中國共產黨的十六大報告對於建立國際政治經濟新秩序做了如下闡述：「不公正不合理的國際政治經濟舊秩序沒有根本改變。」「我們主張建立公正合理的國際政治經濟新秩序。各國政治上應相互尊重，共同協商，而不應把自己的意志強加於人」，「我們主張維護世界多樣性，提倡國際關係民主化和發展模式多樣化」，「各國的事情應由各國人民自己決定，世界上的事情應由各

國平等協商。」

2007年，中國共產黨的十七大報告中指出：當今世界「霸權主義和強權政治依然存在」，「我們主張，各國人民攜手努力，推動建設持久和平、共同繁榮的和諧世界。為此，應該遵循聯合國憲章宗旨和原則，恪守國際法和公認的國際關係準則，在國際關係中弘揚民主、和睦、協作、共贏精神」，「中國反對各種形式的霸權主義和強權政治，永遠不稱霸，永遠不搞擴張。」

印度與中國同為世界上最大的兩個發展中國家。2005年4月1日，為紀念中印建交55周年，印度總理辛格在致中國總理溫家寶的的信中說：「在多邊化和多極化的世界發展趨勢中，印中兩國都渴望建立公正、平等和民主的國際政治、經濟秩序。」

2003年3月，美國單方面發動以推翻薩達姆政府為目標的伊拉克戰爭後，作為歐盟「兩駕馬車」的法國和德國率先發出了不同的聲音。在北約內部，法國、德國、比利時否決美國向土耳其提供安全保障的建議；土耳其議會拒絕批准美國在本國部署軍隊；法、德在安理會反對授權美、英動武，法國甚至聲言使用否決權。作為歐盟的重要發起國，法國和德國都希望歐盟最終成為一個可以與美國相抗衡的強大的政治、經濟實體。2004年6月6日，在法國阿羅芒什慶祝諾曼第登陸60周年的紀念大會上，法國前總統希拉克在致辭中呼籲建立一個以人為本，尊重法律、自由、正義和民主的國際新秩序，並且指出任何人都無法阻止這一國際新秩序的建立，無法阻止歐洲的聯合與統一。

世界多極化符合和平與發展的時代主題，但是同時歷程將是長期和曲折的。在1890年《恩格斯致約·布洛赫》的通信中，恩格斯說：「歷史是這樣創造的：最終的結果總是從許多單個的意志的相互衝突中產生出來的，而其中的每一個意志，又是由於許多特殊的生活條件，才成為它所成為的那樣。這樣就有無數互相交錯的力

量,有無數個力的平行四邊形,而由此就產生出一個總的結果,即歷史事變,而這個結果又可以看作一個作為整體的、不自覺地和不自主地起著作用的力量的產物。」世界多極化和國際關係民主化是歷史「合力」作用的結果,這個「合力」由無數個力的平行四邊形所構成,並非是按單個人或少部分人的意志所臆造的歷史。美國國內保守勢力抬頭,國力超強到在可以預見的歷史時期內尚無國家可以超越,因此本世紀初期的前二十年成為美國建立其主導的「單極世界」的「重要戰略機遇期」,由於包括歐盟、中、俄在內的諸多國家存在國家利益和國家發展戰略上的差異,從而不可能在整體上系統地結成箝制美國單極化的聯盟,所以本世紀前二十年內霸權主義和強權政治會有新的表現且呈上揚態勢。但是,物極必反,從世界歷史上強權國家的興衰規律來看,美國作為一個新型的霸權國家不可能避免重蹈一種「波峰——波谷」式的發展規律,其單極化進程在達到一個新的高度後必然面臨一個下降點,眾多國家對美國發動伊拉克戰爭的不滿程度及美國深陷伊拉克泥沼中不能自拔反映了美國單極化進程的受挫,這是多極化進程取得進展的積極信號。所以,冷戰結束後世界由「單極+多極」向多極世界轉換的過程並非坦途,但是世界多極化的進程將是不可避免的。

二、中美日三國綜合國力此消彼長

冷戰結束後,蘇聯解體,隨後繼承其政治衣鉢的俄羅斯雖然在軍事實力特別是核威懾力量上保持其超強地位,但是在經濟上已經淪為二流大國,相應在地緣政治上「向西看」,努力尋求加入西方發達國家的行列,特別是積極參與歐洲事務,同時確保在前蘇聯國家中的影響力和領導地位,亞太地區在其地緣安全戰略中退居次要地位。面對亞太地區的權力真空,經過多輪大國博弈,已經形成中美日三國主導亞太格局特別是東亞安全格局的局面。

正如前文所談到的,美國綜合國力遙遙領先,中、日兩國在相

當長的歷史時期內難以超越。據世界銀行1999～2000年的《世界發展報告》分析，1990～1998年美國GDP（國內生產總值）年均增長2.9%，高於世界平均增長2.4%的水平。儘管美國的經濟增長率不及中國的三分之一，但對於美國而言，其國內GDP總量高居世界第一，增長的絕對值也遙遙領先於世界各國，2000年美國GDP達9.9萬億美元，占世界GDP總量32.3萬億美元的30.8%。進入21世紀後，2001年美國的經濟增長率受「9·11」事件的影響為0.8%，2002年的經濟增長率回升為1.9%，2003年的增長率為3.0%，2004年美國經濟增長率為4.4%，呈現五年來最高水平。這種高經濟增長率、低通貨膨脹率、低失業率的經濟奇蹟是有其制度上和其他方面的原因的，包括以資訊高速公路建設為核心的科技政策、貨幣政策、貿易政策等一攬子應對經濟全球化的綜合措施，使美國率先登上了以資訊產業為核心的「新經濟」的戰略平台。根據世界銀行和美聯儲的數字，2006年美國全年GDP　13.19萬億美元。2007年，受到次貸危機的影響，美國GDP僅增長2.2%。2008年，美國GDP增長1.3%，創5年來最低水平，全年GDP達到14.33萬億美元。

　　科技實力歷來是一國綜合國力的核心體現。2008年6月12日，美國蘭德公司發表的一份報告中指出，美國在科技領域仍然保持全球領先地位，美國在科學研究開發方面的投入占全球的40%，70%的諾貝爾獎獲得者在美國受到聘用，全世界排名前40的大學有四分之三在美國。

　　更重要的是，美國為首的西方國家在舊的國際經濟秩序中居於主導地位，透過主導頒布一系列有利於自身的國際貿易和金融規則，使世界各國特別是發展中國家飽受「富者愈富，窮者愈窮」的「馬太效應」的波及而被邊緣化。

　　中國綜合國力增強，經濟發展速度全球領先。2004年中國全

年國內生產總值136515億元，比上年增長9.5%。2005年12月21日，中國國家統計局局長李德水在國務院新聞辦舉行的新聞發布會上宣布，根據經濟普查資料初步測算，中國2004年GDP現價總量為159878億元，比年快報核算數增多2.3萬億元，增加16.8%。2004年全年中國對外貿易達到11547.4億美元，比上年增長35.7%，淨增3037億美元，貿易額占全球貿易額的5.24%，世界排名第三。2004年全球最大的經濟體是美國，其次是日、德、英、法、中。

　　2005年中國國內生產總值為182321億人民幣，按可比價格計算，比上年增長9.9%，按2005年年平均匯率計算，折合為22257億美元，人均1700美元。布隆伯格（Bloomberg）通訊社在報導中稱，按照中國官方公布的數字，中國在2005年已經超過法國成為世界第五大經濟體。華爾街金融分析人士預測說，中國很可能會在2006年超過英國成為全球第四大經濟體，法新社的報導在引述李德水講話的同時，提到中國可能已超過法國與英國位居世界第四。而如果按照IMF和世界銀行的購買力平價估算，中國實際已經是世界第二大經濟體。

　　2006年中國國內生產總值為209407億元人民幣，按可比價格計算，比上年增長10.7%。2007年國內生產總值246619億元，比上年增長11.4%，加快0.3個百分點，連續五年增速達到或超過10%。2008年，在經歷了幾次歷史罕見的特大自然災害以及美國金融危機帶來的世界經濟衰退的考驗，中國經濟在困難中仍然保持了9%的增長，全年國內生產總值300670億元，對世界經濟增長的貢獻超過20%。

　　英國著名思想庫——倫敦外交政策中心曾於2004年發表了署名喬舒亞·庫珀·拉莫的一篇題為《北京共識》的論文，對中國20多年的經濟改革成就作了全面、理性的思考與分析，指出中國的經濟

發展模式不僅適合中國，也是那些追求經濟增長和改善人民生活的發展中國家效仿的榜樣。喬舒亞認為，中國的模式是一種適合中國國情和社會需要、尋求公正與高質增長的發展途徑。他把這種發展途徑定義為：「艱苦努力、主動創新和大膽實驗；堅決捍衛國家主權和利益；循序漸進，積聚能量。創新和實驗是其靈魂，既務實，又理想，解決問題靈活應對，因事而異，不強求劃一是其準則。它不僅關注經濟發展，也同樣注重社會變化，透過發展經濟與完善管理改善社會。中國的新理念正在對中國以外的世界產生巨大影響。對全世界那些正苦苦尋找不僅發展自身，而且還要在融入國際秩序的同時又真正保持獨立和保護自己生活方式和政治選擇出路的國家來講，中國提供了新路」。「北京共識」還包括許多非經濟思想，涉及政治、生活質量和全球力量平衡等問題。一些學者認為，「北京共識」取代了人們已廣泛不信任的美國等西方國家倡導的「華盛頓共識」。

當然綜合多種因素考慮，中國仍然是一個發展中國家。2005年2月18日，中國科學院發布了《中國現代化報告2005》，指出中國經濟現代化程度與美國相比仍然落後100年以上，中國要到2080年才有望成為發達國家。報告指出，中國現在仍屬於經濟欠發達國家，與世界經濟先進水平的差距還在繼續拉大。報告中計算中國與發達國家經濟現代化的年代差，主要依據三個指標：人均GDP、農業勞動人口占總人口的比重、農業增加值占GDP的比例。尤其在農業勞動力比重這個數據上，中國2000年是50%，英國早在1801年就已達到34%，差距是200多年。儘管中國人均GDP等單個指標落後世界發達國家很多年，但是由於收益遞減的規律，中國將在20～50年內綜合經濟水平達到2002年美國的水平，即差距可以縮小50年左右。這個報告有其偏頗和片面之處，但是透過全面、客觀的分析，中國的確是一個正在處於上升階段的發展中國家。

冷戰後日本面臨「失去的十年」。1990年至2000年，日本經濟年均增長率為1.75%，大大低於同期美國經濟增長水平。據日本經濟問題研究專家馮昭奎分析，在2001年度（日本的財政年度從每年4月1日開始），日本的GDP曾出現二戰後以來最嚴重衰退和最大幅度負增長（-1.2%）。2002年度GDP增長1.5%，雖然超出日本政府原來預計的0.9%，但和2001年抵消後，這兩個年度日本經濟基本上沒有增長。從GDP數字看，2000年度為539.2萬億日元，2001年度減為532.4萬億日元，2002年又回升到540.6萬億日元，這意味著小泉首相上台後的兩年（2001年4月到2003年3月），日本GDP僅增加了1.4萬億日元，兩年間僅增長了0.25%。日本前首相小泉在上台時曾說「沒有改革就沒有經濟增長」，這句話本來是表示決心改革的豪言壯語，結果卻成了日本經濟現狀的真實寫照——既「沒有改革」（改革幾乎沒有進展）又「沒有經濟增長」（兩年僅增長了0.25%）。

同時，不可以忽視的是，日本經濟仍然是世界第二大經濟體及世界最大貿易順差國。長期以來，日本面對國內自然資源的匱乏，以開發人力資源尤其是基礎教育為國家發展的優先目標，所以日本的平均教育水平和人口中接受高等教育者的比例在亞洲各國中是最高的，同時日本企業的研發實力也位居世界前列。日本的IT（資訊技術）革命正在加速進行，寬頻網的綜合評價居世界第一。經歷了「失去的10年」後，日本經濟正在逐步恢復，2003年日本GDP高達46000億美元，是中國GDP的4倍（以美元匯率換算為比較基準）。2005年8月9日，日本政府和日本銀行同時對外宣布，日本經濟已經擺脫了景氣過程中的徘徊局面。日本2006年GDP為4.435萬億美元，實際增長2.1%；受次貸危機的影響，2007年日本GDP為4.69萬億美元，實際增長1.3%。

2008年1月18日，日本前經濟財政相大田弘子在國會作演講時，針對二十四年來日本年生產總值首次低於世界總額10%這一現

實，稱「遺憾的是，日本已經不再是世界上經濟一流的國家了！」在日本國內引發了不小的震驚。據香港文匯報消息，2009年6月19日，日本經濟產業省發布的年度報告指出如果中國經濟增長超過預期、日本經濟繼續惡化，日本將結束世界經濟排名第二的位置，中國GDP將在2009年或2010年超過日本，這一結論亦與國際貨幣基金組織的預期吻合。日本經濟產業省在報告中承認，這是日本第一次處於正被追趕和超越的位置，並呼籲重新思考日本在世界經濟中的作用和不要陷於保護主義之中。同時，根據世界銀行6月18日發表的《中國經濟季報》，將中國2009年GDP增速預期上調至7.2%，按此推算，中國GDP 2009年可能超越日本。事實上，中國GDP總量雖逼近日本，但日本人均GDP高於中國近13倍。

中美日三國實力對比此消彼長。根據世界銀行世界發展數據庫（WDI 2004）按1995年國際價格（PPP）計算，1980～2002年期間，中國GDP年平均增長率為9.51%，相當於世界和美國同期經濟增長率的3倍以上。這一時期，中國對世界新增GDP的貢獻率為21.31%，美國為21.09%，日本為5.81%，其中1990～2002年間，中國對全球新增GDP的貢獻率為27.09%，美國為20.99%，日本為2.78%。

據《環球時報》2007年12月17日報導，按照聯合國最新統計結果，2006年，在有統計數據的212個國家和地區GDP排名中，GDP排名前5名沒有任何懸念：分別是美國（13192290，以百萬美元為單位，下同）、日本（4434993）、德國（2888699）、中國（2666772）和英國（2372504）。粗略估計，在全球GDP中，日本占10%，美國占27%，而中國約占6%，三國的經濟總量相加占到世界經濟總量的40%多，因此三國的經濟發展效果將對全球經濟產生重要的影響。

美國經濟在冷戰後保持了持續發展，經濟總量獨占鰲頭，使中

日兩國在相當長的歷史時期內難以超越；中國經歷了多年的經濟高速增長，日本持續十年經濟低迷，但是兩國經濟總量對比仍有相當的差距。冷戰後，中美日三國以經濟發展為主要內容的綜合國力的此消彼長成為三國在亞太地區安全博弈的重要基礎，並直接影響了三國相應的國家安全戰略的制定。

三、中美日安全關係的重新定義

冷戰期間，美蘇兩大陣營壁壘分明，日本由於戰後的歷史地位，一直是美國在亞洲對抗蘇聯的忠實盟友和前列陣地。1970年代，由於中蘇關係的惡化及蘇聯霸權主義擴張勢頭的上揚，中國同美國和日本相繼改善了雙邊關係，形成了所謂的「一條線」對抗蘇聯的態勢。

80年代中國調整外交政策，由「聯美抗蘇」的外交政策轉換為以「不結盟」為特徵的獨立自主的和平外交政策，但因為「中美蘇」大三角關係的存在，中美關係保持了穩步發展的良好態勢，美國仍然視中國為「友好的非盟國」。1980～1990年的10年間，中日關係保持了全面和穩定的發展，中日兩國在經貿領域的進展尤其引人注意，日本對華援助為中國改革開放的啟動提供了重要的資金支持，1989年風波後日本是第一個率先打破對華經濟封鎖的國家。

冷戰結束後，「中美蘇」大三角關係不復存在，中國在美、日對外戰略中地位下降。蘇聯這個安全參照系不復存在了，美日同盟一度處於漂流狀態，但是由於近年來中國崛起速度的加快，美國遏制中國的論調迅速抬頭，促使美國、日本合唱「中國威脅論」，並為美日同盟尋找到了在亞太地區存在的理由；而源於歷史糾葛和現實利益的碰撞，中日關係則處於下降期，目前正待觸底反彈。

冷戰後至今，美國的全球地緣戰略重點經歷了一次大的調整：由冷戰時期的「兩洋戰略」（即在大西洋和太平洋同時遏制蘇聯的

擴張）轉變為對全球各地（包括中東、非洲、亞洲）全面的軍事滲透，除了在東歐透過北約東擴繼續圍堵昔日的宿敵——承繼前蘇聯政治衣缽的俄羅斯外，針對中國綜合國力的迅速增強，美國還透過美日同盟的重新定義加強了在東亞的軍事部署。由此在美國的國家安全戰略布局中，拉美是其後院，歐洲是其重點，中東是推廣意識形態和確保能源供給的舞台，亞太地區則成為其封堵潛在的競爭對手——中國的前列陣地。

按照保羅·甘迺迪的分析：「在位」的帝國具有一種「排他」的心態，對可能向其地位提出挑戰的任何強國的崛起必然持有戒心。隨著中國的迅速發展，美國在亞太地區具體的戰略目標則聚焦在崛起的中國身上。2001年美國《四年防務評估》特別提出：「亞洲存在興起一個具有可觀資源基礎的軍事競爭者的可能性」，而「防止任何一個能夠對美國全球領導地位提出挑戰的地區性大國的出現是美國的既定戰略方針」。

中美關係史研究專家資中筠指出：「在中美雙邊關係中已經可以看到的一個新情況是：過去，美國支持中國改革和現代化顧慮較少，如果有，其出發點也是冷戰遺留下來的意識形態因素居多，中國的經濟發展形成不了與美國的競爭對手。而現在，儘管事實上中國仍然遠非美國的競爭對手，但是美國對中國的發展顧慮多起來，這也是中國威脅論的依據之一。美國現在不擔心中國改革倒退，回到計劃經濟的老路，卻害怕中國實力強大。」

中國的和平發展及日本要求成為「正常國家」都對美國在亞太地區的主導權形成挑戰。日本在戰後一直努力成為「正常國家」，於1947年開始實施的《日本國憲法》第9條規定，「永遠放棄把利用國家權力發動戰爭、武力威脅或行使武力作為解決國際爭端的手段，為達此目的，日本不保持陸、海、空軍及其他戰爭力量，不承認國家的交戰權」，這部憲法因此被稱為「和平憲法」。日本十分

清楚，經濟大國是政治大國的基礎，真正世界性大國不僅僅是經濟大國，還應該是政治大國。現在，這部和平憲法已經成為日本走向政治大國的桎梏，日本國內「修憲」的呼聲越來越高，在國際上相應地要求修改聯合國憲章，並且成為聯合國安理會常任理事國。

美國在「9·11」後忙於反恐和中東問題，雖然希望日本在亞太地區替自身分擔更大的責任以減輕壓力，但是並不希望與日本共享主導世界事務的權力。進入21世紀，日本急欲成為聯合國安理會常任理事國。2005年4月，希望成為安理會常任理事國的德國、印度、巴西、日本四國提出了聯合國改革的3個步驟：首先在2005年9月以前，促使安理會通過安理會擴大框架決議；然後在聯合國大會上選出新常任理事國；最後透過聯合國憲章修改決議。美國對於日本要求「入常」表面上予以支持，但是並不願意日本分享其權力，4月7日，被美國國務卿萊斯任命為聯合國改革特別顧問的席林·塔西克里在聯大公開辯論時發表講話指出，美國支持聯合國改革，但是希望在廣泛一致的基礎上推動聯合國改革，不應被人為設置的最後期限束縛住手腳。中國和許多國家也不同意為聯合國改革設限的做法，認為聯合國改革應該更多地照顧發展中國家的利益。其後，中美兩國和其他國家一致反對在各方沒有達成廣泛共識之前就在聯合國大會上匆忙進行安理會改革的表決。這就使日本在成為安理會常任理事國的道路上步履維艱。

冷戰後，中日兩國在歷史、領土問題上摩擦不斷。從1970年代中日邦交正常化以來，特別是1978年《中日和平友好條約》簽訂之後，中日兩國首腦的互訪幾成慣例，雙方歷屆首腦在任期內都訪問了對方。但是，自從2001年4月小泉成為日本首相以來，由於小泉等日本政治家們屢次參拜靖國神社而導致中日首腦互訪基本上中斷，除去2001年10月小泉對中國進行了閃電式的短期非正式訪問外，再也沒能實現兩國首腦的互訪。雖然日本方面多次表示希望恢復雙方首腦的互訪，但是小泉不顧中國方面的一再交涉和抗議，

繼續參拜靖國神社，兩國的首腦會談遙遙無期。因此，兩國的政治關係陷入了僵局。

2005年4月5日，日本政府公布了2006年版中學歷史教科書審定結果，宣布所有送審的8個版本均為合格，其中包括否認、美化侵略的右翼歷史教科書。中國政府對日本政府不顧中方多次嚴正交涉，允許混淆是非、顛倒黑白的教科書頒布表示憤慨。中國政府認為，教科書問題的實質是日本能否正確認識和對待日本軍國主義的侵略歷史，能否以正確的歷史觀教育年輕一代。

中日之間在釣魚島問題上一直存在重大的分歧，2005年日本政府宣布日本右翼團體在釣魚島上設立的燈塔將作為「國有財產」收歸國家管理之下，引發中國的嚴正抗議和民間的新一輪「保釣熱潮」。此外，中日在東海大陸棚劃界問題上存在較大的爭執。

2006年10月，日本新首相安倍晉三訪華，中日關係得以改善；2007年4月，中國國務院總理溫家寶訪日，開始了「融冰之旅」；2008年5月，中國國家主席胡錦濤對日本進行了國事訪問，被稱為「暖春之旅」；2009年9月就任日本新首相的鳩山由紀夫在出席中日韓領導人會議前提出日中兩國如能以「友愛」精神克服相互差異，加深相互理解，就能為經濟發展和地區穩定繁榮而推進合作。對比小泉時代的中日關係的冷淡，中日之間開始了新一輪良性互動，但是在釣魚島等領土問題上仍然存在尖銳矛盾。

1990年代以來中美日三邊關係態勢曲線圖解

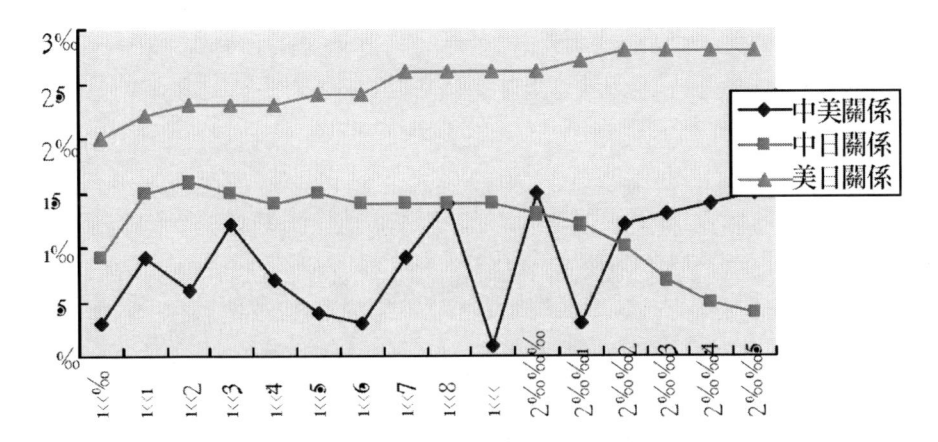

註：圖表中橫軸數字為年份，縱軸數字為衡量大國關係的綜合值（0～5表示關係處於低谷、停滯，6～10表示關係處於接觸、較低層次發展水平，11～15表示關係正常化、處於較高層次發展水平，16～20表示兩國具有戰略協作關係、夥伴關係，21～30表示兩國為同盟關係）

　　中日在歷史和地緣安全方面的矛盾，使美國得以構建美中、美日「軸心－軸輻」式安全架構。中美日三邊架構中，美日同盟因為遏制中國的需要而有了新的支點，所以美日這一邊是最短的，並且最為牢固。中美這一邊儘管波折不斷，但是由於中國奉行「韜光養晦」的外交對策，無意與美方挑起爭端，同時近年來中美首腦互訪不斷，各個層次的交流不斷提升，中美兩國正著手建立一個現實可行的危機管理機制，特別是中美戰略對話機制，所以中美這一邊儘管有波折，但是並未中斷，同時主動權掌握在美國手中。中日關係則十分複雜，在多重因素的作用下兩國關係在小泉時代已經降至冰點，2007年以來出現了緩和的跡象，但是美國未必願意看到中日關係的好轉，正所謂「鷸蚌相爭，漁翁得利」，所以中日這一邊是殘缺尚未補全的，當前還無法對美日關係和中美關係發揮制衡作用。由此，美國以自身為「軸心」，美日關係、美中關係為「軸輻」，建立了冷戰後中美日的「軸心-軸輻」結構，美國居於核心

位置。

　　因此，中美日三邊安全關係是一個缺失的「三角形」，三邊關係不平衡，亟需完善和補充，特別是中日關係的走向將對中美日三邊關係產生實質的影響。

第二節　後冷戰時期中美日安全戰略及相互安全政策的調整

　　「安全」一詞的本義為「沒有威脅與不受威脅」。當今的國家安全已經不再囿於傳統安全的範疇，包括政治安全、經濟安全、文化安全和資訊安全等傳統安全和非傳統安全。「戰略」一詞本義是「指導戰爭全局的計劃和策略」，後引申為「決定全局的策略」。國家安全戰略就是從國家核心利益層面上制定的政策與策略，涉及國家主權和領土完整及國家的政治穩定、經濟發展等攸關國家生存與發展的重大事項，是制定其他國家戰略的前提和基礎。

　　一、美國國家安全戰略及對華、對日安全政策的調整

　　冷戰後至今，美國國家安全戰略的制定歷經老布希、威廉·J·柯林頓、小布希三任總統，國家安全戰略的演變主要展現在柯林頓和小布希的任期裡。1990年，老布希政府在《美國國家安全戰略》報告中指出美國在1990年代的目標是：「美國作為自由獨立的國家要生存下去，同時確保其基本價值觀不受損害。」1991年，隨著冷戰的即將終結，美國認為「在正在出現的冷戰後世界裡，國際關係可能會更加複雜、更加反覆無常和不好預測」。1993年9月，柯林頓上台後推出了名為「擴展戰略」的全球戰略，強調把「經濟安全、軍事實力、促進民主」作為美國外交的三大支柱，這也是柯林頓政府對外政策的基礎和目標。在1994年柯林頓政府提出了美

國國家安全戰略報告,正式確認了冷戰後美國對外戰略為「參與和擴展戰略」,提出冷戰後美國對外戰略的總體目標是維護和加強美國的領導地位。柯林頓政府國家安全戰略思想的第一支柱是經濟安全,即冷戰後美國國家安全的最大威脅不是核威脅,而是將喪失在經濟領域的領先地位。第二支柱是軍事實力,即要繼續保持和擴大美國的軍事優勢,需要以軍事霸權來支撐其經濟安全和政治擴張,報告中指出:「美國的軍事力量對我們成功地實現戰略目標是至關重要的」,「我們願意並且能夠在維護我們(美國和他們的安全夥伴)的共同利益方面發揮領導作用,這也有助於確保美國在政治、軍事和經濟等國際事務方面仍是一個有影響的國家,只要我們能保持有效地支持我們所承諾的義務的軍事手段」。第三個支柱是全球民主化,即:「擴大民主社會和自由市場國家大家庭有利於美國所有的戰略利益──從在國內促進繁榮到在國外遏制全球威脅,防止給我們的領土構成威脅」。1998年12月,美國推出《新世紀國家安全戰略》,公開聲稱美國的目標是領導整個世界,決不允許任何國家和國家集團向它的「領導地位」提出挑戰,指出「美國現在與將來都應該是世界的領導力量,國際社會缺乏美國的領導作用,將難以對那些危害共同安全的挑戰作出有效的國際反應;在許多情況下,美國甚至是唯一具有對共同的挑戰作出國際反應的領導能力的國家」。

2001年初,小布希入主白宮,組閣後的政府執行一條中間偏右的保守主義路線,對外政策表現為強硬的單邊主義,更加注重傳統安全,把遏制中國等崛起中的大國作為國家安全戰略的重要內容。

半年後發生了「9‧11」事件,這是繼「珍珠港」事件後美國本土受到的最沉重的一次打擊,對新世紀的美國安全形勢產生了巨大的衝擊,王逸舟指出:「『9‧11事件』將導致美國國家安全觀的重要改變,很可能伴隨有持續的國內大討論與新戰略思想的頒布。」

「9·11」事件因此成為美國國家安全戰略調整的分水嶺，美國的國家安全戰略隨之出現了一些重要性的轉變。第一，對於威脅國家安全的非傳統恐怖源有了新的認識。1997年頒布的美國防部《國防報告》和《四年防務評估報告》等文件稱：除戰略核武器外沒有一個國家具有對美國發動全球挑戰的能力。但是現在非國家形態的恐怖勢力對美國安全構成了嚴重威脅，因此2002年版的《國家安全戰略報告》提出：美所受到的威脅，「與其說來自耀武揚威的國家，不如說來自衰敗國家；與其說來自艦隊和軍隊，不如說來自少數懷恨在心者手中的災難性技術。」反對恐怖主義上升為布希政府對外戰略的首要目標。「9·11」事件發生後，小布希政府把藏匿頭號嫌疑犯賓拉登的阿富汗塔利班當局鎖定為軍事打擊對象，並聲稱各國要麼站在美國一邊支持打擊恐怖分子，要麼站在恐怖分子一邊，沒有中間道路。第二，美國在如何應對恐怖主義威脅方面有了新的手段。2002年6月1日，美國總統布希提出要對擁有生化武器或者核武器的恐怖分子和敵對國家進行「先發制人」的打擊。6月13日，正式退出了1972年與前蘇聯簽署的反導條約。12月17日，美國總統小布希發表聲明宣布，已命令軍方開始初步部署導彈防禦系統，以防止大規模殺傷性武器造成的「災難性破壞」。第三，美國對於如何徹底剷除恐怖主義的思想根基有了新的切入點。出於冷戰思維的慣性，美國一直把堅持社會主義制度的中國、古巴等作為開展意識形態鬥爭的重點。然而透過「9·11」事件，美國看到了伊斯蘭世界對於美國等西方國家的仇視，因此美國把戰略重點鎖定在了中東，2003年3月美國發動了伊拉克戰爭，2004年2月小布希總統提出了「大中東民主計劃」（「大中東民主計劃」使用了廣義上的中東地區定義，除了阿盟22個成員國外，還將以色列、土耳其、巴基斯坦和阿富汗也納入大中東地區的範疇）。伊拉克戰爭結束後，美國一直認為伊朗在支持國際恐怖主義，同時由於美國、伊朗在伊朗核問題上存在嚴重的分歧，2006年4月公布的布希政府的

第二個《國家安全戰略報告》把伊朗稱為美國面臨的「最嚴峻的挑戰」，美國認為，如果伊朗獲得了核武器，一方面美國最為擔心的恐怖主義和大規模殺傷性武器的結合將會出現，另一方面現存的國際核不擴散機制將受到嚴重衝擊。

當然，美國仍然沒有放棄在全球的領導地位。2002年9月30日，布希政府向美國國會遞交了其上任以來第一份《美國國家安全戰略》報告，將「先發制人」戰略正式作為國家安全戰略基石，提出要在全球範圍內推廣美國的價值觀。報告對美國憑藉自身的實力維持「一超」地位充滿了自信心，宣稱「美國在全世界已擁有前所未有和無可比擬的實力和影響。」

2006年3月16日，小布希總統公布了其任內的第二份《美國國家安全戰略》報告，報告強調了兩部分的內容：一是要在世界上「促進自由、公正和人類尊嚴」；二是要「領導不斷壯大的民主社會來應對我們時代的挑戰」，整篇報告中仍然堅持「先發制人」戰略，以推廣「有效的民主」作為戰勝恐怖主義的法寶。

「9·11」前後，美國對華政策經歷了一個轉變過程，對日政策也有微調。1993年柯林頓政府在《擴展戰略報告》中把美國與之打交道的國家分為三大類，一類是民主和市場經濟國家，如西歐、日本和加拿大等國；第二類是「新興民主和市場經濟國家」，主要指前蘇聯、東歐、蒙古等國；第三類是「反動國家」，即逆「民主和市場經濟潮流」而動的國家，包括緬甸、伊朗、伊拉克、朝鮮等，中國被放在了這類國家名單的最後，說明中國也是美國認為的反動國家之一。1999年以美國為首的北約用導彈襲擊中國駐南聯盟使館，曾使中美關係幾乎跌至冰點。小布希上台後，批評了柯林頓政府奉行的視中國為「建設性戰略夥伴關係」的提法，而稱中國為其「戰略競爭對手」，遏制中國的戰略意圖公開化、明朗化。2001年發生中美撞機事件後，中美關係的改善再次遭遇重大挫

折。

「9·11」發生後，隨著美國的戰略重點轉向「反恐」鬥爭，美國對華政策開始向有利於中美關係發展的方向轉變。「9·11」事件後，布希政府為組成國際反恐聯盟而展開全方位外交，布希向包括中國、俄羅斯在內的十幾個國家領導人通了電話爭取各國的支持。2001年10月，APEC第九次領導人非正式會議在上海召開，布希出席了上海峰會，同時江澤民主席和布希總統舉行了中美首腦會晤，兩國領導人都表示致力於發展建設性合作關係，並就雙方建立中長期反對恐怖主義合作機制達成共識。此後，中美兩國在反恐、朝核問題、維護臺海穩定等一系列問題上達成了許多共識，從而中美關係趨向緩和。2002年美國《國家安全戰略報告》中，對中國的戰略定位是不再視中國為「戰略競爭對手」，而是提出「美國尋求與中國建立建設性關係」，「美國歡迎一個強大、和平與繁榮的中國的出現」。2003年7月，美國國務卿鮑威爾發表談話時說，中國在美國同朝鮮對話方面發揮著中間人作用，中國支持朝鮮半島無核化，致力於使朝核問題得到公正解決，現在的中美關係是「數十年來美國同中國最好的關係」。在2006年的美國《國家安全戰略報告》中，美國「希望鼓勵它（中國）成功地處理好作為世界經濟強國的崛起，並在地緣政治中承擔起國際社會中的一個建設性夥伴的角色」，有意識的強調了負責任的「建設性夥伴」這一概念，這與2005年9月美國常務副國務卿佐立克關於希望中國成為國際秩序「利益相關者」的論述一脈相承。

2007～2008年是小布希八年任期的最後兩年，小布希政府的對華政策展現了友好和務實的一面，布希反對抵制北京奧運會，積極推動中美包括經濟等各個層級的戰略對話，肯定中國在朝核六方會談中發揮的積極作用，並認為中美關係在某種意義上處於歷史上最好的時期。

2008年7月31日，美國國防部公布了2008年版《美國國防戰略》，該戰略將成為美國今後構築國際安全體系的綱領性文件。該戰略指出，可能會出現「實力更強的國家」對美國主導的國際秩序發起挑戰，並表示需特別關注「美國的潛在競爭對手中國」和「民主主義日益衰退的俄羅斯」今後的動向。戰略認為，中國國際影響力日益增強，「衛星攻擊能力和電子戰能力」得到提升，為此美國須提高警戒，防止中國超越美國在核軍事和常規部隊方面的地位。

2009年初美國新一任總統歐巴馬執政後，高度重視中美戰略合作關係。7月，美國總統、國務卿、財政部長和中國副總理、國務委員近20位部長，近200位高官，在華盛頓齊聚一堂，舉行首輪中美戰略與經濟對話，歐巴馬總統在說明勇於開拓和創新之於中美關係的重要意義時竟然引用許多中國人都不太熟悉的孟子語錄「山徑之蹊間，介然用之而成路，為間不用，則茅塞之矣」，表示中美都不應互相猜忌。但是，隨後的中美輪胎特保案標誌著美國對華貿易政策的轉變，中美貿易摩擦的危險性逐步增加。

總體而言，美國對華安全政策可以概括為「接觸＋遏制」，即：一方面，美國認識到了與中國開展對話和合作符合美國的根本利益；另一方面，出於對中國迅速崛起的擔心和戒備，遏制中國的主張在美國政界仍有相當的市場。布希政府於2002年1月8日提交國會的《核態勢評估報告》將中國等七國列為對美國構成核威脅的國家，五角大樓考慮在必要時對這七國進行核打擊。當前，接觸與合作仍是美國對華政策的主流，並且美國在中美關係的發展中處於主導地位。

亞太地區，由於中國這個所謂的共同「敵人」的出現，美日同盟在1990年代後結束了「漂流」狀態，得以鞏固和加強。2000年10月11日，美國前任副國務卿阿米塔吉等人發表了美國國防大學戰略研究所研究報告，明確提出了在美國的全球安全政策中，日本

處於核心地位，特別是在美國參與亞洲事務時，日本是美國重要的據點，以及要求日本完成有事立法、未來的日美同盟應向美英同盟發展等，因此連日本政府的主要外交官員都曾承認阿米塔吉報告已經成為指導美國對日政策的基礎。事實上，鞏固美日同盟這個亞洲版「北約」有利於強化美國在亞太地區關係的領導地位，美國一直鼓勵日本在亞太地區發揮作用，以分擔美國防務壓力。自二戰結束以來，美國逐步向日本派駐了超過5萬名士兵。日本則要支付大約50億美元的駐日美軍日常開銷，數額十分龐大。

美國對日安全政策在「9·11」後沒有發生根本改變，只是進行了相應的調整，鼓勵日本在亞太地區承擔更大的安全責任。2005年3月31日，日本與美國紀念兩國簽署《和平與親善條約》150年，日本首相小泉純一郎同美國總統小布希透過錄像互致賀詞。布希說：「日美間在利益、價值以及目標上是一致的。」小泉純一郎則表示：「兩國關係經歷了150年的歲月已經變得堅不可摧。」

2005年4月，據美聯社報導稱，美日兩國正在對自二戰後形成的安保同盟進行規模最大的一次重新審視和規劃，新規劃的重點是降低日本對美國的安保依賴，並讓日本在全球戰略行動中發揮更重要的作用。2005年11月16日，日本首相小泉純一郎和美國總統布希日本京都會談。兩人在會談中強調了日美同盟關係的重要性，並表示要加強這一關係。在會談後舉行的聯合記者會上，小泉說，美國是日本「不可替代的同盟國」。日本同美國的關係越緊密，就越能夠同韓國、中國等亞洲國家以及國際社會建立起良好的關係。布希說，美日關係是「重要的」和「牢固的」，這種牢固的關係能使兩國承擔起維護和平的責任。布希還表示堅決支持日本成為聯合國安理會常任理事國。

同時，美國警惕日本右翼勢力回潮，對於日本國內可能出現的軍國主義勢力復甦的跡象保持著一定的戒備。長期以來，美國一直

迴避在國際公開場合對於日本反省歷史問題表態。2005年11月20日，中國國家主席胡錦濤會見美國總統布希時，雙方談到了靖國神社問題。胡錦濤告訴布希，小泉純一郎最近參拜靖國神社阻礙了中日關係的發展。布希說，他對靖國神社的負面感情高於普通人，因為他的父親老布希在二戰期間是美國海軍飛行員，曾經在日本軍隊的攻擊下受傷。2006年5月24日，美國駐日本大使托馬斯·希弗在東京舉行的國際友誼交流會上表示，由政治家參拜靖國神社引起的問題要靠日本自己來解決。據日本《朝日新聞》和美聯社報導，美國眾議院外交關係委員會主席海德2006年4月下旬曾致函美國眾議院議長哈斯泰特，在信中表示小泉純一郎如果想要在美國國會發表演講，就必須首先承諾不去參拜靖國神社，海德認為，如果小泉純一郎在美國國會演講之後不久就前往供奉有東條英機等甲級戰犯的靖國神社參拜，那麼美國國會會非常沒有面子，因為美國也是日本發動侵略戰爭的受害國。因此，海德這次要求小泉純一郎採取可信服的措施，讓美國國會相信他不會參拜靖國神社，以便獲得美國國會的接納。英國《金融時報》撰文指出：「華盛頓應敦促日本像德國那樣在國內開展歷史教育運動，敦促日本政府公開面對其過去，華盛頓就可能使自己站在亞洲歷史問題的正確一方，從而提高在該地區的道義聲音和軟實力」。

在地區安全體系中，美國希望把日本納入美國主導的TMD防禦體系；在軍備研發上，美國懼怕日本防衛技術開發能力增強，反對日本獨立開發F-2支援戰鬥機，迫使日本購入美制F-16戰鬥機後再加以改良而成；美國對於日本要求「入常」表面支持，暗中則持保留態度；美國一直把握亞太地區事務的主導權，在朝核、臺海問題等上雖然同意日本介入，但是一直以「老大哥」自居。

二、中國國家安全戰略及對美、對日安全政策的調整

中國國家安全戰略緊緊把握國家利益至上這條主線，國家利益

至上是鄧小平國際戰略思想的首要原則。1989年10月,鄧小平會見美國前總統尼克森時說:「考慮國與國之間的關係主要應該從國家自身的戰略利益出發。」

蘇東劇變後,西方國家聯合制裁中國,企圖以壓促變。鄧小平針鋒相對,指出這是搞霸權主義、強權政治,「國家主權、國家的安全要始終放在第一位」,對於「任何違反國際關係準則的行動,中國人民永遠不會接受,也不會在壓力下屈服」,「任何外國不要指望中國做他們的附庸,不要指望中國會吞下損害中國利益的苦果」。中國共產黨的十六大報告總結自1989年十三屆四中全會以來的中國共產黨執政基本經驗時指出:「始終把國家主權和安全放在第一位,」「我們主張建立公正合理的國際政治經濟新秩序」,「安全上應相互信任,共同維護,樹立互信、互利、平等和協作的新安全觀,透過對話和合作解決爭端,而不應訴諸武力或以武力相威脅」。

中國共產黨十六屆四中全會通過的《中共中央關於加強黨的執政能力建設的決定》提出「始終把國家主權和安全放在第一位,堅決維護國家安全。針對傳統安全威脅和非傳統安全威脅的因素相互交織的新情況,增強國家安全意識,完善國家安全戰略,抓緊構建維護國家安全的科學、協調、高效的工作機制。堅決防範和打擊各種敵對勢力的滲透、顛覆和分裂活動,有效防範和應對來自國際經濟領域的各種風險,確保國家的政治安全、經濟安全、文化安全和資訊安全。」2004年12月27日,國務院新聞辦公室發表了《2004年中國的國防》白皮書,指出「中國在本世紀頭二十年的發展目標,就是集中力量全面建設小康社會。作為發展中的大國,中國實現現代化任重道遠,需要長期堅持不懈的艱苦奮鬥。中國發展的基點主要放在依靠自己的力量上,不會妨礙和威脅任何人。中國需要一個和平的國際環境來發展自己,又努力以自身的發展促進世界的和平與發展。」2006年12月29日,中國政府發表《2006年中國的

國防》白皮書，指出：「中國堅持走和平發展道路，統籌國內國際兩個大局，妥善應對紛繁複雜的國際安全形勢。中國依據發展與安全相統一的安全戰略思想，對內努力構建社會主義和諧社會，對外積極推動建設和諧世界，謀求國家綜合安全和世界持久和平；統籌發展與安全、內部安全與外部安全、傳統安全與非傳統安全，維護國家主權、統一和領土完整，維護國家發展利益，維護國家發展的重要戰略機遇期；努力構建互利共贏的合作關係，促進與其他國家的共同安全。」

所以，中國的國家安全戰略可以歸納為：第一，國家安全戰略的核心是維護國家主權和安全；第二，在本世紀頭二十年的重要戰略機遇期內，發展與安全是相互統一的，國家安全戰略要服從和服務於集中力量全面建設小康社會這個目標；第三，國家安全戰略具有和諧性，既要努力為國內發展創造一個和諧的社會環境，同時又以自身的發展促進和諧世界的建設。

中國對美安全政策可以概括為合作與防範並存。江澤民在1992年提出的「增加信任，減少麻煩，發展合作，不搞對抗」的16字方針是中國制定和修訂對美安全政策的基本方針。

早在1990年6月11日江澤民在寫給美國加州9位大學生的覆信中，對於發展中美關係的利益框架做了明確的闡述，他說：「中美關係在人為的多年隔絕之後得以恢復和發展，不是因為雙方價值觀念相同，而是因為有重大的共同利益。首先，中美兩國發展關係是維護世界和平特別是亞太地區和平的需要。第二，美國是最大的發達國家，中國是最大的發展中國家，發展經濟貿易，兩國都可以獲利，並有利於改善南北關係和促進國際經濟繁榮。第三，中美兩國人民之間有著長期交往和互相友好的歷史，並都希望能夠繼續發展友好的聯繫，儘管世界發生了很大變化，但中美之間的共同利益依然存在。有識之士都明智地認識到，我們之間存在的共同利益，確

實比價值觀念等的分歧遠為重要。」

進入21世紀，中國領導人多次強調保持和發展良好的中美關係符合兩國的根本利益，也有利於亞太地區和世界的和平與穩定。「9·11」事件發生後，2001年9月20日，正在美國訪問的中國外長唐家璇在美中貿易全國委員會和美中關係全國委員會為他舉行的晚宴會上發表演講指出：「在反對恐怖主義的鬥爭中，中國人民和美國人民以及整個國際社會站在一起。」2003年以來，中國國家主席胡錦濤在與美國總統布希的幾次會晤中，表示願同美國一道加強對話與合作，妥善處理彼此的關切，推動中美建設性合作關係不斷向前發展，並希望雙方堅持從戰略的高度審視和處理兩國關係，推動中美建設性合作關係不斷向前發展。

同時，中國對美國遏制中國的一面加強防範。1995年9月，中國國務院總理李鵬在中共中央全會所做的《關於制定國民經濟和社會發展「九五」計劃和2010年遠景目標建設的說明》中指出：「我們還面臨著國際關係中霸權主義和強權政治的壓力。某些西方大國不願意看到中國的強大，不願意看到中國按照自己的發展模式所取得的成功，總是想方設法對中國進行牽制。」1999年以美國為首的北約轟炸中國駐南斯拉夫使館，這是對中國領土和主權最嚴重的挑釁，中國政府和各人民團體及廣大民眾對此提出最強烈的抗議和譴責。1999年5月13日江澤民在歡迎中國駐南聯盟工作人員大會上的講話中指出：「對於國內外敵對勢力伺機搞亂中國，破壞我們社會主義現代化的圖謀，必須時刻保持警惕。」2003年1月，胡錦濤同志在全國培養選拔年輕幹部工作座談會上的講話中說：「以美國為首的西方敵對勢力從來沒有也不會改變對中國實施『西化』、『分化』的圖謀，它們不願意看到中國的統一和強大，總是千方百計地遏制我們。因此，我們面臨的顛覆與反顛覆、遏制與反遏制、分裂與反分裂的鬥爭將是長期的、複雜的，有時甚至會是很尖銳的，對於國際政治鬥爭的複雜形勢，我們必須保持高度警惕，

善於應對」。

　　中國對日安全政策服從於中國整體國家安全戰略的需要，具有全局性和連續性的特點，但是中日關係的波動對其有著一定的影響。1950、60年代，中國的對日政策可以概括為「防止軍國主義復活」。70年代，中國提出反蘇聯「一條線」戰略，對日本的政策也服從於這一戰略需要。80年代，由於國內集中精力搞經濟建設，日本對華友好派在日本政界中居於主流位置，日本政府和民間對中國的改革開放支持力度很大。1983年11月，中共中央總書記胡耀邦訪問日本，在與日本首相中曾根康弘的會談中，由中曾根建議，在原有的「和平友好、平等互利、長期穩定」基礎上，增加了一條「相互信賴」，完善成為發展中日關係的「四原則」。後來整個1980年代的中日關係呈現健康發展的良好勢頭，《日本經濟新聞》指出：「應當說，當前的中日關係在漫長的日中關係史中也是值得大書特書的，是一個成熟的時代」。

　　冷戰結束之初，中日關係保持著良好的發展勢頭，中國政府對於日本政府繼續執行對華友好政策特別是日本率先解除對華經濟封鎖表示讚賞。但是自90年代中期以後，中日關係中的一些矛盾日益暴露出來，如歷史問題、領土問題、臺灣問題、美日同盟問題，中國根據變化了的國際環境和中日關係的現實狀況，適時調整了對日政策。一方面，加強中日兩國的溝通與瞭解，構建面向21世紀的合作夥伴關係，特別是注重加強中日兩國間的經貿合作。1998年，中國國家主席江澤民訪問日本，中日兩國在堅持《中日聯合聲明》、《中日和平友好條約》的基礎上，簽署了《中日聯合宣言》，宣布兩國建立面向21世紀致力於和平與發展的合作夥伴關係。1999年以來，中方在堅持兩國間三個基本文件的基礎上，積極推動中日關係的全面發展。另一方面，中國在政治、安全層面加強防範，特別是對於日本右傾勢力日益活躍保持警惕。2004年11

月21日，中國國家主席胡錦濤會見日本首相小泉純一郎時強調當前兩國政治關係困難的癥結是日本領導人參拜靖國神社問題，而發展中日關係，不能也無法迴避歷史問題。胡錦濤同時提出了實現兩國關係健康穩定發展的指導性意見，即：雙方應該嚴格遵循中日間三個政治文件的原則，堅持「以史為鑑、面向未來」，著眼長遠、善謀大局，加強交流、深化合作；在地區和國際事務中，雙方應該加強協調和合作；應該進一步密切兩國文化、教育及青少年交流；應該從兩國的共同需要出發，在繼續深化兩國經貿合作的同時，加強在能源、環保等領域的合作。對於日本近年來不斷擴張軍備，加強美日軍事合作等舉動，中國政府表示了強烈的關注和不安。

2008年5月7日，正在日本進行國事訪問的中國國家主席胡錦濤在東京與日本首相福田康夫共同簽訂題為《中日關於全面推進戰略互惠關係的聯合聲明》的中日之間第四份重要政治文件，聲明中指出：「雙方一致認為，中日關係對兩國都是最重要的雙邊關係之一。兩國對亞太地區和世界的和平、穩定與發展有著重要影響，肩負著莊嚴責任。長期和平友好合作是雙方唯一選擇。雙方決心全面推進中日戰略互惠關係，實現中日兩國和平共處、世代友好、互利合作、共同發展的崇高目標。」

後冷戰時期，中國對日安全政策不如中國對美安全政策系統、成熟，其中直接原因在於日本領導人參拜靖國神社、日本右翼教科書歪曲日本侵華史等歷史問題激發了中國國內民族情緒的高漲，進而導致中國國內民眾要求日本反省其軍國主義侵華歷史的呼聲日益強烈，加上臺灣、釣魚島、日本「入常」等一系列中日之間難以短期內達成共識的現實問題，中國對日政策可以進行大幅調整的空間十分有限，將主要取決於日本政府在反省歷史等一系列問題上的立場修正和具體對華政策的調整。

三、日本國家安全戰略及對美、對華安全政策的調整

日本在1970年代末推出了戰後日本第一個具有全局觀點和長遠考慮的國家總體戰略——《綜合安全保障戰略》，這一戰略與中曾根內閣時期的「戰後政治總決算」結合起來，使「國際國家」成為日本發展的中長期戰略目標，並為日本從經濟大國向政治大國轉變服務。

　　冷戰後日本加快向政治大國邁進的步伐，外交上轉為主動出擊，努力擺脫「和平憲法」的束縛，整體國家安全戰略觀也在發生質變。1991年，日本國會通過了《聯合國維持和平合作法》（PKO法），為向海外派兵提供了法律依據。1996年，日美共同發表「聯合宣言」，完成了對日美安全同盟的「再定義」。2003年5月14日，日本國會眾議院有事法制特別委員會通過了《應對武力攻擊事態法案》、《自衛隊法修改案》和《安全保障會議設置法修改案》，5月15日和5月19日，眾參兩院先後通過這三項法案，從而「有事法制三法案」完成全部立法程序，正式成為日本國家安全戰略和防衛政策的規定性法律，日本輿論由此稱日本「36小時走完了26年的路」。日本國家安全戰略轉換的過程表明，日本政府正在突破戰後以來「專守防衛」的基本原則，實施可以行使「集體自衛權」和主動出擊、先發制人的「攻勢防衛」戰略。

　　日本國家安全戰略的基本特徵是「以利益為重，與強國為伍」，所以日本對美安全政策成為日本對外戰略的核心內容。1980年代末，日本國內以新保守主義為代表颳起一股對美國說「不」的浪潮，1988年石原慎太郎和盛田昭夫合著了《日本可以說「不」——新日美關係的對策》一書，主張日本應該對美國敢於說「不」，在日本國內引起轟動。但是，不久由於「中國威脅論」的出籠，務實的日本外交立即由嘗試「敢於說不」轉到「唯美是從」的一貫立場。在冷戰後多極化的浪潮中，日本則實用地選擇了「搭便車」戰略，即借助美國提升在亞太安全格局中的地位。

日本的安全戰略圍繞著日美同盟展開，日本對美安全政策成為美國部署全球戰略的重要抓手。東京國際大學武器控制與安全問題教授前田鐵男認為，在安全合作方面，美國希望日本扮演類似於英國的角色。日本自身也希望日美同盟在亞洲發揮類似北約在歐洲所造成的作用，日本同英國一樣成為美國的最親密盟友。「9·11」事件以後日美安全合作進一步加強，日本首次在戰時為美國軍事行動提供後勤支援，日美同盟進入一個新階段。日本防衛廳發布的2004年度《防衛白皮書》認為，日本自衛隊參加美國領導的駐伊多國部隊加強了日美同盟關係，完全符合日本的安全利益。而且，自衛隊應該從「存在」轉向在國際社會上積極「發揮作用」，將參與「國際活動」作為基本任務。白皮書聲稱，「隨著冷戰的結束和國際爭端區域的擴大，非法活動和緊急事態增多，自衛隊應配合美國參與更多的國際性活動」。2007年7月，日本政府公布了2007年版《防衛白皮書》，白皮書中除了表示對中國軍事發展方向的擔憂外，還強調要繼續加強日美安全保障體制。

　　日本對華安全政策則受日本朝野上下一種十分複雜的心態所支配。一方面，日本認識到中國的發展對日本而言是一種機遇，有助於擺脫日本長達十多年的經濟不景氣。2004年6月1日由人民日報社和日本經濟新聞社共同舉辦的第十次中日經濟討論會在日本舉行，日本首相小泉純一郎在賀詞中說，中國經濟發展對日本是個機會，這個預言正在成為現實，面對世界經濟全球化，各國都在採取各種對策，日中兩國也面臨許多新挑戰，有必要進一步發展互補的中日經濟關係。

　　另一方面，由於在世界近現代史的一百多年間，日本一直領先中國，現在面對一衣帶水的鄰國迅速崛起，日本政府和國民在心態上無法接受，並且中日之間有著諸多的歷史糾葛和現實利益衝突，受「遠交近攻」的日本外交傳統的影響，日本近年來採取在地緣安全上抗衡中國，在歷史問題上刻意模糊，在領土問題上製造麻煩，

在毗連資源上肆意爭奪，在臺海問題上暗中介入等遏制中國的策略。1996年日美安全同盟的「再定義」時美日共同的假想敵已經從前蘇聯轉變為中國。

2006年3月23日，日本外務省在2006版的日本外交藍皮書中稱，中國在國防費用的增加額度和軍事實力的現代化方面，仍然有不透明的部分。這是日本政府首次在外交藍皮書中公開要求中國增加軍力透明度。總體而言，「聯美制華」在日本的全球安全戰略中的份量日益增強。

日本對華援助（ODA）政策的演變是觀察日本調整對華安全政策的一個剖面。日本對華經濟援助（ODA）開始於1979年，此後日本一直是中國的最大經濟援助國，到2000年，日本對華日元貸款為2144億日元。自1990年代後期起，日本已經開始大幅削減對華ODA額度，並且取消了對中國的資金優惠劃撥方式。2004年11月，小泉出席在萬象舉行的東盟和中日韓首腦會議，談到對華援助問題時說：「（對華援助）已經到了該畢業的時候。中國經濟現在發展順暢，我希望中國早日成為對華經濟援助的畢業生。」對於近年來大幅減少對華日元貸款，日本方面的解釋是，日本政府希望透過政府開發援助幫助更多的發展中國家，解決整個地球的問題。但有跡象表明，日本的貸款方向並不是分向世界上其他不發達地區，而是流向中國的周邊地區。在不斷減少對華援助的同時，日本卻在增加對印度的貸款，以此抵消中國在其周邊的影響。日本削減ODA的重要原因是一些日本右翼人士受典型的冷戰思維支配，認為中國是日本的現實威脅，日本不應該用納稅人的錢「去資助一個潛在的敵人」。2006年3月23日，日本外務省決定推遲原定3月末舉行的2005年度對華日元貸款內閣議定程序，外務省解釋為在中日關係因為東海和靖國神社問題僵持的情況下決定對中國予以政府開發援助（ODA）項目很難得到執政黨的理解。

2009年7月，隨著中美兩國首輪戰略與經濟對話的展開，日本國內輿論認為這也標誌著中美兩國共同主導世界事務的「G2」集團體制的實際啟動。與此同時，日本政府不顧中方多次嚴正交涉，執意給中國的民族分裂分子熱比婭發放赴日簽證。一些國際問題專家對日本政府的這一舉動深感不安和震驚。分析家們指出，儘管從表面看來，熱比婭的分裂活動並未得到日本政府的明確支持，但他們在新疆烏魯木齊「7·5」事件剛剛過去不久便為事件幕後策劃者發放入境簽證，無疑是對熱比婭分裂活動的縱容，反映出日本政府對進一步深化中日關係缺乏誠意，對如何在打擊恐怖主義和分裂主義方面進行國際合作缺乏認識。

一些學者把近年來中日關係的惡化歸結為小泉純一郎的個性因素，這是片面和不客觀的。在小泉純一郎僵化的對華政策背後是日本右翼勢力對中國的不斷挑釁，有小泉背後的諸多日本高官都曾經表示要參拜靖國神社，所以把中日關係改善的希望完全寄託日方某一領導人執政也是不現實的。小泉下台後，安倍和福田、麻生內閣在改善對華關係方面作出了許多的努力，而日本對華安全政策受日本政壇各種勢力的此消彼長和國際形勢的變化影響較大，特別是日右翼勢力對於日本政壇的走向影響較大，左翼及對華友好的勢力逐漸式微，所以日本對華安全政策在相當長時期內都不會有質的突破。總體而言，中日關係在多年陷入僵局後略有改善，但是日本對華安全政策中防範和遏制中國的一面仍然十分突出。

第三節　21世紀初期中美日安全關係的基本特徵

一、三國在傳統安全上敵友難分、相互合作、相互防範

在傳統安全領域，中美日三國雖然各自強調自身的國家利益，

但是不具備冷戰時期涇渭分明的敵友標誌，中美、中日、美日在相互合作的同時相互防範，在相互鬥爭的同時也注意把握一定的尺度，即「鬥而不破」。

中美日三國在地區安全上相互合作，當前主要在亞太地區開展對話與合作。在涉及亞太地區事務方面，中國的建設性作用日益凸顯，朝核問題是中美日在地區安全合作方面的重要嘗試。在中國的倡導下，自2003年8月以來，美、日、韓、俄、中、朝連續展開了5輪朝核問題六方會談，主要透過國際磋商促使朝鮮放棄核武器發展計劃。在朝鮮半島核問題上，中國堅持不懈地積極斡旋，緩和了半島緊張局勢，為維護東北亞的和平與穩定發揮著建設性作用。2005年9月19日，第四輪朝核問題六方會談以共同聲明的形式通過了六方會談以來的首份共同文件，為最終解決朝鮮半島核問題確立了框架。國際社會和媒體普遍認為：這是一個里程碑式的協議，一個與會各方共贏的結局，是中國外交的勝利。在共同聲明中，朝鮮承諾放棄所有核武器和核計劃，早日重返《不擴散核武器條約》，並接受國際原子能機構的監督。美國確認，美國在朝鮮半島沒有核武器，無意以核武器或常規武器攻擊或入侵朝鮮。2007年2月13日，朝核問題第五輪六方會談第三階段會議通過《落實共同聲明起步行動》共同文件。同年7月，朝鮮關閉並封存寧邊核設施。10月3日，朝核問題第六輪六方會談第二階段會議通過《落實共同聲明第二階段行動》共同文件。根據這一文件，美國和朝鮮同意繼續致力於改善雙邊關係，向實現建立全面外交關係邁進。中美日三國雖然在對朝政策的落腳點和具體政策上存在較大的差異，但是在朝鮮半島無核化問題上具有一致性，畢竟反映了三國在地區安全上具有一定的合作基礎。

除朝鮮半島問題外，中國也為處理國際和地區的其他一些熱點問題發揮了建設性作用。在中東問題上，中國鼓勵有關各方根據聯合國有關決議和「土地換和平」原則恢復和談，重啟和平進程。在

伊拉克問題上，中國積極倡導在聯合國框架內謀求政治解決，並為伊拉克問題的妥善解決做了大量工作。在伊朗核問題上，中國以多種方式勸和促談，尋求在國際原子能機構框架內妥善和平解決伊朗核問題。中國不斷擴大參與聯合國維和行動，共向14項聯合國維和行動派出軍事人員、警察和民事官員3000多人次。

在南亞，美國一直努力建立核不擴散機制，調解印巴爭端，並謀求與中國的合作。中國明確表示支持南亞地區核不擴散，針對印巴衝突，中國出於對維護地區穩定的高度責任感和自身戰略利益考慮，在整個衝突期間堅持了客觀公正的立場，對南亞地區的和平穩定發揮了積極影響，得到美國和包括印度在內的大多數國家的肯定。日本則從地區安全的角度積極進行斡旋，幫助印巴間接保持溝通，避免引發兩國間的戰爭。

與此同時，中美日三國在地緣安全上相互防範，美日聯手遏制處於上升勢頭中的中國。最為明顯的是三國都重視海權，中日在釣魚島、東海大陸棚的矛盾不僅是資源的爭奪，更多的是在於海權歸屬之爭；美日插手中國與東南亞國家的南沙群島爭執，用意在於削弱中國對於南海的實際控制能力；美日介入臺海地區的深層次用意在於封住中國的出海口，阻遏中國走向遠洋，成為海洋強國。

據巴基斯坦《邊疆郵報》一篇題為《「9·11」對中國安全的影響》的文章指出：「美國打擊阿富汗是在實行一種旨在包圍中國的新遏制政策。只有中國三分之二的邊界線受到包圍的情況下，才能完成對中國的包圍。日本、印度、巴基斯坦和阿富汗就占據了中國三分之二的邊界線，而且他們都是親美派。美國在亞洲的主要目標是建立強大的反華戰線，為此美國已著手制訂一個包圍中國的宏偉計劃」。文章的觀點不盡全面，當前看來，隨著中國睦鄰政策的逐步推進，美國透過印度、巴基斯坦和阿富汗等國家借力打擊中國的可能性在逐步降低，而中日之間逐步上升的矛盾則可以成為美國遏

制中國的重要一環。

在軍控領域，中美日三國都從本國的國家利益出發強調防止大規模殺傷性武器的擴散。從歷年來中國的國防白皮書來看，中國一貫主張全面禁止和徹底銷毀核武器，中國鄭重聲明在任何時候、任何情況下，都不首先使用核武器，此後又明確承諾無條件不對無核武器國家和無核武器區使用或威脅使用核武器。2000年5月，中國同美國等其他四個核武器國家共同發表聯合聲明，宣布所擁有的核武器不瞄準任何國家。中國支持鞏固和加強國際核不擴散體制，承諾忠實履行《不擴散核武器條約》、《全面禁止核試驗條約》。中國是《禁止化學武器公約》和《禁止生物武器公約》的締約國。針對美國為首的西方國家的質詢，2002年9月，中國政府公布了有關導彈及相關物項和技術出口管制的條例，表明了中國在防止大規模殺傷性武器擴散方面的誠意，這是中美在軍控領域進行對話和相互信任的結果。2009年9月24日上午，聯合國安理會核不擴散與核裁軍峰會在紐約聯合國總部舉行，中國國家主席胡錦濤發表重要講話指出，中國一貫主張全面禁止和徹底銷毀核武器，堅定奉行自衛防禦的核戰略，始終恪守在任何時候和任何情況下不首先使用核武器政策，明確承諾無條件不對無核武器國家和無核武器區使用或威脅使用核武器。中國不參加任何形式的核軍備競賽，將繼續把自身核力量維持在國家安全需要的最低水平，將繼續為推進國際核裁軍進程作出努力。中國願繼續為維護國際核不擴散體系發揮建設性作用。

1999年7月，中日兩國政府簽署了《中華人民共和國政府和日本國政府關於銷毀中國境內日本遺棄化學武器的備忘錄》。日本在備忘錄中明確承認了遺棄化學武器的事實，並承諾認真履行銷毀責任和義務。中國則一直督促日本能夠切實按照備忘錄的有關原則和規定，儘早啟動實質性銷毀工作。

美國的軍控立場具有片面性，一方面為保護本國的安全堅決反對大規模殺傷性武器的擴散，另一方面為了自身的絕對安全大力發展導彈防禦系統。美國為了發展NMD單方面退出了1972年美蘇（俄）《反導條約》，同時美國和日本聯合研發戰區導彈防禦系統。日本受戰敗國身份的影響不可能公開擁有大規模殺傷性武器，特別是核武器，表面上反對大規模殺傷性武器的擴散，但是在實際上追隨美國的軍控政策。

值得關注的是，日本借朝鮮發展導彈和核武器計劃而力圖脫離「非軍事化」的束縛，這是國際軍控領域的新動向。同時，日本增加軍費使亞太地區有重開軍備競賽的可能性，日本政府連年大幅度增加軍費預算，多年軍費開支高居世界第二位，僅次於美國。2003年日本軍費開支為450億美元，比中國多兩倍。2004年日本已經成為美國全球有償軍事援助（FMS）的第二大武器進口國，位列亞洲第一。從法理角度看，日本國內的《和平憲法》及聯合國憲章對於日本成為軍事大國有著明確的限制，但是日本衝破種種阻礙擴充軍備的行動有悖於亞太地區的求和平、求穩定、求發展的基本趨勢。

中國認為美日聯合在東亞地區部署TMD系統，將使美日軍事同盟的整體攻防水平提高到前所未有的程度，也遠遠超出了日本的防衛需要，為此中國表示堅決反對。

中國一直奉行「韜光養晦，有所作為」的對外策略，與主要大國間的關係基本穩定。從「9·11」後中美關係的態勢看，兩國之間的對抗已不再成為常態；在中國「睦鄰、安鄰、富鄰」的政策下，中國的周邊環境十分穩定，中國與東南亞、東北亞、中亞、南亞國家的關係都不同程度地取得了重要進展，南海問題、邊境問題、地區安全合作都向有利於中國的方向發展。唯獨中日關係卻一直處於下降的狀態中，目前尚未觸及谷底。

所以，中美日傳統安全關係架構的建設處於正在進行時，中美日三國在傳統安全領域內相互依存和相互防範的態勢中長期內不會改變，但是受一些突發因素的影響將會存在變數。

二、三國在非傳統安全領域裡相互依存、相互借重、摩擦依舊

中美日三國在包括經濟安全在內的非傳統安全領域裡相互依存、相互借重、摩擦依舊。

經濟基礎決定上層建築這個原理對於國際關係領域同樣有參照作用，中美日三國在經濟合作方面的緊密關係，已經成為三國在其他領域一系列戰略互動的經濟基礎。中美日特別是中美兩國在全球的經濟比重日益上升，對世界經濟的貢獻十分巨大。中美日三國的經濟圈中涵蓋兩個最大的發達國家和一個最大的發展中國家，中美日三國人口總數達到17.5億左右，占世界人口總數67億的26%左右（根據2007年人口數據測算，中國當時達到了13.2億）；中美日三國GDP總和達到了全世界GDP總量的40%強，中國的GDP雖然只占世界的6%，但是發展潛力巨大；三國同處於當前全球經濟最有活力的亞太地區，具備形成統一市場的地緣優勢。所以，三國經濟一旦整合，絕非簡單的三國經濟總量相加，勢必會產生巨大的輻射效應，並成為世界經濟的主導力量。

事實上，全球化條件下的中美日經濟合作日漸緊密，相互借重。美國前總統尼克森曾經說過：「在失去共同的敵人之後，經濟貿易關係為中美關係發展的幾個基軸之一。」冷戰後，特別是進入21世紀以來，中美雙邊貿易突飛猛進地發展，據中方統計，2004年中美進出口貿易總額達到1696億美元，同比增長34%。其中，中國對美出口1249億美元，同比增長35%；中國自美國進口447億美元，同比增長32%。按中方統計，2005年中美貿易額是中美建交的1979年的80倍，中美雙邊貿易額按美方統計為2853億美元，美國逆差2016億美元，中國連續3年成為美國最大的貿易逆差

国。中美雙邊貿易總額為2116億美元，中方順差1142億美元。美國作為中國的第二大貿易夥伴（僅次於歐盟），在華投資項目超過4.9萬個，實際投資累計超過500億美元。中國是美國第三大貿易夥伴（僅次於北美自由貿易區的加拿大和墨西哥），是美國第四大出口市場，也是增長最快的出口市場。而中國海關總署發布的統計數據表明，2007年美國為第二大貿易夥伴，雙邊貿易總值為3020.8億美元，增長15%。其中，中國從美國進口693.8億美元，出口2327.0億美元，順差1633.2億美元。根據美國商務部最新統計，2007年，中國超過日本成為美國第三大出口市場，超過加拿大成為美國第一大進口來源地，仍保持美國第二大貿易夥伴地位，且與美第三大貿易夥伴墨西哥差距逐漸拉大。

根據中國商務部的統計，2004中國（中國大陸）與日本貿易額1807.2億美元，2005年為1844.1億美元，同比增長了9.9%。2005年1月27日，《金融時報》報導，據日本財務省初步統計，2004年日本與中國（含香港）雙邊貿易額為22.2萬億日元（2130億美元），而日本與美國雙邊貿易額為20.479萬億日元；日中雙邊貿易額占日本貿易總額的20.1%。中國首次超過美國成為日本的第一大貿易夥伴，顯示出中國經濟對日本經濟恢復的重要作用。經過最初的等待觀望期，近年來日本企業逐步增加對華直接投資。日本對華部件出口在其對華出口中占重要比例，而這些部件在中國製造產成品後向第三國出口。2004年日本的全球貿易順差高達12.011萬億日元，同比增長17.9%，其中日本對華貿易順差為1.455萬億日元。日本的全球貿易順差持續3年上升表明了其強勁的出口態勢已成為日本經濟恢復的基礎。

據中國海關統計，2007年中日雙邊貿易額達2360.2億美元，較2006年增長13.9%。其中，中方對日出口首超千億美元，達到1020.7億美元，增長11.4%；日本繼續占據中國第一大進口來源地的位置，自日進口1339.5億美元，增長15.8%，中方對日貿易逆差

318.8億美元，增長32.6%。

馮昭奎研究員指出，日本對華出口的比重上升與對美出口的比重下降同時發生；而日本對華出口激增又與中國對美出口激增同時發生。2003年，日本整個出口增加了360億美元，其中170億美元是對中國的，對中國出口的增加彌補對美出口減少有餘。2003年，中國向美國每出口1美分，需要從日本進口0.54美元，即中國對美出口中有一半多是日本的「繞路出口」，中國對美國的出口增加直接連接著中國從日本的進口增加，而起連接器作用的則是日本企業在中國的子公司及其他外資企業和中國國內企業。

在開展經濟合作的同時，三國之間由於強調各自的國家經濟利益，不斷產生經濟摩擦。中國入世後已成為世界上貿易爭端最多的發展中國家，國際貿易摩擦由二戰後以美日間為中心轉向以中國與美日為代表的主要貿易國間為中心。

整個1980年代，日美之間的貿易戰此起彼伏，進入21世紀以來，儘管日美圍繞鋼鐵和牛肉問題發生了一些摩擦，但是隨著90年代後日美一系列貿易協定的簽署和日本經濟陷入低迷，日美之間的貿易戰已經退居次席，兩國開始在全球經濟圈中聯手遏制迅速崛起的中國。近年來，美國、日本圍繞人民幣升值問題不斷打壓中國，要求人民幣升值，以轉嫁美日經濟運行中的一些不利因素。2005年4月，美國紡織品協定執行委員會（CITA）宣布啟動針對三類中國紡織品進口的保障程序，以決定中國相關紡織品是否衝擊了美國市場，中美在紡織品進出口問題上一直爭執不斷。2009年，中美發生輪胎特保案。此外，美、日至今不承認中國的完全市場經濟地位。

與冷戰期間美蘇兩大集團之間「兩個平行的市場體系」不同，中美日三國在經濟上是唇亡齒寒，共存共依，儘管強調各自的利益訴求，但並非簡單的「零和博弈」，只能互相補臺，相互協作，協

商處理彼此間的糾紛,才能保證自身的經濟安全並創造更多的發展機遇。

此外,三國在反恐、緝私、緝毒等領域合作空間巨大,形成了利益互動的機制。特別是反恐已經成為中美兩國在新時期發展兩國關係的重要支點。2002年9月11日,聯合國安理會正式將「東突伊斯蘭運動」列入安理會頒布的《恐怖主義組織和個人名單》,這對於中國維護西部邊疆穩定有著重要的外部意義。隨著走私、販毒的蔓延,這些非傳統安全因素已經日益對各國的國家安全產生衝擊,為此中美日三國對此類國內外犯罪加大打擊力度,並且開展相關合作。2004年5月,受日本同行的邀請,中國海事船「海巡21」對日本進行了首次訪問,並與日方舉行聯合海事演習,以提高海上搶險救災和反恐能力。2008年1月,美國聯邦調查局(FBI)局長穆勒訪問中國,並在北京宣布美國聯邦調查局將與中國的公安部門加強在反恐方面的合作,以迎接2008年夏天舉行的北京奧運會。

當然,三國在非傳統安全領域合作中也存在矛盾,主要在於意識形態和社會制度的根源,中美日特別是中國和美日兩國在國內法律、技術標準上存在較大的差異,由於標準不統一,所以合作渠道不暢,三國在相關領域亟待協調和溝通。

三、21世紀初中美日安全關係的發展趨勢

21世紀初期大國關係的主流是求合作,對於中美日三國而言尤其如此,在以國家利益為核心的現代國家安全戰略的導向下,任意兩個大國之間的對抗都是得不償失,「和則兩利,鬥則兩傷」這個大國間關係的普遍規律同樣適用於處於和平崛起階段的中國、致力於走向政治大國的日本、努力維護國家安全和保持國家優勢地位的美國三者之間。

當然對於一些雙邊關係和多邊關係而言,又有其個性,中美日三邊關係不平衡,所以在一些有爭議的問題上,中美日三國會產生

矛盾，甚至有些局部的對抗。美國建立的「軸心———軸輻」式中美日三邊架構的主旨在於使其處於主導地位。在近現代史上美國勢力介入亞太事務特別是東亞事務伊始，就認識到如果美國要主導亞太格局就必須使中日兩國保持足夠的距離，否則中日兩國接近就會排斥美國在亞太地區的主導作用。第二次世界大戰時，美國竭力扶持中國對抗日本軍國主義，避免了盟軍在亞洲戰場的全面崩潰和日本與德、意在亞歐戰場的會師，這是取得反法西斯戰爭勝利的重要前提。冷戰期間，美國出於對於社會主義中國的意識形態敵視和建立反蘇戰線的需要，中止了對於日本的戰後政治清算，堅決扶持日本作為對抗中國、蘇聯的橋頭堡，使日本戰後在美國的軍事保護傘下經濟高速發展長達20多年。冷戰後，由於中國的迅速發展，美國借助日本聯手制衡中國的局面已經形成，「美國人應該不擔心日本成為強國，而應該利用這一點。美國最理想的戰略不是同時遏制中國和日本，而是使中國和日本互相遏制，美國在安全距離上作壁上觀」。

　　日本在國家的外交傳統上是「遠交近攻」、「與強國為伍、以利益為重」，戰後追隨美國的「搭便車」戰略使其受益匪淺，而出於歷史淵源和現實利益的考量，難以在東亞接受中國的迅速崛起，隨著美國要求日本加強在亞太地區的軍事存在，日本要借助美國戰略中遏制中國的一面打壓中國從而確立在東亞地區的主導作用的意圖已經清晰化、公開化。

　　中國堅守「韜光養晦」，對美國在非原則問題上有退有讓，以柔克剛，同時宣示堅決捍衛國家核心利益，強調對話，加強溝通，所以中美之間儘管有波折，但是穩定化、非對抗化成為常態；中國對日政策受歷史問題和領土問題諸多因素的影響較大，特別是在國內民眾對日本一系列挑釁行為反應比較強烈的情況下，改善對中日關係不如發展中美關係順暢，隨著日本政界保守化、右傾化的加劇，今後中日關係還會發生一些波折。美日關係好於中美關係，中

美關係好於中日關係，這是一個對於中美日三邊關係現狀的基本判斷。

改善中美日三邊關係以及理性構建中美日三國安全框架的前提在於——「和而不同」、「趨利避害」。首先，中美日三國的歷史文化傳統和國家政治制度不盡相同，但是「世界上的各種文明、不同的社會制度和發展道路應彼此尊重，在競爭比較中取長補短，在求同存異中共同發展」，所以「和而不同」應該是三國處理意識形態分歧的基本理念；其次，三國的現實利益肯定有差異，一方獲益而他方受損的「零和博弈」必將被雙方或多方受益的「雙贏」乃至「多贏」模式所替代，「趨利避害」應該是三國處理現實爭端的重要原則。

今後觀察中美日三邊關係，要注意到三個基本進程，即中國的現代化進程、日本右傾化進程、美國的單邊化進程，中國的現代化進程將對後兩個進程形成有力的制約，並推動中美、中日關係的健康發展；日本右傾化進程、美國的單邊化進程將對中國的現代化進程形成阻力，同時對於中美、中日關係的健康發展產生負面效應。當前中國的現代化進程還處於上升勢頭，日本的右傾化進程、美國的單邊化進程已經放緩，今後必將面臨下降的拐點，這將有助於改善中美日三邊關係。今後必須用系統、全面的觀點加以研究、判斷，尋找其中的規律，把握中美日關係將來的發展趨向。

第三章　臺灣問題對中美日安全關係影響的嬗變

臺灣問題是中美日安全關係中的突出問題，隨著國際形勢和中美日三國對外政策的調整，臺灣問題在中美日三國國家安全戰略中的地位及對中美日安全關係的影響正在發生變化，理清這一脈絡對於把握臺灣問題的基本走勢十分必要。

第一節　臺灣問題是21世紀初中國國家安全的核心內容

一、中國共產黨及中華人民共和國政府對臺方針、政策的形成與完善

1949年10月1日，中華人民共和國誕生，中華人民共和國政府成為中國唯一合法政府。在此前後，蔣介石集團率部分國民黨軍政人員退踞臺灣，並於1949午5月19日頒布了戒嚴令，宣布臺灣地區處於戰時動員狀況，事實上造成了海峽兩岸的分裂局面。臺灣問題的出現，是國民黨發動反人民內戰的結果，是由中國的內戰造成的地方與中央的分裂局面，其本質是中國的內政問題，完全不同於透過國際條約而形成的前東德、西德及朝鮮半島的分裂局面。臺灣問題之所以長期存在且迄今尚未解決的一個重要因素，是美國等西方反華勢力插手臺灣問題，干涉中國內政，阻礙中國統一。

圍繞臺灣問題，中國政府及中國共產黨為維護國家統一進行了長期堅持不懈的鬥爭，基本可以分為三個時期：

第一個時期（1949年初到1950年代中期），是中國共產黨為完成中國的統一大業嘗試武力解放臺灣的階段。1949年春，當中國人民解放戰爭在全國範圍內的勝利已成定局時，中共中央就開始把解放臺灣的問題提到議事日程上來，在3月15日發表的「新華社時評」中明確指出：中國人民包括臺灣人民「絕對不能容忍國民黨反動派把臺灣作為最後掙扎的根據地。中國人民解放鬥爭的任務就是解放全中國，直到解放臺灣、海南島和屬於中國的最後一寸土地為止。」1949年10月25日，中國人民解放軍發動了解放金門的戰役，然而非常遺憾的是，由於判斷失誤和缺乏必要的渡海工具等原因，金門之戰失利。隨後，在中共中央的領導下，中國人民解放軍一直積極進行武力解放臺灣的各種準備。1950年6月，美國在朝鮮戰爭爆發後，派第七艦隊侵入臺灣海峽，軍事上公然干涉中國內政，1954年12月2日，「美蔣共同防禦條約」在華盛頓簽字。因此，受當時國內外各種因素的影響，中國政府武力解放臺灣的進程被迫中斷。

　　第二個時期（1950年代中期到80年代末），是中國政府及中國共產黨爭取和平解放臺灣的階段。

　　1955年5月13日，周恩來在全國人民代表大會常務委員會第十五次擴大會議上作關於亞非會議的報告時指出：中國人民解放臺灣是中國的內政問題。解放臺灣有兩種可能的方式，即用戰爭的方式和和平的方式，中國人民願意在可能的條件下，爭取用和平的方式解放臺灣。1963年，周恩來將中國共產黨對臺政策歸納為「一綱四目」。毛澤東也一再表示，臺灣當局只要一天守住臺灣，不使臺灣從中國分裂出去，大陸就不改變目前的對臺關係。

　　1979年1月1日，《中華人民共和國全國人大常委會告臺灣同胞書》發表，並成為中國政府處理臺灣問題的重要指導性文件。1980年，鄧小平提出了1980年代「我們要做的三件大事」中，

「第二件事，是臺灣歸回中國，實現中國統一。」1983年，鄧小平會見美國新澤西州西東大學教授楊力宇時提出了中國大陸和臺灣和平統一的設想，特別是對「一國兩制」進行了詳盡的闡述，指出「中國統一後，臺灣特別行政區可以有自己的獨立性，可以實行同大陸不同的制度」。

需要指出的是在蔣介石、蔣經國主政臺灣期間，儘管在臺灣島內實行戒嚴、鎮壓民眾等高壓政策，對外勾結美國等西方國家「反攻大陸」，但是蔣介石堅持「一個中國」的原則，堅決反對「兩個中國」或者「一中一臺」。在1950年代，蔣介石反對「臺灣地位未定論」和美國企圖製造「兩個中國」的「劃峽而治」，嚴厲打擊「臺獨」分裂勢力。蔣經國主政臺灣以後，繼續堅持一個中國，反對「兩個中國」的立場。鄧小平1982年4月會見英國前首相希思時說：「我們和蔣經國都講一個中國，他的一個中國是以三民主義來統一中國，但我們之間畢竟有共同的語言，那就是一個中國，不是兩個中國」。1988年1月14日，中共中央致電中國國民黨中央委員會，弔唁中國國民黨主席蔣經國在臺北病逝，趙紫陽發表談話說：「蔣經國先生堅持一個中國，反對『臺灣獨立』，主張國家統一，表示要向歷史作出交待，並為兩岸關係的緩和作了一定的努力。」

第三個時期（1990年代至今），是中國政府及中國共產黨圍繞臺灣問題特別針對「臺獨」勢力的分裂活動進行「反獨促統」的歷史時期。

1990年代以來，中國共產黨第三代領導集體根據臺灣島內的形勢變動，特別是「臺獨」勢力的分裂活動，一直有針對性地開展對臺工作。

長期以來，海峽兩岸在對於一個中國問題的表述上一直存在分歧。1992年11月，大陸的海峽兩岸關係協會與臺灣的海峽交流基金會就解決兩會事務性商談中如何表明堅持一個中國原則的態度問

題達成了以口頭方式表達的「海峽兩岸均堅持一個中國原則」的共識，由此「一中各表」的「九二共識」成為中國政府處理臺灣事務的基本原則。中國政府堅持的「一個中國」原則重在主權的宣示，從歷史和民族的淵源界定大陸和臺灣同屬於一個中國，特別是強調兩岸同屬於中華民族的民族認同意識，對於治權及於臺灣並沒有時間上的明確界定，從而為實現國家統一留下了充分的迴旋空間。

1995年1月30日，江澤民提出了推進中國和平統一進程的「八項主張」：即堅持一個中國原則，是實現和平統一的基礎和前提；對於臺灣同外國發展民間性經濟文化關係不持異議；進行海峽兩岸和平統一談判；努力實現和平統一，中國人不打中國人；大力發展兩岸經濟交流與合作；中華各族兒女共同創造的五千年燦爛文化，是維繫全體中國人的精神紐帶，也是實現和平統一的一個重要基礎；充分尊重臺灣同胞的生活方式和當家做主的願望，保護臺灣一切正當權益；大陸歡迎臺灣當局的領導人以適當身份前來訪問，也願意接受臺灣方面的邀請，前往臺灣。這八項主張的提出成為新時期中國共產黨開展對臺工作的重要指導方針。

2005年3月4日，中共中央總書記、國家主席、中央軍委主席胡錦濤參加全國政協十屆三次會議民革、臺盟、臺聯委員聯組會時指出：「1949年以來，儘管兩岸尚未統一，但大陸和臺灣同屬一個中國的事實從未改變。這就是兩岸關係的現狀。」並就新形勢下發展兩岸關係提出了四點意見，即：「堅持一個中國原則決不動搖，爭取和平統一的努力決不放棄，貫徹寄希望於臺灣人民的方針決不改變，反對『臺獨』分裂活動決不妥協。」2005年3月14日，第十屆全國人民代表大會第三次會議通過了《反分裂國家法》，為「臺獨」勢力的分裂活動劃上了一條紅線。

2008年3月，臺灣地區領導人選舉結束，中國國民黨籍候選人馬英九當選為臺灣地區新一任領導人。5月28日下午，中共中央總

書記胡錦濤在北京同中國國民黨主席吳伯雄舉行了會談，胡錦濤強調，在國共兩黨和兩岸同胞共同努力下，臺灣局勢發生了積極變化，兩岸關係發展面臨著難得的歷史機遇。這一局面來之不易，值得倍加珍惜。希望國共兩黨和兩岸雙方共同努力，建立互信、擱置爭議、求同存異、共創雙贏，繼續依循並切實落實「兩岸和平發展共同願景」，以富有成效的努力，紮紮實實推動兩岸關係不斷取得實際進展，增強廣大臺灣同胞對兩岸關係和平發展的信心。

2008年12月31日，紀念《告臺灣同胞書》發表30周年座談會在北京人民大會堂隆重舉行。中共中央總書記、國家主席、中央軍委主席胡錦濤發表重要講話，特別提出推動兩岸關係和平發展的六點意見，即：恪守一個中國，增進政治互信；推進經濟合作，促進共同發展；弘揚中華文化，加強精神紐帶；加強人員往來，擴大各界交流；維護國家主權，協商涉外事務；結束敵對狀態，達成和平協議。這是新時期大陸對臺工作的綱領性文件，對於推動和實現兩岸關係和平發展具有重要的理論和實踐指導意義。

二、1990年代後「臺獨」勢力分裂國家的活動日益猖獗

1988年蔣經國去世後，李登輝執掌臺灣黨政大權，2000～2008年陳水扁為首的民進黨執掌臺灣地區執政權。在此期間，「臺獨」分裂勢力利用在島內掌握的執政資源大肆進行分裂活動。

1988年以後，海外公開的「臺獨」組織加強向島內滲透，在美國最大的「臺獨」組織「臺獨聯盟」遷回臺灣，以後集體加入了民進黨。1991年10月，民進黨召開五大，公然將「建立主權獨立自主的臺灣共和國暨制定新憲法，應交由臺灣人以公民投票方式選擇決定」列入黨綱。1992年5月，「立法院」修改「刑法」，廢除「刑法第100條」和「國安法」，使鼓吹和從事非暴力的「臺獨」活動合法化。從此，臺灣當局實際上已不禁止「臺獨」活動。

李登輝是「臺獨」分裂活動的主要支持者和幕後策劃者。李登

輝上台後在1990年5月宣布開始「憲政改革」，對舊「法統」進行改造。從1990年至2000年，臺灣當局進行了六次「修憲」，包括終止「動員戡亂時期」，廢除「臨時條款」；「總統」由臺灣地區人民直接選舉產生；凍結臺灣「省長」、「省議會」選舉，虛化「臺灣省政府」功能；改變「國民大會」職能等等。臺灣的政治格局、國民黨內部的權力結構以及臺灣當局對大陸政策和對外政策都發生了重大的變化。1999年7月9日，李登輝借接受「德國之聲」電臺專訪之機，公然宣稱臺灣當局已將兩岸關係定位在「國家與國家，至少是特殊的國與國的關係」，這就是李登輝的「兩國論」。中國政府對此開展了堅決的鬥爭，因此爆發了第三次臺海危機。2001年，李登輝組建了以「兩國論」為黨綱的「台聯黨」，公開進行分裂活動。

　　2000年，陳水扁上台後繼續其分裂國家的活動。2004年5月17日，中臺辦、國臺辦的聲明對陳水扁四年來的言行做了全面的評價：「四年前，陳水扁曾信誓旦旦地作出所謂『四不一沒有』的承諾」，「他說不會宣布『臺獨』，卻糾集各種分裂勢力進行『臺獨』活動。他說不會改變所謂『國號』，卻不斷鼓噪『臺灣正名』、『去中國化』。他說不會將『兩國論入憲』，卻拋出兩岸『一邊一國』的分裂主張。他說不會推動改變現狀的『統獨公投』，卻千方百計地利用公投進行『臺獨』活動。他說沒有廢除『國統會』和『國統綱領』的問題，卻早已將它束之高閣，令其名存實亡。他還強行撕裂臺灣社會，惡意扭曲臺灣民意，肆意煽動仇視大陸、『對抗中國』，竭力挑釁大陸和臺灣同屬一個中國的現狀，公然提出透過『制憲』走向『臺獨』的時間表，將兩岸關係推到了危險的邊緣。」2004年5月，陳水扁在備受爭議的所謂臺灣「總統」選舉中就職，他發表的就職演說雖然在各方巨大壓力下幾經修改，卻極力迴避海峽兩岸同屬「一個中國」的共識，掩飾不住其「臺獨」的根本理念：「（臺灣要）積極參與國際事務，擴大臺

灣在國際的生存空間」,「儘管臺澎金馬只是太平洋邊的蕞爾小島,只要兩千三百萬同胞不畏艱難、攜手向前,我們夢想的地圖將會無限遠大,一直延伸到地平線的盡頭。」

2006年2月26日,陳水扁宣布「終止運作」「國統會」和「國統綱領」,要為透過所謂「憲政改造」謀求「臺灣法理獨立」鋪平道路。3月1日,中國國家主席、中央軍委主席胡錦濤在會見瑞士國防部長施密德時說,臺灣當局不顧島內外的強烈反對,一意孤行,決定終止「國統會」、「國統綱領」,這是對國際社會普遍堅持的一個中國原則和臺海和平穩定的嚴重挑釁,是在走向「臺獨」的道路上邁出的危險一步。

同時,陳水扁當局積極推行「去中國化」及「去蔣化」的實際行動,2007年伊始,臺灣故宮博物院收藏品說明中的「北平故宮」與「中央博物院」字眼完全刪除。兩週後,孫中山先生被剝奪「國父」稱號。此外,民進黨當局還對青少年下手洗腦,向其灌輸「臺獨」意識,杜正勝任「教育部長」後,大幅修改歷史課本,刪去孫中山先生「國父」稱號,視之為「外國人」,非但如此,孫中山先生領導的辛亥革命,竟被列入「中國古代史」。原中正機場改為桃園國際機場後,甚至臺灣的大型企業「中國石油」、「中國造船」與「中華郵政」都改為「臺灣石油」、「臺灣國際造船」及「臺灣郵政」。臺北中正紀念堂在民眾抗議聲中改為「臺灣民主紀念館」後,臺灣陳水扁當局變本加厲繼續其「去蔣化」的步伐,12月23日,臺灣軍方撤走了臺灣桃園縣大溪鎮蔣介石和蔣經國陵寢的衛兵,「兩蔣陵寢」也暫時封館。

2007年6月18日,據臺灣「中央社」報導,陳水扁說,希望透過連署提案,在接下來的「大選」一併舉行所謂「以臺灣名義申請加入聯合國的公民投票」。由於持「臺獨」路線的民進黨當時掌握著執政資源特別是輿論工具,中國大陸一直對「臺獨」分裂勢力的

謀「獨」本質保持警惕。民進黨、台聯黨等「臺獨」勢力的一貫作法是蓄意挑起兩岸對峙，製造惡性互動，而後「出口轉內銷」，把臺灣的族群撕裂為「賣臺——愛臺」、「獨——統」這種相互對立的二元仇視結構，以從中獲取政治利益。

由此可以看出，自以李登輝和陳水扁為代表的「臺獨」分子掌握臺灣地區的公權力後，肆意分裂國家，拋棄了1992年汪辜會談「一個中國，各自表述」的「九二共識」，使海峽兩岸的矛盾性質發生了轉化。李登輝上台之前，蔣氏父子主政臺灣事務，與中央政府的海峽對峙是國共兩黨在一個中國內部的政權之爭，屬於民族內部矛盾；李登輝上台，特別是拋出「兩國論」後，臺海地區中華民族同分裂國家、民族的「臺獨」勢力的鬥爭已屬於結構上對抗性的民族矛盾，這是兩類不同質的矛盾，由民族內部的階級矛盾已經上升為中華民族同民族分裂勢力鬥爭的民族矛盾。

在陳水扁發布了2006年「制憲」及2008年「建國」的法理「臺獨」時間表後，海峽兩岸的關係劍拔弩張，一度降至冰點。特別是2007～2008年恰逢陳水扁執政的第二任期屆滿，大陸集中精力舉辦奧運會，曾被認為是當時臺灣當局「法理獨立」的重要時間節點。

而臺灣的民意對於「臺獨」多次說「不」。2004年末，臺灣的「立法院」選舉後，持反對「臺獨」立場的「泛藍」陣營席位過半。2005年，中國國民黨主席連戰、親民黨主席宋楚瑜、新黨主席郁慕明相繼訪問大陸，開展黨對黨的對話和交流。2005年12月，臺灣縣市長選舉中，「泛藍」陣營大勝。這是臺灣民眾主流民意的真實體現，從而為兩岸和平帶來了一線曙光。2008年初，臺灣舉行了第七屆「立委」的選舉，全部113個席次中，國民黨獲81席，民進黨27席，無黨團結聯盟3席，親民黨1席，未經政黨推薦1席，對此臺灣島內主流媒體聯合報發表社論〈民進黨須懲治陳水

扁，國民黨應撫慰綠色選民〉指出，原本「藍頭綠腳」的政治版圖如今可謂已成了「藍色大海中飄著幾片綠色的落葉」。

2008年3月22日，中國國民黨候選人馬英九、蕭萬長在臺灣地區領導人大選中以221萬票的領先優勢獲勝。馬英九勝選後表示，這次選舉結果不是馬英九及蕭萬長的個人勝利，亦不是一個政黨的勝利，而是千千萬萬希望求變的臺灣民眾的勝利。臺灣民眾的心聲在這次大選已反映出來，希望政府清廉，不是貪腐；希望經濟繁榮，不是蕭條；希望政治安定，不是內鬥；希望族群和諧，不是撕裂；希望兩岸和平，不要戰爭。

兩岸的統一是大勢所趨，伴隨著臺灣民眾的主體意識的回歸，「臺獨」勢力「法理建國」夢在不斷膨脹後已經破裂並且漸行漸遠。

三、臺灣問題在中國國家安全利益框架中日益「核心化」

隨著「臺獨」勢力分裂活動的日益猖獗，臺灣問題在中國國家安全利益框架中日益「核心化」，主要表現在以下幾點：

第一，政治上，臺灣問題將對中國的和平發展進程產生重大影響。臺灣海基會前副秘書長石齊平撰文指出：「當臺灣問題已成為美國全球戰略布局中的主要成分之後，它在中國的戰略布局中只定位在兩岸統獨的框架中，顯然極不對稱又不合理，且相當危險。北京方面必須把臺灣問題提高到攸關中國新世紀能否順利和平發展與崛起的戰略高度，換言之，臺灣問題已成為中國和平發展與崛起的關鍵。」中國和平發展及崛起的重要標誌之一在於領土主權的完整，領土缺失談不上崛起。當一個國家的人均GDP處於1000美元～3000美元之間時，國際上普遍認為這是處於進一步發展的十字路口，一旦處理不好就會引發社會動盪，使國家的發展步入停滯期，拉美國家停滯的十年就是明顯的例證；當前中國的和平發展進程已經進入一個矛盾凸顯期，臺灣問題如果處理不妥就會成為導火

線，將使改革過程中諸多矛盾複雜化、尖銳化，特別會產生引起國家分裂的現實危險性。經濟發展是中國的第一要務，臺灣問題則涉及中國的領土完整，涉及中國的根本利益，二者發生碰撞時，前者要服從於後者。

美、日在臺灣問題上的基本考量是將臺灣作為演化、分化中國的多米諾骨牌中的第一塊骨牌，透過臺灣問題引發中國的其他不穩定因素。「臺獨」勢力一旦得逞，將勢必動搖國家的治國安邦之本，踐踏國家憲法，破壞整個民族的向心力，「藏獨」、「疆獨」、「蒙獨」勢力勢必群起而效仿，中國將失去安全、穩定的國內、國際環境。李登輝在《臺灣的主張》一書中，提出了「七塊論」，即「擺脫大中華主義的束縛」，主張把中國分割成臺、藏、疆、蒙、東北等七個享有「充分自主權」的相互獨立的政治實體，實際上就是七個主權國家。「臺獨」勢力和「藏獨」分子的勾結已經愈演愈烈，李登輝上台後表態支持達賴以實現「藏獨」為目的的所謂「五點和平計劃」。

第二，經濟和社會發展上，臺灣問題日益關係中國改革開放成敗的全局。中國的改革開放需要一個穩定的國內和國際環境。環顧中國周邊，中印、中俄、中國與東盟、中韓的關係相對穩定，只有中日關係處於不穩定狀態，但是中日之間發生直接軍事對抗的可能性不大。「臺獨」活動的走勢是唯一會引發中國啟動戰時狀態的內部因素，如果因為「臺獨」勢力越過中國政府的動武底線導致臺海戰爭的爆發，中國將會錯過本世紀頭二十年的戰略機遇期，中國的經濟發展就會走向停滯甚至倒退，從而改革開放的全局就會受到嚴重影響，這是國際反華勢力最為樂見的兩敗俱傷的結果。21世紀是「海洋的世紀」，中國軍事科學院羅援研究員指出：「臺獨」勢力一旦得逞，中國300萬平方公里海洋國土的一半和大量海洋資源將隨之喪失。1966年聯合國亞洲及遠東經濟委員會經過對包括釣魚島列島在內的中國東部海底資源的勘查，得出結論：東海大陸棚

可能是世界上最豐富的油田之一，釣魚島（與臺灣島在地理上共生）附近水域可能成為「第二個中東」。據中國有關科學家1982年估計，釣魚島周圍海域的石油儲量約30億～70億噸。還有材料說，該海域海底石油儲量約為800億桶，超過100億噸。釣魚島周圍海域的漁業資源也十分豐富，盛產飛花魚等多種魚類。長期以來，中國臺灣等地漁民經常到這裡從事捕撈活動，年可捕量高達15萬噸。

第三，地緣安全上，臺灣問題對中國主權和領土完整產生巨大的輻射作用。日益緊張的臺海局勢已成為威脅中國國家安全的最緊迫的核心議題。臺灣一旦從中國分離出去，中國的東部海上通道將處於他人的監控之下，地緣環境嚴重惡化；海南島一旦失去臺灣島的彼此呼應，保衛南沙群島的作用將會降低，南沙的海權更加難以維護。臺灣問題與釣魚島問題、南沙問題、東海大陸棚問題息息相關，所以日本國內右翼勢力認為一旦中國統一，釣魚島問題將會不復存在。從日本群島、朝鮮半島、沖繩列島到菲律賓群島，臺灣是美日在太平洋封鎖中國的中間鏈條，中國國家統一後中國海軍就能衝破第一島鏈的封鎖，從近海防禦走向遠洋防禦，這對於中國保護日益重要而脆弱的能源運輸通道有著至關重要的作用。在中國的海洋經略中，只有臺灣島以東的部分洋面是中國進出太平洋的戰略通道，這一戰略通道如果被他國控制，中國的海洋發展戰略將會嚴重受挫，中國就不可能成為真正的海洋強國。

第四，「臺獨」分裂勢力對於中國國內的社會穩定構成了威脅。臺灣當局是所謂「民運」分子甚至是邪教「法輪功」的後台。從2002年到2004年，「法輪功」組織利用臺灣陳水扁當局的支持對鑫諾衛星等中國大陸民用衛星信號猖狂干擾。在臺灣島內，不僅允許「法輪功」在臺灣「合法」註冊，還提供活動場地、活動經費。2004年臺灣「大選」期間，以張青溪為首的臺灣「法輪功」頭目更是公開號召臺灣地區「法輪功」分子支持民進黨當局，成為

民進黨的鐵票來源。在對大陸的衛星干擾方面，臺灣當局更是給予直接的物質和技術支持，據瞭解，臺灣地區干擾大陸衛星信號的發射源之一是陽明山一帶，而此地正是臺當局軍情局電子監聽站，由此可見臺當局對「法輪功」在臺組織的支持力度。2009年7月，新疆發生「7·5」嚴重暴力犯罪事件後，以陳菊為首的民進黨竟然處心積慮與「疆獨」頭目熱比婭沆瀣合流，無視其恐怖主義分子的實質。

　　第五，臺灣問題的長期化將對中國的「軟實力」特別是國家形象造成損害。從19世紀中葉開始，中國人民飽受國家分裂、主權喪失、社會動盪之苦，所以追求國家統一、民族富強一直是體現中華民族民族凝聚力的核心理念，臺灣如果在國內外的反動勢力支持下走向「法理獨立」，中國人民對於中國是否還是一個積貧積弱的國家產生懷疑，整個民族的凝聚力和耐受力都將受到嚴峻的考驗。

　　第六，臺灣問題的複雜性還在於西方借此進行意識形態的對華滲透。美日等西方國家認為中國是專制制度，而臺灣是民主制度的樣板，所以把臺灣作為演化、分化中國及開展意識形態滲透的「振盪器」，希望借此引起中國國內民主意識的「發酵」效應，如同在格魯吉亞、烏克蘭、吉爾吉斯斯坦等前蘇聯國家爆發的「顏色革命」一樣，透過街頭暴動來顛覆中國共產黨的執政地位。

　　第七，臺灣問題對於中國共產黨執政的合法性提出挑戰。中國共產黨執政地位的取得在於中國共產黨人為國家統一、民族富強付出巨大犧牲後得到了全中國人民的認可，所以中國共產黨人始終是維護中國國家統一、民族富強的中流砥柱。如果「臺獨」活動觸及中國的領土完整和主權統一，作為執政黨的中國共產黨應對不及時、不妥當或者對全局缺乏有效的掌控能力，國內外的輿論就會對中國共產黨執政能力、執政的合法性提出質疑，國內外的反華、反共勢力可以作為藉口進一步掀起推翻中國共產黨領導的顛覆活動。

第八，臺灣問題占用中國諸多國家資源特別是外交資源。在國際舞台上，中國把相當多的外交資源用來同「臺獨」勢力作鬥爭，壓縮臺灣當局追求的所謂「國際生存空間」；而臺灣當局則以大量金錢收買「邦交國」，公開製造「兩個中國」或「一中一臺」。

臺灣的這些「邦交國」大多經濟困難，國內形勢複雜，對華、對臺政策經常變化，利用臺灣問題漁利，如吉里巴斯、諾魯等國家的幾屆政府完全不具備起碼的國際道義，以與中國大陸或者臺灣當局「建交」作為籌碼分別向雙方提出經濟援助等條件。這些都牽制著中國作為國際社會的重要成員在構建國際政治經濟新秩序中發揮更大的作用。

第二節　美國在臺灣的綜合安全利益突出

1945年，美國作為「開羅會議」等國際會議的主要參與方，積極支持臺灣回歸中國，因此在臺灣歸還中國這一問題上美國是做出過正面貢獻的。

中華人民共和國成立後，臺灣問題的產生、演變也一直與美國因素相伴，半個多世紀以來，美國在中國國家統一進程中的負面作用居多。美國在不同的歷史時期插手臺灣問題有著不同的戰略考量，冷戰後，美國奉行以實用主義和保守主義為圭臬的外交政策，更是以維護美國在臺灣的綜合安全利益為主線的。

一、冷戰前後臺灣在美國全球安全戰略體系中的地位不斷波動

冷戰前後，臺灣在美國全球戰略中的地位幾起幾伏。在冷戰時期，美國把臺灣作為反共的重要環節。中華人民共和國成立之後，美國一直等待「塵埃落定之後」，對於中國對美政策持觀望態度，

對於臺灣並不想承擔安全上的義務。但是，朝鮮戰爭爆發後，美國總統杜魯門大肆宣揚「臺灣地位未定論」，派駐第七艦隊進駐臺灣，開始阻撓中國實施解放臺灣的國家統一步驟。1954年12月，美國與臺灣當局簽訂了所謂《共同防禦條約》，公然將臺灣置於美國的「保護」之下，聲稱要同臺灣當局採取「共同行動」，反對中國解放臺灣的正義鬥爭，這是美國政府干涉中國內政、插手臺灣問題的重要軍事部署。此後在1950和60年代，臺灣一直作為美國遏制社會主義中國的「不沉的航空母艦」而存在，其對美國而言既有地緣戰略價值，又有意識形態利益。美國著名的中國問題專家鮑大可（A.Doak Barnett）1960年撰寫的〈共產黨中國與亞洲：對美國政策的挑戰〉一文中明確了美國在臺灣的戰略利益，並至今為美國的當政者奉為圭臬，他指出：「目前，不容置疑，如果中共控制了臺灣並將其確立為一個主要軍事基地，美國在亞洲的現有安全體系將會受到嚴重損壞。在二戰期間，日本曾將臺灣作為一個從事廣泛軍事行動的基地，如果中共控制了臺灣，一種現實的威脅將會展現在附近地區，如菲律賓、沖繩等地。」因此，冷戰時期，臺灣在美國的亞洲軍事擴展機制中發揮著不可替代的作用。

1950年代後，美國在臺灣問題上的立場經歷了從明確支持臺灣回歸中國到公開提出「臺灣地位未定」論，從「不介入」臺灣問題到武力侵占中國臺灣海峽的兩大變動，這兩大變動始終遵循的原則是，臺灣是否納入美國的亞洲戰略軌道，是否與美國的全球利益有利。所以，美國的利益需求才是美國對臺政策變動與穩定的出發點和立腳點。

70年代，中國調整對外戰略，恰逢美國實行戰略收縮以對付蘇聯的軍事擴張，由此中美兩國接近並結成「一條線」用以對付蘇聯，而美國本著實用主義的態度在臺灣問題上對中國有著一定的讓步。中美三個聯合公報——《上海公報》、《建交公報》、《八一七公報》的簽署使臺灣問題在中美關係中暫時擱置，美國得以借

助中國抗衡蘇聯。1970年代後,在中美蘇大三角的背景下,中美關係有了較大的改善,「冷戰期間,美國對臺灣政策以三個聯合公報為標誌,出現三次大的變動,儘管依然或明或暗保持與臺穩定的關係,但出於借助中國這支無可替代的重要力量,抵禦蘇聯威脅的戰略考慮,三次大的變動,還是體現了向中國大陸傾斜的立場。其對臺灣舊有關係的發展較為謹慎,較有限度」,因此在1970年代和80年代臺灣在美國整體對外戰略中的地位呈下降趨勢。

1979年4月,美國參、眾兩院先後通過《臺灣關係法》,並於4月10日經美國總統簽署生效。《臺灣關係法》公然聲稱,「美國決定同中華人民共和國建立外交關係是基於臺灣的前途將透過和平方式解決這樣的期望」;「以非和平方式包括抵制或禁運來決定前途的任何努力,是對西太平洋地區的和平和安全的威脅,並為美國嚴重關切之事」;美國仍將「向臺灣提供防禦性武器」。這表明美國時刻把臺灣問題作為一顆重要的制衡中國的砝碼而儲備起來。

1990年代初,冷戰結束,但是美國獨霸天下的冷戰思維並沒有終結。冷戰後,臺灣在美國全球戰略中地位凸顯,其原因在於美國要利用臺灣問題遏制意識形態迥異而又快速發展中的中國。事實上,美國一直把正在崛起的中國視為潛在的競爭對手,並在政治、經貿、地緣安全上予以打壓,干擾中國的現代化進程,但是各方面的實際效果並不如美國當局者所願。例如人權領域是美國打壓中國的傳統陣地,1990年後在聯合國人權會議上以中國為首的陣營先後10次挫敗了以美國為首的陣營在人權問題上的反華提案,2005年3月在日內瓦參加聯合國人權委員會(人權會)第61屆會議的美國代表團正式宣布不搞反華提案。在中美政治領域裡,中美關係中對抗的幅度在減弱、影響範圍在縮小,而在中美經貿領域裡彼此相互依存的一面在加強,這應歸功於中國對美外交正確的應對策略,即堅持「韜光養晦,有所作為」的基本原則。1991年10月5日,鄧小平在會見金日成時強調在形成新的世界格局的過程中,「我們主

要觀察，少露鋒芒，沉著應付」，因此美國難以在中美利益交錯的領域內找到合適的打壓中國的借力點。

隨著中國的「睦鄰、安鄰、富鄰」周邊政策的成功實施，在中國的整體安全環境中只有作為周邊國家的日本和中國國內的臺灣地區對中國大陸形成安全上的不穩定因素，而在美日同盟重新定義後，臺灣目前成為美國遏制中國的最有力籌碼。在美國的戰略利益考量中，一方面只要中國沒有實現統一，美國就具備在臺海地區軍事介入的理由，使中國不得不保持相當規模的軍事力量，不能完全集中精力進行現代化建設，同時美國有意渲染臺海地區發生軍事衝突的可能性，引起西方大國對華投資的疑慮及中國周邊國家的不安，抵消中國以經濟建設為中心的基本國策及其相關睦鄰政策、經貿政策的成效；另一方面，在地緣上，美國希望臺海局勢在其可控範圍內，使美國不動干戈就可以憑藉這道天然屏障防止中國的軍事力量進入太平洋，避免美國的軍事部署直接暴露在中國的軍事威脅之下。

二、臺灣是美國式民主制度在亞洲推行的樣板

「民主和平論」是以美國為首的西方國家在意識形態上敵對中國等社會主義國家的理論基礎。1983年，「民主和平論」的主要倡導者之一——約翰·霍普金斯大學政治學教授米切爾·多伊利在《康德、自由主義遺產和外交事務》一文中提出了自由民主國家相互間從來沒有發生過戰爭的論點，他把康德的思想稱作是「遠見、政策和希望的源泉」，並以康德的政治思想為依據解釋說，民主政府相互間不願打仗的原因之一是它們必須向其國內的人民作出交代，如果戰爭的代價過高，它們在選舉中就會失敗。「民主和平論」的基本觀點是：首先，民主國家之間從不（或很少）發生衝突，即使它們之間發生衝突，彼此也不大會使用武力或以武力相威脅，因為民主國家認為戰爭有悖於民主的原則和理性，不是解決它

們之間糾紛的合適方法；其次，專制國家之間或者民主國家與專制國家之間更容易發生衝突，而且更易於以武力解決爭端，甚至認為與民主國家相比非民主國家更加好戰，儘管自由民主國家很少（或從不）相互打仗，但它們可能和非民主國家打仗。1991年，山謬・杭廷頓出版了《第三波：20世紀末民主化浪潮》後，「民主和平論」在美國再掀熱潮，對於美國的意識形態外交產生重要影響。

在東亞地區，美國想要推銷其價值觀和社會制度必須樹立一個「樣本」，而美國認為臺灣的民主制度是「美國式民主」在亞洲的成功實踐。1986年，臺灣國民黨當局開始了所謂「政治革新」，目的是在新形勢下以變求存，雖仍沒有突破「動員戡亂體制」的範圍，但臺灣的政治體制由此發生了重大變化，開始由軍事戒嚴和一黨專制向標榜實行西方政治制度的方向過渡。開放黨禁後，各種政治勢力迅速發展，尤其是民進黨的力量逐步發展。在1990年代的一系列選舉中，民進黨等在野勢力發展，不斷給國民黨執政造成嚴峻的挑戰。「國民大會」、「立法院」等機構中，國民黨一黨獨大的局面已經結束。在1994年底的省市長選舉中，民進黨獲得了臺北市長的席位。在1997年底的縣市長選舉中，民進黨獲得空前的勝利，得票率第一次超過國民黨，贏得了23個縣市長席位中的12個。2000年和2004年臺灣地區領導人的選舉中，民進黨擊敗國民黨及泛藍聯盟兩度成為執政黨。

美國是臺灣「民主化」的幕後操縱者，70年代美國對臺政策的重點是「扶持國民黨內的技術官僚，保護新興的黨外反對勢力，厚植臺灣自由化和多元化的黨內力量和黨外力量，以待變局」。80年代，美國開始不斷增加對國民黨當局的壓力，敦促其進行政治改革，美國公開支持民進黨的成立，要求臺灣當局「開明」地處理民進黨成立事件，不要作出過激反應，從而成為推動民進黨成立的主要外部力量。1995年4月7日，美國眾議院就臺灣加入聯合國問題形成了第63號「眾議院共同決議案」，列舉了14條臺灣應該

加入聯合國的「理由」，其中第4條是：「臺灣的人權記錄有明顯改善，在多黨制度下定期舉行自由和公平選舉」。

由於臺灣在很大程度上已接受了美國的政治模式和價值觀念並在經濟上取得了較大的成功，美國認為：「臺灣作為世界大棋局中的一顆重要的棋子，尤其是臺灣的意識形態、價值觀念以及近年來的政治『民主化』，完全符合美國的利益。」而透過臺灣的民主模式的「揮發」效應，就可以把美國的價值體系推廣到整個亞洲，特別是可以成為西化、演化社會主義中國的橋頭堡，這才是美國推崇臺灣民主制度的利益所在；布里辛斯基指出：臺灣是「民主成功的範例……即民主與中華文化是相融的，它的範例對大陸中國未來的演進，有著重要的和長遠的意義」。本著樹立臺灣作為「民主樣板」的思想，美國對臺灣島內猖獗一時的「黑金政治」、「賄選政治」、「權錢交易」等政治毒瘤視而不見，一味讚許臺灣民主政治的成功。2004年3月，臺灣舉行了地區領導人選舉，其選舉過程和選舉結果備受島內民眾的質疑，美國國務院發言人埃瑞利辦公室代表美國政府對臺灣「大選」發表官方聲明說：祝賀臺灣人民進行了一場民主的競選活動，數量眾多的臺灣選民行使了民主的選舉權。

三、冷戰後美國「對臺軍售」與美國軍工複合體利益攸關

美國對臺軍售一直困擾著中美關係的健康發展。1980年代初期，美對臺軍售一度成為中美關係繼續發展的重大障礙，為此中美雙方經過了艱苦的談判，於1982年8月15日雙方達成協議，8月17日發表中美聯合公報（《八一七公報》）。在公報中，中美雙方重申了中美「上海公報」和建交公報中確認的各項原則，美方承諾：它不尋求執行一項長期向臺灣出售武器的政策，它向臺灣出售的武器，在性能和數量上將不超過中美建交後近幾年供應的水平，它準備逐步減少對臺灣的武器出售，並經過一段時間導致最後的解決。此後，在整個80年代，美國出於同中國結盟的需要儘量控制對臺

軍售。

　　冷戰結束後，美國藉口保持海峽兩岸的軍備平衡，對臺軍售逐步升級，給「臺獨」分子形成一種美國全力支持「臺獨」的錯覺，直接造成中美關係的波折與動盪。臺灣目前是美國的最重要軍火市場之一。2004年12月26日，據臺灣《中央日報》等媒體報導，美國國會研究處公布的一份報告指出，過去8年，臺當局向外（主要是美國）購買軍火共花了194億美元，在全球軍購的國家與地區中排名第二位。就美國軍火的外銷市場而言，臺灣絕對占有相當重要的地位。美國2003年對臺灣售出軍火金額為5.4億美元，臺灣為美國全球第八大武器出口對象；2003年臺灣與美國簽訂的武器採購協議金額為3.9億美元，排名第10位。2000年至2003年，美國對臺武器出貨金額為45億美元，這段期間臺灣為美國第三大武器出口對象。1996年至1999年間，美國對臺武器出貨金額為72億美元，這段期間臺灣為美國第二大出口對象。美臺軍火交易的重要中間機構——美臺商業協會提出一份報告，預計在未來10至15年內，臺灣對美軍事採購總額將超過354億美元（約12000億新臺幣），而在2004～2008年期間臺灣將成為美國軍火外銷的最大買主。

　　事實上，美國對臺軍售既有美國國家戰略導向的驅使，又同美國軍工複合體的利益驅動息息相關。在美國的選舉政治中，美國軍工複合體歷來是美國保守勢力的財政後盾和美國朝野兩黨爭奪的主要支持力量。1992年9月，老布希政府不顧中方的一再強烈抗議公然允許對臺灣出口150架先進的F-16戰鬥機，嚴重惡化了中美兩國關係，後來老布希對中國的解釋為大選的因素，是由於他當時在競選連任總統時處於劣勢，為了取悅選民，承諾為軍工企業工人爭取更多的就業機會而簽署了這宗軍購訂單。

　　現在美國對臺軍售已經從「賣方市場」轉入「買方市場」，即

美臺間的軍購關係已經由「臺灣忙著買」變為「美國急於賣」。其原因是多方面的，就臺灣而言一方面臺灣島內政局變化後，在野力量監督增強，特別是國民黨候選人馬英九執掌臺灣地區的行政權後，臺灣當局對待美國軍售問題相對十分謹慎；另一方面由於臺灣的經濟增長趨緩、財政預算大不如前，財力上難以支撐數目龐大的軍售預算。就美方而言，這種一正一反的轉換恰恰反映了美方軍工複合體強烈的利益訴求和在美國政壇上的重要地位。

2004年6月2日，臺行政部門以大陸「制空與制海能力將在2005年到2010年間超越臺灣」為由，通過了「重大軍事採購特別預算案」以及「重大軍事採購條例草案」，簡稱「特別軍購案」，共編列6108億新臺幣，約合182億美元。該案規定從2005年開始，在15年內向美國購買8艘柴電動力潛艇、6套「愛國者」Ⅲ型導彈和12架P-3C反潛巡邏機。為籌措這筆巨額款，臺灣準備舉債4200億，出賣國有土地1000億，釋出包括臺灣土地銀行、臺灣銀行、臺灣煙酒公司、臺電、中油、中華電訊等股票940億，這對美國特別是軍火商而言更是一塊「大蛋糕」。

與此同時，美國軍工複合體利益與美國國家利益的不一致導致美國在「對臺軍售」問題上前後矛盾。一方面，美國向臺灣出售愛國者三型飛彈系統，P-3C反潛機和遠程預警雷達等軍備，是出於美國為了建立戰區導彈防禦系統，必須在海外部署遠程預警雷達的需要，而臺灣是美國在亞太地區最佳的布置地點，美國一直就把臺灣定位為情報、資訊的重要來源地，同時武裝臺灣就可以減少美國直接軍事介入臺灣的冒險性，使美國的對臺和對華政策留有迴旋的餘地。另一方面，就美國的國家利益而言，大量出售武器給臺灣會增加臺海局勢的不穩定性，助長了「臺獨」勢力的分裂勢頭，對美國的國家安全構成了威脅，但是由於美國軍工複合體對美國政治的影響十分強大，不斷透過各種院外活動集團加大對美國政府和國會的遊說力度，逐步解除了美國對臺軍售的一些限制。當前美國軍工

複合體在國際軍購市場上面臨歐盟、俄羅斯的挑戰，為了從臺灣軍購中大發橫財，儘管美國政府和各級官員都一再表示不會向臺灣出售「能夠改變臺海現狀」的進攻性武器，但神通廣大的軍火商仍向美國政府遊說對臺灣當局施壓簽署大宗軍購訂單。同時，美國各大軍火公司拚命賄賂臺當局負責軍事採購的各級官員，如美國聯合防衛公司，2004年就花了42億元的巨額傭金，分到了一塊850億元的軍購「大餅」。而臺灣當局看準美國政治的這一弱點，透過購買美國價格奇高的武器博得美國軍工複合體的支持，進而影響美國對臺政策，力圖把美國綁在「臺獨」的戰車上。

2008年10月4日，美國政府通知國會，決定向臺出售「愛國者-3」反導系統、「E-2T」預警機升級為「鷹眼2000」型相關設備和服務、「阿帕契」直升機、「標槍」型導彈、潛射「魚叉」導彈和飛機零部件等6項武器裝備，總價值64.63億美元，中國軍方對此表示了強烈不滿和堅決反對。

四、「不統、不武、不獨」——美國的臺海政策解讀

美國的臺海政策總體而言是以美國的國家利益為主線，受美國國內各種因素的影響呈鐘擺式左右波動，但其波動保持在一定的範圍內，不會徹底地背離美國的國家核心利益。

對於美國的臺海政策比較客觀的論述可見蘇格所著的《美國對華政策與臺灣問題》一書，「正是因為美國將臺灣實際上當成一個實現自己利益的『卒子』，那麼它就從根本上決不可能對海峽兩岸任何一方的利益予以充分的考慮。也正是因為美國決策者時時以自身的利益出發制定對臺政策，其政策就難免不出現種種難以平衡的矛盾之處」，「美國自我標榜的『雙軌』政策，說到底就是要維持臺灣海峽兩岸『不統不獨』、『不戰不和』的局面。」

「不統不獨」、「不戰不和」的局面是因為美國臺海政策的左右搖擺和臺海雙方的互動而形成的，並非美國所能夠完全操縱的，

只是刻意維持。事實上，美國臺海政策對於「不統」、「不獨」、「不戰」、「不和」這四項是有戰略排列順序的，目前看來「不戰」、「不和」這兩項可以修正合併為「不武」，由此基本可以排序為「三不」——「不統、不武、不獨」。美國力圖操縱臺灣問題的發展趨向的首要目標在於「不統」，因為美國朝野上下的共識是統一後的中國將對美國的單極地位構成現實的挑戰，「不統」才能使美國的臺海利益最大化，達到「以臺制華」的目的；「不武」來源於對中國國家實力的分析判斷，在未來的臺海戰爭中臺灣必然處於劣勢，而在朝戰、越戰中美的幾度交手中美方難以占優，從美國的決策者到美國的民眾沒有做好同中國進行一場全面戰爭的物質和心理準備；「不獨」的出發點在於對中國對臺戰略的判斷，美國認為臺灣強行獨立勢必引發臺海戰爭，隨之美國不得不軍事介入，這與美國「不武」的初衷背道而馳，所以美國對於「臺獨」勢力的行為一直加以約束，避免局勢的失控。總而言之，「不統」是統領美國臺海政策的長遠戰略，是著眼於美國全球霸權地位的綜合考量；「不武」是美國臺海政策的現實基礎，是美國操縱臺海局勢的基本前提；「不獨」是美國臺海政策的無奈選擇，是美國避免中美兩國直接對抗的權宜之計。

　　美國政策智庫的一些學者在「不統、不武、不獨」的基礎上提出了「國際參與暫行架構」，比較有代表性的是曾任美國國家安全會議亞洲事務資深主任的李侃如（Kenneth Lieberthal）在1998年2月提出的中程協議（Interim Agreements）構想，即在「臺灣不獨，大陸不武」的原則下，共同談判出一個50年不改變現狀的中程協議，要點包括：「一、承認『一個中國』原則，但兩岸均為一個中國架構下兩個國際法主體；二、兩個國際法主體不必互相承認，雙方仍可聲稱對他方之主權；三、和平統一中國，不得使用武力；四、一國雖已承認中共，但仍可以國家之態度對待臺灣，亦可不承認臺灣對大陸之主權。」

美國一再強調臺灣問題的和平解決，其中的潛台詞在於首選臺灣的「和平獨立」，而非臺灣的「和平統一」。1998年6月，柯林頓提出對臺「三不」政策（美國不支持「兩個中國」或者「一中一臺」，不支持臺灣獨立，不支持臺灣以主權國家身份參加國際組織）後，共和黨主導的美國國會立即以所謂《加強臺灣安全法》進行反擊，特別在同年10月通過《綜合撥款法》和《1999財政年度國防授權法》，干涉中國內政並要求把臺灣納入戰區導彈防禦系統和繼續向臺灣出售武器，使柯林頓宣示「三不」政策所產生的積極效應很快喪失，並使美國國會內的親臺勢力更加囂張。2004年4月22日，美國國務院主管對東亞及太平洋事務的副助理國務卿戴利在新加坡舉行的亞洲安全對話上發表了講話，戴利重申支持一個中國原則，但又指出不反對臺灣海峽兩岸現狀出現改變，前提是任何改變都必須是在和平及得到臺海兩邊同意的情況下進行。戴利的講話，是美國政界右翼勢力支持臺灣「和平獨立」的政策的公開化，透露了美國的對臺政策的潛台詞。因此，雖然美國當前臺海政策的基調為維持現狀，會對「臺獨」突破其政策框架的分裂活動進行一定的約束，但這個政策的側重點是阻撓統一，進而「以臺制華」。

2004年在深圳舉辦的第六屆孫子兵法國際研討會上，美國的國際評估與戰略中心副會長費雪（Richard Fisher）認為，防止臺海衝突是美國的利益所在，為此美方會懾止任何冒進行動，但他不同意「維持現況」就能符合美中利益，因為現況存有太多不穩定的因素，重點是美國需要有較好的「危機管理」，但目前做得不夠。

2007年8月，臺灣媒體同時報導了兩件新聞。一件是五角大樓通報國會，希望批准向臺灣出售60枚空射型「魚叉」反艦導彈。另一件是《紐約時報》記者出書披露中情局間諜臥底臺灣，粉碎臺灣核武計劃。還有媒體把兩條新聞放在一起評論，稱美國的對臺軍售蘊含著很深的政治意味，既有「打氣」的功能，鼓動臺灣對抗大陸；又有「繩套」的效果，讓臺灣只能對美國俯首聽命。島內媒體

評論指出，美國在軍售問題上一貫的立場是維護美國的國家利益。因此它一方面要不斷向臺灣提供軍售，既可以賺取巨額利潤，又能在戰略上制衡大陸；另一方面它的軍售也像一根繩套，臺灣一不聽話，美國就緊一緊。

第三節　日本的「臺灣情結」歸因於日本在臺灣的根本安全利益

1945年10月24日生效的《聯合國憲章》指出，日本是「第二次世界大戰中本憲章任何簽字國之敵國」，第107條指出：「本憲章並不取消或禁止負行動責任之政府對於在第二次世界大戰中本憲章任何簽字國之敵國因該次戰爭而採取或受權執行之行動」。所以，日本戰後一直作為戰敗國而躋身國際社會，隨著日本在經濟上的崛起，日本一方面在道義上要求廢除《聯合國憲章》中的戰敗國條款，進而成為聯合國安理會常任理事國；另一方面又尋求在亞太地區發揮領導作用，主要戰略就是以臺灣為跳板，遏制中國，輻射東南亞，充當美國的亞洲「警長」。所以，日本在臺灣有著根本的安全利益，日本無論是在歷史還是在現實上都有著濃郁的「臺灣情結」。

一、日本對臺灣的侵略歷史形成了日本的「臺灣情結」

從甲午戰爭到1945年二戰結束，日本對臺灣統治達50年之久，從而形成了日本特有的「臺灣情結」。為了殖民統治的需要，戰前日本政府促使大批日本人移民到臺灣，1931年在臺灣的日本人達24.38萬人，日本戰敗時增加到47萬人（含軍隊）。這一時期日本殖民者為了把臺灣改變成為日本的一個組成部分，在不斷強化和鞏固對臺灣政治統治的基礎上，還強制推行文化上的同化政策。日本侵略臺灣伊始就建立了殖民地教育體制，並於1937年開始推

行「皇民化運動」，對臺灣展開全方位的文化侵略，包括強制普及日語、強制日本化的生活方式、灌輸日本帝國主義的所謂價值「理念」等等。正是這種文化侵略培植了臺灣一小部分民眾的「皇民化情結」，以身為日本國國民為榮，最為典型的當屬李登輝，李登輝受過日本文化的洗禮，有著難解的日本情結，李本人曾揚言在他22歲之前是日本人。正如臺灣有些學者所言：「目前臺灣人的普遍看法是，身為元首的李登輝與日本存在千絲萬縷的聯繫則是人所共知的事實。」所以，在李登輝主政臺灣後，政治上實行一條「拉美國、親日本」的「臺獨」路線，在文化領域實行的是李登輝所倡導的帶有濃厚的親日色彩的「新臺灣文化」。

「臺獨」分子要分裂中國建立所謂的「臺灣國」，必須首先在臺灣島內開展「去中國化」運動，剷除植根於臺灣人民中間的中華文化傳統。而存在於部分臺灣民眾中間的「皇民化情結」與「臺獨建國」理念具有功能上的耦合性，即「臺獨」勢力可以透過厚植臺灣人對於日本的「親情」意識，造成臺灣人民對於中國大陸的隔閡與誤解，最終把這種意識轉化為「臺獨」理念。李登輝與日本人司馬遼太郎訪談時曾提及所謂「臺灣人的悲哀」，稱臺灣人在自己的土地上，卻沒有自由自主的權利，而2005年台聯黨主席蘇進強參拜靖國神社更是反映了「深綠」陣營的「皇民化心態」和借助日本完成「臺獨」的政治圖謀。

冷戰後，日本從其國家利益出發樂見臺灣民眾「皇民化情結」的滋長，由於受戰敗國身份的限制，日本不能和美國一樣在政治和軍事上直接介入臺灣事務，但是日本憑藉多年來形成的臺灣民眾的親日意識在文化上滲透臺灣。自1995年開始，臺灣各大學的日語系劇增，到2004年全臺設有日語系的高等院校多達43所，共有7.5萬名學生在學日語。日本交流協會及其在臺北、高雄兩地的事務所，是「日語滲透臺灣」的最大推動者。臺灣島內政客還把學日語、去日本訪問當成撈取政治資本的捷徑，民進黨上台後包括「國

安會秘書長」邱義仁、前民進黨秘書長張俊雄等人都在學習日語，而所有的課程都是由日本交流協會臺北事務所安排的。

日本在文化上培植了臺灣部分民眾的「皇民化情結」，反映在政治上則為暗中扶持「臺獨」。從歷史上說，日本軍國主義是「臺獨」的始作俑者。日本在二戰後初期曾醞釀「臺獨」。1945年8月，日本天皇宣布無條件投降後，日駐臺灣總督安藤利吉即策動一些日軍中的軍國主義分子和漢奸分子，在臺灣建立起「臺獨」組織；同時，駐臺日本右翼軍人發動「臺灣獨立」事件，即為「臺獨」活動的發端。但是，臺灣重歸中國已不可逆轉，日本軍國主義勢力進行的「臺獨」活動遭到失敗。由於1950年代後蔣介石在臺灣採取鎮壓「臺獨」的措施，「臺獨」分子只能在海外從事活動。1951年、1956年「臺獨」分子先後分別在日本、美國建立組織。1952年4月28日，日本政府與臺灣的國民黨政權簽訂了《日臺條約》，這為日本政府之後大搞「兩個中國」埋下了伏筆，以至於在1972年中日兩國進行邦交正常化的談判時，日本政府仍然拒絕承認1952年《日臺條約》的簽訂是非法和無效的，只是同意在中日正式建交時予以廢止。

60年代中期，日本是「臺獨」勢力的大本營。當時在日本的「臺獨」派別眾多、組織複雜，其中以廖文毅為首的「臺灣共和國臨時政府」是最具代表性的「臺獨」組織。周恩來在中日復交前曾指出：「要日本拋棄美國，拋棄臺灣，這不僅短期內做不到，長期也困難。日本自民黨雖然分許多派，但在臺灣問題上都是一致地含糊其辭，大多有野心。吉田茂、岸信介等人就是想把臺灣分出去。在臺灣和中國統一之前，在這個問題上我們同日本的鬥爭是長期的。」

日本當局清楚日本宣示其「臺灣情結」的作法會引起中日民族情緒的日益對立和中日關係走向冷淡，但是在美日同盟的蔭護下，

日本恰恰可以利用這種情緒上的反彈達到其目的,一方面藉口臺海危機衝破日本「和平憲法」的約束擴充軍備,另一方面可以利用海峽兩岸的文化隔閡與安全互信的缺失插手臺灣事務。

二、臺灣問題是日本成為世界大國的第一「支撐點」

臺灣對於美國而言,最重要的價值在於遏制中國,所以美臺關係是服從於中美關係的,臺灣並非美國全球戰略的核心部分。而臺灣對於日本而言,則涉及日本的核心國家利益,日本從甲午戰爭到第二次世界大戰期間發動絕大部分對外侵略戰爭都離不開臺灣這塊「跳板」,因為日本是一個島國缺少必要的以廣闊陸地為依託的戰略縱深,必須借助多個可以互相呼應的地理上的支點展開戰略部署,臺灣則是輻射亞洲特別是東亞地區最為理想的支點。美國前駐華大使芮效儉指出:在太平洋戰爭中,臺灣是日本的戰爭支撐機制的關鍵部分。日本把臺灣作為一個力量構造的內容,在很大程度上不是針對中國的,而是針對東南亞。

當前,日本染指臺灣確有地緣安全的考慮,但是其目的肯定不是作為繼續發動戰爭的支點,而是把臺灣作為其在亞太地區乃至世界發揮影響作用的重要舞台。日本要成為「正常國家」進而跨入有世界影響的政治大國行列,首先必須取得對亞洲事務的主導權,因為從歷史乃至現實衡量,日本不具備在其他大洲營造其勢力範圍的傳統和可能性。日本構想的理想中的東亞格局為美日同盟下日本主導的「雁行」模式,其具體的實施步驟在於以全面提升軍力為後盾,以經貿、文化交流為先導,進而影響東亞各國的對外政策特別是對日政策,形成以日本為核心的東亞「同心圓」。但是,日本認為中日之間存在各自勢力範圍的重疊區,特別是隨著中國的崛起,日本根本無法取得對東亞地區事務的主導權。在歷史上,日本軍國主義一直堅持「遠交近攻」的外交理念,日本發動的甲午戰爭和對華全面侵略戰爭都是在中國面臨兩次國內現代化(近代化)的歷史

時期而發動的，現在中國將要完成第三次現代化的進程，日本國內的不安和焦慮更是有跡可循的。當前，世界的基本潮流就是倡導和平與發展，中日之間爆發熱戰的可能性幾乎不存在。但是，日本一直有意尋找遏制中國的各方面因素，干擾中國的現代化進程，在中國的發展一旦遇到諸多問題而陷入停滯時時，日本就可以在東亞事務中居於主導地位。日本東京都知事石原慎太郎在2000年4月12日接受德國《明鏡》週刊記者採訪時，更直言不諱地鼓吹「中國分裂有利於日本」，叫囂：「中國最好分裂成幾個小國，日本應盡力促進這一過程。」因此，具有特殊歷史背景和現實利益糾葛的臺灣問題成為日本干擾中國的首選，這與美國的出發點既有相同之處，又有不同之處，因為美國插手臺灣的意圖在於要保持世界的「單極」地位，日本的目的在於爭奪同中國有關東亞事務的主導權，儘管中國政府一貫堅決奉行不干涉他國內政的和平外交政策。

迄今為止，日本對於臺灣問題的表態一直落後於美國的立場。1945年8月，日本政府在《日本乞降照會》中只是表示「日本政府準備接受中美英三國政府領袖於1945年7月26日在波茨坦所發表其後經蘇聯贊成的聯合公告所列舉的條例」。1950年9月，美國主持下的單方面對日媾和「七原則」中，「臺灣地位未定論」作為一項重要的內容被提出來。1972年9月，中日兩國政府簽署《中日聯合聲明》時，日本政府表示「充分理解和尊重」「臺灣是中國領土不可分割的一部分」這一中國政府的立場，沒有使用「承認」一詞。1998年11月江澤民主席訪日時，日本首相小淵惠三只表示「不支持臺灣獨立」，而迴避了對「不搞『兩個中國』、『一中一臺』」和「『不支持臺灣以主權國家身份參加國際組織』」的明確表態。自日本戰敗至今，日本對中方關於包括臺灣在內的「一個中國」的主張，日方使用的是「理解」一詞，而並不是「同意」或者「承認」，可以說這樣的表述為日本將來的變化留下了很大的餘地，它只意味著日方「明白了中方的主張」。

1996年3月，中國在臺灣海峽實施軍事演習後，日本首相橋本親自約見中國駐日大使，表示「希望和平解決臺海危機」，池田外相在參院回答議員質詢時說，「有人指出中共這種做法對於中國本身是不利的，我也這樣認為」，3月14日，日本當局竟然以「因臺海演習，延緩第四批對華貸款」相威脅，日本是中國周邊國家中唯一追隨美國表示「遺憾」、「關注」的國家。1998年5月22日，日本外務省北美局局長高野紀元在國會眾議院外務委員會召開的會議上作證時說，「日美新防衛合作指針」中所說的「遠東地區」包括臺灣，因此日本的「周邊事態」也包括臺灣在內。為此，引起了中國的強烈譴責。

　　2009年5月，日本交流協會臺北辦事處所長齋藤正樹在臺灣嘉義中正大學一個國際關係學會年會上發表演講，他在演講中依據《舊金山和約》和「中日和約」，強調日本是「放棄」臺灣主權，因此臺灣國際地位未定，並稱此一觀點「代表日本政府」。由此，引起臺灣當局的嚴正抗議。

　　21世紀初，中國的發展對周邊國家產生了「磁吸」效應，中國與亞洲周邊國家的關係處於幾十年來最好的時期；日本與中國、朝鮮、韓國、俄羅斯等鄰國的關係產生了諸多問題，而「臺獨」勢力卻有意接近日本換取對其分裂行徑的支持，日本一直想發揮在亞洲的建設性作用，不成為「亞洲的棄兒」，所以今後相當長的歷史時期日本會利用臺灣這個重要的籌碼制衡中國。

三、臺灣問題維繫日本根本的地緣安全利益

　　日本是一個島國，國土面積狹小，資源匱乏，加之近年來相對「右傾」化的對外政策，所以日本一方面特別注意保護作為其「生命線」的能源通道特別是石油運輸通道的安全，另一方面，日本在與鄰國發生領土爭端時態度強硬，甚至不惜與其關係惡化。日本與鄰國存在爭議的領土都是四面環海的島嶼，與俄羅斯在北方四島問

題上，與韓國在竹島（獨島）上，與中國在釣魚島和沖之鳥島等問題上糾紛不斷，並且日本政府和民間的態度十分強硬，主要因為島嶼所在海域往往牽涉大片的專屬經濟區和大陸棚，蘊藏有豐富的漁業及礦產資源，根據海洋法公約，這些島嶼的歸屬直接影響到日本同鄰國之間專屬經濟區和大陸棚分割。

中日兩國在東海大陸棚、釣魚島、沖之鳥島等領土問題上的爭端已經嚴重地影響了兩國關係，這些爭端又大部分牽涉到臺灣問題，同時臺灣本身就牽涉到了中日兩國的地緣戰略衝突，所以從地緣安全的角度看，臺灣問題維繫著日本根本的地緣安全利益。

釣魚島問題歷來是中日關係發展的嚴重障礙。釣魚島自古以來就是中國的領土，與臺灣島在政治、地理上具有共生性。它位於中國東海大陸棚的東部邊緣，距臺灣島東北大約92海里，距日本琉球群島約73海里，但相隔一條深1000米至2000米的海溝，該海溝成為中國和琉球群島之間的天然分界線，按聯合國海洋公約規定，釣魚島在地理位置跟中國的臺灣同屬於一個大陸棚的延伸面上，在地質結構上是附屬於臺灣的大陸性島嶼。釣魚列島從明朝時起便已不是「無主地」，而已由中國明朝政府作為海上防區確立了統治權。1945年日本戰敗，臺灣島重新回到中國懷抱，各種國際文件均明確指出，臺灣及其周圍島嶼歸中國所有。日本政府則將附屬於臺灣島的釣魚島等島嶼以歸沖繩縣管轄為藉口交由美軍占領。1970年，美國把琉球群島的管轄權交給日本，同時把釣魚島「送還」給日本，日本遂派出軍隊赴釣魚島巡邏。

日本政府認為1971年6月17日簽署的日美《歸還沖繩協定》中包括了「尖閣列島」，企圖以此作為國際法上日本擁有釣魚島主權的主要依據。然而，這一點連美國政府至今都不承認，況且中國的領土不能由日美兩國的協議來決定。在戰後領土歸屬問題上，日本只能嚴格遵守1945年其所接受的《波茨坦公告》及《開羅宣

言》。

對於日本而言，釣魚島尤其具有地緣戰略意義，主要在於釣魚島牽涉中日兩國大陸棚的劃分和東海經濟區域特別是石油開採區的劃分等諸多問題。大陸棚就是大陸領土的自然延伸，大陸領土延伸到海底稱為大陸棚。東海大陸棚的劃分上，日方一直堅持「共架說」（即日本沖繩群島也在東海大陸棚上），以此提出所謂「中間線原則」，要求與中國平分東海大陸棚。而海底勘測的結果卻發現日方主張難以成立———沖繩群島海底地貌和東海海底地貌截然不同，不在東海大陸棚上。然而，釣魚島卻在東海大陸棚上，這意味著如果日本領土涵蓋釣魚島，會對其堅持「共架說」將比較有利。

中方堅持的原則是1969年以前國際法庭正式確認的大陸棚自然延伸的原則，即中日海洋專屬經濟區在東海應該以沖繩海槽為分界線。但是日本想按照所謂中線劃分，按照這個方案，相當於日本國土的1.7倍，即大約65萬平方公里的海洋經濟區就劃為日本所有了，同時相當一部分屬於中國的大陸棚劃歸日本。這是中日雙方在釣魚島和大陸棚問題上互相僵持的重要原因。臺灣島內的「臺獨」勢力則宣稱日本應該對釣魚島擁有主權，臺灣只是具有漁業權利。但是，中國統一後，臺灣與釣魚島的共生性將使日本的這些戰略意圖落空。

日本京都大學教授中西輝政在《臺灣是日本的生命線》的文章中認為臺灣對日本的安全來說是最後的生命線。他指出，如果臺灣與中國合為一體，那麼尖閣諸島（即釣魚島及附屬島嶼）周邊就將完全成為中國海；沖繩海域和東支那（「支那」是對中國的蔑稱）海就將成為中國軍艦的演習之域；日本的船舶和飛機就將被趕出這一區域。如果臺灣被中國吞併，那就意味著日本的出入口將被北京完全堵死，那麼日本只能對北京唯命是從，日美安保條約也將有名無實。這是一篇帶有濃厚右翼色彩的文章，但是臺灣海峽對於日本

的地緣安全的重要性是毋庸置疑的。

臺灣綜合研究院戰略與國際研究所副所長楊志恆提出：「中日兩國在東北亞的地緣戰略中的另外一個衝突點是臺海安全問題。就臺灣的戰略地位而言，它位於東南亞與東北亞的中間，是日本很重要的南方屏障，也是中國要出太平洋最重要的據點，因此，必然會是『海權』的日本與瀕海大國的中國獲取優勢地緣戰略據點的必爭之地。臺灣若向中國傾斜，則日本乃至於美國目前在東亞的兵力部署必然要被切割成兩半。且中國若利用臺灣為基地可北上包圍日本，切斷駐日美軍與夏威夷、關島之間的聯繫，美國可能因之要撤出太平洋第一島鏈防線到第二島鏈，日本就將被中國所包圍，使其完全喪失地緣戰略的優勢地位。因此，臺海一旦有事，其結果勢必導致中、日地緣戰略的『零和』遊戲。換言之，對日本而言，臺海安全和它的國家安全息息相關，決不能坐視不理，和中國之間的衝突也勢必難免。」

四、臺灣海峽局勢關係到日本的經濟安全

日本是一個以貿易立國的國家，臺海局勢的緊張將影響日本對華、對臺貿易，所以日本從其本國的經濟安全出發努力緩和起伏不定的臺海局勢。需要指出的是，日臺經濟關係早在日本占據臺灣時就已經形成一個供應鏈，臺灣當時作為日本的殖民地，是日本國內的原料供給地和產品的傾銷地。中華人民共和國成立後，日臺經貿關係迅速發展。50年代初，日本經濟界就打出「重返臺灣」的旗號，加緊對臺進行經濟滲透。1952年7月29日，「臺灣日本經濟協會」成立，國民黨親日派何應欽、張群等人鼓吹臺日合作，在經濟上共同發展，在政治上共同反共。此後，日本加速向臺灣擴張。1950年代中期，臺日經濟關係已恢復到1945年日本投降前的水平，臺灣對日本出口額占其出口總額的一半左右。

1970年代，中日兩國實現邦交正常化後，日本和臺灣仍然保

持著民間性質的經貿關係。戰後乃至1972年日臺「斷交」後，日臺之間依然保持著十分密切的人員交流和經貿往來。

臺灣人口僅為大陸人口的近六十分之一，其面積僅為大陸的約二百六十分之一，然而，即使在1972年中日復交以後，中日之間的人員交往數和雙邊貿易額在很長時間裡不及臺日之間的人員交往數和雙邊貿易額。

冷戰後，臺日雙方的經貿關係更為密切，日臺雙方貿易大幅增加。1990年代，日本長期保持著對臺貿易70億～100億美元的貿易順差。1991年，臺日貿易額達到250億美元，臺灣對日本貿易逆差為96.93億美元。1994年，臺日貿易額達345億美元，其中日對臺出口為238億美元。1995年日本對臺貿易順差高達171億美元。1997年，日臺雙邊貿易額為407億美元。日本是臺灣的第二大貿易夥伴，臺灣已經成為日本獲取海外經濟利益的最重要市場。從雙邊貿易額看，在1993年中日貿易額為390億美元，終於超過了臺日貿易額的345億美元。從人員往來看，2007年中日之間的人員交往數為543萬人次，相當於臺日之間人員交往數255萬的2.13倍，而考慮到人口規模，臺日之間人員交往密度是中日之間的近30倍。

進入21世紀，臺灣地區對日本的貿易逆差在擴大。2001年，日臺雙邊貿易額達386.1億美元，其中臺對日輸出127.6億美元，輸入258.5億美元，對日貿易逆差達130.9億美元。2002年臺灣對日貿易總額為393億美元，其中出口120億美元，進口273億美元，逆差仍達153億美元。日本進口市場一直是臺灣工業原材料和機械設備的主要來源地，對於臺灣的經濟起飛和經濟升級十分重要；日本的出口市場一直是臺灣農產和農產加工品的主要銷售地，對於臺灣的農業發展十分重要。日本9大貿易商社控制了臺灣貿易總額的66%以上，日本的鋼鐵、電子、機械等產業也與臺產業關係極為密切。NEC、Epson等大商社在臺灣均有重大利益。日本早期

是臺灣地區最為重要的貿易市場，到1950年代中期被美國超越，退居臺灣第二大貿易夥伴；21世紀初期又被中國大陸超越，降為臺灣的第三大貿易夥伴。

近年來，隨著日本經濟的持續低迷，日本迫切希望臺灣能夠為日本的經濟復甦作出貢獻。日本前官房長官、自民黨重量級人物梶山靜六在1997年亞洲金融風暴後訪問臺灣，希望臺灣幫助日本解決財政赤字嚴重、景氣低迷等問題。在亞洲金融危機中，臺灣成為日本百貨業的避風港，日本各大商業集團從東南亞國家紛紛轉向臺灣。臺灣當局也有意將日本沖繩島建成臺灣的轉口貿易區，聲稱要在沖繩投資100億美元，把沖繩建成「亞洲的第二個香港」。

另外，日本的原料、能源補給嚴重依賴進口，從波斯灣經印度洋、麻六甲海峽、南海和臺灣海峽到日本的這條海上航線，被稱為日本經濟的「生命線」，日本3/4的貨船都要經過這條航線，日本方面認為，這條海上航線安全與否，「直接關係到日本的生死存亡」，因為一旦日本的能源運輸通道被切斷，日本的經濟將會陷入崩潰。臺灣海峽是這條海上航線的必經的咽喉要道，基本上每10分鐘就有一條日本物資運輸船通過臺灣海峽，被視為「日本的生命」的來自中東的石油，從東南亞進口的原材料，80%以上需經過臺灣海峽運往國內，僅經過臺灣海峽運往日本的石油、原料以及其他貨物，每年就達7億噸左右。臺灣海峽局勢已經影響到日本對全球的原料進口和產品出口，所以臺海戰爭最終會斷送日本的經濟復甦。所以，日本政界普遍認為臺灣海峽是日本「經濟生命線」的重要組成部分，日本的經濟安全與臺海局勢密切相關。

第四節　21世紀初期中美日安全關係博弈的焦點集中在臺灣

　　臺灣問題沒有涵蓋中美日安全關係的全部，但是對中美日安全關係產生了深遠和現實的影響，折射了三國安全關係發展的基本趨勢。當前，隨著「臺獨」基本教義派活動的日益猖獗，中美日安全關係博弈的焦點逐漸集中在臺灣。

　　一、臺灣經濟在中美日的經濟博弈中占據重要位置

　　臺灣作為亞洲四小龍之一具有相當的經濟實力和發展潛力，2001年在美國市長協會公布的「2000年國家與城市經濟生產力」排名中，臺灣位居全球第19名，在亞洲中，僅次於日本、中國大陸、印度和韓國。2003年，臺灣島內生產總值為2800億美元，人均GDP接近1.3萬美元，外匯儲備2066億美元，在世界上屬於中等發達地區。而根據國際貨幣基金組織（IMF）所公布的各國所得數據資料，以反映實際購買力的購買力平價（PPP）指標估算，2003年臺灣的人均GDP已逼近2.5萬美元，在亞洲四小龍當中，僅次於香港，高於新加坡、韓國。到2006年，臺灣的GDP為3556億美元，折合人民幣約27736億元，據世界銀行統計顯示，以購買力平價（PPP）計算後的臺灣島內人均國民生產總值，2006年為3萬美元，在全球所有國家和地區中排名第21位。

　　臺灣的經濟總量不能同中美日三國的經濟總量相提並論，例如2004年中國大陸生產總值大約2.7萬億美元，大概是臺灣地區GDP的8倍；但是臺灣經濟在中美日的經濟博弈中占據相當重要的位置，主要在於臺灣同大陸或者美國、日本任何一方的經濟整合都將改變目前的中美日經濟格局。中美日三國的經濟博弈結果將最終決

定中美日三國的國際影響力乃至國際地位。美、日經濟地位的下降和中國經濟的騰飛只是一種中長期預測，畢竟現在美國、日本是世界的第一和第二大經濟體，當前中國大陸的經濟總量與美國相差甚遠，經濟質量要趕超美、日兩國還有相當長的路要走。但是，中國與港澳臺的經濟整合一旦完成，即建立成一個「大中華經濟圈」，中國的經濟總量和質量在短期內就可以縮短與美、日的差距。所謂大中華經濟圈，是指中國內地、中國香港、中國澳門、中國臺灣整合為一個完全自由貿易區。中國香港、中國澳門與內地更緊密經貿關係（CEPA）於2004年1月1日已經正式啟動。在連、宋訪問大陸後，兩岸商貿界一再呼籲大陸與臺灣簽訂類似CEPA的經濟合作協議。據專家的預測，到2020年，大陸人口將達到16億人，如屆時人均GDP能達到5000美元，僅大陸本身的GDP就有8萬億美元，加上港臺兩地，大中華經濟圈到2020年的GDP將達到美國2010年9.1萬億美元的水平。海內外專家指出在中國的區域經濟一體化戰略中，中國內地、中國香港、中國澳門、中國臺灣將構成最緊密的核心圈，東盟和東北亞國家是緊密聯繫圈，美日在內的亞太經濟圈是最外層。

　　進入21世紀，兩岸經貿交流呈現深化、泛化的基本趨勢，目前大陸是臺最大出口市場和最大貿易順差來源，臺對大陸市場依存度超過對美、對日的依存度。臺商投資大陸腳步加快，島內75%的大公司已在大陸投資。中國與東南亞發展自由貿易區被臺灣當局認為是將臺灣邊緣化，島內部分人士對此也深表擔憂，普遍認為兩岸經貿整合才是一個雙贏的選擇。

　　臺灣民進黨當政時期卻將兩岸經貿問題政治化，以與美日的經貿合作換取對其「臺獨」路線的支持，拒絕兩岸「三通」，逐步喪失了與大陸開展經濟合作的最佳時機，加之臺灣民進黨當局無治理經濟的經驗和人才，使臺灣經濟的競爭力逐步下降。國際洛桑管理學院最新統計，臺灣經濟實力的全球排名從國民黨下台前一年

——1999年的第21名，猛降至2004年的第40名，經濟競爭力則從第15名退到第24名。

從國際上自由貿易區的迅猛發展和區域經濟整合的根本趨勢看，「中美日＋臺灣」的亞太經濟格局將是全球最有經濟活力的地區之一，關鍵在於中美日三國必須合力排除「臺獨」勢力將經貿問題政治化的企圖和行徑，建立合理的經貿合作互動機制，三國四方在經濟領域裡才能加強瞭解與溝通，減少敵意與對抗，最終能夠實現經濟上的共贏和貿易上的互補。

二、臺灣問題在中美日安全關係中日益「重心化」

臺灣問題使中美日安全關係中不平衡的傾向加劇，並且日益「重心化」。臺灣問題觸及中國的國家核心利益，美、日在臺灣的利益不對稱、不均衡，日本在臺灣利益需求大於美國在臺灣利益需求，同時雙方在利用臺灣遏制中國的這一點上，具有利益上的一致性；就地區安全合作而言，中美日三國又在防止臺海爆發戰爭上具有利益的一致性。

中美日共同安全利益主要集中於臺海局勢，這種共同安全利益主要可以歸結為現實利益（既得利益）與長遠利益。在現實利益（既得利益）的層面上，美日維持臺灣「不統、不獨、不戰」的局面就等於維持其國家利益的最大化，第一層經濟利益——維持臺海和平，美日就可以減少與中國發生軍事對抗的風險，保持在世界經濟領域裡的相對優勢，而且美國就可以從對臺軍售中漁利；第二層安全利益——巧妙地維持臺灣事實上與中國大陸的分裂局面，美日的軍事同盟就可以涵蓋臺灣海峽；第三層意識形態利益——美日可以以臺灣為樣板宣揚西方資本主義社會的意識形態和社會制度的優越性，發揮其「軟實力」的影響力。

就美日的長期利益而言，以臺灣問題干擾中國的和平統一進而壓制中國的和平發展，美日就可以維護自身的長遠利益。在資源層

面上，21世紀是一個「海洋世紀」，隨著陸地資源的日益衰竭，海洋資源將成為世界各國普遍爭奪的焦點。當前美日已經成為「海洋大國」，隨著中國綜合國力的提升，中國必將成長為一個海洋強國，2005年4月，中國「大洋一號」科學考察船從青島港出發，遠赴太平洋、大西洋、印度洋執行環球大洋科學考察任務，引起世界各國的普遍關注。按照西方的「蛋糕」理論，中國在走向海洋尋找替代資源的同時，必然會導致美日海洋權益的縮減，所以美日必然共同封鎖中國走向遠洋；臺灣是中國走向遠洋最為順暢的出海口，只要阻撓中國大陸與臺灣的統一，就可以在第一島鏈封堵中國進出太平洋。

在地緣安全層面上，隨著韓國退出了冷戰結構，東北亞局勢發生重大變化。美國遏制中國是其基本戰略，但是受全球戰略和國內政治的影響，美國不可能充當一線國家，只能尋找代理人，日、韓、臺灣成為在地緣上遏制中國的支點。以往韓國和臺灣是美國封鎖中國的一線國家和地區，隨著韓國的退出，日本必然首當其衝成為前列國家。日本防衛廳公開承認，從2004年美日在舊金山舉行安保事務性談判起，美國就強迫日本對臺灣問題介入。此外，2005年以來，美國為減少直接介入臺海局勢的風險，加快武裝臺灣的步驟，一直督促臺灣「立法院」盡快通過臺灣對美軍售的一攬子提案。

「臺獨」勢力利用中美日安全關係的這一缺口頻頻得逞，逐漸「挾洋自重」，甚至提出了「臺獨」的具體時間表。在當今的國際社會，弱肉強食的「叢林法則」仍有市場，而世界歷史上霸權主義、強權政治一向有投機性、冒險性，他們會尋找合適的時機對於任何一個正在崛起的國家進行侵略或者顛覆，通常會選擇在這個國家內部出現複雜的局勢時加以分化、演化。美國在其拉美後院推行大棒政策曾經屢試不爽，對於委內瑞拉查韋斯政權的幾次顛覆就是在委國內局勢呈現動盪甚至反對派發動政變的情況下進行的，而對

意識形態和社會制度迥異的古巴卻無法傾覆，主要在於古巴一直保持國內社會的穩定；日本20世紀前期兩次對華侵略無不是在中國國內面臨社會動盪、民族分裂及政府治理無力的局勢下進行的。「蘇東劇變」之時，美國為首的西方陣營利用「六四」事件全面打壓中國，但是並沒有取得「多米諾骨牌」效應；而後利用中國「法輪功」組織、「民運」分子搞境外顛覆，利用達賴搞「藏獨」活動，支持「疆獨」勢力進行分裂活動，抓住各種時機干擾中國的和平發展，但是收效甚微。今後看來可能掌握執政資源的「臺獨」勢力無疑是一股可以借助的分化、演化力量，因此今後臺海局勢肯定會呈現複雜化的態勢。

　　三、兩岸互動對中美日三邊關係的催化

　　近年來，臺海局勢發生了許多新變化。2005年4月26日～5月3日，應中國共產黨中央委員會總書記胡錦濤邀請，中國國民黨主席連戰率國民黨大陸訪問團，基於兩黨對促進兩岸關係和平穩定發展的承諾和對人民利益的關切，會談後兩黨決定共同發布「兩岸和平發展共同願景」，提出：堅持「九二共識」，反對「臺獨」，謀求臺海和平穩定，促進兩岸關係發展，維護兩岸同胞利益，是兩黨的共同主張；促進兩岸同胞的交流與往來，共同發揚中華文化，有助於消弭隔閡，增進互信，累積共識；和平與發展是21世紀的潮流，兩岸關係和平發展符合兩岸同胞的共同利益，也符合亞太地區和世界的利益。「兩岸和平發展共同願景」同時提出兩黨將共同促進盡速恢復兩岸談判，共謀兩岸人民福祉；促進終止敵對狀態，達成和平協議；促進兩岸經濟全面交流，建立兩岸經濟合作機制；促進協商臺灣民眾關心的參與國際活動的問題；建立黨對黨定期溝通平台。

　　2005年5月5日至13日，應中共中央總書記胡錦濤的邀請，親民黨主席宋楚瑜率親民黨訪問團正式訪問大陸，這是親民黨和中國

共產黨之間首次進行兩黨之間的對話，雙方在會談中達成了「六點共識」，即促進在「九二共識」基礎上盡速恢復兩岸平等談判，在簽署兩岸各自表明均堅持一個中國原則，即「九二共識」（兩岸一中）的基礎上，盡速恢復兩岸和平談判，相互尊重，求同存異，務實解決兩岸共同關心的重大議題；堅決反對「臺獨」，共謀臺海和平穩定；推動結束兩岸敵對狀態，促進建立兩岸和平架構；加強兩岸經貿交流，促進建立穩定的兩岸經貿合作機制；促進協商臺灣民眾參與國際活動的問題；建立推動兩岸民間精英論壇及臺商服務機制。

2005年7月12日，中共中央總書記胡錦濤在會見郁慕明率領的新黨紀念抗戰勝利六十周年大陸訪問團時，就當前發展兩岸關係提出了四點看法，即：共同促進中華民族的偉大復興，堅持一個中國原則，堅決反對和遏制「臺獨」，切實照顧和維護臺灣同胞的切身權益。新黨表示，接受「一中原則，九二共識」，進而提出「一中兩制」的思維，追求兩岸和平。

兩岸對峙多年以來，國、親、新三黨的領導人特別是國、親兩黨的領導人相繼訪問大陸，這對於穩定臺海局勢，促進兩岸和解具有重要的歷史意義。這是兩岸政界首次在沒有外力介入的情況下進行的高層次溝通，展現了兩岸民眾期盼統一的民意基礎。

喬治·華盛頓大學國際關係學院中國項目負責人、著名中國軍事問題專家沈大偉博士（David Shambaugh）告訴記者，他很高興看到連戰和宋楚瑜對大陸的訪問，衷心希望連宋二人的大陸之行進一步促進兩岸對話，促進海峽兩岸關係「逐步走向穩定和正常」。白宮前國家安全委員會亞洲事務資深主任、著名中國問題專家李侃如（Kenneth Lieberthal）博士對華盛頓媒體表示，國親兩黨主席分別前往大陸訪問具有非常特別的意義。日本政府外務省國際報導官千葉明說，日本政府在臺灣問題上的正式立場是希望和平

解決臺灣問題，不支持臺灣「獨立」，期待連宋對大陸的訪問「有利於兩岸的和平與穩定」。前日本駐華大使谷野作太郎表示日本「對臺灣沒有領土野心」，日本國民希望海峽兩岸的當事者透過對話和平解決問題，他認為這次連宋訪問大陸，臺灣的輿論積極評價，大陸方面應對靈活。

2005年5月14日，英國皇家國際問題研究所高級研究員陸伊伊撰文指出：「反對黨領導人的大陸之行卻標誌著兩岸關係一個歷史性的轉折。臺灣政治已出現了一種根本性的變化。國民黨及其盟友親民黨在臺灣『立法院』中占據著多數席位。可以肯定的是，在兩黨領導人訪問大陸之後，臺灣的政治趨勢將不可逆轉地發生變化。國民黨及其盟友將向臺灣人民提供一種與主張獨立的勢力所截然不同的有關臺灣未來的前景。這反映出臺灣相當多的人——尤其是商界的一種情緒。臺灣商界認為，與大陸加強經濟一體化是確保未來繁榮的唯一途徑」，「全世界的決策者都將他們的對華政策建立在這樣一種看法上，即中國大陸與臺灣很可能會爆發戰爭，臺海將無限期地保持現狀。他們現在需要從根本上重新考慮各自的戰略。否則，一些國家的政府將看到自己制訂完善的、旨在遏制中國的政策將徹底失敗。最近發生的一些事件不僅將大大增加海峽兩岸實現和平的可能性，而且還將推動中國的統一，亞太地區的地緣政治形勢也因此將發生變化。美國政府至少一直在密切關注這些事態的發展。布希總統已經要求與中國國家主席胡錦濤討論臺海局勢。」

美國雖然對兩岸高層對話表示歡迎，但是希望臺海局勢在其掌控範圍內，連宋訪問大陸後，《自由時報》報導，宋楚瑜祕密與美國在臺協會臺北辦事處處長包道格會面，重點討論大陸之旅，包道格對宋楚瑜的「搭橋之旅」予以肯定，並對連宋「登陸」後的兩岸關係發展表示憂慮，認為進展之快已超乎華府預期。

2006年4月16日，中共中央總書記胡錦濤再次會見國民黨榮譽

主席連戰一行時強調，和平發展理應成為兩岸關係發展的主題，成為兩岸同胞共同為之奮鬥的目標。針對兩岸關係，胡錦濤提出四點建議，即：第一，堅持「九二共識」，是實現兩岸和平發展的重要基礎；第二，為兩岸同胞謀福祉是實現兩岸關係和平發展的根本歸屬；第三，深化互利雙贏的交流合作，是實現兩岸關係和平發展的有效途徑；第四，開展平等協商，是實現兩岸關係和平發展的必由之路。

2008年5月28日，中共中央總書記胡錦濤同中國國民黨主席吳伯雄舉行了會談，胡錦濤強調，在國共兩黨和兩岸同胞共同努力下，臺灣局勢發生了積極變化，兩岸關係發展面臨著難得的歷史機遇。這一局面來之不易，值得倍加珍惜。希望國共兩黨和兩岸雙方共同努力，建立互信、擱置爭議、求同存異、共創雙贏，繼續依循並切實落實「兩岸和平發展共同願景」，以富有成效的努力，紮紮實實推動兩岸關係不斷取得實際進展，增強廣大臺灣同胞對兩岸關係和平發展的信心。

臺海局勢的新變化對「臺獨」份子子已經產生了「青蛙效應」，導致「臺獨」陣營出現了混亂核分裂，「臺獨」基本教義派及台聯黨與傾向於走中間路線的民進黨部分成員出現了激烈的鬥爭，所以大陸對臺灣的統戰政策產生的效果類似於「溫水煮青蛙」，逐漸使「臺獨」喪失基本民眾的支持，達到爭取臺灣民心的作用。

兩岸互動的「溢出」效應是明顯的，因為「求發展、求穩定、求和平」是兩岸民意的主流。總之，兩岸的經貿整合是大勢所趨，兩岸的文化交流同根同源，必然推動建立兩岸軍事和政治的互信機制。

四、在中美日安全架構中主導未來臺海局勢的幾條基本規律

中美日安全關係聚焦在臺灣問題上呈現矛盾疊加、利益交織、

衝突頻仍的複雜局面，主要可以用「一二三四」加以概括：「一」即「一個中國」為中國解決臺灣問題的基本前提；「二」即美、日兩個國家成為中國解決臺灣問題面臨的最突出的外部因素；「三」即中國實現統一、臺灣獨立及「不統不獨」的臺海局勢是臺灣問題演化下去面臨的三種可能性；「四」則說明了臺灣問題的解決取決於四個進程的相互制約，即中國的現代化進程、美國的單邊化進程、日本的「右傾化」進程、「臺獨」勢力的發展進程。以上的「一二三四」是在本書的框架中就中美日安全架構中影響臺灣問題的諸多因素歸納出的具有代表性的幾條，對於臺灣島內的內生因素沒有列入其中，僅僅在理論上具有參照意義。

當前中美日及臺灣「三國四方」的互動面臨著「三正三反」定律的考驗，所謂「三正三反」定律表述為：「三正」即中國正在進行的現代化進程與中國解決臺灣問題的進程呈現正向運動，中美、中日關係兩個雙邊關係的健康、平穩發展與解決臺灣問題的進程呈現正向運動；「三反」，即美國的單邊化進程、日本的右傾化進程、「臺獨」勢力的分裂化進程與中國解決臺灣問題的進程呈現反向運動。此外，從這一規律還可以衍生出諸多進程不同的排列組合，進而呈現出不同的演變形態。

解讀「三正三反」定律的前提是中美日三國各自國內發展和對外政策的基本走向。中國的現代化進程既是中國所面臨的歷史任務，又是美、日等主要的世界大國制定對外政策所面臨的重大課題。進入21世紀，美國竭力維持其「一超」地位，在保守主義的理念支配下推行美國主導的單邊化進程，當今國際社會包括聯合國在內的國際力量對其制衡的作用明顯不足。日本國內經濟不景氣，在政治上要求成為有影響的大國，對歷史問題的反思不徹底，國外特別是東亞國家的輿論壓力反而助長了其國內「右傾」思潮的抬頭；從《聯合國憲章》等國際條約看日本沒有完全擺脫「戰敗國」的身份，所以國際社會對日本右傾勢力有著一定的制約；而從日本

的單一民族的性格及國內政治、經濟形勢看，日本國內的進步勢力特別是親華派不能對日本的右傾化進程形成有力的制約。

「三正三反」定律基本闡釋了當前臺海局勢的運行規律，其主導因素在於中國的可持續發展，中國國力增強後會增加中國國家統一的向心力和對外部干涉的抗干擾力，這是定律的核心部分。中國要緊緊抓住戰略機遇期，大力推進政治、經濟、社會、文化的深層次的體制改革，加快軍事現代化進程；針對國外和臺灣島內對於中國民主的批評，中國政府要正面應對，漸進地、穩步地推進民主政治的進程，雖然不可能完全照搬西方的民主制度，但是要積極進行溝通，進而爭取西方國家和臺灣島內進步勢力的理解與認可，最終為中國的統一在政治和制度層面上創造更大的可能性。

美國、日本的保守和右傾勢力會對中國的國家統一形成干擾，但是干擾的強度和力度取決於美國的單邊化進程和日本的右傾化進程，如果國際社會不能對於兩個進程形成有力的制約，一旦美國的單邊化進程、日本的右傾化進程及「臺獨」勢力的分裂進程達到在時空上的一致將會產生功能上的耦合，將對中國的現代化進程和國家統一進程造成嚴重的負面影響，中國的國家統一必然會面臨諸多困難。當然，美國的單邊化進程和日本的右傾化進程畢竟違背世界和平與發展的歷史潮流，必然面臨下降的拐點，今後美、日兩國的政局將受到國內外反戰、擁護和平之進步勢力的直接推動和影響，會存在一定的變數。

第四章 中美日安全框架的構建及其對中國國家統一的促進作用

第一節 中美日三國共享「和平紅利」制約「臺獨」勢力「以武拒統」

一、中美日三國共同享受「和平紅利」

按照傳統國際安全理論的基本觀點，隨著崛起的新興國家開始謀求相應的大國地位，必然破壞已有的均勢，將不可避免地與霸權國家發生爭奪勢力範圍的衝突乃至戰爭。中美日關係從表面上看是處於這種狀態，美國要維持一超地位，日本要成為正常國家，中國正在和平崛起，三國之間尚沒有建立起行之有效的安全互信機制，所以在國際社會缺乏普遍權威的情況下，在三國中間存在著所謂的「安全困境」，「一國為保障安全所採取的措施，意味著降低了其他國家的安全感。在無政府狀態下，一方聊以自慰的源泉就成了另一方為之憂慮的根源。」

但是，按照國際關係的基本規律看，每個國家的外交政策都從本國的利益出發，所以追求利益最大化是各個國家對外政策的首要原則。當前中美日三國並非要發生不可避免的衝突，三國各自國家利益的交匯點就是利用相對較長的和平時期實現對國內經濟、社會的有效治理，如中國搶抓二十年的戰略機遇期、日本欲借助經濟結構改革走出經濟蕭條、美國實施「內外並重、國內優先」的戰略導向，即三國都在共享「和平紅利」。

首先，三國共享「和平紅利」的前提在於「和平與發展」的時

代主題。1950年代後，時代的主題由「戰爭與革命」轉變為「和平與發展」，進入21世紀後，隨著經濟全球化、核威懾和以合作為基礎的國際機制的建立，各國之間特別是大國之間的政治、經濟利益相互交織，在安全領域裡表現為求同存異、相互依賴。經濟全球化程度的加深，使各國之間的相互合作及多邊、雙邊關係的建構具備了經濟基礎；核威懾雖然使各國面臨核大戰的烏雲，但是核戰爭一旦爆發導致交戰雙方及鄰國乃至世界走向共同毀滅的特點，卻達到了「恐怖平衡」的效果，各國特別是核大國反而不敢輕釁戰事，使地區乃至世界維持著總體態勢上的和平；國際機制特別是聯合國在維護世界和平方面發揮著重要作用，現在的聯合國已經不同於第一次世界大戰後的國聯，其權威性得到大多數成員國的普遍尊重，這種國際機制儘管存在缺陷，但是許多希望透過國際機制受益的成員國將必須接受機制的約束，體制和制度的羈束效用在維護世界和平方面的作用日益凸顯。

　　其次，三國的國內政治現狀為三國共享「和平紅利」創造了可能性。美日兩國政治的特點是選舉政治，一向是國內問題優於國際問題，所以美、日領導人上台後首要目標在於集中精力解決國內問題，而保持臺海和平就可以從東亞的快速經濟增長中維護和擴充既得經濟利益，為國內增加社會福利與就業機會，安撫選民，贏得選票，從而轉化為現實的政治利益；反之，臺海發生危機，必然導致國際及美、日國內的經濟波動，國內民眾的生活和就業受到影響，引發民眾的厭戰情緒，必然使其任期內的政府信任產生危機，對於兩國的領導人而言，這將會使其自身及所在執政黨在政治上的優勢地位喪失殆盡，並在隨後的政權交替中喪失執政地位。對於中國而言，21世紀前20年是重要的戰略機遇期，保持臺海地區的穩定就可以為國內經濟發展創造一個穩定的和平環境，使改革開放20多年的經濟和社會發展的上升勢頭得以延續。

　　第三，基本的「和平理念」是三國共享「和平紅利」的基礎。

國內有些學者認為在歷史上全球性權力的和平轉移過程中，霸權國與新興大國之間不僅是權力競爭，也是認同競爭；不僅是權力的轉換，更是認同的轉換。國家間如果只關注權力競爭本身，霸權戰爭的怪圈就無法打破。而從作為一種共同認知框架的認同著眼，則有可能走出一條和平發展的道路，如美國19世紀崛起後，美、英間國家互動和認同的轉換。時殷弘教授指出：對國家間關係來說，「更重要的是需要它們有足夠廣泛和深厚的共同利益感和價值觀念」，「否則，國家間敵意和衝突的滋生、加劇完全可以同它們之間互相依賴、互相瞭解的增進相併行，相交錯。」

　　因此，要從建構主義的觀點看待中美日安全關係的構建，如果中美日三國要構建三邊安全框架，必須尋找相互的認同，而和平的理念是三國相互認同的基礎。2004年4月，胡錦濤訪美期間在耶魯大學發表演講時指出「中華民族歷來愛好和平，中華文明歷來注重親仁善鄰，講求和睦相處。中國人在對外關係中始終秉承『強不執弱』、『富不侮貧』的精神，主張『協和萬邦』。中國人提倡『海納百川，有容乃大』，主張吸納百家優長、兼集八方精義」，和平對於當今中國而言，既有目標的指向性，又為其發展進程提供支撐與保障，因此中國一再強調自身的和平發展及與其他國家的和平共處。2004年11月5日，美國總統布希在取得連任後，闡述其對外政策的目標是為了維護世界「和平」，如打擊恐怖主義、實施「中東和平路線圖」計劃，當然他提出的實現和平的路徑、方式與其和平的理念存在矛盾。日本的「和平憲法」則明文規定日本不具有對外發動戰爭的權力，日本在相當長的歷史時期內不具有發動戰爭的法理基礎，儘管日本對於日美安全同盟的態度和對於歷史問題的認識令鄰國憂慮，但是和平理念在日本國內特別是民眾中間具備廣泛的基礎。2008年5月，中國國家主席胡錦濤訪日並在日本早稻田大學發表了重要演講，指出：「中國將始終不渝走和平發展道路。這是中國政府和人民作出的戰略抉擇」，「1972年，中日實現邦交正

常化，揭開了兩國關係新篇章。從那時以來，中日關係在各個領域都取得長足發展。雙邊貿易額由實現邦交正常化時的11億美元增加到去年的2360億美元。截至2007年底，兩國友好城市達到236對，人員往來達到544萬人次。中日關係的改善和發展，給兩國和兩國人民帶來了實實在在的利益，為促進亞洲和世界的和平與發展作出了重要貢獻」。「隨著經濟全球化深入發展，中日兩國的共同利益不斷拓展、合作空間不斷擴大，在國際和地區事務中肩負的責任也不斷加重。」

所以，三國對於和平的目標及所處的和平環境有著基本共識，其背景在於國內歷史、政治、經濟、社會問題制約各自國家的決策層對於戰爭與和平的基本態度。三國雖然存在嚴重的戰略分歧，但是這種戰略分歧不足以超越三國共同的利益交匯點——在和平狀態下解決彼此的矛盾可以達到利益最大化和成本最小化的可預期收益，這是中美日三國在相對較長的歷史時期所取得的戰略共識，包括借鑑兩次世界大戰和冷戰期間的諸多經驗教訓。

當然，中美日三國對於和平的基本認知是在除卻國際局勢的偶發因素下得出的，這種認知訴諸於實踐時要受政治領導人的個人意志、民族情緒及突發國際事件的影響，因此在現實中由三國的相互外交行為所形成的區域秩序和具體案例將會具有複雜性、迂迴性和波動性。例如美國在不損害自身的國家利益的前提下，可能單方面對於一些國家和地區採取非和平行動乃至戰爭行為，這是對自身和平理念的異化。日本急欲修改「和平憲法」，更是背離了多年來奉行的和平外交路線。這些消極因素對於中美日共享「和平紅利」的局面形成了負面影響。

二、「臺獨」勢力製造戰爭的行徑危及臺海地區的和平局勢

「事物的矛盾法則，即對立統一的法則，是唯物辯證法最根本的法則。」矛盾具有普遍性，貫穿於一切事物和每一事物發展過程

的自始至終；矛盾又具有特殊性，即一事物具有區別於他事物的特殊本質。矛盾的主要方面和次要方面在一定的時間和空間條件下是可以轉換的，取得支配地位的矛盾的主要方面起了變化，事物的性質也就隨著起變化。

中美日三國的國家利益存在矛盾，但是利益的匯合點在於規避大國間的戰爭從而贏得和平發展的機會。所以，儘管美日以臺灣問題作為遏制中國的籌碼，但是臺海爆發戰爭特別是可能導致美日捲入其中的戰爭不符合美、日兩國的根本利益，因此「臺獨」勢力不斷引發緊張局勢的行為與美、日的臺海戰略是矛盾的。中國正是可以利用美、日與「臺獨」勢力的矛盾尋求一個和平發展的良機，從而遏制「臺獨」勢力分裂國家的行徑。

事實上，自李登輝和陳水扁上台後，一直大搞「漸進式」和「蠕變式」「臺獨」，不斷地觸及大陸的和平底線，採取「退一步，進兩步」的做法，遊走在戰爭與和平的邊緣。從李登輝的「兩國論」到陳水扁的「臺獨」三部曲（「公投」、「立憲」、「建國」），「臺獨」勢力在掌握臺灣的執政資源後，不斷地把臺灣引向戰爭的深淵。

2003年9月下旬，民進黨選擇黨慶日在高雄舉辦「公投」大遊行，陳水扁鼓噪要「催生新憲法」，並拋出了「公投立法、催生新憲」的主張，在陳水扁的不斷挑動下，「公投」議題在島內急劇升溫，島內民眾支持「公投立法」的比例有所上升。同時，陳水扁當局利用「統獨議題」對臺灣民眾進行戰爭煽動，對大陸發出戰爭叫囂，逐步暴露其「以武謀獨」的本質。

2003年11月18日，海協會會長汪道涵在接受採訪時表示，近來臺灣島內發生的一系列事情，嚴重衝擊著兩岸關係的和平與穩定，他高度關注著事態的發展。國臺辦副主任王在希明確表示，「臺獨」就是戰爭，如果臺當局公開搞「臺獨」，「那武力恐怕就

難以避免」。

　　2004年5月，國務院臺辦發言人張銘清在新聞發布會上指出，未來臺海爆發戰爭的可能性，要看陳水扁的態度。2004年11月，前民進黨主席許信良在新書《民粹亡臺記》一中指責陳水扁當局已把臺灣逼近戰爭邊緣，他指出兩岸現在最根本的訴求都是對立衝突的，陳水扁說臺灣是「主權國家」，而大陸則認為臺灣是中國的一部分，「不讓步，最後一定是衝突與戰爭」。臺灣民進黨政要、前「行政院院長」游錫堃曾經發布諸多有代表性的「臺獨」言論，其一就是以後所有政府的公文書稱呼「中國大陸」叫做「中國」，而不叫做「中共」或者「大陸當局」；第二個拋出了「恐怖平衡論」，揚言要用導彈「攻擊上海」等，「如果大陸方面打臺北、高雄的話，臺灣就一定打上海，大陸打臺灣一百顆導彈，臺灣也有能力打大陸五十顆導彈」。

　　在軍事上，臺灣陳水扁當局曾強行推動巨額軍購案，加強針對大陸作戰的軍事準備。2004年後，陳水扁指使臺「行政院」通過「重大軍事採購條例」及「重大軍事採購特別預算案」，以加強反導彈裝置與強化臺軍制海能力為由，推出總金額高達6108億元新臺幣的軍購案。當前，臺灣正在強化自身的攻防能力，以抗拒來自於大陸的威懾，包括在第三代作戰飛機、艦船數量保持不變的情況下，加快改良速度和武器整合能力，使其成為更強力的武器平臺。同時，臺灣加速預警機指揮系統的升級換代速度，加快預警機與戰鬥機、戰鬥機之間的數據鏈建設，以便早日實現軍隊指揮系統的一體化，並不斷強化美日臺情報同盟的構建。在海軍建設方面，不斷增加現代化潛水艇的數量並且努力提高質量。除此之外，種種跡象顯示臺灣還在發展射程為1000公里～1500公里的高彈道巡航導彈，以強化「境外作戰」、攻勢防禦，打擊包括北京、三峽大壩在內的戰略目標的能力。

2005年3月，臺軍試射了「雄風」2E巡航導彈，該導彈射程約1000公里。臺「國防部長」李傑稱，導彈從位於臺灣屏東的軍事基地發射，飛行了500公里後擊中了目標，其發射半徑已遠及南京、武漢和桂林等城市，包括上海、福州、廣州、香港、澳門等在內的大陸東南部均在其射程範圍之內。未來15年內，臺灣的攻勢力量可能形成以潛水艇－巡航導彈－戰鬥機攜帶精確制導兵器為主體的格局。

　　大陸方面對於「臺獨」勢力的分裂行徑一直保持高度警惕。2004年6月3日，中共中央政治局委員、中央軍委副主席、國務委員兼國防部長曹剛川在濟南軍區國防動員委員會第四次全體會議上發表了重要講話，針對臺海地區的嚴峻局勢，他要求要「全面加強國防動員建設」，「把國防動員建設納入戰區軍事鬥爭準備和經濟社會發展總體規劃」，「為維護國家安全統一」提供強有力的保障。2004年8月，中國在福建東山島舉行了「解放二號」三軍聯合演習，相對應的是臺灣軍方之前舉辦「漢光演習」和軍機高速公路緊急起降演練，以及美國軍方正在進行中「夏季脈動2004」演習。

　　2005年3月4日，中共中央總書記、國家主席、中央軍委主席胡錦濤強調中國反對「臺獨」分裂活動決不妥協。他表示，臺灣是包括2300萬臺灣同胞在內的13億中國人民的臺灣，任何涉及中國主權和領土完整的問題，必須由全中國13億人民共同決定。胡錦濤說，維護國家主權和領土完整，是國家的核心利益。任何人要危害中國的主權和領土完整，13億中國人民堅決不答應。在反對分裂國家這個重大原則問題上，我們決不會有絲毫猶豫、含糊和退讓。「臺獨」分裂勢力必須放棄「臺獨」分裂立場，停止一切「臺獨」活動。

　　2007年，是中國準備奧運會的關鍵之年，同時臺海形勢進入

了敏感而關鍵的一年,有山雨欲來風滿樓之勢。2007年1月17日,國臺辦舉行2007年第一次新聞發布會,發言人楊毅指出,2007年是反對「臺獨」、維護臺海和平的關鍵時期。臺灣當局透過所謂「憲改」謀求「臺灣法理獨立」的活動將進入實質階段,兩岸關係將面臨嚴峻挑戰。堅決遏制「臺獨」分裂活動、維護臺海和平,仍然是兩岸同胞當前最重要、最緊迫的任務。我們將以最大的誠意、盡最大的努力爭取和平統一的前景,但是絕不容忍「臺獨」,絕不允許任何人以任何方式把臺灣從中國分裂出去。

而2007年之於陳水扁當局,有著雙重意義:它是2008年奧運會舉辦前的關鍵時期,是自己在位的最後階段。在陳水扁的策動下,臺當局明顯加快了「臺獨」分裂的步伐。民進黨中央和臺行政部門不顧各界的質疑與民眾的反對,競相推動島內部分重要公營企事業單位的更名活動,強行將「中華郵政」、中油和中船分別改名為「臺灣郵政」、「臺灣中油」和「臺灣國際造船公司」,去除原名稱中的「中國」或「中華」標記。泛綠陣營還加緊推出了10餘種「新憲版本」,大肆進行宣傳鼓動。激進「臺獨」組織所提方案中,有的把臺灣的「領土範圍」明確界定為「臺澎金馬及有爭議的釣魚島、南沙群島與東沙群島」,有的還公然打出「臺灣共和國」的旗號。

2008年1月30日,在國務院臺灣事務辦公室舉行2008年首場新聞發布會上,發言人楊毅表示,回顧過去的一年,陳水扁當局加緊推動「臺獨」分裂活動,預謀進行「臺獨」冒險,當前兩岸關係發展正處在一個緊要關頭,堅決遏制「臺獨」,維護臺海和平,是兩岸同胞面臨的最重要最緊迫的任務。我們對臺灣當局妄圖進行「臺獨」分裂活動決不妥協。

2008年1月9日,《澳門日報》發表題為《民眾盼扁「偉大」旅程儘早結束》的社論。社論說,新年伊始,臺灣當局領導人陳水

扁發表任內最後一份元旦文告。除了繼續挑釁大陸，刺激島內的民粹主義和族群對立，他亦自我總結自己近八年的執政。他大言不慚：「這偉大的旅程即將告一段落。」社論指出，民進黨當局執政近八年來，臺灣內憂外患有增無減。目前，島內大多民眾只期待陳水扁那「偉大旅程」早點結束，讓新的領導人趕快處理他留下來的爛攤子。

社論指出：陳水扁執政以來，臺灣空轉數年，以致民不聊生，內耗嚴重，民眾對其執政的意見越來越大。陳水扁不僅沒有反思過錯，反而越發瘋狂。近期，他「瘋狂」地跟美國嗆聲，「瘋狂」地跟北京對幹，「瘋狂」地搞公投，「瘋狂」地鬥老蔣，「瘋狂」地操控「中選會」，「瘋狂」地撤換臺北、臺中市選委會主委，「瘋狂」地推一階段領投票，「瘋狂」地揚言要戒嚴、延選……甚至連李登輝也因此說，「其中任何一件，都不是一個正常的人會做的事！」

2008年3月22日，臺灣地區領導人選舉投票結束，國民黨推出的候選人馬英九、蕭萬長以221萬票的差距領先，贏得決定性的勝利，成為臺灣1996年地區領導人選舉以來得票最高的候選人，這昭示著臺灣人民在用選票向民進黨當局堅定地說「不」，毋庸置疑是在陳水扁執政八年的答捲上特別醒目地打上了一個「不及格」的評判。

而由陳水扁當局綑綁舉行的「入聯公投」投票率僅35.8%，與本次臺灣地區領導人選舉超過76%的投票率相比，投票率差距懸殊，這顯示出臺灣平民百姓在用選票表達著對陳水扁的強烈不滿，他們反對製造兩岸局勢緊張的分裂行徑，由此陳水扁用「公投」綁選票的政治騙局徹底破產了。為此，國務院臺灣事務辦公室發言人李維一於22日當晚發表談話表示，「臺獨」分裂勢力搞「臺獨」是不得人心的，期盼為兩岸關係和平發展共同努力。李維一說，陳

水扁當局推動的所謂以臺灣名義加入聯合國的「公投」遭到失敗，再次說明「臺獨」分裂勢力搞「臺獨」是不得人心的。

三、美國重視中國的安全關切並約束「製造麻煩」的「臺獨」勢力

「9·11」事件對美國的國家安全戰略產生巨大的衝擊，由此美國改變了以中國、俄羅斯等地緣大國為主要戰略威脅的安全戰略。「9·11」後，美國集中精力開展反恐鬥爭，打擊所謂的「無賴」國家，並採取措施控制大規模殺傷性武器的擴散。因此美國對其全球戰略部署進行了相應的調整，在亞太地區尋求同中國在反恐、朝核問題上的合作。同時，美國要求盟國日本在亞太地區承擔更大的責任，希望日本在反恐和防擴散方面有能力做出強烈和有效的軍事反應，發揮更大的作用，以減輕美國在亞太地區的壓力。

小布希上任之初曾表示要協防臺灣，但是「9·11」和伊拉克戰爭後美國的主要精力投向了反恐和防擴散，地緣安全戰略重點轉移到了中東，美國在臺灣問題上的舉動更加傾向於「求穩怕亂」，表現為壓制「臺獨」勢力的過激言行，打壓陳水扁的「正名」舉動；一方面維持臺海局勢的「不統、不武、不獨」局面更加符合美國的根本國家利益，美國無力同時應對東亞和中東兩場地區衝突；另一方面美國在國際安全合作上有求於中國，希望得到中國的大力配合。李侃如在《美國對華政策》一文中指出：布希政府應該堅持「一個中國」政策並且採取措施阻止海峽兩岸的圍繞部署導彈及反導彈為主要內容的軍備競賽，應該提倡建立以一種不威脅臺灣自由、繁榮和安全為前提的兩岸聯結。布希政府應該尋求一種積極的兩岸政策，主要在於減少緊張，增加互信，鼓勵兩岸重啟對話進程。美國需要採取的重要一步在於不斷強調堅持和平解決臺灣問題的立場和「一個中國」政策的同時，繼續地領會一方的見解且關注另一方的觀點。

美國政府與親臺保守勢力一直存在矛盾。2004年12月10日，美國副國務卿阿米塔吉指出，在中國崛起過程中，美中關係的最大地雷大概是臺灣，並表示「臺灣關係法」並沒有規定美國必須保衛臺灣，而如果臺灣受到中國大陸攻擊，美國是否宣戰，必須由美國國會決定。

　　2005年4月6日，美國國會眾議員李奇（共和黨，愛荷華州，2004年曾經率團參加陳水扁第二任期「就職典禮」，是美國國會的重要人物）在美國國會亞太小組的聽證會上警告臺灣說，如果當局領導人反覆無常，導致兩岸衝突，美國很難履行《臺灣關係法》。他說，臺灣獨立意味著毀滅性的戰爭，美國必須澄清承諾，免得臺灣誤判。他說，如果臺灣宣布獨立，不但臺灣自決能力會崩潰，數十萬、甚至數百萬人的性命將遭受危害；任何片面改變臺海現狀的意圖，都充滿著極大的危險。他表示，美國國會或行政部門都決心信守《臺灣關係法》中的義務，但是這些義務的前提是臺灣領導人必須瞭解中國大陸的決心，自我約束，不要以反覆無常的行為招致衝突，或使建設性對話無法開展。

　　迄今為止，當前中美雙方領導人對於臺灣問題的溝通是順暢的。美方重視中方的安全關切。2004年11月8日，中國國家主席胡錦濤應約與美國總統布希通電話，布希表示在新的任期內將繼續致力於加強美中在各個領域的合作關係，重申美國政府不會改變在臺灣問題上的立場。胡錦濤積極評價了中美兩國近年來在眾多領域合作中所取得的進展。他強調，只要中美雙方始終牢牢把握兩國關係發展的正確方向，遵循中美三個聯合公報的原則，中美關係就能夠健康穩定地向前發展。胡錦濤表示，中方讚賞美方多次重申堅持一個中國政策，遵守中美三個聯合公報，反對「臺獨」的立場。

　　2005年3月20日，中國國家主席胡錦濤會見了美國國務卿萊斯。胡錦濤指出，妥善處理臺灣問題仍然是中美關係健康穩定發展

的關鍵，中國全國人大前不久審議通過的《反分裂國家法》，是一部促進兩岸關係發展、推進兩岸和平統一的法律，是一部反對和遏制「臺獨」、維護臺海地區和平與穩定的法律，希望美方認清「臺獨」分裂勢力及其活動的本質和危害，信守布希總統多次重申的堅持一個中國政策、遵守中美三個聯合公報、反對「臺獨」的承諾，理解和支持中國政府和人民為維護國家主權和領土完整、實現兩岸和平統一所做的一切努力，不向「臺獨」分裂勢力發出任何錯誤信號。萊斯說，維護臺海局勢的安寧並和平解決臺灣問題符合美國的利益，美方將為此而努力，美國政府堅持一個中國政策、遵守美中三個聯合公報的立場不會改變。

針對臺灣屢屢「踩紅線」的行徑，美方的臺海政策逐漸清晰化，對臺灣當局屢屢踩「紅線」的行為發出清晰的警告，從陳水扁當選後到2004年底的「立法院」選舉，美國多次警告陳水扁「不要製造麻煩」，並且鼓勵兩岸的和平對話，表態支持連宋訪問大陸，所以在美國地緣戰略進入調整期時，對臺政策中傾向「不獨」的一面愈發清晰。

2006年4月20日，胡錦濤訪問美國，在和美國總統布希會晤中，布希說，在對臺政策方面，美國將會直言不諱，基於「一中」政策，反對任何一方單方面改變臺灣的現狀，同時籲請各方避免對抗和挑釁的行為，臺灣的將來應當以和平方式解決。胡錦濤在講話中說，我們讚賞布希總統和美國政府多次表示堅持一個中國政策，遵守中美三個聯合公報，反對「臺獨」。我們將繼續以最大的誠意，盡最大的努力，爭取兩岸和平統一的前景，同臺灣同胞一道，促進兩岸關係和平發展，但決不允許任何人以任何方式把臺灣從中國分割出去。

2007年8月29日，美國《僑報》刊文稱，美國副國務卿尼格羅龐提斥責臺灣「入聯公投」是邁向「臺獨」、改變臺海現狀的步

驟，批評臺灣當局處理「公投」的態度是「錯誤的」。報導指出，這是迄今為止，美國官方對「入聯公投」最嚴厲的公開表態。此言一出，大陸表讚賞，臺灣感遺憾。正應了美國智庫學者一個月前對記者的所言——如果陳水扁繼續一意孤行，美國必有更強烈的反應。

2008年7月16日，美國太平洋司令部司令基廷在華盛頓智庫傳統基金會舉辦的一場論壇中說，美國政府已暫時凍結了對臺灣的軍售計劃。基廷指出，近來美國沒有重要的對臺軍售計劃，暫時凍結對臺軍售是美國的官方政策。他說，當前兩岸關係緩和，美國也盡一切力量降低臺海緊張局勢。

據臺灣《聯合報》報導，2008年7月30日，美國總統布希在白宮與亞洲媒體記者會面時，主動對兩岸關係現況表示「十分滿意」，並首度表明美國在兩岸議題上確有一些「紅線」，「就是不能片面宣布（臺灣）獨立。」報導稱，美國過去對統「獨」問題，頂多以「反對兩岸任何一方片面改變現狀」表態；這是美國總統首度承認確有「紅線」，首次表明臺灣「不能片面宣布獨立。」此外，香港《南華早報》也刊登對布希的專訪，布希表示，目前美國與臺海兩岸間的關係處於「較好位置（better place）」。布希定於8月4日出訪韓國、泰國及中國，行前安排亞洲駐華盛頓媒體記者在白宮聚會。未經記者提問，布希兩度主動說明美國的兩岸關係立場。「美國在這項議題上，是有些『紅線』。」布希說，「不能片面宣布獨立，美國的政策仍然一樣。」

綜合分析美國布希政府在八年任期內的臺海政策，可以得出的結論是：儘管美國會維護其在臺灣的戰略安全利益，但是反對和遏制「臺獨」的立場逐漸清晰並且在政策執行上愈發堅決。

四、日本政府明確反對臺灣獨立及臺灣擴充軍備

受1947年生效的《日本國憲法》的和平主義原則制約，日本

在法律上不能擴充軍備，在國際公開場合一直表態要維護臺海地區的和平與穩定。日本多年來一直追隨美國在國際場合公開反對臺灣獨立，當然日本從其戰略利益出發，其立場與美國比較相對模糊和不明確。

日本國內政界的諸多有識之士已經認識到臺海局勢是否穩定關係著日本的國運興衰。日本領導人多次在不同場合表示堅持一個中國政策、不支持「臺獨」的立場。日本前首相村山富市1995年表示，日本將堅持「一個中國」的立場。日本前首相橋本龍太郎1997年重申，臺灣是中華人民共和國領土不可分割的一部分，日本政府充分理解和尊重中華人民共和國政府的立場，日本不支持臺灣獨立。日本前首相小淵惠三1999年強調，日本將堅持日中聯合聲明所確定的原則，不會改變只有一個中國的立場，絕不參與和支持臺灣獨立。日本首相小泉也多次表示，日本政府奉行一個中國政策，不支持「臺獨」。2003年12月，中國外交部副部長王毅與日本外務審議官田中均舉行了中日外交當局定期磋商，王毅希望日方堅持「一個中國」政策，切實遵守迄今做出的政治承諾。田中表示，日本不參與製造「兩個中國」或「一中一臺」，不支持「臺灣獨立」。

2004年3月15日，日本民主黨黨首菅直人在東京以校友身份為東京工業大學的中國留學人員舉行招待會時說，日本民主黨對於臺灣問題的基本原則是中國大陸和臺灣是一個國家，即使花長一點的時間也希望中國大陸和臺灣實現和平統一，中國大陸和臺灣的和平統一對亞洲的安定和經濟發展是有益的。他認為現在中國大陸和臺灣的經濟往來非常多，民間交流也非常多，中國大陸和臺灣這種經濟上的關係是想切也切不斷的，經濟上的關係已經很緊密了。但是在政治上，臺灣卻有一小部分人想搞獨立，所以他們堅決不支持「臺獨」分子，反對臺灣獨立，「雖然中國統一要花一段時間，但是中國大陸和臺灣還是應該堅持在一個國家的前提下共同向前發

展」。

　　2009年8月30日，鳩山由紀夫領銜的日本民主黨獲得眾議院全部480個議席中308席，超過控制眾議院各個常設委員會的絕對穩定多數269席，取得空前勝利，最終以壓倒性優勢戰勝自民黨，取得執政權，並得以組建內閣。歷史上，一直以在野黨身份表明不支持「臺獨」的日本民主黨在取得執政權後如何處理日臺關係還有待進一步觀察。

　　中國是日本週邊安全外交的首要目標，日本1993年就確立了開展對華安全對話的方針，此後一直以機制化和高層化為目標，力求把日中安全對話的水平不斷提高。由於中國政府堅持臺灣問題是中國內部事務的立場，日中安全對話議題更多涉及的是東北亞地區和美日同盟等安全事務，日本的長遠考慮卻是將高層安全對話作為消除疑慮、避免誤解的重要途徑，為今後在需要的時候擴大自己在臺海安全問題上的影響做準備。當前，中日關係處於低潮，保持和恢復中日之間的安全對話十分必要。

　　對日本來說，避免臺海局勢緊張有著更重要的意義，這不僅是保證日本「海上生命線」和國土安全的需要，也可以更好地維護其在華經濟利益，避免不得不在中美兩個大國之間做出唯一的選擇。美國學者Phil　Deans認為，東京在兩岸間最傾向的選擇還是繼續維持現狀，因為這樣能夠讓日本避免在臺海軍事衝突發生時，面臨支持美國保護其前殖民地，還是同它在亞洲最重要的鄰國對抗這兩個艱難選擇和決定；在可預見的未來，雖然臺灣在東京有不少有影響的朋友，但日本政府依然不會冒險同中國進行直接的對抗。

　　2005年2月23日，鳳凰衛視援引共同社報導稱，針對之前在日美安保磋商委員會會議（2＋2會議）中通過的「共同戰略目標」中涉及臺海問題而遭致中國的強烈反對，日本政府決定就該問題向中國作出解釋，具體將包括：預定在2005年3月以後陸續召開的中

日外交部司長級、事務次官級、外長級磋商中就「無意干涉中國內政」之意向中方作出解釋，並尋求中方的理解。此前，日本首相小泉純一郎於2月21日曾強調指出，日本將堅持一貫的主張，希望能透過和平方式解決臺灣問題，同迄今為止的方針沒有變化。

當前，日本政府雖然右傾化相當嚴重，但是在和平與發展的世界潮流下，歷經民主化改造並受西方民主思想浸染的日本民眾應該能夠在相當程度上理性地看待臺海和平，日本國內外維護和平的力量將會對日本政府的對臺政策形成一定的制約。

2006年10月，時任日本首相安倍晉三訪華，10月8日，中國國家主席胡錦濤在北京人民大會堂會見了安倍晉三，安倍首相在會見中重申日本將按照日中聯合聲明堅持一個中國政策，不搞「兩個中國」、「一中一臺」，不支持「臺獨」，反對單方面改變臺海現狀。2007年12月，日本首相福田康夫對中國進行了正式訪問，福田康夫在北京大學發表的演講中談到了構成日中兩國戰略互惠關係的三大核心支柱：互利合作、國際貢獻、相互理解和相互信賴，他指出正因為日中兩國是近鄰，所以往往彼此會看到對方不理解自己而產生很大的心態，雙方需要為進一步加深相互理解而付出努力。

2008年5月6日至10日，應日本國政府邀請，國家主席胡錦濤對日本進行了國事訪問，這次訪問是中國國家元首時隔10年首次訪日。訪問期間，胡錦濤主席同福田康夫內閣總理大臣舉行了會談，雙方簽署了《中日關於全面推進戰略互惠關係的聯合聲明》，在聲明中，雙方確認，兩國互為合作夥伴，互不構成威脅。日方重申，繼續堅持在《日中聯合聲明》中就臺灣問題表明的立場。雙方確認，增進政治安全互信對構築中日戰略互惠關係具有重要意義。在促進東亞區域合作方面，中日雙方表示，今後要共同致力於維護東北亞地區和平與穩定，本著開放、透明和包容的原則，共同推動建設和平、繁榮、穩定和開放的亞洲。

第二節　區域一體化背景下的中美日經濟安全關係有助於臺灣問題的邊緣化

　　經濟是政治的基礎，在中美日三邊框架內探討臺灣問題，不可以迴避中美日三邊經濟的整合對於臺灣問題的影響，事實上，中美日三邊經濟一體化將有助於臺灣問題的邊緣化。

　　一、經濟全球化和區域一體化是當今世界經濟的基本走向

　　就其本質而言，經濟全球化是指按照市場規律，逐步在全球範圍內對資源、資本、商品、勞務等生產要素進行合理配置和生產、流通、消費有序運行的一種客觀歷史進程。在經濟全球化的形勢下，世界各國越來越深地被納入不斷擴大的、統一的世界市場體系，各國間的相互聯繫、相互依賴、相互依存關係達到空前的緊密，主要表現為生產經營的全球化、貿易的全球化、金融資本的全球化、科學技術特別是資訊的全球化。經濟全球化不僅對全球的經濟結構、運行方式、發展戰略產生深刻的影響，而且對國際政治也產生了深刻的影響，導致國際政治的主體國家的行為方式、主權觀念及世界政治格局都發生了深刻的變化，具體表現為促進國家間特別是大國間的協調與合作，特別是推動區域內國家聯合，對於南南關係、南北關係的結構性變化都產生了深遠的影響。對於世界各國尤其是發展中國家而言，經濟全球化都是機遇與挑戰並存。

　　「區域經濟一體化」是指「特定區域內的國家或地區透過達成經濟合作的某種承諾或者組建一定形式的經濟合作組織，謀求區域內商品流通和要素流動的自由化以及生產分工的最優化，直至形成各國經濟政策和區域經濟體制某種程度的統一」。

　　區域經濟一體化是經濟全球化的前提和基礎，經濟全球化是區

域經濟一體化的必然趨勢。區域經濟一體化的迅速發展有其深刻的政治與經濟基礎。第三次科技革命的浪潮極大地促進了生產力的發展進程，從而使生產社會化與國際經濟化的程度大大加深。區域經濟集團正是國際分工日益細化，各國經濟聯繫日益加深的結果。當一國的生產社會化越出國界並發展到一定程度時，必然會提出消除市場障礙和實現經濟一體化的要求。不管是發展中國家，還是發達國家加入區域經濟組織，其根本原因都在於面對世界範圍內激烈的市場競爭，為了維護自身的經濟、貿易利益，為本國經濟的發展和綜合國力的提高創造有利的外部環境。

　　1980年代後，較高層次的區域經濟集團不斷出現，90年代出現了北美自由貿易區、亞太經濟合作組織、歐盟三大區域化組織。與北美自由貿易區、歐盟本身具有法律約束力，並對成員構成一個超國家的機構不同，亞太經濟合作組織（APEC）雖然包括了中美日三國在內諸多亞太區域內的發達國家和發展中國家，但是由於各成員國之間的經濟發展水平各異，只是一個建立在自願基礎之上的非約束性地區合作組織，其落實行動的方式是「協調的單邊主義」，即「集體指導原則下的單邊行動」，以成員的自願行動為主，不像歐盟那樣實行以政府協定為基礎的制度一體化，而主要由市場機制推動，所以APEC不具有區域經濟「集團」的性質，運行機制是十分鬆散的，只是政府間的協商合作組織。與歐盟、北美自由貿易區相比較，亞太經濟合作組織（APEC）更加接近於一個論壇，沒有成為徹底整合亞太經濟特別是中美日三國經濟的有效載體。實際上，中美日三國的政治分歧、地緣衝突造成了整合三國經濟的諸多困難。

　　就東亞地區而言，地區經濟合作雖然有所進展，但是存在諸多分歧和矛盾。為了推進東亞區域合作，最終建立東亞共同體，在東盟的主導和改造下，東亞峰會得以取代東盟「10＋3」峰會。2005年12月14日，首屆東亞峰會在馬來西亞首都吉隆坡圓滿結束。與

會各國領導人簽署了東亞峰會《吉隆坡宣言》等文件，並就國際和地區性政治、經濟問題以及全球和本地區所面臨的挑戰等交換了意見。澳洲、紐西蘭、印度參與了峰會。日本在峰會中表現了牽制中國的一面，力圖邀請美國以觀察員的身份與會，但是美國最終沒有參會。中國總理溫家寶在東亞峰會上發表講話時表示，中國反對搞封閉的、排他的和針對任何特定一方的東亞合作。中國絕不會在東亞地區謀求支配性地位，從而明確了中國對首屆東亞峰會的召開所持的開放性、建設性態度。

作為東亞區域合作的亮點，中國—東盟自由貿易區的建設為亞太地區的區域合作提供了範例。根據中國——東盟2004年底簽訂的雙邊協議，中國—東盟自由貿易區已於2005年7月啟動全方位降稅計劃，以自由貿易區的稅率實現彼此貨物的通關，由此占目前中國和東盟貿易產品總額95%、近7000種產品（不包括「早期收穫計劃」產品和敏感產品）的關稅逐步調低，在2010年以前將關稅減至0～5%，此舉標誌著中國——東盟自由貿易區的建設邁出重要一步。

2009年9月21日，日本首相鳩山由紀夫在美國與中國國家主席胡錦濤會晤時，提出了按照歐盟的形式，建立一個東亞共同體的構想。東亞國家，特別是中、日、韓三國文化交往悠久，經濟合作緊密，政治上也在不斷增進互信。東亞地區經濟發展迅猛，成為繼西歐、北美經濟區之後的世界第三大經濟區。統計數據顯示，中、日、韓外貿總額超過兩萬億美元，其中58%來自三國之間的區域內貿易，高於北美自由貿易區的55%，遜於歐盟的65.5%。

二、中美日經濟合作成為亞太地區經濟發展的客觀趨勢

中美日三國的GDP總和占全球GDP總和的40%強，所以如果中美日主導的亞太經濟圈整合成功，必將成為引領世界經濟的火車頭。當前，中美日三國的貿易依存度在逐步加深，中美日三國雖然

存在較大的政治分歧但並沒有停滯三邊貿易的發展，例如中日兩國在小泉執政時期的「政冷」並未完全導致「經涼」，中美兩國政治波折不斷，但是中美貿易仍然呈現蓬勃生機，究其原因在於世界經濟運行的基本規律仍然在中美日三國這一經濟循環體上發生作用，中美日經濟合作成為亞太地區經濟發展的客觀趨勢。當前三邊貿易摩擦呈現熱化的趨勢，要看到這正是三邊經濟依存度加深的衍生現象，在不同的階段都會有不同的表現形式，是在國際經濟領域內經濟博弈的產物，不會導致三國經濟合作的倒退或者停滯。

　　國際金融領域是國際經濟合作最集中的表現，美國雖然是世界第一經濟大國，但是財政赤字巨大，日本、中國已經成為美國的第一和第二大債權國，據美國財政部公布的2004年11月份的統計數據表明，截至2004年11月份，中國持有的美國國債（包括中長期債和短期債）為1911億美元，這一數額占同期中國外匯儲備的比例為33.3%。正是由於中國外匯的流入，支持了美元匯率的穩定。

　　1997年東亞金融危機發生之後，中國為解決危機主要做了兩件事情：一是透過國際貨幣基金組織向泰國提供10億美元的援助，二是鄭重承諾人民幣不貶值。對泰國10億美元的援助是中國第一次大規模地參與國際多邊救助行動，而人民幣不貶值則為穩定亞洲金融危機後的局勢造成了至關重要的作用，在這場危機中，東南亞國家和日本、韓國的貨幣都紛紛貶值，但美元、港幣和人民幣穩定了幣值。危機之後，東亞其他國家經濟增長均有大幅度下滑，中國承擔了人民幣不貶值的巨大損失，經濟卻依然保持了8.8%的較高增長率。美國因此對於中、日兩國在亞洲經濟中所發揮的作用重新進行了評估。長期以來，美國一直把日本看作是該地區經濟穩定的最重要支柱。但在這次危機中，日本不僅沒有成為抵禦危機的銅牆鐵壁，反而加入到貶值的浪潮中，急於擴大出口，轉嫁國內困難。美國曾多次批評日本在擴大內需方面行動遲緩，調整不力，向東南亞提供的援助不夠充分。美國貿易代表巴爾舍夫斯基說：「作

為世界上第二經濟大國的日本迄今所做出的努力一直是極其不充分的。」同時，巴爾舍夫斯基對中國在幫助亞洲經濟恢複方面所發揮的作用則給予了高度評價：「在目前的危機方面，中國發揮了最具建設性的作用。」美國從這場危機中認識到：中國的影響力不限於維持地區政治穩定，在保證地區經濟安全方面同樣是一支不可忽視的重要力量。

2006年4月19日，胡錦濤訪問美期間在西雅圖午餐會上發表的講話中指出，中美建交的1979年，雙邊貿易額只有24億多美元，2005年則達到2116億美元，增長80多倍。現在，美國在華投資項目超過4.9萬個，實際投資累計510多億美元。中國已成為美國第三大貿易夥伴和增長最快的出口市場，美國則是中國第二大貿易夥伴和最大出口市場。美國是世界上最大的發達國家，擁有先進的科學技術、雄厚的資金和旺盛的市場需求。中國是世界上最大的發展中國家，擁有豐富的勞動力資源、廣闊的市場和不斷改善的投資環境。中美經濟互補性很強，共同利益廣泛，合作空間廣闊。

1997年以來，隨著中國商品進入美國市場，美國消費者每年至少節約數百億美元的支出。1997～2006年，中國產品使美國消費者節省了6000多億美元，僅2004年就節省了近1000億美元。2004年，美國在華投資企業在中國市場實現銷售約750億美元，在中國生產的產品出口到其他市場約750億美元。2005年，美資企業在華銷售額達到1076億美元。中國美國商會2005年調查顯示，約70%的美國公司在華贏利，約42%的公司在華利潤率超過其全球的平均利潤率。[244]

《洛杉磯時報》報導，2005年日本和中國雖然仍處於一種冷淡的政治關係中，但是據日本外務省說，日本在華投資達到了創歷史新高的65億美元，比2004年增加了12%。而中國政府的數據顯示2005年日本在華直接投資增加了20%，2005年在上海開設分部

的日本企業還增加了525家。和美中貿易相比,中日之間的貿易處於平衡狀態,事實上,在美中經濟關係遇到困難之際,日本和中國的商業聯繫達到了有史以來最良好的狀態。

2006年春季,一場發生在美國的「次貸危機」開始逐步顯現,所謂「次貸危機」是指因次級抵押貸款機構破產、投資基金被迫關閉、股市劇烈震盪引起的風暴,它致使全球主要金融市場隱約出現流動性不足危機。2007年8月,這場「次貸危機」襲捲美國、歐盟和日本等世界主要金融市場。日本共同社則援引分析人士觀點指出,由於美國次貸危機可能抑制個人消費增長,使美國的經濟前景更加撲朔迷離,再加上日元持續走高,市場普遍擔心這將導致以北美為主要市場的豐田汽車、索尼等日本出口企業業績下降,不可避免地使日本經濟受到衝擊。2007年末,美國次級住房抵押貸款市場危機不但對美國住房市場乃至總體經濟構成了衝擊,對日本以建築和數碼家電為主的出口企業產生的不利影響也開始顯現。日本內閣府認為,美國次貸危機造成的金融市場動盪是導致日本景氣先行指數惡化的主要原因。

而中國政府對於美國「次貸危機」十分關注,擔心因此拖累乃至影響中國和世界經濟體系的良性運行,2008年3月23日,中日兩國在東京舉行第二次財長對話會議,會議顯示,中日兩國政府有望攜手,共同對付美國的次貸危機,以保證亞洲的金融與經濟的穩定。日本財政大臣額賀福志郎在與中國財政部部長謝旭人的會談中,坦承次貸危機給日本的經濟帶來了極大的衝擊,日元急劇升值,而東京股市則全面暴跌,長此以往,日本經濟將面臨困境。他呼籲日本與中國迅速建立一個資訊交換機制,以便採取協調的步驟,來共同應對美國的次貸危機,維護兩國和亞洲地區經濟的穩定和發展。儘管額賀福志郎一再表示,這不是因為日本經濟不好,才導致日元升值,而是因為美國經濟衰退拖累日本,但是,東京證券市場的日經指數跌破12000點,顯示日本經濟雪上加霜。此次中日

財長對話，尋求與中國的合作成為日本最渴望的事情。

自歐巴馬上台以來，中美關係保持了強勁、積極的發展勢頭，特別是胡錦濤主席與歐巴馬總統2009年4月在倫敦舉行的會晤，為新時期中美關係發展指明了方向，有力推動雙方深化互利合作。2009年7月27日至28日，首輪中美戰略與經濟對話在華盛頓舉行。中國國家主席胡錦濤特別代表國務院副總理王岐山和國務委員戴秉國與美國總統歐巴馬特別代表國務卿希拉蕊·柯林頓和財政部長蓋特納共同主持。在經濟對話中，雙方圍繞應對國際金融危機這條主線，本著合作的精神，就事關兩國經濟的戰略性問題進行了深入探討，取得了許多重要成果，為發展21世紀積極合作全面的中美關係注入了新的動力。

中美日三國的經濟在國際貿易、國際金融等領域內是一損俱損、一榮俱榮，其中中國因素突出使三邊經濟架構擺脫了不平衡的傾向，即由過去中國在經濟發展中更多地有求於美、日轉換為中美日三國互有所求、相互依存的格局，從而為構建穩定的中美日三邊安全架構奠定了堅實的經濟基礎。

當前，在亞太地區一些跨地區的雙邊自由貿易協定也已出現，如日本與新加坡即將簽署的《新時代經濟聯攜協定》、中國與東盟自由貿易區的建設。今後，中美日經濟合作的長遠發展方向是建立以三國為主導的自由貿易區，涵蓋東亞及亞太地區諸國，消除和降低各類貿易和技術壁壘，將成為一個不同於亞太經濟合作組織（APEC）的區域經濟合作體。東亞金融危機之後，日本曾經有意推動包括中國在內的亞洲經濟一體化以及在金融方面的「亞洲貨幣基金」，但是由於美國的阻撓而夭折，所以中日排除美國進行亞洲經濟一體化的可能性不大，只有中美日為主導的亞洲經濟一體化才具有可操作性。

三、中美日經濟合作圈中臺灣經濟地位的下降及「次重要化」

經濟全球化和區域一體化是當今世界經濟的基本走向，中美日經濟合作必然呈現進一步整合的趨勢，特別美、日借助中國「引擎」實現經濟增長，在這種大趨勢下，必然導致臺灣經濟地位的下降及「次重要化」，最終在政治上使臺灣問題在中美日三邊框架中被「邊緣化」。

臺灣在1980年代被稱為亞洲「四小龍」之首，其經濟的騰飛主要取決於冷戰期間美國處於反共、反蘇的需要對其經濟上進行「扶持」，並為其提供安全上保護；長期以來，日、臺、美兩國三方形成了一套國際產業分工體制，日本和臺灣的相互經濟依存度呈現逐步增強的趨勢。在後冷戰時代，各國轉向以經濟競爭為核心的綜合國力的競爭，臺灣經濟在這場經濟博弈中經濟實力處於劣勢，加之中國經濟崛起導致臺灣經濟地位的相對下降。

臺灣經濟屬於海島型經濟，就具體的經濟形態而言屬於「訂單經濟」，對美、日、歐的外銷市場依賴甚高，1990年代以來一直以半導體、個人電腦等資訊技術相關產業帶動經濟發展，電子等高科技產品出口占其出口總額的一半以上。自2000年第四季度以來，美國以經濟資訊及通訊產業為代表的新經濟在經歷長達10年的快速增長之後，開始步入衰退，特別是「9·11」事件後，全球電子產業景氣大幅下滑。嚴重依賴電子產品和資訊技術設備出口的臺灣受國際市場對電子資訊產品需求低迷的影響，島內工業生產持續衰退，進出口貿易大幅萎縮，經濟增長失去原動力，出現罕見的蕭條。

臺日經濟關係上，臺灣對日本逆差逐年擴大，2001年，雙邊貿易額達386.1億美元，其中臺對日輸出127.6億美元，輸入258.5億美元，對日貿易逆差達130.9億美元。臺灣經濟在技術源頭上也越來越依賴日本，逐步成為日本的加工廠。臺灣「立法委員」彭百顯在論述近30年來臺日經濟關係後認為，臺灣經濟仍是「日本的

半殖民地」。

　　臺灣地區在漁業上與日本一直存在尖銳的矛盾。2005年6月，臺駐日代表處官員稱，由於有釣魚島列島領土主權爭議問題，臺灣籍漁船跨越東經122°附近的傳統漁區作業時，常會受日本海上保安廳及水產廳巡邏艇驅趕。每年5～6月是釣魚島漁區捕撈鮪魚旺季，僅在2005年5月臺灣漁船就五次遭日本船艦驅逐。由於日方以強力手段驅離臺灣漁船，臺灣駐日代表處曾多次轉達臺灣方面立場，希望儘早和日本舉行漁業談判。但是，日本反映冷淡，而臺灣當局害怕得罪日本，不敢與日方發生直接衝突，為此引起了臺灣漁業界的一致抗議，一方面抗議日本的霸權行為，另一方面譴責臺灣當局對漁民保護不力，所以諸多漁民出海乾脆掛上五星紅旗從而取得安全上的保障。這突出地反映了臺灣經濟地位的弱化，以及在美日等國利益格局中明顯處於不平等的地位。

　　但是，「臺獨」勢力宣稱臺灣經濟體制與美日經濟體制具有親緣性、同軌性，美日臺的經濟合作更具有先天優勢，從而最大限度地削弱兩岸經貿聯繫，抗拒兩岸經濟一體化進程。陳水扁上台後一直鼓吹「安全、民主、經濟」的所謂「三錨論」，希望借美臺、日臺「自由貿易區」的成立，「共同加速建立亞太民主國家經濟共榮體」。臺灣《聯合報》社論分析，在經貿上「臺灣拉攏美國作為後盾，以換取經濟合作和民心穩定，當然更為緩衝中國大陸的磁吸效應」，「在走向兩岸三通的路上，向美國多買一個保險」。2004年陳水扁「5·20就職」後，更把與美國簽FTA（自由貿易協定）視為「最高戰略」，強調「不惜一切代價」。臺灣《中央日報》指出，扁當局過於明顯地將FTA與發展政治及軍事戰略夥伴關係緊密連結在一起。臺當局寄望美臺簽FTA，可以打破與其他國家簽FTA的缺口，以此促進貿易便捷化，但是更主要的是全面提升與美「實質關係」，從而「挾美抗中」搞「臺獨」，緩和臺灣日益邊緣化的速度與幅度。臺灣前「國安會副秘書長」江春男毫不諱言，簽FTA

將是美保證臺灣安全的最重要步驟。

美國一些人士認為「臺具有成為美經濟上第51個州的潛力」，美與臺簽FTA，在經濟上可以取得巨利，將促使美國農業、電信業向臺灣市場長驅直入，政治上也可「以臺制華」，美國國會臺灣連線共同主席之一、佛羅里達州民主黨籍眾議員韋克斯勒曾致函美國國際貿易委員會主席克普隆，表示支持美國與臺灣簽署自由貿易協定。

但是，美國政界也清醒地認識到一旦臺在經濟上成為美的一個「州」，美國在兩岸軍事衝突時，為維護其既得經濟利益，將不得不出兵協防臺灣，美國最終得不償失。2002年，中國大陸外經貿部明確表示，中國並不反對臺灣與其他國家發展貿易關係，但凡是與中國建交的國家，同臺灣開展經貿關係，「一定要遵循一個中國原則」，「這些國家如果跟臺灣當局簽訂自由貿易協定，必然會給他們帶來政治麻煩」。由於中國市場潛力巨大，更多美國工商界擔心美與臺簽FTA，會帶來政治麻煩，導致對華經貿的中斷，因此極力反對。2004年，臺灣島內媒體轉引美國財經專業媒體BNA報導，因懷疑臺灣希望展開「自由貿易協定（FTA）」諮商「政治目的高於經濟」，美國助理貿易代表傅瑞偉原定於6月底赴臺進行經貿諮商會談的行程「可能因故延期」。此前傅瑞偉明確表示，美國與其他國家或地區談FTA，首先要取得企業界支持，企業界才會去遊說國會通過FTA法案，但「沒有一個美國企業團體要求聯邦貿易委員會與臺灣談FTA」，「相反，有人要求不要和臺灣談」，「和臺灣簽署FTA並未正式提出，甚至連概念都沒有」。島內輿論分析，陳水扁當局與美國結成「經濟同盟」、強化「實質臺獨」的重大陰謀受挫，「美臺簽署FTA還有很長的路要走」。

2002年11月，臺灣當局「經濟部長」林義夫向赴臺參加「臺日經貿會議」的日本官員表示，希望雙方能盡快簽署「自由貿易協

議」。日本從本國總體安全利益出發，拒絕與臺灣簽署「自由貿易協議」（FTA）。

所以，臺灣對於美、日儘管有經濟和政治上的利用價值，但是只是充當美日遏制、防範及平衡中國的工具和砝碼。臺灣地理位置和發展潛力決定了它的外向型、依託性經濟，所以中美日經濟合作對於臺灣經濟而言是一個再次騰飛、定位的機會。當美、日政界和商界都把搶占中國大陸的巨大市場作為擴充本國經濟利益、維護自身經濟安全的首要戰略時，臺灣當局卻對於海峽兩岸經貿整合持抵制態度，由此臺灣地區在中美日三邊經濟框架中弱化的色彩愈發明顯。

四、兩岸經濟合作將有助於遏制「臺獨」，最終實現統一

臺灣對大陸的經濟依賴性逐步增強，這將有助於遏制「臺獨」及最終實現國家統一，事實上，「兩岸經濟關係越密切，相互依賴越強，臺灣獨立的可能性越小；反之，沒有兩岸經濟關係發展與相互依賴，在沒有武力威懾的前提下，臺灣更加容易獨立」。

從臺灣《工商時報》發表的兩岸經貿走勢評估看，2004年，兩岸貿易額達到783.2億美元，同比增長34.2%，臺灣是大陸第五大貿易夥伴，第二大進口市場；大陸是臺灣第一大出口市場和最大貿易順差來源地，臺灣對大陸出口已占臺灣出口總額的25%。2004年臺灣向大陸出口近450億美元，同比增長27%，遠大於其對美日歐的出口增長率；臺灣自大陸進口額約167億美元，年增長52%，2004年臺灣對大陸順差達283億美元，同比增長16%。據中國社會科學出版社出版的《2003～2004中國外商投資報告》公布的數據：臺灣已成為第四大累計對華投資來源地，2004年臺灣實際對大陸投資約31.2億美元。約有60000家臺資企業在大陸運營，為約1000萬大陸勞動力提供了就業機會。

2005年5月連戰訪問大陸，在北大演講時提出兩岸的「互助和

雙贏」，他說：「今天這個市場的經濟已經逐漸的在那裡整合兩岸經濟的資源，不但是兩岸，事實上今天市場經濟的作為可以說在全球化的趨勢裡面已經席捲了全球，自由的經濟就是這樣的一個趨勢，但是在自由經濟的體制之下如何維護和提升我們的競爭力這是最重要的事情。我們不能只喊口號，要落實，而維護提升競爭力唯一的就是一定要合作，唯一的就是一定要創新，合作、創新，才有機會。今天，兩岸的關係，各位看到，我們不但是互相依存，而是互補互利，而是一加一大於二的情況，所以我相信臺灣在創造了第一次經濟奇蹟之後，現在正在邁向第二次的經濟奇蹟這條路，在努力，大陸今天所面臨的也是千載難逢的一個機會，所以中華民族這種現代化，這種富強康樂，已經不再是一個遙不可及的美夢而已了。尤其在即將面臨的未來，我要講，我說兩岸合作賺世界的錢有什麼不對啊？我們一定能夠來實現所謂如虎添翼的加成的效果，這種加成的效果不是雙贏，實際上是多贏的。」

兩岸合作以農業為例，臺灣所產優質的熱帶水果具有比較高的經濟價值，一向是臺灣農民重要的經濟收入來源之一，但是長期以來受到市場運輸和成本的影響，在豐收季節常常出現滯銷，成為困擾臺灣農民的一個重要問題。為此，中共中央總書記胡錦濤在發表「在新形勢下發展兩岸關係的四點意見」時指出，臺灣農產品在大陸的銷售問題事關廣大臺灣農民的切身利益，要切實解決。2005年3月，溫家寶總理在中國全國人大的記者招待會上提出，要採取措施解決臺灣農產品到大陸銷售的問題。中國共產黨和中國國民黨、親民黨在會談當中也對臺灣農產品擴大在大陸銷售達成了很多共識。3月，為了協助解決臺灣水果豐收季節的滯銷問題，中共中央臺灣事務辦公室受權宣布對臺灣進入大陸進行質量檢疫的水果由12種准入品種擴大到18種，並且將對10餘種水果實行進口零關稅的措施。臺灣農民聯盟常務理事詹澈表示，已經有越來越多的臺灣農民意識到，只有將產品打入中國大陸市場才有出路。

2006年4月15日，中共中央臺辦主任陳雲林在兩岸經貿論壇閉幕式上，受權宣布和通報了大陸方面將進一步採取的促進兩岸交流合作、惠及臺灣同胞的15項政策措施。2008年12月21日下午，第四屆海峽兩岸經貿文化論壇在上海閉幕，中共中央臺辦主任王毅在閉幕式上宣布大陸各有關主管部門專門為加強兩岸合作、共同應對國際金融危機制訂的10項政策措施。

　　「臺獨」分子的基本教義在於文化上割斷與大陸的同宗意識，經濟上擺脫大陸的磁吸效應，進而在法理上把臺灣從政治上分割出去。由於經濟和政治的不可分離性，即經濟是政治的基礎，「臺獨」要實現其「政治理想」，必然排斥在經濟上兩岸的進一步整合，這與東亞乃至世界的發展趨勢是背道而馳的。相比較而言，美、日作為臺灣問題的始作俑者仍要抓住中國這個巨大的市場，與大陸同宗同緣的臺灣當局卻阻礙兩岸的「三通」，這必然脫離臺灣經濟發展的正確方向，背離臺灣的主流民意。

　　1990年代初，臺灣曾雄心勃勃地推進所謂「亞太運營中心」的計劃，其目的是吸引跨國公司將其亞太地區的業務基地和總部放在臺灣，以統籌其區域內所有分支機構的業務，管理跨國性高附加價值產業的經營；暗含的目的是削弱香港的亞洲金融、貿易、航運中心的地位。當時許多有識之士認為，臺灣要建立「亞太運營中心」必須以大陸為腹地，為此必須實現「三通」。而李登輝不但反對「三通」，反對西進，而且鼓吹臺灣資本南下，結果，「亞太運營中心」計劃不得不以失敗而告終。其後李登輝又推行「戒急用忍」政策，企圖封殺臺商到大陸的投資，遭到臺商的強烈反對，並以各種迂迴方式投資大陸，南下的資本也陸續轉往大陸。被臺灣當局長期遏制出境的電子資訊產業，2000年開始大規模遷往大陸，大企業投資不斷增加，在上海、蘇州、東莞、崑山等地出現了臺商投資集中的據點。臺商們認為大陸市場龐大，經濟增長勢頭不減，兩岸又是同文、同種、血脈相連，所以任何政策都擋不住這種有著

親緣、血緣關係的市場吸引。後來，臺灣當局在加入WTO前匆匆宣布取消「戒急用忍」政策，實際上這個政策早被臺商衝破，不得不宣布取消。陳水扁上台後竭力阻撓「三通」，2002年9月在談及臺灣與中國大陸的「三通」問題時聲稱，臺灣當局要將兩岸間的航線定義為「特殊的國際航線」，才能夠與對岸的大陸進行通航的談判。

事實上，儘管臺灣當局推行所謂「戒急用忍」政策，但都無法阻止臺商對大陸越來越大的貿易與投資。從1992年起，大陸一直是臺灣最重要的貿易順差來源地，至2003年底，累計達2000億美元。如果扣除臺灣在兩岸貿易中享有的順差，臺灣外貿順差（同期為1200億美元）將轉為嚴重的逆差（800億美元）。臺灣對大陸順差的收益，正好彌補了對日本逆差的缺口（同期為2000億美元）。因此，從實質上看，兩岸再加上香港、澳門的「大中華圈」共同市場雛形已經顯現。

2005年10月18日，在《中共中央關於制定「十一五」規劃的建議》中提出，「擴大兩岸民間交流與往來，維護臺灣同胞的正當權益，推動全面、直接、雙向『三通』，促進建立穩定的兩岸經貿合作機制，促進兩岸關係發展，維護臺海和平穩定。支持海峽西岸和其他臺商投資相對集中地區的經濟發展，促進兩岸經濟技術交流和合作。」2006年初，福建省提出了「海峽西岸經濟區」的設想，「海峽西岸經濟區」是「閩東南地區」概念的延伸，指以福建為主體的臺灣海峽西岸地域經濟綜合體。其構想包括：以構建福州、廈門、泉州三大城市基本框架為支撐，連接漳州、莆田、寧德，對接三明、南平、龍岩，加快形成福建省城市體系的總體布局；加強交通能源基礎設施建設，擴大經濟腹地和市場空間；建立產業集群，集聚規模效益。「海峽西岸經濟區」除了對中國東南沿海特別是福建省的經濟有拉動作用外，更加重要的是對未來海峽兩岸的經濟整合奠定重要的軟硬體基礎。

同時，中國政府已經注意到臺灣對大陸巨額貿易順差與「綠色臺商」支持臺灣當局走「臺獨」路線的矛盾性。2004年5月24日，國臺辦新聞發言人張銘清在舉行的新聞發布會上表示，「對於有在大陸賺錢又回到臺灣支持『臺獨』的人，我們是不歡迎的。」2005年3月23日，曾引發「綠色臺商」話題的許文龍（臺灣奇美集團前董事長），退休近一年後，首次在家中接受臺灣《聯合報》專訪，並發表公開信，表達了對兩岸關係的看法。許文龍稱，2000年臺灣「大選」，他支持民進黨、支持陳水扁，但並不是支持「臺獨」，緣於他對國民黨黑金政治的不滿。他認為，臺灣的經濟發展離不開大陸，搞「臺獨」只會把臺灣引向戰爭，把人民拖向災難。許文龍說，「最近胡錦濤主席的講話和《反分裂國家法》的頒布，我們都很關注。我覺得有了這個講話和法律，我們心裡踏實了許多，因為敢到大陸投資，就是因為我們不搞『臺獨』，因為不搞『臺獨』，所以奇美在大陸的發展就一定會更加興旺。」

儘管陳水扁在2006年初繼續製造臺海地區的緊張局勢，但是2006年4月胡錦濤在會見參加兩岸經貿論壇的中國國民黨榮譽主席連戰和臺灣各界人士時，對兩岸關係的發展又提出了新的具有前瞻性的四點建議，特別指出深化互利雙贏的交流合作，是實現兩岸關係和平發展的有效途徑。

2008年，胡錦濤提出的推動兩岸關係和平發展的六點意見，特別強調推進兩岸經濟合作，促進共同發展。其中談及兩岸可以簽訂綜合性經濟合作協議，建立具有兩岸特色的經濟合作機制，以最大限度實現優勢互補、互惠互利。目前，馬英九及行政當局一直推動海峽兩岸簽署「經濟合作框架協議」（英文縮寫ECFA）。臺當局「行政院長」吳敦義表示，簽署兩岸經濟合作架構協議（ECFA）一定會對臺灣人民有利，應可淨增加約26萬人就業機會。

臺灣「南下政策」的失敗和拒絕「三通」將導致其淡出中美日主導的亞太經濟合作圈，特別將錯過大陸經濟騰飛所造就的巨大市場機遇。海峽兩岸的經濟整合將會對國家統一產生「溢出」效應，兩岸政治上的統一只有在經濟有效整合的基礎上才能得以完成。

第三節　在反恐等非傳統安全領域中，中美日的協調、磋商機制有利於中國的「遏獨促統」

一、「反恐」成為中美日安全合作的基本支點

「反恐」當前已經成為國際安全領域關注的焦點。由於目前國際社會對「恐怖主義」沒有一個被各國都接受的統一的定義，世界各國對恐怖主義的認識也不相同。在美國看來，「9·11」事件的發生使恐怖主義上升為戰爭的層次，布希明確將恐怖與反恐怖定義為新型戰爭，指出針對美國的「襲擊行動」就是「戰爭行為」。2004年10月8日，聯合國安理會15個成員國全票通過了關於加強國際合作打擊恐怖主義的1566號決議。據聯合國網站新聞中心提供的材料，1566號決議的主要內容是要求各國對所有參與和支持恐怖活動以及向恐怖分子提供資金和庇護的個人或組織，採取起訴、引渡、武器禁運和凍結資產等措施。1566號決議案第3條對恐怖主義作出的解釋為，「恐怖主義適用於蓄意襲擊平民的犯罪行為」。

「9·11」事件對美國的國家安全戰略產生了巨大的衝擊，為此美國國家安全戰略的重心進行了移轉，由集中精力對付以國家為對象的傳統安全威脅，轉向打擊以恐怖主義為代表的非傳統安全威脅。布希政府當時甚至以是否支持美國「反恐」來劃清「敵我」界

限,並認為自「9·11」以來,美國已經投入到一種新型戰爭中。美國制定了新的反恐軍事戰略,重點加強本土防衛和對「不穩定弧形區」的干預,對恐怖主義採取「先發制人」的行動。美軍相應的調整計劃主要是調整海外軍事部署,增建新基地,使之更接近熱點地區;同時削減海外駐軍,在10年內將7萬美軍從海外撤回本土。

中美日在反恐領域裡開展了協調一致的行動。美日兩國在反恐領域繼續加強同盟關係。「9·11」後,美國繼續將日本作為其亞太地區駐軍的指揮中心,重新部署駐日美軍,加強駐日美軍和日本自衛隊的相互配合。從駐日美軍調整來看,美國的亞太戰略將更重視與日本的同盟關係,把日本作為抑制從朝鮮半島到中東地區「不穩定弧形」的指揮中心和後勤支援中心。調整後的美軍海外基地分為4個等級,最高等級是「戰鬥力展開據點」(PPH),日本即是其中之一。日本也十分重視日美之間及國際間的反恐合作,2002年3月12日,日本政府根據小泉純一郎首相在「9·11」後提出的「加強有關出入境管理資訊交換方面的國際合作」等反恐對策,決定新設反恐大使一職,日本駐以色列大使茂田宏將兼任這一職務。

中美在反恐領域的合作配合默契。2002年,布希在即將訪問中國時說:「我想對中國與鄰近各國保持安定和平的關係表示歡迎,對(中國)在反恐戰爭中的合作表示感謝。」2002年8月26日晚,美國副國務卿理查德·阿米塔吉表示,美國已經正式將「東突厥斯坦伊斯蘭運動」(ETIM)列入美國認定的「恐怖主義組織」名單,這表明中美兩國在反恐領域具有廣泛的共同利益。

中日兩國同屬東亞國家,在共同對付國際恐怖主義和共同維護地區安全等方面,相互間都有加強合作的願望。2003年5月29日、30日,中國海事代表團乘坐的「海巡21」輪在日本東京灣參加了日本海上保安廳舉行的海上綜合訓練和檢閱式,重點演練搶險和反恐能力,這是中國海事巡邏船第一次參加國際海上綜合演練,預示

著中日之間海上安全合作、反恐合作的新進展。

冷戰結束後，中美日在傳統和非傳統安全領域內雖有合作，但是矛盾重疊，經常發生摩擦；在反恐領域三國也有分歧，但是能夠在政策導向和具體行動的落實上如此默契，實在比較難得，也對構建三國安全框架有所啟發。

二、中美日安全合作中「反恐」與反「臺獨」分裂活動的綜合考量

在中美日三國的「反恐」合作中，十分有必要把「反恐」與反「臺獨」分裂活動進行綜合考量。《反分裂國家法》第八條規定：「『臺獨』分裂勢力以任何名義、任何方式造成臺灣從中國分裂出去的事實，或者發生將會導致臺灣從中國分裂出去的重大事變，或者和平統一的可能性完全喪失，國家得採取非和平方式及其他必要措施，捍衛國家主權和領土完整。」事實上，「臺獨」勢力的分裂行為已經符合恐怖主義行為的某些特質，對於中國的國家安全和國家統一構成了現實和潛在威脅。解決臺灣問題是中國的內政問題，同時也要在國際社會儘可能爭取包括美、日在內的更多國際力量支持中國的統一大業，這需要戰略與策略相統一，在當今國際反恐的形勢下，有必要界定「臺獨」分裂行徑的一些恐怖主義特質。

隨著中國國力的增強，中國實現國家統一的前景愈發清晰，「臺獨」分裂勢力在兩岸軍事力量比對上逐步喪失優勢，反制大陸的砝碼日益喪失，所以企圖以民用設施為目標，揚言對大陸進行恐怖襲擊以達到對於中國實現國家統一的阻遏，最終實現臺灣的獨立目標。2002年10月，美國防擴散研究中心就曾發表了一份名為《對中國導彈建設臺灣如何回應》（Taiwan's Response to China's Missile Buildup）的報告。報告認為，在今後五年中，大陸日益增長的導彈能力將成為平衡臺灣最主要的軍事槓。這篇報告主要敘述了臺灣對抗大陸導彈襲擊各種可能的軍事與政治回應，在

談到臺灣對抗大陸的軍事措施中共有五部分，其中引人關注的是第五部分「發展威懾能力」中提到：臺灣可以試著發展打擊中國大陸，以給中國大陸造成不可估量的損失，這需要有能力摧毀大陸的軍事、經濟或者大陸具有象徵意義的目標的能力，比如大陸人口密集的主要城市，上海浦東的東方明珠電視塔，甚至是三峽大壩。

2004年6月7日，美國《防務週刊》報導稱，美國國防部在5月28日送交國會的《中國軍事力量年度報告》中指出，臺灣為了嚇阻大陸，可能考慮瞄準大陸基礎設施，例如三峽大壩。6月8日，臺軍將領表示，「國防部」確實有過類似的研究計劃。據臺灣《自由時報》報導，臺「國防部長」李傑曾私下和「國防立委」們談過襲擊三峽的問題。隨後，臺灣「國防部副部長」蔡明憲表示，如果大陸攻擊臺灣，臺灣一定會反制，但三峽大壩不是臺軍目標。6月10日，在中國外交部例行記者會上有記者問：美國國防部公布的2004年度《中國軍事力量年度報告》中建議臺灣將三峽大壩作為軍事目標，中方對此有何評論？外交部發言人劉建超指出，如果內容屬實，那就清楚地表明這個報告充滿冷戰思維，心懷叵測。對此，大陸軍方人士指出，在戰爭中攻擊水壩等民用基礎設施嚴重違反現代戰爭的基本法則，何況三峽大壩不是普通的基礎設施，一旦遭到破壞會對平民造成重大傷亡和財產損失，臺軍妄圖對這類民用目標進行攻擊是一種喪心病狂的想法，將犯下反人類罪行。如果臺軍真的對三峽大壩發起攻擊，臺灣方面將會遭到毀滅性打擊。此外，「臺獨」勢力為「法輪功」邪教提供條件干擾大陸的鑫諾衛星。

臺灣當局揚言摧毀上海東方明珠電視塔及攻擊三峽大壩等恐怖活動是一種心理戰手段，根本目的是渙散中國大陸政府和13億大陸人民的統一意志。因此，臺灣當局的這些行為具備實行恐怖主義行徑的主觀意圖和客觀要件，其中干擾大陸的鑫諾衛星屬於既遂的恐怖主義行徑，而揚言摧毀東方明珠電視塔及攻擊三峽大壩屬於實

行恐怖主義行徑的預備階段，雖未實施，但是在社會輿論和民眾心理上造成了惡劣的負面影響。

在以美國為首的西方陣營的「反恐」實踐中，以意識形態畫線，形成了界定恐怖主義的雙重標準，使「臺獨」分裂勢力有了可乘之機，助長了「臺獨」分裂勢力的囂張氣焰。事實上，美國、日本對於意識形態迥異或者急欲進行戰略遏制的國家所發生的恐怖行為態度暖昧，如縱容俄羅斯的車臣分裂勢力，遲遲不願意承認在中國新疆境內的「東突」組織是恐怖組織。「臺獨」分裂勢力正是看準了這一點，才在半公開的狀態下策劃針對中國大陸的恐怖主義行徑。美國兩岸問題專家譚慎格稱，國防部能公開討論臺灣如何進行報復，是非常重要的一件事，而攻擊三峽大壩「絕對是個好主意」。

中國政府透過國際輿論對於「臺獨」勢力的恐怖主義行徑進行有力的揭露，有助於遏制「臺獨」勢力的分裂活動，在國際社會上贏得廣泛的同情，同時必須利用美日等國加大打擊恐怖主義力度的有利時機，把反「臺獨」等分裂勢力與反恐綜合考量，爭取在中美日三國反恐框架內對「臺獨」活動予以有力的遏制，例如美國智庫學者在2004年6月9日的一場研討會中紛紛對「臺灣攻擊三峽大壩」的提議表示強烈反對，美國戰略與國際研究中心的軍事專家葛來儀（Bonnie Glaser）警告說，臺灣瞄準三峽大壩，可能造成毀滅性後果。

三、中美日非傳統安全領域的互動壓制「臺獨」勢力進行「法理獨立」

隨著國際性犯罪活動的日益猖獗，中美日在緝毒、打擊走私、反洗錢等領域的跨國合作日益加強，美、日等西方國家日益肯定中國在國際社會中作為一個負責任的大國發揮作用，使臺灣在非傳統安全領域逐漸被邊緣化，「臺獨」活動的國際空間日益被壓縮。

美國前總統柯林頓說過，「在亞洲的穩定、防止大規模殺傷性武器的擴散與國際犯罪和毒品走私作鬥爭和環境保護」等方面，中美兩國之間有共同利益，因此「與中國接觸是符合美國利益的」。2006年美國《國家安全戰略報告》與2002年報告中完全宣揚單邊外交路線有所不同，這份報告強調美國將透過多邊渠道應對核武器擴散、恐怖主義、販賣人口和自然災害等國際問題，但報告宣稱美國仍要發揮領導作用。

中日在非傳統安全領域的合作取得的成績有目共睹，特別是日本對華ODA項目一直是中日友好的標誌性合作項目。針對日本削減對華日元貸款（ODA），中方學者指出這是中日經濟合作的重要組成部分，中日雙方可利用日本對華ODA，加強兩國在防止愛滋病等疫病傳染、應對走私販毒等非傳統安全領域的合作，進而減少兩國在傳統安全領域的互不信任。

「臺獨」勢力走漸進式「臺獨」路線，其中比較重要的做法就是避免在公開國際場合和傳統安全領域與大陸發生正面交鋒，轉而透過民間渠道或者非傳統安全領域進行「臺獨」活動，因此中美日作為世界上有影響的大國加強在非傳統安全領域的互動，一方面壓縮「臺獨」勢力的有效活動空間，另一方面可以降低「臺獨」分裂活動的現實危害性。

2004年臺灣《聯合報》等媒體披露，臺灣當局加快了研發某種新型導彈和巡航導彈等進攻性武器的步伐，以便在軍事上取得「兩岸（之間的）恐怖平衡」。據臺灣「國防部」官員透露，在研發射程為600公里至1000公里的新型導彈時，臺軍必須搞到高強度鋼材和高純度固體燃料等原材料，以及相關的高精尖技術。在研發巡航導彈方面，臺軍則急需高精度軍用全球定位系統、精確慣性導航系統和性能可靠的小型噴氣式引擎等零部件。這些臺灣當局急需的零部件、原材料和技術，美國的軍火商都有現貨，但是因為違反

國際軍備控制禁令，美方不能公開同臺軍開展此類軍火交易。臺灣當局於是組建走私系統，把上述設備偷偷運進臺灣。2004年9月，臺灣「軍情局」透過由它控制的歐洲某國的一家公司，打著「歐洲廠商」的招牌，與美國的軍火商接觸。美方立即對這家公司展開審查，最終「誤以為」它們的產品不會進入臺灣，便同意做這筆生意。按照臺灣當局的走私計劃，只要「軍情局」能將這些敏感產品偷運出該國海關，這次祕密行動成功了。但是，臺灣當局急於求成，將這次大規模的軍火走私行動安排得過於密集，從而引起了該國警方的注意。該國警方以為，這可能是恐怖分子的武器走私活動，便通知海關嚴查，最終發現了臺灣當局走私的所有違禁產品。此事一經曝光，立即引起了國際社會的關注。分析人士指出，此次臺軍的軍火走私行動暴露了它加速實施「能打到上海的反制武器計劃」，加緊擴軍備戰的真實面目。

中、美、日三國在非傳統安全領域裡的互利合作，可以有效壓制臺灣在民間商貿交流的幌子下開展「臺獨」分裂活動的行為，特別是美國一直把軍控、防擴散、打擊走私作為中美合作的主要內容。隨著中、美、日在各領域裡的深入合作，臺灣當局企圖在「臺獨」活動中打「擦邊球」的機率將越來越低。

第四節　中美日安全框架的合理構建將促進中國的和平統一

一、合理構建中美日三國安全框架的具體目標

根據系統論的觀點，系統的結構決定了系統的行為方式。當前中美日安全框架是由美國主導建立的「軸心-軸輻」式三邊架構，其中美日一邊是堅實的，中美一邊是脆弱的，中日一邊則暫時缺失，所以對比中美俄、中美印等三角關係而言，中美日三邊框架是

不健全的,並且由於三個雙邊關係處於動態變化之中,中美日三邊互動因此失衡。從長遠看,在中美日三邊關係演變中出現了一些可能進行合理搭建三邊架構的積極因素,而就具體構建過程而言將是曲折和複雜的。

針對各方在臺海利益不對稱的情況,中方要積極推動建立有利於中國國家統一的中美日安全框架,合理構建三邊框架後對解決臺灣問題將產生積極的影響。就具體構建的目標而言,可以歸結為兩點:

第一,在宏觀上,如果中美日三國溝通順暢,三邊架構穩定,各個雙邊架構深入發展,就可以遏制「臺獨」,從而使臺灣問題徹底被邊緣化。當前,中美日三邊架構不平衡主要在於中美和中日關係的不穩定,中美關係的動盪必然導致日本對外戰略取捨上的矛盾,中日關係的波折又可以被美國利用進而主導三邊架構;隨著中國的迅速發展,美日聯手遏制中國的態勢掩蓋了其他矛盾,「臺獨」勢力正是抓住了這對主要矛盾得以擴展其生存空間。但是,隨著中美日三國進行了多輪次的博弈後,必然產生一個相對合理的框架來約束彼此的行為,其基本目標在於明確三方共同的利益訴求,從而減少不必要的衝突和碰撞,這是一個相對時期較長,但是可以預期的過程,這個宏觀架構形成後,在理論上「臺獨」勢力的活動空間就會大大地被壓縮。

第二,在中美日三邊產生具體的個別矛盾時,中國要防止臺灣問題被衍生化、共生化,在中美、中日進行雙邊磋商時「要區分議題,區別對待」,爭取臺灣問題的次重要化。長期以來,中美、中日在貿易、人權等問題上一直存在一些摩擦,本應具體問題具體分析,但是由於「臺獨」勢力的介入,經常使臺灣問題被衍生出來,制約了中國可以發揮的平衡作用。

2005年6月1日,美國總統布希在白宮記者會上談到中美關係

時說，兩國的關係十分複雜，在不同的問題上雙方的互動也有不同。他說，在臺灣問題上，美國要協助解決兩岸的分歧，在朝核問題上中美是盟友，而在貿易問題上兩國要公平競爭。布希說，在這個（臺灣）問題上，（中美）關係體現在（美國）幫助解決這個問題，維護（臺海）地區的穩定，以便最終會有一個和平的解決方案。對於布希這一表態要具體分析，一方面他看到了中美在諸多領域是合作與摩擦並存，另一方面這已經是布希第二次公開將中美關係定義為「按照議題，區別對待」的複雜雙邊關係，有助於臺灣問題的邊緣化。

2005年6月15日，全國人大外事委員會主任姜恩柱率領人大代表團與美國眾院交流小組進行交流，雙方就臺灣、朝核、人民幣、美中貿易逆差、中國擴軍等議題廣泛地交換了意見，美方交流小組主席曼祖洛指出，美中在臺灣問題上很有共識，爭議比較多的是在經濟方面。

2005年8月，中國現代國際關係研究院副院長陶堅在接受香港《文匯報》採訪時表示，中美首次戰略對話已經超越臺灣問題，這代表著中美關係的發展。陶堅稱，中美雙方在臺海問題上已經糾纏數十載，這對雙方都是很大牽扯，雙方目前應有更多話題可以共同關注、合作。中美兩國對話中，不應該「第一句話就是臺灣問題，最後一句話還是臺灣問題」。他認為，中美間的戰略對話具有世界眼光，從這個角度講也充分體現了中國的發展和崛起。

中日關係中的臺灣問題比中美關係中的臺灣問題更加複雜和棘手。2006年4月1日，新加坡《聯合早報》撰文指出中日關係在歷史問題上陷入僵局時中日關係有可能呈現兩個趨勢，那就是：「一、兩國政府之間的關係將進入『低層框架』，亦即進入較為低級的政府層面；二、中日關係將更多展現其由民間和社會力量主導的一面。就第一點而言，兩國政府關係雖然進入了『低層框架』，

但其實還是有許多機制性的東西有待完善或建立。」這種「低層框架」「包括：一、副外長級的戰略對話機制；二、兩國政府之間的危機管理處理或管理機制；三、糾紛談判機制；四、兩國軍方的對話和交流機制。這些機制若能在低級政府層面建立或完善，可能是未來幾年裡中日關係的一大突進；相反，中日關係可能面臨一個暗淡的未來。」從一種學術視角來看，這是新時期發展中日關係的建設性思維。從根本上看，在日本政界右傾勢力居於主導地位的情況下，中日關係應更多展現其由民間和社會力量主導的一面。

二、中美日安全框架構建中針對臺灣問題的利益分解

構建中美日的三邊利益框架時，核心在於針對臺灣問題進行利益分解。在國家關係中，國家主體處理對外關係一般遵循國家利益原則，如果沒有利益共識，則國家間的「零和」博弈在雙邊關係中就會占據主要地位。中國的國家統一是中國的國家核心利益，而非中美日三國的共同利益所在；在臺海問題上中美日的安全共識表現為「反急獨」，這是針對臺灣問題進行利益分層的最低層，是構建三國框架的基石。

臺灣牽涉美國的國家安全利益，但是並非美國的核心安全利益所在，臺海戰爭會使美國喪失在臺海問題上的主動權，把美國拖入一場損害美國國家利益的戰爭，因此美國反對「臺灣急獨」。從布希、鮑威爾到萊斯都明確表態反對「臺獨」勢力將美國拖入戰爭。

由於中日關係受歷史、領土問題影響處於低谷，日本對臺灣的表態比美國消極，但是日本同樣反對「臺灣急獨」，第一，受本國的國家利益驅動，包括經濟利益、地緣安全利益等；第二受美國對臺政策的影響，要與美國保持一致；第三，受自身為非正常國家的掣肘和限制，特別在經濟低迷、國際形象不佳的情況下，必須樹立自身和平國家的形象。

另一個利益分層則呈分化的態勢，雖然中美日都力主遏制臺灣

「急獨」，但是長遠的利益訴求是不同的，美國希望臺灣問題和平解決，但是希望「和平獨立」的成分更大一些；日本堅決反對臺灣回歸中國，希望在不爆發臺海戰爭的情況下，臺灣獲得獨立或保持分裂狀態，最終實現在東亞地區的國家利益最大化。中國則堅決要完成國家統一，最佳方案是和平統一，但是不排除使用非和平的方式。所以，即使中美日安全框架構建完成，還是有其侷限性的，即在「遏急獨」方面可以發揮作用，但是在「促統一」方面作用有限。

三、在遏制「臺獨」的背景下合理構建中美日安全框架

中美日安全框架的基本功能是輻射作用，因為美、日是影響臺灣問題的主要因素，一旦美、日對於臺灣問題的基本對策磨合成熟，將對相關國家對臺、對華政策產生重大影響，如澳洲、韓國、東盟、歐盟，所以構建中美日三方框架能夠抓住臺海局勢的主要矛盾，次要矛盾自然迎刃而解。

中美日臨時和長期的磋商機制有助於防止「武力急獨」。從第三次臺海危機看，由於中美雙方缺乏必要的溝通機制，導致雙向交流的阻滯，進而使中美雙方的軍事對峙不可避免，因此中美軍方的交流十分急迫。1995年，時任美國總統的柯林頓迫於國會親臺勢力的壓力，允許李登輝訪美，李登輝藉機在美公開鼓吹「臺獨」。為警告李登輝等「臺獨」勢力，中國人民解放軍隨即在臺海進行了軍事演習。1996年3月，中國宣布在臺灣海域附近進行導彈演習。害怕局勢失控的美國急忙派遣兩個航母戰鬥群在臺灣以東巡弋。這就是「1996年臺海危機」，也稱「第三次臺海危機」的由來。美軍當時的作戰指揮官、前美國太平洋司令部司令普理赫特別提到，在1996年臺海危機中，中美兩國軍方始終沒有交流。「這是我從這件事得到的教訓。我們跟很多國家的軍方都保持交流，其中有些國家並不是特別好的朋友。我們和解放軍沒有任何聯繫或交流，倒

不是說我們非得做朋友，但我們需要交談。」

2002年8月26日，《參考消息》轉引加拿大《漢和情報評論》的一篇評論文章指出，陳水扁「一邊一國」論提出之後，中美雙方相當低調的態度，反映出北京、華盛頓正在形成某種程度的臺海危機管理機制。當前，中美雙方進行了包括在情報交流在內有益的軍事交流。進入21世紀，受國際、國內大環境的影響，中美兩軍交往呈上升勢頭，尤其是在美軍參謀長聯席會議主席邁爾斯和太平洋司令部司令法戈訪華，以及中國國防部長曹剛川和總參謀長梁光烈訪美後，兩軍關係發展到一個新階段，交流管道也更加通暢。比如，美軍進行「2004夏季脈動演習」和中國人民解放軍進行東山島演習等重大軍事活動期間，雙方都能及時通氣、打招呼，避免了對於形勢的誤讀、誤判。與此同時，中美兩國元首也保持著熱線聯繫。從2004年的情況看，中美兩國元首幾乎每兩個月就要進行一次電話聯繫，而且多數時候話題都跟「臺灣」有關。

2005年8月2日，中國副外長戴秉國與美國副國務卿佐利克在北京舉行了首次中美定期「高層對話」，全方位就兩國關係及地區和全球問題直接對話。這是中美建交以來第一次舉行如此級別的例行對話，此次對話引起國際社會的廣泛關注，其意義在於中美以開放的胸襟和務實的態度開創了一種新的溝通機制。同年12月，中美兩國進行了第二次戰略對話。在這兩輪戰略對話中，令人關注的是，美國副國務卿勞勃·佐利克（Robert Zoellick）在此期間多次表示，希望中國成為全球事務負責任的「利益相關者」（Stakeholder）（又譯為「責任分擔者」或者「共同經營者」）。美國的這一新命題的內涵是：中美兩個重要力量相互接觸，尋找共同的合作框架，達成對國際秩序的進一步共識，實現相互間利益的最大化。

當前，中日之間需要建立正常的溝通平台，才能有效遏制「臺

獨」勢力與日本政界右翼勢力之間交往頻繁的勢頭，形成此長彼消之勢。在小泉執政時期，中日兩國處於邦交正常化以來最困難的時期，自2005年5月以來，中方相繼派出國務院副總理吳儀以及副外長戴秉國訪日進行溝通，展現了中方希望建立中日雙邊對話機制的願望。小泉之後，包括鳩山在內的日本首相都展現了改善中日關係的願望。但是，中日關係中包括臺灣問題在內的一些頑疾短期內難以消除。事實上，中日關係的改善主要在於日本是否能夠主動釋放善意，中方可以進一步主動採取外交措施的空間有限。日本需要在構建中美日安全架構時進行明確的定位。

在聯合國框架內，中美日三國約束了臺灣「重返聯合國」，因為透過中美和中日一系列雙邊協定的簽署，美、日不能對於臺灣「重返聯合國」的舉動提供任何公開的支持，在這種國際政治大氣候下，國際上只有寥寥幾個較小的國家支持臺灣加入聯合國。

在APEC框架內，中美日三方達成了默契，「臺獨」勢力同樣沒有政治上的發言權。2001年在上海舉辦了亞太經合組織會議，臺灣當局企圖突破參加上海亞太經合組織（APEC）領導人非正式會議代表的地位，對此中國外交部發言人朱邦造表示，關於臺灣參加APEC領導人非正式會議的問題，APEC諒解備忘錄有明確的規定，在此基礎上也形成了慣例。「根據規定和慣例，陳水扁不能參加上海APEC會議，臺灣方面只能按照規定和慣例由負責經濟事務的部長級官員來出席會議。」所以，在APEC框架內把臺灣限定為地區經濟體，有效地擠壓了「臺獨」勢力在國際上的活動空間。

2009年6月10日，美國歐巴馬政府新任助理國務卿提名人庫爾特·坎貝爾在美國參議院聽證會上指出，「美國將加強在中美日三角關係上的外交投入」，中、美、日是東亞和太平洋地區舉足輕重的三個角色，因此，加強在中、美、日「三角關係」上的「外交投入」，是美國在東亞地區政策的重要組成部分，美國既要加強與中

國的接觸,也要固化與日本的「盟友」關係。

此外,中國在東盟「10+3」框架及其他多邊國際場合扮演重要的角色,在國際舞台上日益發揮重要的作用,壓縮了「臺獨」勢力在國際上的活動空間。

事實上,多邊安全架構下的中美日關係壓縮了「臺獨」勢力的國際活動空間,對「臺獨」勢力的分裂活動形成了有效的遏制。

第五節 美、日之外反對「臺獨」的國際陣營日益壯大

在中國的國家統一進程中,中國所面臨的國際因素是複雜多變的,各種國際力量既彼此聯繫,又時刻處於分化、整合之中。美國和日本是影響臺海局勢的主要因素,此外中國的周邊國家、歐盟及廣大發展中國家也圍繞自身的利益需求形成了各自的對華政策及針對「臺獨」的立場,並對中美日安全架構的構建產生重要影響。總體上看,近年來隨著中國國際地位的逐步上升,國際上反對「臺獨」的陣營呈現日益壯大之勢,這對於推動中美日安全架構向有利於遏制「臺獨」的方向構建有著重要的推動作用。

一、上海合作組織成員國尤其俄羅斯明確支持中國維護國家統一

在美、日、臺三方逐步加大軍事合作的背景下,以中、俄為首的「上海合作組織」的影響力逐步擴大,在國際上為中國「反分裂、促統一」增添了諸多的積極因素。面對地區恐怖主義、分裂主義、極端主義及大規模殺傷性武器擴散、跨國犯罪、環境惡化、疫情傳播等新威脅和新挑戰,「上海合作組織」成為各成員國共同應對這些挑戰和威脅、保障國際及地區安全的有效機制。2001年6月

15日，中國國家主席江澤民、俄羅斯總統普丁、哈薩克斯坦總統納扎爾巴耶夫、吉爾吉斯斯坦總統阿卡耶夫、塔吉克斯坦總統拉赫莫諾夫和烏茲別克斯坦總統卡里莫夫在上海共同簽署了《打擊恐怖主義、分裂主義和極端主義上海公約》（Shanghai Convention against Terrorism, Separatism and Extremism）。中俄哈吉塔烏六國承諾將遵循《聯合國憲章》的宗旨和原則，遵循此前「上海五國」歷次元首會晤簽署的聲明和《上海合作組織成立宣言》的精神，為打擊威脅各國領土完整和安全以及政治、經濟和社會穩定的恐怖主義、分裂主義和極端主義勢力（簡稱為「三股勢力」）而進行有效的合作。2006年4月26日，哈薩克斯坦、中國、吉爾吉斯、俄羅斯、塔吉克斯坦、烏茲別克斯坦6個上合組織成員國的國防部長會議在北京舉行，再次向外界傳遞了維護地區安全、打擊「三股勢力」的信心。2006年6月15日，上海合作組織峰會在中國上海召開，六國元首在共同簽署的《上海合作組織五周年宣言》中指出「全面深化打擊恐怖主義、分裂主義和極端主義及非法販運毒品領域的合作，是本組織的優先方向」，六國元首還共同簽署了10份文件，其中一份是關於上合組織成員國在之後5年內打擊「三股勢力」的合作綱要。

在上海合作組織範圍內，各成員國都支持中國為反對民族分裂勢力採取的維護國家統一的正義行動，其中俄羅斯的態度尤其引人關注，因為在國際區域關係的調整中，「美日」和「中俄」兩對雙邊關係的發展一直引起重視，主要在於：其是否會導致「美中俄」和「美中日」兩個對抗性的戰略三角關係，從而對亞太安全產生不利影響。

在臺灣問題上，和美、日干涉臺灣問題的做法不同，俄羅斯是當今世界上的主要大國中最為堅定地支持中國實現國家統一的政治力量，俄羅斯官方多次明確反對臺灣獨立及西方國家干涉中國的國家統一。因此，在美、日聯手干涉臺灣問題的態勢下，中國需要借

助於俄羅斯的政治影響和反對「臺獨」的政策主張維護中國的國家統一。

1990年代後,從「葉爾欽時代」到「普丁時代」,儘管俄羅斯不斷調整其對外政策,但中俄關係基本保持著平穩發展,特別是「中俄戰略協作夥伴關係」的建立使兩國的政治關係運行在較高的水平上。2001年7月17日,中國國家主席江澤民訪俄期間同普丁總統簽署《中俄睦鄰友好合作條約》,為雙方關係長期穩定發展奠定了堅實的法律基礎,這是中俄兩國關係史上的一個重要里程碑,標誌著雙方關係進入一個新的階段。該條約作為指導新世紀中俄關係發展的綱領性文件,在總結歷史經驗的基礎上,概括了中俄關係的主要原則、精神和成果,條約確認中俄兩國的友好關係是建立在不結盟、不對抗、不針對第三國基礎上的新型國家關係,由此將兩國和兩國人民「世代友好、永不為敵」的和平思想用法律形式確定下來。

俄羅斯本身是一個多民族國家,近年來面臨車臣等民族分裂勢力的困擾,堅決反對西方國家利用民族問題干涉他國的內部事務,同時從中俄戰略協作夥伴關係出發支持中國遏制「臺獨」勢力的分裂行為,是所有大國中反對「臺獨」態度最為堅決的一個。在《中俄睦鄰友好合作條約》中雙方互相支持各自國家所制定的有關國家統一和領土完整問題上的政策,其中第五條明確寫到:「俄方重申一九九二年至二〇〇〇年期間兩國元首簽署和通過的政治文件中就臺灣問題所闡述的原則立場不變。俄方承認,世界上只有一個中國,中華人民共和國政府是代表全中國的唯一合法政府,臺灣是中國不可分割的一部分。俄方反對任何形式的臺灣獨立。」

2000年,參加第五屆孫子兵法國際研討會的俄羅斯軍事科學院前副院長基爾申曾主張,俄方不能介入臺海戰爭,因為它可能點燃核戰而難以控制。2004年,俄羅斯聯邦國防部軍事歷史研究所

所長科利丘科夫（A.Koltyukov）說，美國不會用武力介入臺海爭端，因為中國大陸既有核武，又能實施核反擊，他難以想像美中開戰的後果。

2005年3月18日，俄羅斯總統普丁在巴黎談到中國全國人大通過的《反分裂國家法》時說，俄羅斯認為，世界上只有一個中國，中華人民共和國政府是代表全中國的唯一合法政府，臺灣是中國不可分割的一部分。俄羅斯反對任何形式的「臺灣獨立」，也不能接受「兩個中國」或「一中一臺」。俄羅斯一貫支持中國為和平解決臺灣問題所做的努力。俄主管副外長阿列克謝耶夫在會見中國駐俄羅斯大使劉古昌時也表示，俄方對中方透過立法反對分裂、維護國家統一的努力表示完全理解和支持，認為這有利於臺海和亞太地區的和平穩定。

2008年5月24日，俄羅斯總統梅德韋傑夫訪問中國並在北京大學發表演講，他指出俄中關係近年來達到前所未有的高水平，發展迅速、內容廣泛，雙方一致認為戰略協作夥伴關係可靠而有前途，將繼續合作，俄羅斯和中國作為聯合國安理會的常任理事國，肩負著對世界未來的特殊責任。他表示，俄中兩國建立戰略合作符合兩國根本利益。

二、澳洲對臺灣問題的表態轉為「不協防美國出兵臺灣」

同美國、日本涉足臺海局勢相比，近年來隨著中澳關係的發展，澳洲在臺灣問題上的政策轉向尤其引人關注。

美國一直要求澳洲明確表示一旦美捲入臺海衝突，澳必須挺身而出，責無旁貸地站在美國一邊。在2001年前後，澳洲在臺灣問題上的曖昧言論一度影響到了中澳關係，但是澳洲出於維護自身核心國家利益的考慮，在重新審視中澳關係後最終明確拒絕在未來的臺海衝突中協防美國。在此之前，澳洲聯邦政府2000年底發表的國防白皮書中，對其對外政策就做出了與美國不同的闡述：澳美同

盟是澳戰略防禦的基石，但因兩國各自關注的領域不盡相同，澳將獨立追求自身利益。

　　2004年8月，澳洲外交部長唐納表示，如果大陸對臺灣動武，澳並無義務根據《澳新美安全條約》助美協防臺灣。唐納指出，根據該條約，只有在美國或者澳本土受到攻擊時，締約一方才有義務幫助另一方，「美國『有義務』保護臺灣，那是美臺之間的事」。澳對兩岸透過和平談判方式最終解決問題持樂觀態度。霍華德在多個場合反覆強調，介入臺海衝突不符合澳國家利益。2005年3月，針對中國通過《反分裂國家法》，唐納重申，澳美同盟協定不會迫使澳洲參與美國捲入的所有戰爭。澳洲總理霍華德也對唐納的說法給予肯定。美國也隨即公開表示不指望其盟友澳洲會自動出兵參與美中可能發生的臺海衝突。在唐納發表談話後，臺灣「外交部政務次長」高英茂在接受美國廣播公司專訪時表示，臺灣方面對唐納的言論「感到失望」，他同時還指責唐納向大陸方面傳達了「錯誤訊息」。澳洲國立大學戰略與國防研究中心的保羅·迪博教授認為，唐納的言論是對澳美聯盟基礎的挑戰，將改變太平洋地區的力量均衡。與在伊拉克問題上緊跟美國的立場迥然不同，澳外長拒絕與美國一道在臺海「玩火」，這是對中國日益增強的重要性的認同。

　　就中澳關係而言，中國和澳洲沒有明顯的地緣安全利益衝突。近年來由於澳洲從中國的和平發展中看到了自身面臨的機遇，在對華政策方面並未單純地追隨美國，轉而強調對華友好，對外政策日益重視中澳關係的發展。2005年9月15日，澳洲總理約翰·霍華德在紐約舉行的一個亞洲協會午餐會上說，不要害怕中國崛起，試圖限制中國的發展是很愚蠢的，「中國的發展不僅使自己的人民受益，而且對整個世界也是有利的。中國經濟的對外開放與世界經濟的一體化使數億人擺脫了貧困，它近年來的發展進一步推動了全球經濟和世界貿易保持增長的勢頭。」2003年10月，中國國家主席胡錦濤成功訪問澳洲，雙方一致同意建立「高度互信、長期友好、

互利雙贏的全面合作關係」，10月24日，胡錦濤主席在澳聯邦議會發表題為《攜手共創中澳全面合作關係的美好未來》的演講，宣示了中國的對澳政策。他指出：「中澳建交30多年來，兩國關係經歷了時間和國際風雲變幻的考驗，不斷向前發展。鞏固和發展同澳洲的全面合作關係是中國對外關係的重要組成部分。我們歷來從戰略高度和長遠眼光看待和發展同澳洲的友好關係。深化中澳全面合作，是兩國政府和人民的共同願望。」

2006年4月1日，中國總理溫家寶出訪澳洲，對此香港《東方日報》發表評論：「針對美日軸心近期連串動作以及臺灣拓展國際空間的舉措，溫總理出訪南太平洋四國顯然是一石二鳥：一是加強與四國合作反制美日，二是進一步打壓臺灣的生存空間。」評論中指出，美國拉攏澳洲舉行歷史性的美日澳三方戰略會談，並發表明顯針對中國的共同宣言，美國同時做好準備確保對於臺灣島2008年的控制權。

2008年4月10日，中國國務院總理溫家寶在北京人民大會堂與澳洲總理陸克文舉行會談，陸克文表示，澳洲政府堅持一個中國政策。

因此，中國對於澳政界對臺海局勢的相關表態要辨證分析，一方面臺灣問題是中國的內政，澳政界的表態遵循了國際法的基本準則，中國應該表示讚賞；另一方面，澳洲畢竟是美國的可靠盟友，中國如果要分化、瓦解支持「臺獨」分裂行徑的國際勢力，還要堅持對澳洲政界和民眾做許多正面工作。

三、韓國淡出美日韓圍堵中國的包圍圈

冷戰後，由於美韓軍事同盟的存在，在美國構築的地緣上遏制中國的「半月形」包圍圈中，韓國是美國推行亞太地區安全戰略的重要鏈條。法國《費加洛報》2006年4月27日報導，美國建議北約與一些國家建立特殊的軍事關係，其中韓國名列其中，美、日繼續

利用韓國遏制中國的意圖已經公開化。

作為東北亞地區的兩個重要國家，中韓兩國具有眾多的共同利益。中國日益重視中韓關係。錢其琛在其著作《外交十記》中談到：鄧小平同志對中國與韓國關係問題，一直十分關心。1985年4月，鄧小平同志在談到中國和韓國關係問題時說，中韓發展關係，對我們來說，還是有需要的。第一，可以做生意，在經濟上有好處；第二，可以使韓國割斷同臺灣的關係。

中韓自1992年8月24日建交以來，兩國友好合作關係在各個領域都取得了快速發展。中韓兩國的領導人近年來互訪頻繁，並在貿易、漁業、文化領域簽署了一系列雙邊協定。中韓之間民間交流順暢，在韓國掀起了學習漢語、瞭解中國的「漢風」，中國民眾興起了欣賞韓國影視、音樂的「韓流」。與韓國發展友好關係同樣被視為中國周邊外交的重要一環。

與中國營造良好周邊環境的外交戰略相對應，韓國也在倡導「東北亞時代」的概念。2003年7月，盧武鉉訪華時，樂觀地指出，「東北亞時代即將到來，中國和韓國正處在這一中心」，這個提法與中國的戰略相吻合。

經過10多年的發展，中韓經濟合作的發展速度和規模讓人驚訝。2004年，韓國對華出口列第三，排在日本和臺灣地區之後。2005年，韓國成為對中國的第二大出口國，雙邊貿易額達到1000億美元。韓國國際貿易協會公布，韓國對中國大陸出口比前年猛增了23.5%，達到786億美元。兩國經濟依存度不斷加深，彼此從中受益。

中韓經濟上合作日益密切，同時在朝鮮半島無核化上問題上立場相近，促使韓國淡出美日韓圍堵中國的包圍圈，並在臺灣問題上支持中國的主張。2004年3月11日，韓國最大通訊社——「聯合通訊社」在新聞報導中說，韓國外交部以發言人名義發表的評論中

強調，韓國政府繼續堅持「一個中國」的原則，並首度針對臺灣「公投」表態，強調他們認為「公投」導致兩岸關係趨向緊張，並且為此深表憂慮。韓國政府對臺灣欲實施「公投」首次展現了否定態度，特別在美韓軍事同盟的背景下更加引人注目。

2005年3月，韓國總統盧武鉉在參加韓國空軍陸軍士官學校畢業典禮發表講話時說，駐韓美軍對朝鮮半島的和平與穩定十分重要，但是駐韓美軍不能捲入東北亞地區爭端，這是在任何情況下都不能讓步的堅定原則，從而成為韓國政府第一次就駐韓美軍戰略調整所作出的正式表態。此前，美國稱將採取「戰略上的靈活」策略，將駐韓美軍重新調整為「快速部署部隊」，隨時對東北亞地區的軍事衝突進行干預，甚至干涉臺海之間的軍事衝突。2005年11月17日，中國國家主席胡錦濤訪問韓國期間在韓國國會發表了題為《加強友好合作，共創美好未來》的重要演講。他強調，中國願同包括韓國在內的各國一道，共同承擔起維護世界和平、促進共同發展的崇高使命，積極推動建設一個持久和平、共同繁榮的和諧世界，造福中韓兩國人民和世界各國人民。在當日發表的《中韓聯合公報》中，中方強調，世界上只有一個中國，臺灣是中國領土不可分割的一部分；韓方對此表示充分理解和尊重，重申中華人民共和國政府是代表中國的唯一合法政府，表示韓方將繼續堅持一個中國的立場。

韓國、日本近年來因為歷史問題、領土問題矛盾不斷，甚至兩國關係惡化呈現了升級的趨勢。2006年4月25日，針對韓日「獨島（日本稱竹島）」之爭，韓國總統盧武鉉在青瓦臺總統府發表特別講話，宣布韓國將全面動員國家力量和外交資源，強烈、堅決地應對日本在獨島（日本稱竹島）主權和歷史問題上的挑釁行為。盧武鉉說，韓國還將作出其他一切必要的努力，不惜花費任何代價和作出任何犧牲，決不停止自己的行動，決不妥協。中國、韓國在歷史上同受過日本軍國主義的入侵，因此在對待日本反省歷史的問題

上，兩國具有一致的認識並且立場基本一致。

2008年5月27日，中國國家主席胡錦濤在人民大會堂同韓國總統李明博舉行會談，兩國元首一致同意，順應兩國關係發展的現實需要和長遠要求，將中韓全面合作夥伴關係提升為戰略合作夥伴關係，共同開創中韓關係更加美好的未來。

四、東盟、印度等中國周邊國家和地區組織反對「臺獨」的態度日益明朗

中國共產黨十六大報告指出發展同中國周邊國家的關係是中國外交的首要目標，由於歷史上中國的周邊國家同中國臺灣地區有著複雜的關係，而且美國、日本對於中國周邊地區十分重視，力圖構築圍堵中國的「新月形」戰略包圍圈，所以爭取周邊國家支持中國的國家統一至關重要。

東盟在歷史上就形成了與美、日及臺灣地區千絲萬縷的關係，因此東盟等中國周邊國家在美、日、臺灣軍事防禦一體化的進程中宣示的立場、政策令人關注。東盟各國在歷史上與臺灣有著千絲萬縷的聯繫，如多年來新加坡的軍隊一直在臺灣受訓，而東盟各國諸如印尼、馬來西亞與中國有著歷史上的糾葛和現實的利益碰撞，所以臺灣當局多年來一直鼓吹「南下」政策。但是，中國巨大的發展潛力與崛起的勢頭促使東盟在臺海局勢中明確地支持中國的國家統一政策。

1997～1998年的亞洲金融危機表明了東盟既無法抵禦國際投機資金的侵襲，也無法透過自身的力量克服本地區的經濟危機。2002年11月4日，中國與東盟在柬埔寨舉行的第六次中國——東盟領導人會議上正式簽署了《中華人民共和國與東盟全面經濟合作框架協議》，決定到2010年建成中國——東盟自由貿易區（CAFTA）。自2002年中國大陸與東盟簽署《框架協議》以來，大陸與東盟10國的貿易額增長快速，2002年、2003年和2004年

分別比上年增長了31.6%、42.9%和35.3%，東盟10國占中國對外貿易的份額由2002年的8.8%提高到2004年的9.2%，而臺灣的份額卻相應的由7.2%減少到6.8%。另一方面，中國在東盟對外貿易的比重由1993年的10.8%上升到2003年的31.6%，而臺灣的比重則由17.4%下降到16.9%。

2004年3月4日，在越南下龍灣舉行的東盟外長非正式會議上，經東盟各國外長一致同意，東盟常務委員會主席、印度尼西亞外長哈桑代表東盟就臺灣問題發表聲明，對外宣布東盟各國外長就臺灣問題達成共識，聲明中表示東盟關注當前臺海形勢進展，強調應避免採取任何可能導致局勢惡化的行動，即臺灣將舉行的「公投」。鑑此東盟國家重申堅持一個中國政策。這是東盟第一次就臺灣問題發表共同聲明，表明了東盟全體成員國堅持一個中國政策的堅定立場。

在東盟各國中，新加坡和臺灣的關係尤其引人注意，2004年7月10日至12日，即將接任新加坡總理的李顯龍曾不顧中方強烈反對，以「私人身份」訪臺，中方表示嚴重不滿，並取消了一些兩國交流計劃以示抗議。隨即在8月22日，新加坡總理李顯龍在新加坡國慶群眾大會演講時指出，如果臺海兩岸因臺灣挑釁而引發戰爭，新加坡不會支持臺灣。這一表態在海峽兩岸引起巨大反響。中國外交部發言人孔泉8月25日表示，新加坡「新任領導人」重申堅持一個中國政策，「符合新加坡利益」，也是國際社會的共識，有利於本地區的和平與穩定。

中印是世界上兩個最大的發展中國家，有著悠久的文明、獨特的歷史和相似的奮鬥目標，因此在涉及兩國領土、安全的一系列問題上開展了合作。2003年6月24日，中國國務院總理溫家寶與印度總理瓦傑帕伊在人民大會堂簽署了《中華人民共和國和印度共和國關係原則和全面合作的宣言》，在宣言中「印方承認西藏自治區是

中華人民共和國領土的一部分，重申不允許西藏人在印度進行反對中國的政治活動。中方對印方的立場表示讚賞，重申堅決反對任何旨在分裂中國、製造『西藏獨立』的企圖和行為。印方表示印度是最早承認只有一個中國的國家之一，其一個中國的政策沒有改變。中方對印方的立場表示讚賞。」

蒙古等中國其他鄰邦都明確反對「臺獨」勢力的分裂活動，支持中國實現國家統一。

五、維護臺海地區的和平是廣大發展中國家和西方發達國家的基本共識

加強同發展中國家的關係是中國新世紀外交的立足點，長期以來中國在國際社會中一直站在發展中國家一邊。截至2005年末，中國共向110多個國家和區域組織提供了援助，援助項目達2000多個。中國已減免了44個發展中國家總計198筆價值約166億元人民幣對華債務。廣大發展中國家則在人權、西藏、臺灣問題上堅定地支持中國的立場，因此發展中國家是中國在實現國家統一的過程中最為可靠的外部支持力量。

非洲的大多數國家堅定地支持中國的國家統一，2000年在臺海局勢發生動盪的時候，非洲獅子山共和國、安哥拉、蘇丹等國家紛紛發表聲明，重申堅持奉行一個中國的政策，支持中國政府在臺灣問題上的原則立場。大多數拉美國家堅持一個中國的立場，明確承認中華人民共和國政府是代表中國的唯一合法政府。自1956年中國與埃及建立友好外交關係以來，中國與阿拉伯國家的政治、經濟發展日益活躍，近年來中國以成立「中阿合作論壇」為標誌，推進中國與阿拉伯國家關係的全面發展，中國一向支持巴勒斯坦和阿拉伯國家的民族解放事業，而大多數阿拉伯國家支持中國實現國家統一。

包括歐盟在內的廣大發達國家基本主張是反對「臺獨」，主張

維護臺海地區的穩定，因此在中美關係中經常圍繞著一個中國原則，進行分裂與反分裂的尖銳鬥爭，而在中歐關係中並不常見。2005年是中國與歐盟建交30周年，長期以來，歐盟在一個中國原則上做出了這樣的表述：奉行一個中國原則，希望透過建設性對話和平解決臺灣問題。歐盟與中國的分歧主要表現在意識形態特別是人權領域，歐盟在新世紀基本較少因為臺海問題影響中歐關係，這與美、日積極介入臺海局勢明顯不同。歐盟雖然不可能像俄羅斯那樣堅決支持中國的國家統一，但是中歐之間至今關於臺灣問題的溝通渠道是順暢的。

近年來，歐盟在政治上疏遠臺灣，在經濟貿易方面則與其保持著緊密的交流。2001年，歐盟執委會通過一項「歐洲與亞洲：一項為強化夥伴關係的策略架構（Europe and Asia：A Strategic Framework for Enhanced Partnership）」建議，該建議的主要目的是希望能強化歐盟未來十年在亞洲的地位及扮演的角色，內容中指出：「歐盟承認為一分離關稅領域，但不承認為一主權『國家』的臺灣是歐盟在亞洲第三大雙邊貿易夥伴，臺灣正在審理中的加入世界貿易組織應對貿易與投資交流及相關對話進一步的增加有所幫助。歐盟並認為，兩岸議題僅能和平解決，且在一具有建設性對話的基礎上」。這是歐盟執委會首次在它提出加強與亞洲國家關係新策略架構建議中，清楚說明歐盟與臺灣發展關係的立場。2003年3月10日，歐洲執委會在臺北成立歐洲經貿辦事處時明確表態，遵循歐盟一個中國的原則，辦事處不涉及本質上與外交上與政治相關的事務。因此，在美國政府和國會十分活躍的臺灣當局僱傭的政治利益遊說團體，在歐洲政壇不多見。

綜上，本章主要闡述美日之外的國家對於臺灣問題的基本立場和政策，可以看出，世界上大部分國家反對「臺獨」。因此，中國的國家統一遠非國際上的反華勢力所能操縱的，是一個大勢所趨的發展進程，中美日三國能夠在共同遏制「臺獨」這一問題上形成利益交匯點也正反映了這一根本趨勢。

第五章 美日臺「隱性安全同盟」成為中國解決臺灣問題的主要障礙

第一節 美日臺「隱性安全同盟」的形成及其認知根源與現實基礎

一、美日臺「隱性安全同盟」的逐漸形成

「同盟」是西方當代國際關係理論的重要概念，西方現實主義學派大師漢斯·摩根索在《國家間政治》一書中指出結盟與勢力均衡密切相關。美國學者史蒂芬·沃爾特進一步發展了新現實主義的結盟理論，在《結盟的起源》一書裡提出了「威脅平衡」的觀點，指出國家之間保持平衡不是處於抗衡權力，而是出於抗衡威脅；同時由於國際體系的無政府狀態和國家之間的物質實力分配，尚不能確定哪個國家是威脅者。沃爾特認為，威脅來自地緣戰略和軍事方面的諸因素，來自「侵略者的意圖」。

美日臺安全同盟是美臺同盟和美日同盟的整合。美臺同盟自蔣介石政權盤踞後一直存在，在中美建交後不再以正式的條約形式而改以「隱蔽」的方式得以存在；美日安全同盟在1990年代結束「漂流」後重新定義，主要理由在於應對來自中國崛起的威脅，臺灣當局一再叫囂大陸對其軍事威脅恰好順應了美日安全同盟的共同的「利益訴求」。臺灣當局從李登輝開始就一直謀求建立「美日臺同盟」，但是美日顧忌中國政府的反應一直較為低調，由於美日臺三方的溝通和協調處於隱蔽乃至半公開狀態，所以是一種「隱性」

的安全同盟關係。近年來，隨著美日對於中國崛起的畏懼，美日臺三方同盟逐漸從臨時性的、隱蔽性的形態轉向機制化、公開化。

當前的美日臺三方同盟是美日安全同盟在臺海局勢下的擴展，是一個結構嚴重失衡的「同盟」。王建民在2004年4月《世界知識》雜誌上發表的〈「美日臺戰略同盟」的臺灣角色〉一文指出，臺灣當局所希望建立的三方同盟涉及政治、經濟、軍事多個層面。政治上，陳水扁在2000年「大選」時發表的「對外政策白皮書」中就提出「建立美日臺三角安全網絡」口號，此後建構美日臺安全同盟就成為民進黨的重要戰略與政策。2002年8月21日，臺灣召開「美日臺三邊戰略對話會議」，陳水扁提出「安全、民主和經濟是確保亞太地區和平與繁榮三個主要支柱的錨」。

經濟上，臺灣謀求建立「美日臺自由貿易區」，陳水扁將「經濟合作」作為美日臺結盟、對抗中國大陸的「第三個錨」，並與地區安全、民主相結合，形成一個遏制中國的新鏈環。

軍事上，臺灣與美日的軍事合作關係正逐漸由地下結盟向公開結盟、由臨時協議向長效機制的轉換。1996年，美日達成「美日防衛合作指針」，是美日軍事結盟、對付中國的重要戰略步驟，從而受到臺灣當局的大力支持與擁護，也增強了臺灣與美日軍事結盟的信心。1999年日本通過《周邊有事法》，擴大了日美安保防衛範圍，公開將臺灣海峽納入「周邊有事」區域，企圖在軍事上介入兩岸問題，這更是臺灣當局求之不得的事情與竭力爭取的目標。2005年2月20日，美日安全磋商會議在發表的共同聲明中，首次將臺灣問題列為美日共同戰略目標之一，給島內「臺獨」勢力發出了錯誤的信號，被臺灣當局視為建立「美日臺戰略同盟」的重要進展。

當前，美日臺同盟沒有一個公開的協定加以約束，在政治、文化領域主要透過民間渠道加強聯繫，但是在軍事領域三方逐漸從應

急機制轉為長效機制，三方針對中國大陸進行軍事合作機制的整合尤其令人關注。據2004年11月的《國際先驅導報》報導，隨著美國亞太戰略利益的不斷抬升，日本染指臺海意圖的進一步明晰以及「臺獨」勢力的氣焰甚囂塵上，美、日、臺三方「合流」漸漸公開化，情報合作機制得到強化，在東亞和西太平洋弧形島鏈地帶聯手打造訊息「鐵幕」。美國、日本、臺灣三方聯手打造半月形訊息「強鏈」，重在監控東亞和臺海風雲，掌控中國大陸新式裝備的主要性能指標，把握大陸軍事動向，其間最有價值的情報是中國潛艇活動和導彈的部署、試驗。冷戰期間，美國曾經針對中蘇構造了「反潛鏈」，冷戰後美國聯合日本、臺灣加強了千島群島至琉球群島一線的反潛力量，主要目標針對中國。臺灣方面除臺軍購買美國的反潛機外，還與太平洋美軍和日本自衛隊達成了「反潛情報共享」的祕密協議，與美日進行反潛情報聯網。

　　冷戰後，美日臺三方同盟在美日安全同盟重新定義後一直若隱若現，所以帶有「隱性」特徵。進入21世紀，隨著中國的迅速崛起，美日臺三方加強了合作，特別是在軍事領域尤為突出，有從「隱性」逐步向「顯性」過渡的趨勢；今後一個時期，同盟的整合將是一個動態的過程，會因美國的戰略擴張和日本加強在東亞地區的軍事存在而逐步得以加強。

　　二、美日臺「隱性安全同盟」形成的建構主義視角：中美日三國的認知錯位

　　建構主義認為國家間的矛盾來自於認知錯位。美日臺安全同盟源起於美日認為中國崛起會導致地區均勢破壞，所以需要兩國結盟以制衡中國，特別是利用臺灣當局對於大陸的敵對意識形成圍堵中國的完整鏈條。所以，中美日三國的認知錯位主要體現在美日對於中國的認知錯位，臺灣當局也正是利用這種認知錯位推動國際社會對於臺灣法理獨立的認同。

美國對於中國的認知錯位主要在於兩方面：一是在意識形態上，美國的反共主義由來已久，布里辛斯基在《失去控制：21世紀前夕的全球混亂》一書中指出，中國即使非常務實，實行商業共產主義的政策，但是仍然稱自己屬於共產主義政策，會非常有意識地扮演世界窮國領袖的角色，同美、日、歐盟為首的捍衛現狀的聯盟相抗衡。二是不管意識形態相同與否，美國堅決遏制可能崛起並會對美國發起挑戰的大國，如針對1990年代的日本、蘇東劇變後的俄羅斯，近年來中國崛起勢頭迅猛，所以中國成為美國維護霸權地位的加以攻擊的「靶心」國家。隨著中國的發展，「美國模式」與「中國模式」、「華盛頓共識」與「北京共識」的對抗已經對美國「軟實力」的影響力形成了考驗。

　　日本對於中國的認知錯位則更加複雜，一是在歷史上日本右翼勢力的侵華、仇華、疏華的意識根深蒂固，鄧小平同志指出在世界近現代史上日本是對中國傷害最深的國家，「日本對中國的損害無法估量，單是死人，中國就死了幾千萬人，所以算歷史帳，日本欠中國的帳是最多的。」而侵占中國上百萬平方公里的沙俄對中國傷害程度才位居其次。從甲午戰爭到二戰暨抗日戰爭，日本每次需要轉嫁國內危機時都把侵略戰爭的矛頭指向中國，在日本右傾人士的意識中，中國本應該是一個貧窮、落後、受人宰割從而被日本占有、支配的國度；二是隨著中國的崛起與日本樹立亞洲領導地位的同步，日本把遏制中國發展作為重振大國雄風的現實對策，對於中國崛起後對於中日歷史、領土糾葛的政策走向持疑慮態度，認為將來中日兩國的衝突不可避免，「亞洲人擔心的就是美國的撤出將使中國在亞洲獲得相當於美國之在於美洲其他國家的地位」，所以必須對正在發展中的中國加以遏制。2001年9月10日，日本極右翼的代表人物石原慎太郎在美國哈德遜研究學院的曼斯菲爾德太平洋事務研究中心組織的一次報告中稱亞洲各國越來越擔心中國的崛起：「放眼當今世界，中國是唯一一個擁有帝國野心的國家。」不僅如

此，石原慎太郎竟誣衊中國一直在亞洲地區推行「霸權主義和擴張主義」。日本的右翼勢力雖然是少數，但是已經成為日本政壇上舉足輕重的力量，影響著日本對華政策的制定。

美日之間也有認知的錯位，但是一方面美日兩國之間形成了糾錯機制，特別是日本能夠主動認可美國在美日關係中的主導地位，兩國的合作趨勢成為主流；另一方面，中國崛起掩蓋了美日矛盾，增大了兩國的相互認可度，即美、日對於中國認知錯位遠遠大於美日之間的認知錯位，正是美、日對於中國的認知錯位與「臺獨」分裂勢力對於中國大陸的敵對意識產生功能上的耦合，最終形成了美日臺三方同盟的意識形態基礎。

三、美日臺安全同盟形成的現實基礎：美日臺三方利益訴求的交匯

中美日三國的認知錯位為美日臺結盟提供了可能性，美日臺三方的認知趨同乃至利益訴求的交匯為美日臺三方結盟提供了一種必然性，並且成為三方結盟的現實基礎。

美日臺三方的認知趨同主要體現在意識形態領域，美、日政界的保守化、右傾化對臺灣問題的影響日益加劇。臺灣是美國反共、反華的橋頭堡，成為美國在亞洲推進其民主理念和價值觀的「樣板」；日本右翼勢力則透過與「臺獨」勢力合流美化「日本侵臺史」，達到歪曲其侵華歷史的目的；在臺灣，李登輝之流竭力美化「日本侵臺史」，「台聯」的蘇進強參拜靖國神社，臺灣支持日本成為聯合國安理會常任理事國等一系列事件，都是「臺獨」分裂勢力企圖以混淆歷史來取得日本所謂的認同感的「媚日」表演，希望最終換取日本對其分裂行徑的支持。

日本政界、臺灣當局相互呼應攻擊中國的政治制度，提出中國並非民主化的國家，「遏制大陸的軍事發展，不斷加強與大陸的民主交流，是日臺的共同利益」，鼓噪「一黨專制」的中國大陸和

「民主化」的臺灣不具備實現統一的前提——民主的政治制度。為加強三方所謂的「民主共識」，2002年8月21日，陳水扁在臺灣召開「日美臺三邊戰略對話會議」上明確提出，「臺灣願意強化美日臺三方的合作基礎，發展『亞洲民主同盟』關係，共同建立一個亞太民主的社群」。「副總統」呂秀蓮更明確表示，臺灣和日本具有共同的文化、經濟及政治理念，因此應與日本等國家建立「亞洲民主聯盟」。

臺灣當局一再宣示「臺海和平」是「美日臺」三方的利益交匯點，勸說美、日加大干涉臺灣問題的力度，陳水扁提出：「臺海兩岸的和平與安全不僅關係到兩岸人民的安全與福祉，也和亞太地區的安全密切相關。兩岸關係的安定和平與正常化符合美日和其他亞洲國家的利益。」因此，臺灣當局一直把「在日美同盟關係中尋找出臺灣的利益作為今後對日工作的最重要項目」。

因為三方的認知趨同，即臺灣可以成為美國、日本在意識形態上反共和地緣戰略上反華的切入點，所以美日臺安全同盟的現實基礎就是遏制中國。這個現實基礎貫穿著三條圍繞美、日及臺灣各自利益的線索：第一條利益線索是美國遏制中國可以維持「一超」地位；第二利益線索是日本遏制中國可以尋求在東亞的領導地位；第三條利益線索是透過遏制中國，臺灣島內的「臺獨」勢力就可以擇機實現法理獨立。美日臺三方的利益訴求不同但是在遏制中國這一點上實現了交匯，美日臺安全同盟實現了從可能性向現實性的跨越；而利益交匯區的狹窄和三方利益分層的侷限性，注定了三方同盟的鬆散和未來走向的不確定性。

第二節　美日臺「隱性安全同盟」的戰略目標、組織形式、運行機制

一、「以臺制華」是美日臺「隱性安全同盟」的戰略目標

任何一個同盟都有其基本的戰略目標，如冷戰期間「北約」、「華約」成立目標就在於相互的防範與自保，美日同盟在冷戰期間對付蘇聯而在冷戰後重新定義為對付中國，美英同盟在於牽制歐洲的整合，而美日臺「隱性安全同盟」主要戰略目標是「以臺制華」，目標的第一層次在於遏制中國，這一層次與美日同盟的戰略指向基本一致；第二層次是利用臺灣這個支點，以點帶面，達到干擾中國整個現代化布局的最終目的。所以，從這兩個層次的戰略目標分析，美日臺「隱性安全同盟」與美日安全同盟有著天然的親緣關係，美日臺「隱性安全同盟」的出現是美日安全同盟的戰略拓展，美日安全同盟則是美日臺「隱性安全同盟」的軸心。

美國國內的保守勢力與日本的右翼勢力對兩國對外政策的操控使美日臺三方戰略目標圍繞著「以臺制華」加以展開。「以臺制華」是美國遏制中國和平發展的主要手段，美國保守勢力一直視中國為主要的戰略競爭對手而非戰略夥伴，美國企圖利用臺灣問題影響中國的和平發展。

布希第一任期上台之初，視中國為其「戰略競爭對手」，遏制中國的戰略意圖公開化、明朗化。布希上台後，首先開展「電話外交」，從2001年1月末同包括俄羅斯在內的十幾個美國的盟友和關係密切的國家領導人通了電話，但沒有同中國領導人通電話，「電話外交」顯示的美國「同心圓」戰略把中國排在並非最重要的外圍地區。布希上台後竭力推行「國家導彈防禦系統」，四處尋求支

持，但和者寥寥；中國明確表示反對美國建立「國家導彈防禦系統」（NMD），在美國布希政府就任前夕，中國主管外交事務的前國務院副總理錢其琛接受《華盛頓郵報》記者潘文採訪時指出NMD會引起軍備競賽，導致軍備競賽升級，所以中國始終不贊成NMD。2001年4月發生了中美「撞機」事件，中美關係因此陷入了低谷。

「9·11」事件後，中美關係在反恐的背景下得以恢復和發展，但是美國政界反華的勢力仍然十分強大，在布希政府第一屆任期內閣組成中，由副總統錢尼、國防部部長拉姆斯菲爾德、國防部副部長伍佛維茲組成了強硬的「三人幫」，他們在外交決策上逐漸排擠了以國務卿鮑威爾為代表的溫和派而占據了主導地位，由於「三人幫」在對華政策上濃厚的意識形態色彩和敵對性，整個美國對華政策傾向是不利於中美關係的。2002年9月，美國《國家安全戰略報告》中提出四大關鍵地區，主要是東北亞地區、東亞沿海地區、歐洲地區、西亞中東地區，朝鮮半島、臺灣海峽成為美國關注的重點地區。

布希的第二任期開始後，內閣組成的保守主義特徵愈發明顯，鮑威爾在第一任期末就辭去了國務卿職務，拉姆斯菲爾德留任防長職務，伍佛維茲被布希推薦擔任世行行長，萊斯轉任國務卿後對外奉行強硬路線，而隨著美國在伊拉克戰爭的逐漸結束和對於阿拉伯諸多國家強硬外交的成功，下一步美國將更加關注亞洲的熱點地區——朝鮮半島和臺灣海峽。2006年美國《國家安全戰略報告》中重申美國繼續奉行「先發制人」的軍事打擊戰略，報告稱朝鮮為在核擴散、美元偽鈔、毒品等領域的嚴峻挑戰，報告指出「大陸與臺灣必須和平化解歧見，沒有脅迫，任何一方不應片面行動」。這是美日臺同盟形成的深層次戰略背景。

中日關係多年來齟齬不斷，在小泉上台後達到最低點，日方的

右傾路線致使中日兩國連基本的歷史問題都難以達成一致。在日本政界看來，「以臺制華」一舉多得：鞏固美日同盟、為日本擴充軍備找到充足理由、制衡中國的現代化建設、與臺灣結好謀取現實利益，所以日本在臺海的立場上與美國基本一致，並希望從中漁利。當前，許多人把中日關係的改善寄託在後小泉時代，但是目前看有望接班的安倍晉三等人右傾色彩更加濃厚，所以中日關係是在整個國際大背景和日本國內政治、經濟形勢演變的前提下形成的，不會隨著主要領導人的更迭而有顯著的改善，日本朝野上下只有深刻反思歷史、反思國家整體發展戰略、反思對外安全政策，才有可能改變對華的敵對情緒和在臺灣問題上的邊緣政策，進而中日結好。

21世紀以來，美日兩國右翼勢力對於本國政界的影響力逐步增強，兩國對外的單邊化傾向都比較突出，而臺灣又正值具有「臺獨」傾向的李登輝、陳水扁等勢力掌握行政資源，這為以「反華」、「遏華」為戰略基點的美日臺三方同盟的時空整合創造了重要的政治基礎。

二、「美國主導，日本輔助，以臺灣為前列」是三方同盟的組織形式

任何一個同盟都有基本的組織形式，首先要產生一個由強勢國家扮演的領導者，北約以美國為盟主，華約以蘇聯為核心，同時在各個組織內部進行具體的分工。美日臺「隱性安全同盟」的組織形式是「美國主導，日本輔助，以臺灣為前列」。

三方同盟以美國為主導是由歷史和現實形成的。半個多世紀以來，臺灣問題一直沒有解決的最大障礙來自於美國的干預，尤其是美國與臺灣當局結成的官方和準官方的軍事關係。鄧小平同志一針見血地指出了臺灣問題的實質所在，「臺灣問題說到底是美國問題」。現實中美國插手臺海局勢既有地緣安全利益，又有意識形態的鬥爭需要。美國主導三方同盟透過兩條線索加以貫穿，一是美日

安全同盟,二是美臺「隱性」安全同盟。

　　冷戰後美日安全同盟不僅沒有解散,反而得到進一步加強。美國加強日美同盟「是以一種更加平等的方式來定義日美同盟,事實上並不像有些美國人認為的那樣是放棄(或者克制)領導地位,而是在一個更加平等的共同體中去維護真正的領導地位」。1995年《日美安保條約》重新定義,1997年《日美防衛合作指針》重新修訂。1999年5月24日,日本參議院在繼眾議院之後,通過了《日美防衛合作指針》相關三法案,即《周邊事態安全保障法草案》、《日美相互提供物品及勞務協定修正案》、《自衛隊法修正案》,為日本軍事力量走向世界、干預地區事務提供了法律依據。「9·11」事件以後日美安全合作進一步加強,日本首次在戰時為美國軍事行動提供後勤支援,日美同盟進入一個新階段。2005年2月19日,美國國務卿萊斯、國防部長倫斯斐日本外相町村信孝,以及防衛廳長官大野功統在華盛頓舉行的美日安全磋商委員會結束後發表了共同聲明,萊斯說:「美日官員在會晤中談到與中國建立合作關係的意願,以及確保臺海問題和平解決的意願。」這是美日安全同盟首次公開將臺灣列入其合作範疇。法國《費加洛報》2006年4月27日報導,美國建議北約與一些國家建立特殊的軍事關係,日本名列澳洲之後,其在亞太地區聯合日本,整合親美勢力,遏制中國的態勢十分明顯。

　　第二條線索是美臺「隱性安全同盟」,美臺「隱性安全同盟」機制歷來是中國國家安全的最大威脅。美國保守勢力強化《臺灣關係法》併力圖架空《八一七公報》,從而在實質上強化美臺同盟關係。布希總統上台後一度提出要「協防臺灣」,當前美國對臺軍售已經完全突破了《八一七公報》的限制。美國針對臺海地區的緊張局勢和自身的利益加速對臺軍售,這是美臺安全同盟強化的主要表現。同時,顧忌中美三個聯合公報的約束和中國政府的強烈反對,美臺安全同盟一直處於不公開或者半公開的狀態,這就是美臺安全

同盟區別於美日安全同盟的「隱性」特徵。

在美國主導的前提下，日本在美日臺安全同盟中輔助美國在軍事、政治上介入臺灣問題，這是進入21世紀以來臺海局勢的新情況，增加了臺海局勢的複雜性。日本輔助美國「以臺制華」，一方面地緣上充當美國介入臺海的戰略支點，另一方面在安全上為臺灣充當重要戰略依託。

中國社科院臺灣研究所研究員修春萍認為，中日建交以來的很長一段時期，日本政府基本上能以作為中日關係基石的三個共同文件，即《中日聯合聲明》、《中日友好條約》以及《中日聯合宣言》為基準，在臺灣問題上一直採取較為謹慎的態度，避免因公開介入臺灣問題而影響到日中關係。儘管1996年美日簽署《美日安保共同宣言》和1997年修改的《美日防衛合作指針》，將美日安保條約的範圍擴大到「周邊有事」，但對於臺灣是否包含於「周邊事態」之內，日本一直沒有做過明確界定。然而，近些年來，日本在臺灣問題上的態度出現了明顯的變化，插手臺灣問題、利用臺灣牽制中國的意向越來越明顯和公開，包括公開支持臺灣參與世界衛生組織，不斷鬆動對臺政策，放寬日本對臺關係的既有限制，提高雙方官方接觸層次，擴大日臺官方性質的實務交流與合作等，到如今，日本更發展到明確表示要和美國一起插手臺海事務。日本公開表示要干預臺灣問題，明明白白地表現出其要在停滯不前的中日關係中加入「臺灣因素」，或者說要打「臺灣牌」來牽制迅速崛起的中國。目前，雖然中日經濟關係不斷升溫，但雙方的政治交往卻日趨僵冷。在這種大背景下，日本長期存在的特殊「臺灣情結」被激活，再加上日本部分右翼勢力的竭力推動，利用臺灣問題牽制中國，並以此來抑制中國的發展勢頭，便逐步進入了日本政府政策選擇的視野。

2003年6月6日，日本國會通過「有事法制三法案」。該法案

規定，一旦某國在日本領土附近集結軍隊，日本政府就可以據此判斷為「有事法制」中的「武力攻擊預測事態」，並進而啟動自衛隊作戰機制。這意味著，日本政府實際上已經突破了憲法對「行使集體自衛權」的制約，可以隨時啟動戰爭機制。因為中國是日本的鄰國，臺海一旦發生戰事，日本就可依據「有事法制三法案」相機行事。2004年5月20日，陳水扁宣誓就職之際，日本國會下院通過了7項法案，允許日本自衛隊在日本週圍區域發生軍事危機時向美軍提供支持，其中最關鍵的條款之一，是針對向「進攻日本」的國家運輸貨物的船隻，日本艦船有權「檢查和限制」其行動。這實際上是超出軍事領域的一項舉措，意味著日本海上自衛隊可以不受限制地參與海戰。

在美日、美臺同盟的基礎上，美日臺同盟進行系統化的整合。在美國的支持下，日本不斷加強同美國的軍事合作，加快日美軍事一體化進程的同時，把臺灣海峽納入了美日「共同作戰計劃」。繼2005年2月美日「2+2」會議把臺灣問題列入了美日同盟的12項亞太地區共同戰略目標之後，5月～6月，美日兩國政府決定著手制定針對臺灣海峽爭端以及朝鮮半島「有事」的「共同作戰計劃」，雙方在計劃中明確發生周邊事態等「有事」時，各自應發揮的作用和具體的分工。該計劃涉及敏感的臺海問題，實質上就是在干涉中國內政，凸顯出美日要在臺海發生爭端時謀求戰略主導權的企圖。

2006年5月1日，日本《朝日新聞》報導，日美雙方就駐日美軍重組問題形成最終報告之後，日美軍事合作將發生變化：建聯合作戰司令部，應對日本周邊事態；共用基地，推進雙邊軍事整合；作用分擔，日本的軍費負擔加重。主要內容有：駐紮在華盛頓州的美國陸軍第一軍團司令部改編成聯合作戰司令部，移設到駐日美軍在神奈川縣的座間基地，主要是將此基地作為因應朝鮮半島、臺海等日本週邊有事時的作戰指揮據點。此外，為了對付恐怖行動、支

援國際和平行動而新設的日本陸上自衛隊中央緊急應變司令部，也與聯合作戰司令部合併。日本防衛廳官員指出，因此美日溝通可以比較順暢，無時差或者地理差異等問題。

臺灣作為前列的涵義在於，其一是作為前列整合反華資源充當反共、反華的前列陣地。隨著中國「睦鄰、安鄰、富鄰」的周邊政策的成功實施，美日只能以臺灣作為遏制、封堵中國的基點，具體部署就是在美國主導亞太安全領導權的前提下，美日在亞太安全合作中明確地介入臺海事務，臺灣地區已經被明確界定進美日安全合作的範圍內。

其二是臺灣本身以美日同盟為依託擇機搞「臺獨」。「臺獨」勢力進行分裂活動的最重要的做法就是「挾洋自重」，由於臺灣島內缺乏廣闊的戰略後方，一旦啟釁戰事，大陸的戰機和中短程導彈的作戰和進攻半徑可以覆蓋全島，無論如何推演，「臺獨」勢力都沒有勝算，所以臺灣獨立唯一的希望在於美、日徹底介入未來的臺海戰事，所以臺灣當局竭力促成美日臺三方同盟，不惜對美日作出政治和經濟代價極為慘重讓步，包括在軍售上逢迎美國的利益，在領土和歷史問題上取悅於日本。政治、軍事上「反攻大陸」是蔣氏政權退居臺灣後在精神上的「安慰劑」，當今臺灣當局並未完全放棄，所以「法輪功」組織、「民運精英」、達賴等「疆獨」分子在臺灣接踵而至，陳水扁等人對於邪教「法輪功」蠱惑人心的「九評」大加讚賞，臺灣當局甚至表態支持達賴以實現「藏獨」為目的的所謂「五點和平計劃」。2003年1月20日，一個名為「臺灣西藏交流基金會」的組織在臺北成立，在成立儀式上，陳水扁公開宣稱臺灣當局不再把西藏流亡者視作大陸人士。所以，臺灣陳水扁當局企圖整合境外反華勢力，配合美日遏制中國的戰略意圖，成為反共、反華的前列陣地和大本營。2008年後，民進黨一部分骨幹失去島內執政權後，依然與海內外「藏獨」、「疆獨」勢力緊密勾結，破壞中國的國家統一和社會穩定。

三、「軍事合作為主，政治合作、經貿交流為輔」是三方同盟的運行機制

美日臺三方同盟主要針對中國，特別是在軍事領域。由於中國是安理會「五常」之一，在國際事務中具有廣泛的影響力和親和力，中美、中日之間一系列的條約、公報規定了美、日處理臺灣問題的基本原則，其中最為重要的是「非官方」原則（即不反對美臺、日臺的民間交流），所以美日臺三方不存在公開的政治合作基礎；此外，中美日三國的經貿合作空間遠遠大於美日臺的合作空間。因此，「軍事合作為主，政治合作、經貿交流為輔」是三方同盟的運行機制。

「美日臺」三方軍事合作主要在於應對曾經一度緊張的臺海局勢。歷史上，第一次和第二次臺海危機在某種程度上是國共內戰的繼續，其中在第二次臺海危機中海峽兩岸都反對美國「劃峽而治」的分裂行徑，主張世界上只有一個中國。第三次臺海危機爆發於1995~1996年，1995年5月22日，美國政府出爾反爾，不顧中國政府的一再勸告、交涉，公然允許臺灣李登輝於6月3日至11日訪美，中國政府決定在臺灣海峽舉行大規模的軍事演習。1996年3月，臺灣實行所謂「總統」直選。為進一步打擊臺灣當局的「臺獨」氣焰和警告「臺獨」勢力，中國人民解放軍在東南沿海進行導彈發射訓練和軍事演習。為此，美國向中國臺灣附近水域派遣了兩艘航空母艦，向中方炫耀武力。同時，美國眾議院國際關係委員會通過「美國應幫助保衛臺灣」的決議案，鼓噪美國使用武力「保衛臺灣」。1996年3月，中國在臺灣海峽實施軍事演習後，日本是中國周邊唯一追隨美國表示「遺憾」、「關注」的國家。1998年5月22日，日本外務省北美局局長高野紀元在國會眾議院外務委員會召開的會議上作證時說，「日美新防衛合作指針」中所說的「遠東地區」包括臺灣，因此日本的「周邊事態」也包括臺灣在內。為此，中國表示強烈譴責。

第三次臺海危機之後，美日臺的軍事合作表現在兩點：第一，加速武裝臺灣，李登輝訪美後，美國對臺軍售的層次不斷升級，向配套化、改裝化、尖端化方向發展。在1982年的《八一七公報》中，美國政府聲明：「它不尋求執行一項長期向臺灣出售武器的政策，它向臺灣出售的武器在性能和數量上將不超過中美建交後近幾年供應的水平，它準備逐步減少它對臺灣的武器出售，並經過一段時間導致最後的解決」。但是在事實上，美國出於遏制中國的需要沒有遵守這項承諾。2001年4月23日，美國總統布希批准向臺灣出售包括四艘「紀德」級驅逐艦和八艘柴油動力潛艇在內的一批武器，雖然臺灣當局一直要求購買的「宙斯盾」級驅逐艦未在批准之列，但美對臺軍售的升級是近些年來前所未有的，為此中國政府向美國政府提出了嚴正交涉和強烈抗議。2002年4月18日，美國軍方負責臺灣事務及軍事出口的官員共同訪臺，拜會臺灣軍方新領導階層，針對各項美臺軍事合作項目進行討論。對美國而言，臺灣成為僅次於沙特阿拉伯的第二大「國防」安全系統合作者。2004年6月2日臺當局行政部門通過了「重大軍事採購條例」及重大軍事採購「特別預算」案，將編列新臺幣6108億元新臺幣，用於向美購置愛國者三型系統、柴電潛艇等相關軍事採購，以加強反導彈裝置與強化臺灣軍隊的制海能力。2005年3月21日正在中國訪問的美國國務卿萊斯警告說，如果歐盟解除對華武器禁運有可能改變亞洲地區的軍事平衡。萊斯說：「就美國的觀點而言，這（歐盟解除對華武器禁運）不是個正確的信號。這有可能改變該地區的平衡，特別是美國在該地區擁有安全利益。」

　　日本追隨美國的對華軍售政策，2004年12月日本首相助理川口順子向媒體表示：從亞洲的安全層面來考量，日本政府反對歐盟解除對中國軍售禁令。

　　第二，全方位建設美日臺軍事合作機制，加速高層交流、情報交換、反潛合作。美國目前一直在抓緊研製戰區導彈防禦系統（簡

稱TMD），日本已經加入了研製進程，2001年美國國防部的一份內部報告稱美日有意將臺灣納入TMD系統，中國外交部發言人嚴正表示，對美國想要把臺灣納入TMD中去的做法，中國絕對不能接受。

　　2001年7月26日，人民日報的文章〈在以武拒統道路上越走越遠的危險信號——解放軍報發表署名文章評臺灣當局領導人鼓吹美日臺軍事合作的言論〉指出，「臺灣當局領導人近日在接受美國《華盛頓時報》記者採訪時，毫不掩飾地表露出三點希望：其一，希望美、日、臺三家合作，共同對付中國大陸的『導彈威脅』；其二，希望能夠加入美國的戰區導彈防禦系統；其三，希望與美軍搞聯合軍事演習。這是他在『以武拒統』的道路上越走越遠的危險信號。為達成這一步，臺灣當局已經暗中做了若干鋪墊：讓美國人到臺灣看地形，讓美國人全程參與『漢光』演習，讓美國人幫助操控試射『愛國者』導彈，讓美國人幫助建構三軍部隊的『數據鏈路』。似乎為了證實這一切並非子虛烏有，美國防部最近也宣布，向臺灣提供價值7.25億美元的『聯合戰術資訊傳送系統』，改造臺灣『三軍聯合作戰指揮中心』及各軍種的作戰指揮中心，使美臺雙方用一致的作戰指揮系統完成聯結。臺灣輿論形容：美臺軍事互動就像是爐子已經點著了火，離聯合軍演不過一步之遙了。」

　　2003年9月15日，臺灣《聯合報》刊發了駐華盛頓記者的相關報導，在一場「美臺軍事關係研討會」上，蘭德（Rand）公司學者伽斯（Grazzi）宣讀研究報告時，透露臺灣與美國間已經建起了高層軍事熱線。報導引用與會臺灣官員的話說，美臺軍事熱線在布希政府上台後已經祕密開通。據臺灣媒體報導說，1996年臺海危機後，美國軍方代表就提出了開通「美臺軍事熱線」的構想，這一設想直到布希政府執政時才得以落實。

　　布希的第二任期內，美國、日本、臺灣三方聯手打造半月形資

訊「強鏈」，重點在於監控東亞和臺海風雲，掌控大陸新式裝備的主要性能指標，把握大陸軍事動向，竭力獲取中國潛艇活動和導彈的部署、試驗等最有價值的情報，美、日、臺及時互通掌控的中國潛艇活動資訊，儼然一個「準反潛聯盟」。

2005年6月，據共同社報導，日本防衛廳長官大野功統在新加坡表示，日本準備從2006年度起，使日美兩國共同研究的海基導彈防禦系統進入開發階段。導彈防禦系統第一年的開發經費預計將高達數十億日元。他還說，日本希望擴大導彈防禦系統的範圍，使之有能力對旨在使彈道導彈免遭攔截的假目標作出反應。日本《產經新聞》2004年12月報導，日本政府目前正準備把一個鮮為人知的小島——下地島，發展成為反潛作戰基地。同時，還有報導說，該島早已獲得五角大樓的青睞，美軍也希望在那裡建設「前列基地」，因為小島靠近臺海，距離臺灣400公里。而臺灣當局則妄想，美日進軍下地島，能夠為實施「臺獨」計劃撐起新的保護傘。

2006年4月，臺灣軍方舉行了2架E-2K「鷹眼-2000」型空中預警機的成軍典禮，據英國《簡氏防務週刊》報導，臺灣E-2K成軍後，已經具備了對大陸24小時監測能力，再加上日本全天候早期預警能力，美國藉以封鎖大陸的「第一島鏈」已經具備了對華不間斷預警偵察能力。更為重要的是，由於臺灣、日本都採用美國的預警機，都預留了共通的數據鏈接口，再加上臺日都使用美製的戰鬥機，一旦發生戰事，有能力可以在短期內實現數據互通和協同作戰。

美日臺安全同盟運行機制以軍事合作為主，美日對於建立美日臺自由貿易區並不熱心，這主要是中國大陸的經濟飛速發展所產生的「磁吸」效應所致，因此美日臺在經濟上形不成合力；政治上，受國際法和一系列雙邊條約的束縛，美日臺的政治交流都是不公開或者半公開的，這正是三方同盟的「隱性」特徵之一。近年來值得

關注的是美國駐臺聯絡處的活動十分活躍，臺灣領導人的換屆選舉和臺灣「立法院」的選舉、臺灣軍購案都有其幕後操縱的身影，說明美國朝野上下與臺灣當局有著千絲萬縷的聯繫。

　　進入21世紀，日本政界在臺灣問題上的新動向同樣引人關注。楊志恆認為：「從1996年3月，日本對於中國在臺灣首度總統人民直選過程中，以飛彈試射威嚇臺灣就已表示高度關注，而在2000年臺灣政黨輪替後，更肯定臺灣民主政治的成就，日本國會除親中國的小黨社民黨、共產黨外，朝野政黨都和臺灣建立了不同形式的政黨外交關係，今年（2001年）日本國會議員訪問臺灣進行交流的人數更是倍增。而更具關鍵的指標是今年（2001年）4月下旬，日本政府發給李登輝簽證赴日就醫，此一事件又值日本自民黨總裁與總理改選之際，當時的日本重量級媒體都大幅報導並在社論上支持李登輝赴日，這反映了日本輿論及民意對民主臺灣的肯定，也迫使日本政界必須重視日本民意的普世價值觀。最後，日本政府顧不了中共的抗議，自主地決定了李登輝赴日案，這顯示了日本政府已在自由民主主義外交原則下，擺脫中國施加的壓力，重視日臺關係。」

　　2002年10月，日本眾議院議長綿貫民輔、國土交通大臣扇千景出席臺灣駐「臺北經濟文化代表處」的「雙十慶典」，並發表祝詞。這是日方首次打破慣例，派國會的議長和內閣大臣等官方要員參加此類活動。2004年5月，日本「臺灣幫」由47名日本參、眾兩院國會議員發起成立了一個親臺組織——「日本臺灣安保經濟研究會」，在成立後召開的第一次大會上，該研究會就迫不及待地通過了支持臺灣民主化、自由化的聲明。5月6日，美國聯邦參議院無異議通過支持臺灣參與WHO（世界衛生組織）的參院第2092號法案。5月14日，日本政府發言人福田康夫表示，日本支持臺灣以觀察員身份加入WHO。2004年9月日本國會議員大舉訪臺，日臺交往悄然升級，一些親臺學者和右翼媒體不斷鼓噪，嚴重誤導著日

本民眾的對臺認識。11月24日，日本47名議員公開表態支持臺灣「正名」。12月，日本再次允許李登輝訪問日本，引起了中國政府強烈抗議。

第三節　美日臺「隱性安全同盟」對於中國國家統一的負面影響

一、美日臺「隱性安全同盟」催生「臺獨」勢力的頑固性、冒險性

1990年代後，李登輝、陳水扁相繼上台，「臺獨」勢力在掌握了臺灣地區的行政資源後，表現出了相當的頑固性、冒險性，表現為以美國、日本為靠山，不惜在軍事上與大陸進行正面對抗，完成其「臺灣建國的夢想」。2002年8月3日，陳水扁借參加「臺獨」組織活動之機大放「臺獨」言論，不僅聲稱臺灣與對岸的中國大陸「一邊一國」，更首次鼓吹「臺灣現狀的改變要公民投票」，「大家應認真思考公民投票立法的重要性與急迫性」。2002年8月12日，陳水扁宣稱美國是臺灣當局「最穩定的靠山」。2004年5月，陳水扁在備受爭議的所謂臺灣「總統」選舉中就職，他發表的就職演說極力迴避海峽兩岸同屬「一個中國」的共識，宣揚其「臺獨」的根本理念：「（臺灣要）積極參與國際事務，擴大臺灣在國際的生存空間。」

「臺獨」勢力的頑固性、冒險性雖有內生因素，但是關鍵在於「挾洋自重」，要求美、日等國為其「臺獨」行徑「買單」，這是臺灣竭力促成「美日臺同盟」的主要動機。「臺獨教父」李登輝一直宣稱美國、日本會完全支持臺灣獨立。2004年11月30日，據臺灣媒體報導，李登輝在高雄市為「立委」候選人造勢時稱，未來3年是臺灣的「關鍵時刻」，不過處理的好對臺灣會很有利，反之則

會很不利；他並稱，美國國務卿更替之後，外交政策會有大變化。而對於美國國務院發言人鮑徹對陳水扁「新憲說」發表的談話，他則稱「大家不要緊張，因為美國對臺灣特別好」，這種事「撒嬌一下就好」。李登輝稱，美國共有48艘的核子潛艇對準大陸的北京、上海及三峽大壩，「情勢並非對臺灣完全不利」，中國大陸「不敢打啦！」他還強調稱，美國沒有臺灣不行，「臺灣一定要利用這個機會，有什麼主張和想法，一定要大聲說出來」。

2005年4月21日，針對連戰、宋楚瑜將訪問大陸，李登輝聲稱：「兩岸對談的地點應該不是北京。去北京談，臺灣就會被中國吞併。臺海問題關係世界和平，臺灣地位在二次世界大戰至今未定，臺海問題是國際問題」，「談兩岸問題的適當地點就是美國，臺灣主權的決定與美國有關」，「應該由放棄臺灣主權的日本、美國、中國和臺灣，四個國家共同參與，坐下來談」。2005年7月4日李登輝聲稱，臺灣「國不成國」，沒有資格加入聯合國，主要是法定地位未定，臺灣要「獨立」，除了推動所謂「民主、制憲、正名」之外，未來還要跟美國談論臺灣「法定地位」，美國要求臺灣什麼，臺灣可以配合。

日本和「臺獨」分子的勾結十分密切。2004年12月中旬，臺灣一位大學教授擔憂地說，日本對臺灣的滲透「達到令人震驚的地步」。這一說法很快得到了證實。12月底，日本一個親臺組織的成員露骨地表示，日本已經「控制」了臺灣的兩代領導人。此話雖有些危言聳聽，卻不無道理。首先是李登輝。1994年，他公然宣稱自己「22歲以前是日本人」；2004年，他又為日本首相小泉純一郎參拜靖國神社辯護，甚至說自己「也想去看看」。接下來是陳水扁。2005年，媒體透露，陳水扁首次宣布競選「總統」的前一天還在日本，受到日本首相和外相的接見，並得到了對方的「錦囊妙計」。

在美國右翼勢力的支持和授意下，臺灣陳水扁當局提出了「先發制人」，反制大陸的「臺獨」戰略，基本上是仿效美國的「先發制人」戰略的翻版。中日之間歷史問題本來就積怨頗多，臺灣問題既是歷史遺留問題，又涉及現實利益糾葛，所以「臺獨」勢力竭力在日本侵華歷史、釣魚島等問題上逢迎日本政界，離間中日關係。

所以，「臺獨」勢力的基本戰略在於以中美日三國的矛盾為缺口走漸進式「臺獨」路線，所以「臺獨」勢力比較猖獗的時期與中美關係及中日關係的波折期或者摩擦期基本一致。

二、美日臺「隱性安全同盟」加深了中美日安全關係的脆弱性

中美日安全關係是世界上最為重要的三角關係之一，但是自身具有不平衡性和脆弱性。臺灣問題是中美日安全關係這個系統中的子系統，自身產生的負面效應對於整個系統的運轉極具破壞性，並且其破壞力具有傳導性，可以影響其他子系統的正常運轉，產生「木桶效應」，特別對於中美日三國之間的經貿整合、反恐合作、地區安全磋商形成了諸多的負面影響，所以美日臺安全同盟的形成和發展必然加深中美日安全關係的脆弱性。

經貿領域本來是中美日三邊關係的重要支點，但是美日臺同盟已經成為中美日經濟關係中的逆流，陳水扁多次提出美、日、臺三方應進一步調整應對「威權中國（大陸）」的投資和經貿政策。在經濟領域，中美日三國在經濟博弈的過程中都十分重視臺灣這個籌碼，美國前副貿易代表佐立克（Robert Zoellick）在聯邦參議院提名審核聽證會中明確表示，臺灣必須與中國同時加入世界貿易組織（WTO），他強調，這項會員資格不但對臺灣極為重要，同時最終也將有助於臺灣與北京之間的關係。

進入21世紀，美國、日本一直力壓人民幣匯率升值，臺灣當局也附和這一說法，2005年3月，臺灣「經濟部長」何美玥表示，若要維持臺灣經濟成長，新臺幣最好是緊盯人民幣。如果人民幣不

升，新臺幣就不應有太大升值，新臺幣對人民幣匯率應進行改革。她說，長久以來，人民幣都是緊盯美元，這才會出現亞洲貨幣隨時處於變動狀態，但人民幣卻不動的「不公平」情況。何美玥強調，如果新臺幣匯率持續飆升，而人民幣停滯不動，兩地產品輸入第三市場時，臺灣產品競爭力將受到影響。因此，若人民幣匯率能採用浮動式，且與新臺幣匯率浮動比例差異不大時，對臺灣島內產業應具正面效益。

中日兩國以「能源爭奪戰」為核心的經濟競爭牽涉臺海局勢。現在，中日的能源之爭十分激烈，第一是能源產地之爭，第二是能源運輸通道之爭，中日圍繞俄羅斯納卡輸油線路的走向之爭已經呈現白熱化。臺灣海峽是日本主要的能源運輸通道之一，日本必須保證臺灣海峽的順暢，因此比美國更加關注臺海局勢對於日本國內能源供給的影響。2004年以來，日本媒體大肆炒作中國在東海開採油氣事件。中方建議主權紛爭可以擱置，兩國政府可以共同開發雙方都認為歸自己所有的區域的資源；臺灣和中國大陸還可以共同開發東海臨時分界線中國一側的資源；作為協議的一部分，日本可以以較低的價格從中國那裡購買天然氣，以此作為投資天然氣開發項目的回報。這個方案對於日本而言是具有現實性和可操作性的，但是日本的立場一直十分強硬，甚至無理要求中方提供正在中國經濟專屬區開採的春曉油氣田的數據，致使中日之間的東海油氣之爭陷入僵局。日本在能源問題上掣肘中國，主要在於日本對於中國迅速崛起及對中國與其爭奪能源供給地的擔憂，日本因此在和中國的談判中堅持其不妥協的立場。假如臺灣得以回歸中國，那麼日本在今後有關東海海洋資源開發上與中國談判時，可用的籌碼大為縮減。所以，日本希望臺灣問題的發展進一步導致東海問題複雜化，進而從中漁利。

反恐已經成為中美日關係的「穩定器」。但是「臺獨」勢力一直企圖利用「反恐」做文章，陳水扁提出，「美日同盟」一直是亞

太安全的基石,臺灣不僅會全力支持美國在第二階段的全球反恐行動,亦願意在「美日同盟」的雙邊和多邊合作架構下,扮演更為積極的角色。2002年9月10日,陳水扁公開詆毀大陸對臺有「恐怖式」攻擊企圖。

2004年5月2日,臺灣媒體報導,美國眾議院「臺灣連線」主席羅拉巴克等人提案,建議美國洽請陳水扁派遣3.5萬名陸戰隊到伊拉克與美軍並肩作戰,以彰顯兩「國」共同的價值觀,並展現臺灣對美國的支持,也從而減輕美軍的負擔。兩位提案人分別是「臺灣連線」共同主席之一羅拉巴克與「臺灣連線」成員吉姆·萊恩。4月底,保守派刊物《Human Events》上發表保守派人士William C.Triplett的文章,鼓吹「布希總統立刻致電陳水扁」,請臺灣派軍開赴伊拉克。最後,這項動議由於臺灣朝野上下的撻伐而被束之高閣。

在地區安全領域,美日臺同盟對中美日安全關係的最大挑戰是破壞了三國的互信。中美日安全關係的不平衡表現在美日聯合遏制中國,同時中國正在突破現有框架加速崛起,所以三方互動的首要任務在於建立中美日三國的互信機制。中日在歷史問題上糾葛不斷,在相互信任問題上漸行漸遠;臺灣主要是中美兩國之間的較量,但是中間夾雜著日本這個最不確定的變數;美日臺同盟如果呈現強勢,則中美日三國互信機制的建立將遙遙無期。中國崛起為世界強國、日本成為「正常國家」、美國維持霸權地位這三個不同的戰略趨向在臺灣問題上得以體現,致使三國的利益衝突被深度放大,最終「臺獨」勢力有恃無恐地走漸進式「臺獨」路線。在機制層面上,因為美日臺安全同盟的存在,中美日三國一直未能建立起有效的針對臺海局勢的合作協調機制,特別是在臺海地區形勢緊張時「中──美日」相互間的資訊交流尤其困難,最終因為安全互信機制和資訊交流機制的缺失導致了相互間安全對策的錯位,促使各方從自身的核心安全利益出發選擇加強相互軍事威懾的戰略,這反

過來會進一步導致臺海地區局勢的不穩定。

要應對美日臺「隱性安全同盟」的進一步整合，必須從全球和地區安全形勢的角度，進一步協調與溝通中美日三國安全關係，努力搭建基本平衡的三國安全框架。

三、美日臺「隱性安全同盟」對於中國國家統一的整體國際環境產生了諸多負面影響

美日臺「隱性安全同盟」除了對於中美日安全關係的良性構建形成制約作用外，更為關鍵的是美日兩國的反華勢力竭力以美日臺三方為鏈條構築反華包圍圈，「臺獨」勢力也借此拓展「國際生存空間」，因此對於中國國家統一的整體國際環境產生了諸多的負面影響。

在地緣上，美日竭力構築包括美國、日本、韓國、澳洲等盟友加上臺灣地區在內的「半月形」包圍圈遏制中國的發展，對於中國的安全環境形成了嚴峻的挑戰。法國《費加洛報》2006年4月27日報導，美國建議北約與澳洲、紐西蘭、日本、韓國等國家建立特殊的軍事關係，其在亞太地區聯合日本、澳洲、韓國遏制中國的態勢十分明顯。

1951年，澳洲、紐西蘭、美國簽訂《澳新美安全條約》，三方結為軍事同盟，因此國際社會一直把澳洲和日本稱為美國在亞太地區的「南北雙錨」。就澳洲的地區安全政策而言，澳洲也有美國在亞太地區的「副警長」之稱。冷戰結束後，澳美雙方出於各自利益的考慮，維繫了兩國的軍事合作，並將其推向全方位的戰略合作關係。1996年，澳美兩國簽訂了《澳美21世紀戰略夥伴關係協議》，再次提升雙邊軍事合作水平。美國一直要求澳洲明確表示一旦美捲入臺海衝突，澳必須挺身而出，責無旁貸地站在美國一邊。美國前副國務卿阿米塔吉就曾聲稱，美國期待澳洲部隊和美軍並肩作戰，一旦臺灣海峽爆發軍事衝突，澳有義務出兵。2006年3月19

日，美國國務卿萊斯、澳洲外交部長唐納及日本外相麻生太郎在澳洲舉行戰略會談，雖然會談在表面上一致推崇中國在亞太地區的貢獻，但是據日本《朝日新聞》報導，美日澳三國一致對中國急速擴軍感到憂心。當然，近年來隨著中澳關係的發展，澳洲政府已經從自身的國家利益出發多次表示無意介入臺海局勢，包括在未來的臺海戰事中不會協防美國。

2005年以來，美國一直醞釀將駐韓美軍重新調整為「快速部署部隊」，隨時對東北亞地區的軍事衝突進行干預，甚至干涉臺海之間的軍事衝突。2006年1月19日，美韓達成了駐韓美軍新地位協議並發表聯合聲明，稱駐韓美軍「戰略靈活性」與五角大樓全球戰略相一致。但協議設定了一個前提，規定「就發揮戰略靈活性問題，韓國不能違背韓國國民的意志介入東北亞地區的紛爭，美國尊重韓國的立場」。

在美國的壓力下，歐盟內部對於中國的臺灣問題一直有一些不和諧的聲音。2005年7月，歐洲議會通過了《歐盟、中國和臺灣關係以及遠東安全》決議案，反對中國的《反分裂國家法》，觸動了中國的政策底線，中國外交部立即表示堅決反對。

此外，美國、日本阻止歐盟解除對華武器禁運，致使歐盟內部解除對華武器禁運的步伐放緩，對於中歐關係的健康發展形成了負面影響。近年來，圍繞著歐盟解除對華武器禁運這一問題，中、美、歐、日本展開了多次外交交鋒。2004年12月，中國國務院總理溫家寶與德國總理施若德的會談時表示，中國要求歐盟解除對華武器禁運絕不是急於購買歐洲國家的武器，而是反對歧視，因為互尊互信、平等互利是中歐關係的基礎。2005年2月，美國總統布希訪問歐洲，主要議題是阻止歐盟解除對華武器禁運。22日，布希在布魯塞爾表示，如果歐盟解除對華武器禁運，美國國會可能採取報復性措施。在布希訪歐前，美國國會則向歐洲欲解除對華軍售禁

令發出了明確預警，並以411票贊成、13票反對的結果通過了反對歐盟解除對華武禁的決議。該決議指出，歐盟若取消對華武禁將危及臺海和平和美國在亞洲駐軍的安全，並將破壞歐美關係。日本斡旋英、法等國之間，也強烈反對歐盟解除對華武器禁運。法國總統希拉克在歐盟25個成員國首腦與布希會晤前舉行的新聞發布會上表示，儘管美國反對，但歐盟仍堅持解除對華武器禁售。德國前總理施若德也表示堅持解除對華軍售禁令。在美日看來，歐盟是否解除對華武器禁運牽涉臺海局勢。對此，中國外交部發言人表示，歐盟解除對華武器禁運是政治原則問題，即使解禁，也不意味著中國將在禁運解除之後增加武器進口。

加拿大長期以來一直都聲稱支持「一個中國」的原則，但是對臺灣的政策受美國的臺灣政策影響較大。2005年6月，據香港《太陽報》報導，繼美國之後，加拿大國會也醞釀一部與臺灣關係法案，即由保守黨國會議員艾博特提出的提升加拿大與臺灣關係的法案。2005年11月，據BBC報導，中國駐加拿大大使盧樹民發出警告說，目前提交給加拿大議會的有關與臺灣建立正式經貿文化關係的法案一旦獲得通過，將可能摧毀中加兩國之間長達35年的外交關係的基礎。

印度是世界上有影響的地區大國，又是中國的周邊國家。李登輝、陳水扁等「臺獨」勢力多次謀劃將印度、日本與臺灣連成一線，展開「三邊」合作遏制中國，進而達到分化中國的目的。臺灣與印度自1995年互設官方代表處以來，雙方雖有交流，但就層級及層面而言一直很低，就連貿易額也只從1990年的5億美元增加到2004年的19.3億美元。2004年，印度前國防部長費爾南德斯訪問臺北，他說：「我個人的想法不代表印度政府，但印度、臺灣、日本間確有共同戰略價值存在。」費爾南德斯認為，臺印日成立戰略聯盟，符合印度人民的利益，有助於發展「三邊」夥伴關係，促進「三邊」間深化民主、強化國家安全。

1989年以前，蘇聯與臺灣幾乎沒有任何直接交往，雙方實際上處於隔絕狀態。但是冷戰後，俄臺官方與半官方的經貿往來日益增加。1995年在俄臺灣投資企業已經超過500家，主要集中在加工和貿易服務領域。臺方多次在俄舉辦商品展銷會，並在俄成立了「臺商俱樂部」。2002年7月在臺北成立了旨在促進雙方各項交流往來的「臺俄協會」，理事長就是當時的「總統府」資政張俊雄。臺灣當局除了透過發展與俄經貿關係來獲得經濟上的好處外，更主要的目的是尋求與俄政治關係的突破，使其「臺獨」目標得到俄羅斯這樣的戰略性大國的認可。因此中國必須認真對待俄臺關係，主要著眼點是透過提升兩國戰略協作夥伴關係的水平，特別是透過加強雙邊經濟貿易合作，使俄臺貿易在俄羅斯對外貿易中逐漸邊緣化，透過中俄兩國間順暢的溝通渠道封堵臺灣當局對於俄羅斯政局的政治滲透。

　　雖然大多數阿拉伯國家支持中國實現國家統一，但是值得注意的是，2005年臺灣向阿聯出售軍火及陳水扁在阿聯過境，引起了中國政府的嚴正交涉。2006年，陳水扁訪問中南美洲的「邦交國」時，過境利比亞作停留，說明臺灣當局正在加緊向阿拉伯國家特別是海灣地區產油國進行外交、經濟方面的滲透。

　　此外，臺灣以「經援外交」維持了20多個所謂的「邦交國」，這些「邦交國」接受了臺灣當局的經濟援助後竭力為臺灣當局在國際上製造「兩個中國」或者「一中一臺」搖旗吶喊。

　　四、美日臺「隱性安全同盟」對中國國家安全態勢形成嚴峻的考驗

　　美日臺「隱性安全同盟」的主要目標是針對中國，因此對於中國國家安全態勢形成了嚴峻的考驗。

　　第一，美日臺「隱性安全同盟」有使中國陷入海峽兩岸軍備競賽之虞。國內學者指出，在全球化的經貿競爭和高科技競爭的大潮

裡，美國企圖有節制地把兩岸拖入中等程度的軍備擴張，不但有利於美國大賺軍火生意錢，也可以削弱整個中華大經濟圈形成後對美競爭的能力，在一定程度上延緩中國成為國際強國的腳步，並藉著兩岸「不統不獨」局面造成的不穩定因素，用「美國夢」來「掠奪」兩岸的現代化人才。

美國國際關係學者勞勃·卡普蘭在2005年6月號《大西洋月刊》發表了題目為〈我們如何對付中國〉的文章，指出中國才是更可怕的敵人，美國應做好和中國作戰的準備，「中東只是一個小問題。美國與中國在太平洋上的軍備競賽將確定21世紀的性質。中國將成為一個比俄羅斯更難對付的敵人」，「隨著消費能力和軍事能力的提升，加上擁有有史以來受過最好教育的農民，中國構成了對美國自由統治的一個主要傳統威脅」，「而美國和中國軍隊在太平洋地區的作戰將決定21世紀的軍事格局。和前蘇聯相比，中國才是更可怕的敵人。隨著中國整備軍力，美軍太平洋指揮部將會推動反制措施，而且這些措施將頗具危險性。因而，美中關係將邁入一個充滿緊張和挑戰，雙方軍事摩擦頻繁，甚至彼此對抗的新紀元」。但是，美國也不得不小心避免將事情搞糟，因為兩岸形勢一旦惡化到開啟戰端的程度，則臺海「不統不獨」的局面將被打破，美國也就不能從中漁利。中國改革開放20多年來的成功經驗就在於成功規避了無限制的軍備競賽，正確處理了經濟建設與軍隊建設的辯證關係。目前正值臺海局勢複雜多變的矛盾凸顯期，中國在以經濟建設為中心的前提下，必須保持對「臺獨」分裂勢力的軍備優勢和對外來侵略、干涉勢力的有效威懾，這無疑是一場全新的考驗。

第二，中國國家安全戰略面臨挑戰。「和為貴」是中國傳統外交理念的精髓，中國一貫主張「安全上應相互信任，共同維護，樹立互信、互利、平等和協作的新安全觀，透過對話和合作解決爭端，而不應訴諸武力或以武力相威脅」。「和平」在中國和平發展

的過程中有兩層含義：一是過程的延續性，中國自身發展過程是一個爭取和平、維護和平的過程，中國處於和平與發展的時代，這是中國能夠和平崛起的前提；二是目標的指向性，中國的發展將有利於本國乃至世界的和平。當前，在臺灣問題上，由於美日臺結成「隱性」軍事盟友，所以臺海地區的局勢演化就將成為不以人的意志為轉移的客觀存在，在「和平」基本為臺海地區乃至亞太地區「常態」的情況下，也不排除由於偶發因素導致的非和平乃至地區衝突的情況。出於這種考慮，中國要對國家安全戰略進行調整，特別是為打贏未來的臺海戰爭而積極展開相關的戰略部署，如中國的西部大開發不應該被賦予單純的經濟躍升的色彩，而是應該放在國家安全的背景下加以考量，要從戰略的層面把能源密集的中國西部地區建設成為中國維護國家安全、實現國家統一的可靠後方。同時，中國國家核戰略的基本原則是「後發制人」，而在臺海局勢一旦惡化的情況下，必須加強核力量在維護國家統一中的戰略威懾作用。

　　第三，中國的經濟安全、能源安全面臨考驗。中國經濟在向市場經濟轉軌的過程中，面臨著經濟安全問題，例如金融危機、匯率衝擊、能源供給等等。美、日等西方國家一直在對華貿易上挑起各種事端，例如美、日力壓人民幣升值，美、歐在紡織品上幾欲掀起對華貿易戰，美日還在能源問題上保持對華戒備姿態，這些問題如果應對不妥當就會引發國內、國際的諸多矛盾。「臺獨」勢力一直關注中國在經濟快速發展過程中引發的與美、日等國的貿易糾紛，企圖促使「經濟問題政治化」，在國際上煽動中國「經濟威脅論」，為「臺獨建國」賺取國際社會的同情和支持。此外，中國現在作為世界能源消費第二大國，臺海局勢在地緣上已經影響到中國的能源運輸安全。結合臺灣問題，統籌中國的經濟安全、能源安全勢在必行，必須建立臺海局勢緊張時中國的經濟運行特別是能源供給的應急預案。

面對美日臺同盟的整合趨勢，除了構建中美日安全架構外，中國必須建立以維護國家安全為核心，著眼實現國家統一為現實目標的國際統一戰線，形成有利於中國實現國家統一的良好國際環境。

第四節　美日臺「隱性安全同盟」的內在矛盾、結構性困境及基本走勢

一、美日臺安全同盟的內在矛盾導致同盟內基本互助功能的缺失

「美日臺安全同盟」、「美澳同盟」、「美日同盟」是美國實施國家安全政策「鏈條」化的多個環節，在所有結盟中美國都是在維護自身安全利益的前提下才能承諾對於盟友的安全保證，這種自身利益最大化的準則不可避免地導致同盟內部的矛盾與衝突，導致美國的國家安全戰略缺乏系統性和完整性、延續性，因此季辛吉指出：「不要認為美國有一套系統的完整的戰略。其實，我們從來沒有一個長期的戰略方針，更沒有一套完整的戰略思想。」

「美日臺安全同盟」內部，由於臺灣當局的「急獨路線」導致美臺之間的矛盾一直呈現上升階段。陳水扁當局近年來不斷遊走在臺灣「法理獨立」的邊緣，有意碰撞美國臺海政策的底線，美國也因此認為陳水扁的行為嚴重傷害了美臺之間的互信，2006年初陳水扁「終統」後，5月美國布希政府在陳水扁「出訪」巴拉圭、哥斯大黎加時故意降格其過境美國的地點和待遇，以給臺灣當局難堪的方式警告臺灣當局不要玩火自焚，陳水扁被迫放棄了「過境」美國的計劃。

「美日臺安全同盟」的主軸是「美日同盟」，美國雖然鼓勵日本在亞太地區發揮作用，但是維護美國國家安全利益是第一位，所

以美日合作的前提在於美國居於該地區的主導地位，而美日之間以及美日圍繞臺灣問題所產生的齟齬不斷。

第一，出於歷史淵源，美國對於日本在臺灣的作為仍然有戒備和牽制的一面。歷史上，美日兩國並非天然盟友，日本民眾至今仍然懷有「廣島情結」。

日本《朝日新聞》報導，越來越多的美國人擔心，日本對待歷史問題的態度不僅影響日本與中韓兩國的關係，而且給日美關係帶來不良影響，因為小泉連續參拜靖國神社所表明的歷史觀，就是想把先前的戰爭正當化。而這會導致這樣的結果，在日本承認戰爭責任基礎上形成的戰後國際機制被否定。諸多美國專家認為，日韓、日中關係的惡化不符合希望東亞穩定的美國利益。喬治·華盛頓大學亞洲研究所所長莫奇斯基指出：「美國的精英全都否定靖國神社的歷史觀，因為歷史問題而對日本持批評態度的人越來越多。」日本外務省的官員也說：「除（美國）政府外，美國其他方面對日本歷史問題的態度很嚴厲。由於日美首腦尚處於蜜月期，所以批判日本的聲音還不是那麼強烈。一旦首相換人，情況就難說了。」

1972年，尼克森訪華，中美領導人對於臺灣問題深入交換了意見，尼克森提出了美方對於臺灣問題的五項原則，其中第三項表述為「將在力所能及的範圍內勸阻日本，使其不進入臺灣，也不鼓勵日本支持『臺獨』」。時至今日，美日在臺灣問題上存在諸多矛盾和分歧，只是被中美、中日在臺灣問題上的鬥爭所掩蓋而已。

第二，美日爭奪在亞洲乃至亞太的領導權涉及了臺灣問題。1980年代中後期，日本方面提出了「雁行模式」，該模式的具體內容是以日本為先導（雁頭），亞洲「四小龍」（包括臺灣）緊隨其後（側翼及雁身），其他經濟為後陣（雁尾）。美國則於1991年提出了與之相對的「扇形結構」。按照美國前國務卿貝克的解釋，所謂「扇形結構」，是指以美國為基軸，然後向西輻射，其中

美、日同盟為骨幹,美、韓、東盟及澳聯盟為射線。這兩個美日各自提出的模式反映了兩強競相爭奪的態勢。

2002年11月,為改變日本情報偵察體系嚴重依賴美國的現狀,日本政府決定正式啟動東亞軍事動態衛星監測系統,位於東京的偵察衛星指揮控制中心也開始投入使用。2003年3月28日,日本向太空發射了兩顆情報收集衛星(即事實上的間諜衛星),從而啟動了謀劃已久的間諜衛星發射計劃。

日本政府原本基於保密的原因而計劃獨立開發F-2支援戰鬥機,但該支援戰鬥機卻是由日美兩國共同研製的,其原因是美國懼怕日本防衛技術開發能力增強,迫使日本購入美製F-16戰鬥機後再加以改良而成。

第三,美日兩國在臺灣問題上的利益不一致。日本在臺灣的利益需求大於美國在臺灣的利益需求,臺灣在日本整體的國家利益中更加突出。臺灣問題在中日關係中有從重要問題轉向核心問題的重心化趨勢,而臺灣問題在中美關係中則有從核心問題轉向次重要問題的邊緣化趨勢。

冷戰後美國前任和現任總統從柯林頓到布希都多次重申,美方理解臺灣問題的敏感性,美國堅持一個中國政策,遵守中美三個聯合公報。1998年6月,柯林頓訪華提出了對臺「三不」——不支持「兩個中國」或「一中一臺」、不支持「臺灣獨立」、不支持臺灣加入任何主權國家才能加入的國際組織。日本政府也表示奉行一個中國政策,不支持「臺獨」,但是不如美國的表態明確和具體。1998年11月,江澤民訪問日本時日本政府堅持不在「三不」上作出任何表態,刻意迴避這一問題。

最近,中日關係中的一些矛盾暴露出來,如歷史問題、能源問題、釣魚島問題、東海大陸棚問題,這些都和臺灣問題有密切的聯繫,日本政府不顧胡錦濤和溫家寶兩次與小泉會晤的成果,一意孤

行邀請李登輝訪日，給「臺獨」分子發出錯誤信號，導致中日關係再次陷入低谷，其背後有日本在臺灣的戰略考量，中日在臺灣問題上實際上由「暗鬥」轉為「明爭」。

「9·11」後，美國把全部精力轉向了中東，特別是忙於處理伊拉克和伊朗問題，而美國無力同時應對東亞和中東兩場地區衝突，所以相應的「以臺制華」的戰略緊迫性在下降，美國在臺灣問題上的舉動更加傾向於「求穩怕亂」，側重於遏制「臺獨」勢力的過激言行。同時，在國際安全合作上美國有求於中國，希望得到中國的大力配合。

第四，在美、日對於臺灣問題的綜合影響中，美國居於公開的主導性地位，日本處於隱蔽的輔助性地位。

美國居主導和支配地位主要表現為：美國對於臺灣島內政治的走向發揮著不可替代的影響。進入新世紀，與日本政府在臺灣問題上的右傾化相比，美國處理臺灣問題相對客觀、理性一些，美國明確反對臺灣獨立，最主要的變化表現為布希政府因為陳水扁頑固拒絕理解美國反對臺灣獨立的立場而失去信心，美國對臺政策從「戰略模糊」走向「戰略清晰」，逐步向北京傾斜。雖然臺灣的「民主化」進程符合美國的主流價值，但是美國政界，尤其是柯林頓政府期待用「軟性圍堵」來和平演變中國大陸的基本政策並沒有變。換句話說，美國是想用臺灣的「民主化」來作為促進中國大陸進一步走向「西化」、「分化」，但卻不會為了保衛臺灣的「民主化」成果而不惜與中國大陸一戰。更重要的是，美國不會樂意看見因美國大幅提升對臺軍售引發中國大陸的反彈，使和平演變遭受挫折。

2004年末臺灣的「立法院」選舉中，美國國務院明確表示反對陳水扁提出的臺灣「改名」意圖，成為影響臺灣「泛綠」陣營在「立法院」選舉敗北的重要原因。泛藍陣營在臺灣的「立法院」選舉中獲得勝利，對陳水扁當局形成了牽制局面。

看到臺灣「泛綠」陣營在「立法院」選舉失敗，與美國的戰略考慮並不一致，對臺灣一直存有「私心」的日本對此感覺是很複雜的，而給李登輝這個「獨派」精神領袖發放簽證，日本也有自身的戰略考量。總之，由於臺海戰事將危及日本的周邊安全和核心的經濟利益，日本才根據自身的國家利益追隨美國反對「臺獨」。

　　由於美日在臺灣問題上存在諸多矛盾，決定了美日在介入臺海局勢時難以進行系統的協調配合，美國在保證自身利益的前提下出於要維持臺灣游離於中國大陸的不確定狀態這一目的，一方面武裝臺灣，加強其自衛能力，另一方面要求日本與臺灣一樣成為「反華」的一線國家，使自身的國家安全利益不受損害。日本國內深諳其中要義，一方面「遏華、聯臺」不遺餘力，從中攫取現實利益，另一方面精心把握政治、軍事上介入臺灣的力度、時機，儘量不與中國發生全面的政治、軍事對抗。因此，這種同盟內部的矛盾導致了同盟成員之間互助功能的缺失，進而影響到了受益的均衡，使同盟本身陷入困境。

　　二、「同盟」內三方安全上受益不均衡導致同盟面臨結構性困境

　　如果從美日臺三方同盟的組織機制和演化趨勢看，美日與「臺獨」分裂勢力積極構築的同盟在自組織理論視角下早已存在結構性困境問題。

　　自組織理論認為，任何一個龐雜的體系內都會存在許多變量，在系統發生質變（物理學稱為相變）時，快變量對質變沒有影響，它的變化完全由慢變量來決定。而最終對體系運行發揮役使作用的慢變量被稱為「序參量」，即體系得以維繫的運行動力。美日臺同盟即可以被視為一個複雜開放的巨系統，那麼其賴以運行的序參量在於國家（地區）利益的匯合。但在該同盟體系內部不可避免的會產生各方利益上的重疊與衝突，所以同盟要形成合力，各方利益的

相互讓予（部分同盟內部的成員甚至要讓渡一部分主權或者自主權）是必然的，同時還要儘量保證各方受益的均衡，從而維持同盟的存在。美日臺「隱性安全同盟」有其自身的脆弱性，主要是三方安全上受益不均衡導致「美日臺隱性安全同盟」結構性的困境。

美日臺安全同盟的受益機制極為不平衡，如果將美日臺同盟的利益總值設定為10，美國受益在6～7之間，日本受益在3～4之間，臺灣受益在5～1之間。美日臺同盟的地理坐標指向為臺海地區，這裡遠離美國本土，在美國安全戰略的得失權衡中，臺海一旦發生戰事，只要控制在一定的規模內，美國整體的國家利益不會受到損害，因為美國的能源供給、本土安全不受威脅。美國歷屆政府的對外政策鮮明地體現了務實、逐利的特點，從孤立政策到中立主義，美國在兩次世界大戰中都大發戰爭橫財；美國一直堅持介入臺海地區「不統、不獨、不武」的基本政策，組建美日臺同盟可以使美國從中日爭執、兩岸對峙中坐收漁利，進而把握中美日安全關係中的主導權。同時武裝臺灣既可以使美國國內軍工複合體受益，又可以為美國在未來的臺海戰爭中脫身做好準備，因此美國受益最多。

日本視臺灣海峽為其未來發展的「生命線」，臺海局勢事關日本的國家安全整體戰略的展開，日本借助美日臺同盟提升自己的國際地位，遏制中國的崛起，恢復和發展在臺灣的傳統與現實利益，所以日本在同盟中的受益為正值；但是，日本毗鄰中國，日本、臺灣同居環繞中國的第一島鏈，臺海局勢一旦緊張必然對日本的國家利益產生負面影響，特別是能源安全問題，日本必須把握介入臺海局勢的程度，因此日本的受益不如美國豐厚。

在同盟內部，臺灣受益最少，並且又可能成為受損最為嚴重的成員。臺灣積極促成三方同盟的動機在於臺灣獨立，而迄今為止，美國、日本都表示不同意臺灣獨立，從而使臺灣在同盟內的利益訴

求「空洞化」。

　　同時，美國利用臺灣「以武拒統」的想法不等價地進行對臺軍售。臺灣為獲得美國於2001年答應售臺的8艘柴電動力潛艇，臺灣當局編列了4121億新臺幣的「特別預算」，平均每艘達515.16億新臺幣，約合15.38億美元。對此，臺灣親民黨「立委」林郁方批評臺灣當局購入潛艇價格明顯偏高。林郁方說，韓國、印度、巴基斯坦、希臘等國購買與臺灣同類型的潛艇，每艘價格只有3.17到4.2億美元，臺灣購買潛艇的價格卻高出這些國家的5倍，顯然價格偏高；如果臺「國防部」以這種價格購買傳統的柴電動力潛艇，就是另一個軍購弊案。民進黨的一些「立委」也認為美國賣給臺灣的潛艇價格太高。對此，臺軍解釋稱，4121億新臺幣的潛艇預算，包括了一筆約800億新臺幣的「潛艇國造」費用。但即便如此，每艘潛艇仍需花費12億美元以上，比國際軍火市場的正常價格高出約4倍。

　　臺灣的大宗軍購無疑為美國的軍火淘汰和換代後產品傾銷提供了「垃圾場」，冷戰結束後，由於美國面臨軍備裁減的大趨勢，再加上武器裝備的正常退役和淘汰，所以「軍備垃圾」很多。按規定，艦艇服役25年、飛機服役15年、導彈服役10年就要退役。隨著科學技術的發展和工藝水平的提高，超期服役是很正常的事情，但不能超期太多，一般都在超過規定服役期5年～10年後退役。所以，美國把臺灣當做一個「大垃圾桶」，利用租借和銷售的方式出售，既能賺到錢又履行了法律義務。臺軍現有裝備中屬於這種狀況從美國引進的裝備占絕大多數。臺灣購買的紀德艦就屬於這種情況，美方淘汰紀德艦後不顧臺灣的現實需要將其列入售臺軍售清單，臺灣海軍購買了這種用於遠洋作戰的艦船根本不適合「『臺獨』的現實需要」。

　　日本右翼勢力利用臺灣問題促使中日領土爭端複雜化。日本政

府一直以支持「臺獨」，爭取臺灣放棄對釣魚島擁有主權。2004年2月，在臺灣島內「立委」的強烈要求下，臺灣省宜蘭縣地政局完成釣魚島的土地登記作業，正式將釣魚島劃歸頭城鎮轄區。但7月6日，臺新任「駐日代表」、老牌「臺獨」分子許世楷在走馬上任的第二天就宣稱，「釣魚島距離臺灣與日本都很近，不能簡單論斷主權歸屬」，「這個問題，隨時都可以談」。2005年2月9日，日本政府決定由海上保安廳接管右翼團體在釣魚島上設立的燈塔，並作為日本的「國家財產」予以保護。臺當局肯定日本政府的行為具有「正面作用」，稱此舉「能讓釣魚島歸屬問題的談判在理性的環境下進行」。島內輿論分析，此等荒謬言論暴露了臺當局以釣魚島主權為籌碼，謀求「聯日制華」、爭取「外交突破」的政治用心。正如島內媒體所言，陳水扁當局要走「臺獨」路線，「在聯美、日的大戰略下，區區釣魚島在他們眼中又算什麼呢？」在2005年6月的臺日漁業爭執中，臺灣軍方稱無法在軍事上抗衡日本，所以拒絕出海保護臺灣漁民，招致臺灣朝野上下一片譁然。所以，「臺獨」勢力為了換取美日對於臺灣獨立的支持不惜損害整個臺灣地區的利益，在三方同盟中是完全受損的一方。

「臺獨」勢力在經濟上「媚日」行徑更加突出。1999年夏天，由李登輝口述，日本人撰寫的《臺灣的主張》一書出版。在這本大肆宣揚「臺獨」的書中，李登輝特意談到了臺灣高鐵的建設問題，明確表示如果日本的商社和企業參加投標，臺灣當局就應該做出「政治決斷」，其意思不言自明。2004年12月30日，親民黨「立委」李鴻鈞披露，臺灣高鐵原本與歐洲簽約，但為了讓李登輝赴日本「治病」，只好違約與日本新幹線合作，付出的21億元新臺幣巨額賠償，其實就是李登輝訪日的機票。此外，日本右翼勢力還唆使臺灣在中日東海大陸棚之爭中偏袒日方。

隨著2008年初馬英九上台，臺日軍事聯繫日漸平淡並開始趨於凍結。2009年，日本宣布在靠近臺灣的與那國島駐兵，外界普

遍認為這是針對臺灣的一著狠棋。7月,日本《讀賣新聞》又披露了臺日軍機在與那國島上空對峙的消息。《讀賣新聞》報導稱,7月8日,日本防衛大臣濱田靖一搭乘自衛隊的U4飛機,從沖繩首府那霸飛抵與那國島訪問。當天上午7時,駐紮於日本宮古島上的自衛隊雷達部隊,偵測到臺灣北部的某空軍基地有數架戰鬥機起飛,日本擔心這是針對日本防衛大臣的U4而來,緊急從那霸基地派遣兩架F-15戰機前往護航。日本航空自衛隊軍官事後表示,臺灣戰機升空,可能是對日本想要在與那國島駐軍表達不悅。而臺灣空軍司令部回應稱,與那國島正好跨在臺灣和日本防空識別區(ADIZ)的分界線上,因此當日機接近與那國島,也就是接近臺灣ADIZ的邊緣。在這種情形下,讓臺方在空戰機就近瞭解一下狀況,完全是標準處理程序。臺日防空識別圈的重疊是美軍占領琉球時留下的產物,造成與那國島上空2/3的空域為臺灣空軍防空識別區,1/3的空域為日本西南防空識別區的特殊現象,並一直沿用至今。因此,每當日本飛機進入與那國島上空,都會進入臺灣的防空識別區。臺灣早在李登輝、陳水扁時期,臺日在軍事上可謂「眉來眼去」關係暧昧,以至於對日本的軍事過激動作採取息事寧人的態度。1994年3月,臺灣一架民間飛機在與那國島附近差點被日本戰機擊落。但出於「臺日關係」的考慮,臺當局並未對日本戰機針對民航飛機的危險舉動做出任何強硬表示,最終不了了之。陳水扁上台期間,臺日軍事關係更進一步發展。2008年,臺灣「國防部」宣布,臺海軍「海鯊」演習管制區的右緣被確定在東經一百二十三度,和與那國島的領海線實現了「無縫連接」。但日本方面對臺軍的演習卻持默認態度,不僅顯示臺日雙方的默契,更試圖象徵美日臺共同防禦安保的立場。與那國島事件凸顯了日方對於馬英九當局的軍事不信任。

　　總之,臺灣如果以一島之力,企圖用大規模報復的戰略來制衡大陸,等於排除了兩岸衝突的局部性,一旦開打,必然升級為全面

戰爭，對臺灣全島上下無任何可以預期的利益而言，利益預期值只能為負。

三方受益上的不均衡必然使同盟的延續面臨結構上的困境，在美日臺三方博弈中，臺灣無論採取何種對策，都必須以損害自身利益換取同盟形式上的完整以及美日基於道義上對於臺灣的援助承諾。事實上面對日益發展的大陸，臺灣當局自身孤立化、邊緣化的程度在加深，所以同盟的延續將面臨空洞化乃至徹底解體的危險。

三、從隱蔽化到機制化再到空洞化是三方同盟的基本走勢

美日臺安全同盟是一個體系，中美日安全架構也是一個體系，當前臺海局勢就是兩種體系的對抗。而從整個國際背景看，中美日安全架構具有體繫上的優勢，具有政治對話、安全合作、經濟互補的廣闊前景，符合政治多極化和經濟全球化的世界潮流；美日臺安全同盟具有先天的劣勢，從同盟基本的戰略理唸到利益分配、責任分擔都存在諸多的缺陷，特別是以遏制中國為核心戰略，破壞了同盟體系外與其他體系的兼容性，因此缺乏持久動力，其使命也是暫時的。

自組織理論認為任何一個系統都不是孤立存在的，與其他許多巨系統存在著重合與交叉。因此，包括中美日在內的東亞區域安全體系作為更高一層的巨系統決定著美日臺同盟這個子系統的演化和消亡。在中美日三邊架構中，中國綜合國力的提升與國際地位的提高是這一體系的序參量（即運行動力）。

中美日安全架構尚未完善，美日臺安全同盟亟待整合，雙向走勢的兩種體系相互正面碰撞恰恰反映了臺海局勢的複雜性。當前，美日臺安全同盟的基本走勢就是從隱蔽化到機制化再到空洞化。

三方同盟發展的第一階段是從隱蔽化到機制化。當前，隱蔽化是美日臺安全同盟的重要特徵，因此稱為「美日臺隱性安全同

盟」。多年來，美日在臺灣問題上的合作呈現「一明一暗」（即公開與隱蔽）態勢。中美建交前，美國同臺灣「斷交」、「廢約」並完成了相應的「撤軍」，美臺同盟便失去了相關國際公法的蔭庇，美臺經貿關係以民間形式維持，美臺政治關係和軍事關係則成為臺海局勢下的「暗流」。1982年，為了妥善處理中美關係，美國與中國簽署了《八一七公報》，同時為了規避中美間達成的處理臺灣問題的一些基本原則，美國國會制定通過了《臺灣關係法》。當前，美國親臺勢力竭力提升《臺灣關係法》的法律地位，千方百計地架空中美三個聯合公報，特別是《八一七公報》。《臺灣關係法》在美國現實對外政策中得以強化，使美臺合作體系公開化。

　　日本處理涉臺事務的基本做法則是以「『無為』掩蓋其『有為』的實質」，日臺地下政治、軍事交流十分活躍。當前伴隨日本要求成為正常國家和軍事強國，20世紀「美日臺軍事同盟」以「美臺同盟」為幌子，掩蓋日本的軍事存在。進入21世紀，日本染指臺灣的意圖凸現，日本政界以「中國威脅論」阻撓中國的國家統一。日本是「中國威脅論」的始作俑者之一，2004年11月8日，日本《東京新聞》的一篇題為《防衛廳設想中國對日發動攻擊的三種可能》的文章稱，日本防衛廳人士將於11月底制定「新防衛大綱」。為此，防衛廳的一個委員會對日本安全形勢進行了評估。9月，它提交了一份正式報告，認為中國「越來越成為日本安全的一大威脅」，中國武裝進攻日本的可能性並非不存在。報告宣稱，在三種情況下，中國可能對日發動攻擊。第一，臺灣海峽兩岸發生嚴重軍事衝突，駐日美軍利用在日本的軍事基地，援助臺灣與大陸作戰。在這種情況下，中國為了阻擋美軍，可能對駐日美軍的軍事基地及其周邊地區發動進攻。第二，在釣魚島問題上，如果日中兩國的領土爭端加劇，中國有可能採取強硬措施，以武力奪取釣魚島，從而導致日中兩國爆發軍事衝突。第三，在東海專屬經濟區劃界等問題上，日中之間也存在爭端，如果日本未按中國能夠接受的方式

解決爭端，中國很可能會採用「非法步驟」——對日本動用武力。三種可能都明確或者隱晦地觸及了臺灣問題。此外，日本政府新的《防衛計劃大綱》以及2005至2009財政年度的《中期防衛力量整備計劃》設中朝為假想敵，並關切臺海局勢。

隨後，美日臺情報合作、反潛合作、三方軍界高層交流及美日制定未來臺海局勢的應急預案，都展示了三方同盟機制化的進程。2004年11月16日，針對日方提出的中方潛艇進入日本領海的事件，中國外交部副部長武大偉（前駐日本大使）向駐中國的日本大使阿南惟茂報告了中方的調查結果。武大偉解釋說：「潛艇在訓練時出現了一些技術問題，才會錯誤進入日本的石垣島水路航道。」日本當局發布消息進一步指出：「按照日美兩國的衛星情報，確定該艘侵犯日本領海的核潛艇最終開進中國青島附近的姜戈莊潛艇基地。」日本在美國的支持下刻意將此事與中國勘探東海石油聯繫起來，並且多次渲染事件發生在沖繩附近，在日本看來這是美日臺反潛機制化的重要演練。據日本《讀賣新聞》2005年6月30日披露，美國已經向日本明確表示，為遏制臺灣海峽可能出現的危機，美海軍陸戰隊將繼續駐紮在沖繩島，不會按照當地民眾的要求轉移到其他地方。隨著美國保守勢力、日本右傾勢力、臺灣分裂勢力三股力量逐漸合流，「美日臺軍事同盟」進一步走向一體化、機制化、公開化。

三方同盟發展的第二階段是由機制化轉向空洞化。美日臺同盟具有先天的不足，特別是得不到大多數國家道義上的認可，加之體系內部結構性的矛盾和利益分配不均，必然引發同盟功能上的弱化，隨後透過中美日的互動和中國國家統一的步驟加快，美日臺同盟將會面臨空洞化和解體的危險。當前，國際媒體渲染美日臺軍事合作對中國國家統一的正面威脅，其背後的用意在於拖中國加入同美、日、臺灣的軍備競賽，使中國重蹈前蘇聯的覆轍，斷送中國的現代化建設；而中國的統一是一個系統工程，包括政治、經濟、軍

事、文化諸多領域，核心在於綜合國力的提升，才能增大對於臺灣的磁吸力，加大對於外來干涉的威懾力。當前中國對臺宣示動武底線，同時加強在文化上的親和力，經貿上的凝聚力，對美、日等國以務實的宏觀戰略統領具體外交政策，同時以有效的軍備整合反對外來干涉的圖謀，這種務實、穩健的臺海政策已經收到良好效果，所以美日臺安全同盟的層次在中國的現代化進程順利進行和「臺獨」的分裂行為得以有效壓制的情況下難以得到提升，除了在形式上為「臺獨」勢力提供所謂的「道義支持」和「心理安慰」外，在實質內容上將會被正在搭建的中美日安全架構所架空。

就系統的自組織運行而言，美日臺同盟在自身序參量（即運行動力）無法發揮作用的情況下，演化的過程中卻日益受到了中國大陸這一外部慢變量的逐步役使，並且中國綜合國力的上升最終成為促使美日臺同盟這一系統走向解體的替代性序參量。由此，美日臺同盟這一系統得以維繫的前提在於其外部慢變量——中國大陸影響力的減退，但是當中國統一的整合力量大於美日臺分裂中國力量時，必將導致處於結構性困境中的美日臺同盟逐步由停滯走向崩潰。

第六章 「三國四方」安全博弈的走勢及中國相關對策的調整

　　本章著重論述中美日三國和中國臺灣地區「三國四方」安全博弈的基本走勢，主要是在宏觀上加以把握從而歸納出基本的理論範式，並演繹出中國在外交和軍事上可能進行的相關對策的調整。臺海局勢多變，但是和平統一及局部戰爭的兩種可能性都存在，所以必須透過現象抓住本質，從瑣碎的事件中總結出一般的規律來，才能有的放矢地進行對策上的參考。

第一節 中美日安全架構的理性構建與和平解決臺灣問題的一致性

一、中美日安全框架理性構建的外延與內涵

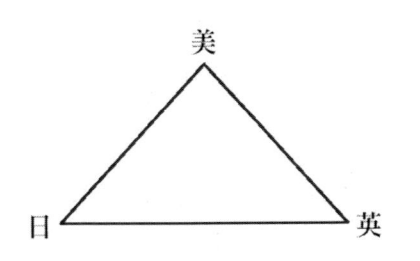

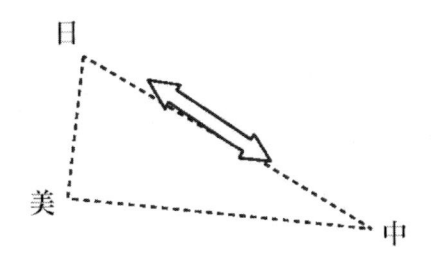

圖示：「美日英」三邊框架與「中美日」三邊框架的比較

　　從幾何學的概念看，三角形具有穩定性，四邊形具有靈活性，這條原理同樣適用於對國際關係中三邊關係乃至多邊關係的形象化闡釋，前文中同樣談到的中美日安全框架的理性構建僅僅是一個泛

化的概念，理性構建成功的基本標誌在於形成一個穩定的三角架構。國際關係中，任何一個三邊關係，只要任意兩邊溝通順暢，並且保持相對穩定不變的距離，那麼這個三邊架構就是基本穩定的，從幾何學的角度就可以演示為一個等腰或等邊三角形，並且形成一個相對和平的區域環境，如美日英三邊關係、德法英三邊關係、中俄朝三邊關係；穩定的三邊架構從內部結構的協調性看，三個雙邊關係和諧互動，具有共同的戰略利益訴求，同時沒有出現任意兩方聯手對付第三方的不平衡局面，特別是在可預見的將來沒有出現破壞三邊架構的局域爆發點。就中美日而言，三方共同的利益訴求是明確的，但是美日與中國存在認知上的嚴重分歧，所以美日聯手制衡中國的走勢十分明顯，更為嚴重的是出現了臺灣問題這個極易引發三邊關係破裂的爆發點，所以儘管中美日關係不斷演變，但是美國主導、美日結盟、中日交惡的三邊形態將有常態化的趨勢，這是中美日關係的個性所在，就幾何學的含義而言，中美日三邊架構中美日關係這邊最短，中美關係這邊較長，中日之間的距離最長並且逐漸拉長，所以中美日大三角是一個尚未形成穩定架構並且缺失一邊的不等邊三角形。

但是，在和平與發展成為時代主題的趨勢下，中美日三國共同的利益訴求有可能超越三方的利益分歧，因此三邊關係具有理性構建的空間和可能性。中美日三邊關係理性構建的核心在於求同存異，要和平、求穩定、共發展，對於相互間的分歧透過理性的協商、溝通加以解決。三邊構建的重點在於「理性」，美國單邊主義、日本的右傾主義都是極端民族主義、大國霸權主義在新的歷史時期的表現形式，把本國、本民族乃至國內某一階層的一己之私凌駕於他國、其他民族甚至國際社會的合理利益之上，美、日兩國國家利益訴求和對外政策「感性化」的傾向是導致中美日三邊關係不平衡的主觀原因，從「感性」到「理性」的跨越首先在於三國相互認知的糾偏，而理性的相互認知在於承認他國合理的利益訴求，當

前美日必須重視中方在和平發展過程中的利益關切,特別是在維護國家主權和領土完整方面的合情合理的安全關切。

中美日三邊架構理性構建的第一步在於明確美國在三邊關係中的合理定位,美國主導美日同盟,同時美國因素是導致中美關係波折不斷的主要根源,美國控制中美、美日關係的走向,所以美國如何擺脫既做運動員又做裁判員的「雙重身份」,這是構建中美日安全架構的關鍵;第二步在於中日關係的改善,美國借助中日關係的惡化得以構建「中─美─日」三國間的「軸心──軸輻」式架構,而中日關係的改善既有利於中日兩國的根本利益,又有利於合理構建中美日三邊關係,當然如何跨越中日之間的歷史問題和現實衝突,需要中日兩國政府和人民進行歷史的思考和現實的衡量,理性地彌合現實的分歧,擴大利益的共同點,從根本上在於兩國人民情感上的契合和認知上的溝通。

二、中美日安全框架的理性構建提供了臺灣問題和平解決的可能性

中美日三邊的理性構建與臺灣問題和平解決具有邏輯上的關聯性,中美日三邊的理性構建會形成有利於中國國家統一的外部環境,為臺灣問題的和平解決提供了可能性,而臺灣問題和平解決最終為構建中美日三邊架構排除了最大的阻礙。在時間段上,中美日安全框架的理性構建與和平解決臺灣問題是基本同步的,在功能上是相輔相成的,完全割裂二者的有機聯繫,或者刻意地界定為兩個不同的歷史階段,將會陷入形而上學的理論誤區中,必須在構建三邊安全架構中尋找解決臺灣問題的契機,而中國和國際社會進行的和平解決臺灣問題的努力將會對中美日安全三邊關係的構建造成重要的平衡作用。

「臺獨」勢力走向法理「臺獨」必然引發戰爭,破壞臺海乃至亞太地區的穩定。所以,中美日三國儘管利益趨向不同,但是在地

區安全上有一點是基本一致的,就是防止「臺獨」勢力法理「臺獨」,特別是防「急獨」。當然,美、日反「急獨」的出發點在於不願意匆忙捲入臺海戰爭,中國反「急獨」的出發點在於為國內經濟建設和最終完成國家統一積蓄力量、爭取時間。

對中國而言,解決臺灣問題的戰略任務分為兩個階段,第一階段的主要任務是「防止『臺獨』」,第二階段是「完成統一」。對美日而言,以臺灣問題牽制中國的戰略考量是存在的,但是保持在一定的「度」的範圍內,這個「度」的上限就是臺灣獨立引發的臺海戰爭。就現階段而言,防止法理「臺獨」在當前的中美日關係中具有現實可操作性,也是中美日安全架構理性構建的基礎性工作。

因此,中美日安全框架構建的當前目標在於防止臺灣走向法理「臺獨」,儘管中國大陸與臺灣地區處於事實上的分裂狀態,但是臺灣地區如果以「修憲」、「正名」等「漸進式」「臺獨」方式逐步完成「法理建國」的程序,最終將引發中國政府以《反分裂國家法》為依據,啟動以「非和平」方式制止分裂國家行為的程序。

中美日安全框架的理性構建對於臺灣問題的正面影響在於中、美、日三方對臺灣島內具有「臺獨」傾向的政治力量的約束,特別是美國、日本對於臺灣政界的重要影響。特別是中國政府積極把國家統一與兩岸相互促進、共同繁榮和發展有機地結合起來,2005年3月14日,第十屆全國人民代表大會第三次會議通過的《反分裂國家法》,在第六條中明確指出:「國家採取下列措施,維護臺灣海峽地區和平穩定,發展兩岸關係:(一)鼓勵和推動兩岸人員往來,增進瞭解,增強互信;(二)鼓勵和推動兩岸經濟交流與合作,直接通郵通航通商,密切兩岸經濟關係,互利互惠;(三)鼓勵和推動兩岸教育、科技、文化、衛生、體育交流,共同弘揚中華文化的優秀傳統;(四)鼓勵和推動兩岸共同打擊犯罪;(五)鼓勵和推動有利於維護臺灣海峽地區和平穩定、發展兩岸關係的其他

活動。國家依法保護臺灣同胞的權利和利益。」繼臺灣島內國民黨、親民黨、新黨的代表團相繼訪問大陸後，海峽兩岸形成一股加強交流、互促發展、共謀統一大計的進步潮流，對於猖獗一時的「臺獨」分裂勢力形成有力的牽制和打擊。

據《環球時報》報導，在「臺獨」勢力分裂活動不斷干擾美國在亞太的戰略部署之際，先有美國副國務卿阿米塔吉關於臺灣是美中關係「最大地雷」的講話震動了臺灣朝野上下，接著，美國消息靈通的《尼爾森報導》雜誌披露，阿米塔吉的「地雷說」，包括「美國無義務參戰臺海，美國不會協防臺灣」等講話，都是在美國總統布希的授意下進行的。布希政府對臺灣當局的不滿，最初是從陳水扁提出「一邊一國論」開始的。2002年8月，陳水扁以突襲方式提出「一邊一國」，美方即私下勸阻臺灣當局。但陳水扁反其道行之，到了2003年8月、9月間拋出「制憲」、「正名」等議題。從那時起，美國的方式便從私下勸說變為公開警告。據臺灣《聯合晚報》報導，早在2003年底，布希就派當時的國家安全會議亞太事務主任莫健赴臺北，帶去一封親筆信。布希在信中說，他擔憂臺灣當時的一些舉動可能讓大陸感到被挑釁；美國反對臺灣任何可能導致改變現狀的單方面行動，要求陳水扁協助「降溫」。然而這封信卻沒有得到臺灣當局的重視。布希知道後非常生氣，於是他又致電「美在臺協會辦事處處長」包道格，要包道格親自轉達他對臺灣當局的不滿，並用強烈的語調質問說：「他（陳水扁）是不是聽不懂我們的話？如果他聽不懂，你用他們的話告訴他！」據臺灣《聯合晚報》報導，2004年3月，在臺灣「大選」前，布希在美國白宮內閣會議上討論亞太事務時，對陳水扁當局在選前操弄議題，造成兩岸關係緊張再次表示不滿，當場就罵了一句「SOB」（畜生）！

2003年12月29日，日本政府鄭重表示，日本關於臺灣問題的立場已在《中日聯合聲明》中闡明，「最近陳水扁關於實施『公民投票』及『制定新憲法』的言論使兩岸關係產生緊張。從臺灣海峽

及本地區和平穩定的角度，日本對此感到憂慮」。日本認為應避免目前事態的進一步惡化，希望陳水扁遵守就任演說中所做的「四不一沒有」的表態。

所以，三方理性構建的基本做法在於規避具體涉及三邊或者雙邊的個別突發事件的不利影響，因此面對臺灣問題這個局域爆發點，三方理性地克制情緒化的決策行為，約束不斷挑戰臺海和平的「臺獨」分裂勢力，最終有助於臺海地區和平機制的形成，也對中國的國家統一產生階段性的積極效應。

三、臺灣問題是否和平解決取決於中美日三國在框架內的「向量合成」

臺灣的作用在中美日三國的利益博弈中凸顯，主要在於臺灣的政治走向對三國關係的互動發揮著平衡作用，同時臺灣問題是否和平解決取決於中美日三國在區域安全框架內的「向量合成」。「向量」本意是物理學術語，指「有大小也有方向的物理量」又叫「矢量」，本書中借用這個概念描述在國際關係領域中國際關係主體之間力量的消長。中美日三國的「向量合成」的基本定義就是在一定的歷史時期，透過多輪的安全博弈，對比彼此力量和影響力的消長，形成一股左右地區安全形勢的主導力量和發展趨勢。

「歷史是人們自己創造的，但人不能隨心所欲地創造歷史。」歷史上任何一個國家的統一或者分裂都是歷史「合力」作用的結果，具有其自身的社會歷史規律性，是一個不以任何人的意志為轉移的客觀事實，並非是按單個人或少部分人的意志所臆造的歷史。

在鴉片戰爭後帝國主義列強瓜分中國的第一次浪潮中，維護中國國家統一、領土完整的國內力量雖然處於上升的勢頭，但是瓜分中國主權和領土的國際力量特別日、俄、英、法等侵華勢力之和大於中國國內清政府及民間正義力量之和，所以中國在19世紀末和20世紀初呈現「瓜分豆剖」、四分五裂之勢，主權幾乎喪失殆

盡；為挽救這種國運頹勢，中國人民透過一百多年近現代史的鬥爭，特別是在中國共產黨的領導下，最終改變了這種「向量合成」的基本方向，中國收回了國家主權，維護了領土完整。

在中美日三國「向量合成」的過程中，如果中美日三國的「向量合成」的基本方向是尋求和平與合作，將有利於臺灣問題和平解決。在中美日安全框架的理性構建和中國國家統一的過程中，存在運行方向各不相同的幾個「向量」，如果設定中國的國家統一和中美日安全框架理性構建的方向為正方向，那麼支持和維護中國國家統一的國際和國內力量的向量方向（設為向量1）與正方向平行，美、日國內正確地、理性地看待中國和平發展的力量的向量方向（設為向量2）與正方向雖然不平行，但是基本一致，美、日等國國內敵視中國的「右傾」勢力、「臺獨」分裂勢力的向量方向（設為向量3）與正方向完全或者基本相反。（如下圖演示）

要最終完成中國的國家統一，必須滿足以下條件：向量1＋向量2＞向量3。其中向量1是關鍵，保證整個運動過程的基本方向。所以，中國完成統一的基本保證是中國力量的上升。中國的發展質量是臺灣問題得以和平解決的根本前提。「臺獨」勢力勾結中國國內外的反華勢力，諸如「民運」分子、藏獨和疆獨勢力、「法輪功」組織，主要目的在於改變中國發展和崛起的勢頭（即向量1的方向），而中國發展和崛起的質量要靠中國改革開放的綜合效應，特別是中國大陸迅速發展後對臺灣將產生經濟上、社會上及民眾心理上的「磁吸效應」；向量2，即美、日國內正確地、理性地看待中國和平發展的力量，並非決定中國國家統一的主要力量，但是已經成為中國實現國家統一的重要統戰對象，中國為此必須著手建立以實現國家統一為目標的廣泛的國際統一戰線；向量3，即美、日等國國內敵視中國的「右傾」勢力、「臺獨」分裂勢力的力量，對於這股勢力我們要本著「爭取、分化、規避」的態度有針對性地開展工作，爭取一部分不瞭解情況的敵對勢力轉化為中立勢力，根據

內部的矛盾和分歧展開分化工作從而削弱其凝聚力和整合力,最後對於最為頑固的敵對勢力要審時度勢地展開「有理、有力、有節」的鬥爭,儘量規避國內外反華實力的集聚效應,不給「臺獨」分裂勢力以可乘之機。

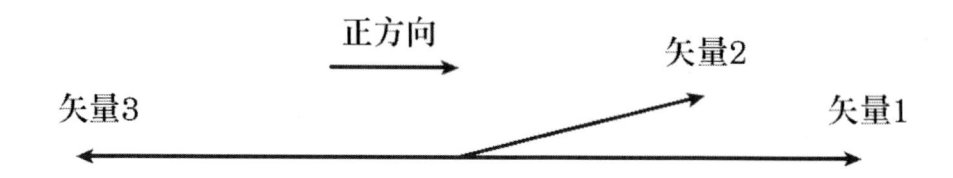

```
                   正方向
                  ———————→              矢量2
  矢量3                            ———————→      矢量1
  ←———————————————————————————————————————————→
```

總之,中國國家統一和中美日關係的協調、建構都是系統性工程,必須以系統、全面的眼光在宏觀上加以把握和駕馭,統一各方面的有利因素,合理規避各種消極影響,在有效改善中國和平發展的國際環境中實現中國的國家統一。

第二節　中美日安全關係的錯位與「臺獨」勢力的失控及其引發臺海戰爭的可能性

中美日安全關係的演化作為一種客觀的歷史發展過程,既有可能在理性的軌道上運行,又有可能在某個特定的歷史階段脫離正常的發展軌道產生錯位,這種錯位極易為「臺獨」勢力所利用並有引發臺海戰爭的可能性。

一、「臺獨」勢力不斷擇機推動「法理獨立」

「臺獨」勢力對大陸統一國家意志的基本判斷是自相矛盾的,一旦中美日關係特別是中美關係產生波折,「臺獨」勢力就會認為中國政府統一國家的意志受到挑戰,加緊「臺獨」化的進程;而當

中美日關係相對穩定、溝通順暢的時候,「臺獨」勢力的活動空間受到壓縮,相對比較忌憚中國統一國家的意志和行動,其「臺獨化」的進程會有所收斂。

從1999年李登輝拋出「兩國論」,到2000年主張「臺獨」的民進黨上台,再到2002年陳水扁提出「一邊一國」論,「臺獨」勢力的挑釁活動不斷升級。以2004年為例,陳水扁看到中美關係波折不斷,中日關係陷入低谷,「臺獨」分裂活動明顯升級,據臺灣問題研究專家孫升亮總結,主要有六大表現:第一,極力推動「公投新憲」,企圖以「憲改」之名行「制憲」之實,謀求「法理臺獨」。2004年初,陳水扁不顧島內外各界的強烈反對,公布了兩項所謂「和平公投」的議題,執意要「公投綁大選」。2004年11月21日,陳水扁公開聲稱,「中國如果逼人太甚,乾脆把九二共識、一國兩制交公投決定」並在三、四年內「終結中國憲法」,重申在2008年離任時實施「臺灣新憲法」,強調有關「憲政改造」要專注於「憲改」所帶來的「實質改變」。第二,在所謂的「中華民國」的簡稱問題上大做文章,將「臺灣正名」活動推向逐步變更「國名」的新階段。陳水扁在「就職講話」中即多次把「臺灣」與「中華民國」對應使用或放在一起,他鼓吹「中華民國最好的簡稱就是臺灣」。2004年12月初,在臺「立委」選舉的最後階段,陳水扁公開宣布要在兩年內爭取將臺所有的駐外機構改名為「臺灣代表處」,並從「國、公營事業」開始逐一正名。這表明陳水扁當局所推動的「臺灣正名」活動,進入從「國號」簡稱入手逐步變更「國號」的新階段。第三,以組織機構調整為名,圖謀改變臺現行行政架構中帶有中國內涵的部門。第四,在教育與歷史文化領域進一步推動「去中國化」運動,以凸顯所謂的「臺灣主體性」。2004年8月底,臺「教育部」首度將「臺灣主體性」列為「四大教育施政綱領」之一。第五,鼓吹以「臺灣」名義「加入聯合國」,以「臺灣」名義申請「加入聯合國」是「臺獨」分子在對

外關係方面的主張。第六，強行推動巨額軍購案，發出戰爭叫囂，妄圖「以武謀獨」。2004年只是「臺獨」勢力相對猖獗的時期之一，事實上，「臺獨」在1990年後一直在推進「法理臺獨」的步驟，只不過根據各方反應不斷地變換方式和手法，達到「進兩步、退一步」的「蠕變」效應。

　　2005年6月，據《人民日報》報導，陳水扁稱有信心在2008年卸任前，為臺灣催生一部合身、合時、合用的新「憲法」。對此，中國國民黨發言人張榮恭指出，陳水扁「第二階段憲改」方向，明顯呈現「臺獨」主張，是在刻意製造政治動盪。陳水扁在出席臺灣一個學術研討會時表示，臺灣已做好全面推動「憲政改造」的心理準備。他認為，過去因為「大中國意識形態」，每次「修憲」都只能修一點枝節，現在他希望以「主權屬於臺灣人民」的這個新「主權」論述，取代以往「大中國的主權概念」。張榮恭就此指出，陳水扁宣布的所謂「第二階段憲改」方向，明顯呈現民進黨早期的「新國家、新憲法」的「臺獨」主張，將再掀重大爭議及兩岸統「獨」鬥爭，是陳水扁在執政無能之後，為轉移視線而施放的政治煙幕。親民黨發言人謝公秉表示，陳水扁關於推動二次「憲改」，要破除「大中國意識」的說法，充滿自我矛盾。他表示，陳水扁在2005年2月「扁宋會」時才講過「正名制憲」自欺欺人，現在又喊要新「憲法」，立場搖擺，邏輯充滿矛盾，是真正「無魂有體」的稻草人。2006年初，陳水扁宣布「終止運作」「國統會」和「國統綱領」。

　　所以，儘管陳水扁當政時期迫於島內外的巨大壓力在政策走向上出現了左右搖擺，但是其堅持和貫徹「臺獨」路線的作法是全面的和一貫的，具有系統性、滲透性、主動性、冒險性，而其反對「臺獨」過激言行的舉動和主張則是片面和不連貫的，具有一定的欺騙性、被動性、表面性。事實上，大陸國力增強以及國際外部環境的改善，特別是大陸經濟發展對臺灣經濟的「磁吸」效應，使

「臺獨」勢力產生緊迫感，加緊進行「臺獨」分裂活動。2005年，臺灣島內中國國民黨、親民黨、新黨代表團相繼訪問大陸，一時間島內外「促統求和」的聲浪壓過了「臺獨」勢力分裂國家的氣焰，但是當時「臺獨」勢力仍然掌控著臺灣島內的執政機器，「臺獨」教義派的基本主張並未改弦易轍，「臺獨」勢力「法理臺獨」的步驟並未放緩，只不過暫時由公開活動轉入到地下進行，一旦遇到合適的「政治氣候」，便繼續掀起分裂國家的造勢聲浪。

根據各類已經披露的資料分析，「臺獨」勢力曾經把2007～2008年作為「法理獨立」的可供選擇的重要節點，早在2002年李登輝就跳出來大放厥詞，揚言「2008年是臺灣新時代的關卡」，「本土意識將促成臺灣建立新國家」。一是在此節點上民進黨的執政期將滿，並沒有絕對把握獲得下一輪「總統」選舉的勝利，作為一個基本「民粹化」的政黨，黨內信眾認為有必要為了實現其政黨「宗旨」放手一搏；二是2008年恰逢大陸舉辦奧運會，「臺獨」勢力認為大陸投鼠忌器不會輕易對島內「臺獨」勢力動用武力；三是「臺獨」勢力認為美國、日本雖然明處反對「臺獨」，但是在暗處是縱容甚至支持「臺獨」行徑的，在「臺獨」分子所造成的分裂局面已成事實的情況下，國際環境也許會朝著有利於「臺獨」分裂勢力的方向轉化。

2008年陳水扁當局包裝而成的「入聯公投」是「臺獨」勢力部署「法理臺獨」的重要一步。但是，民意不可違。2008年3月22日，由陳水扁當局綑綁舉行的「入聯公投」投票率僅35.8%，與本次臺灣地區領導人選舉超過76%的投票率相比，投票率差距懸殊，這顯示出臺灣平民百姓在用選票表達著對陳水扁的強烈不滿，他們反對製造兩岸局勢緊張的分裂行徑，由此陳水扁用「公投」綁選票的政治騙局徹底破產了。為此，國務院臺灣事務辦公室發言人李維一於22日當晚發表談話表示，「臺獨」分裂勢力搞「臺獨」是不得人心的，期盼為兩岸關係和平發展共同努力。李維一說，陳水扁

當局推動的所謂以臺灣名義加入聯合國的「公投」遭到失敗，再次說明「臺獨」分裂勢力搞「臺獨」是不得人心的。2008年3月，《洛杉磯時報》報導說，陳水扁執政八年，與大陸和華府關係緊張，臺灣經濟低迷不振，官員頻頻被撤換，留下破碎的夢想和錯過的機會。2009年陳水扁因為貪汙和受賄被判決有罪後竟然向美軍事上訴法院提出請願，提出他在擔任「總統」期間，知悉了美國軍政府存在的「事實」，也接受軍政府的命令。有關臺灣之事，美國軍政府是「至高無上」的，他在任內經常接受美國在臺協會主席的指示。如今他面臨「政治迫害」，因此向美國軍事法院及全世界披露這個美國軍政府的存在，要求軍政府出面保護他。

在2008年馬英九上台之前，臺灣島內的政治走勢並未完全清晰，雖然「泛藍」陣營主導「立法院」，但是內部矛盾重重，特別是「泛藍」陣營一直沒有完成國、親兩黨的合併，而隨著陳水扁逐步淡出民進黨權力圈的中心，民進黨不斷進行新一輪的政治「洗牌」，逐步推出其新一任「泛綠」共主。

必須認清只要民進黨所持的「臺獨」黨綱繼續存在，就會有一部分「臺獨」勢力繼續破壞兩岸和平發展的氛圍。2009年8月，民進黨籍高雄市長陳菊邀請「藏獨」代表人物達賴訪臺，繼邀達賴訪臺之後，9月陳菊再度出招，決定十月登場的高雄電影節主辦方放映反映「疆獨」頭目熱比婭的紀錄片《愛的十個條件》，並醞釀邀請熱比婭及其追隨者來臺訪問，遭到臺灣當局的拒絕。對於以陳菊為代表的高雄有關方面的做法，大陸國臺辦表示堅決反對，並相信包括高雄市各界在內的臺灣同胞能夠認清問題的真相，敦促高雄市有關方面不要一意孤行，不要在兩岸關係上再挑事端。

二、美國介入臺海戰爭的現實性與侷限性

從利益層面看，由於「美臺利益共同體」的形成由來已久，所以為了維護其在臺灣的既得利益和發掘其潛在的利用價值，美國介

入臺海戰爭具有現實性和可能性。在法理層面看,《臺灣關係法》為美國協防臺灣提供了國內法方面的依據。在安全層面上,美國要維持其在亞太地區安全方面的主導和權威地位,充分利用臺灣遏制中國崛起,這使美國介入未來的臺海戰爭具有必要性。1990年代以來,李登輝、陳水扁等「臺獨」勢力掌握了臺灣島內的執政權後,兩岸關係經常陷入劍拔弩張的境地,美國一直考慮介入臺海戰爭的可能性,包括在第三次臺海危機時的有限介入、美日同盟的重新定義及力圖把臺灣納入TMD的防禦範圍等,美國無論是從戰略上還是從具體的軍事部署上都為應對臺海戰爭做了相應的準備。臺灣媒體2005年6月透露了美軍太平洋司令部制定了代號為「厄夜叢林」的臺海作戰方案。該方案提出面對臺海,太平洋司令部有三項責任,第一是正確評估情勢,報告給國防部長及總統;二是協助臺灣發展自衛能力;三是整軍經武,一旦接獲命令,立即出兵保臺,並且要有必勝的把握。

美國智庫蘭德公司曾分析說,美軍一旦捲入臺海衝突,可能出現四種狀況,即威懾、局部戰爭、全面戰爭以及核戰爭,具體由美國太平洋司令部開始落實第一步。如果大陸單純使用導彈攻擊或海上封鎖,美國不必與大陸進行大規模衝突,美軍將以一個航母戰鬥群在臺灣外海採取戒備,同時進一步以物資協助臺灣。如果大陸沒有罷手,美國開始集結兵力,增強威懾力度。但是如果威懾策略失效,美國可能與中國發生正面衝突,局部或全面戰爭都可能出現。美國必須準備1500架以上的飛機以有效壓制解放軍,並取得制空權,這種情況下要求太平洋司令部與其他戰區司令部共同配合。

當然,美國在介入臺海戰爭這個敏感問題上有著不確定性和侷限性。歐洲文化自文藝復興以來形成的人本主義傳統在美國文化中表現得極為典型,人本主義的基本精神就是宣揚人的尊嚴與生命的價值,民眾利益特別是民眾的生命利益至上的觀念在美國民眾中根深蒂固。而且美國戰略思維的基點是美國利益至上,因此容易忽視

別國利益，往往把美國人的人權置於他國人民的人權之上，在這種戰略思維基礎上形成的外交政策一方面表現為漠視他國意志的單邊主義，另一方面則是維護美國國民利益的「避險」行為。美國的單邊主義人所共知，但是對於其在對外政策中的「避險」行為則鮮有提及，其實在越戰中美軍被迫撤離越南戰場以及近些年來美國在對外戰爭中追求「零傷亡」都屬於在國內民眾反戰浪潮壓力下的「避險」行為。1993年美國派兵介入索馬利亞國內衝突，當美軍在索馬利亞陣亡了18名突擊隊員後，美國輿論一片譴責聲，迫使美軍不得不放棄原定計劃，從索馬利亞撤回。美國政府於2003年發動伊戰，這場戰爭使美國在人員、經濟、政治和國際聲望等方面付出巨大代價，美國民眾多年來渴望早日結束這場戰爭，伊戰對美國內政產生了巨大影響，美國民主黨打著「反對伊戰」的旗號，不僅贏得了2006年國會中期選舉，也取得2008年總統大選和國會選舉的雙重勝利。許多政治觀察家認為，歐巴馬之所以在去年美國總統選舉中脫穎而出，與他在反對伊戰方面的政治立場有很大關係。因此，2009年2月27日美國新任總統歐巴馬宣布了美國從伊拉克撤軍的時間表以及軍事、援助與外交手段並舉的對伊新戰略，這表明歐巴馬想要擺脫美國前總統布希背上的伊拉克戰爭這個「包袱」。

所以，分析美國在未來臺海戰爭中的作為，一方面要看到美國與臺灣千絲萬縷的利益糾葛，另一方面要看到美國在臺灣問題上的「避險」意識。美國國內法律制度健全完善，政黨機制成熟運作，輿論工具監督有力，所以在美國介入臺海戰爭缺乏正義性和必然性的前提下，如果在臺海戰爭中造成了相當程度的人員傷亡，美國的政府和執政政黨將會付出相當大的政治代價。因此，美國的輿論氛圍及政治生態的交互作用，對其實施海外干預戰爭有著舉足輕重的制約作用，在此因素的作用下，美國的軍事幹預能力大打折扣。美國對外政策的務實性、趨利性使其在權衡是否介入臺海戰爭時會計算其利益回報與利益損耗之差，如果二者之差為負值，美國介入臺

海戰爭的可能性將會非常低,即使美國最終選擇介入臺海戰爭,其介入程度將會受到很大的約束。

在未來的臺海戰爭中,美國具有其資訊戰方面的優勢,同時在臺海局勢複雜化時具有自身在戰略抉擇上的主動性,既可以展開對華軍事威懾,又可以利用對臺灣的全面影響充當兩岸的調解人,因此美國對臺海局勢的判斷及其自身的安全戰略調整會相對理性化,其對海峽兩岸未來戰爭走向誤判進而介入的機率較小,但是一旦介入對中國的國家安全威脅極大,所以在未來「臺獨」勢力以武力分裂國家時,預防、評估與遏制美國的軍事介入是中國軍方面臨的最大課題,也是中國軍隊打贏未來臺海戰爭面臨的最大挑戰。

總體而言,美國一直力圖掌控臺海局勢的主導權。馬英九上台後,美國政府對於兩岸和平發展的態勢基本上持歡迎的態度,但是一些美國政界人士卻憂慮美國正在逐漸喪失在臺海地區的話語權。

2009年9月21日,香港《大公報》刊文稱臺灣馬英九團隊應警覺美國擾臺意圖,文中指出中美俄三強的國際體系將取代美國的單邊主義,影響未來世界的發展。對此,兩岸之間的友好氣氛與實質交往,將會使美國非常「疑慮」。馬英九當局客觀上需要謹慎處理任何危機事件以及美國對臺灣進行的挑釁行為。例如CNN在網路上進行馬英九是否應該下台的民調,顯然干涉臺灣「內政」,也引起了臺灣的反感。文中特別提到,美國華府智庫「戰略暨國際研究中心(CSIS)」的太平洋論壇刊登了喬治敦大學外交學院教授沙特(Robert Sutter)的一篇文章,該文指美國雖然鼓勵臺灣海峽兩岸當前的和解,但中國大陸對臺影響力快速增長,已使美國長期「維持臺灣區域各方力量的均勢,有利於臺灣和美國的權益以及美國的影響力」目標無法實行,須全面檢討政策。

三、日本介入臺海戰爭的冒險性與投機性

日本介入臺海戰爭這一問題十分複雜,由於日本濃厚的「臺灣

情結」，使日本在介入臺海戰爭中具有冒險性，當然這種冒險性的前提在於美國的支持與縱容，特別是美日安保機制的強化。與美國介入臺海關係其局部的地緣安全利益不同，日本插手臺灣問題關係到日本未來的戰略走勢和國家的地緣安全處境。

美國人類學家潘乃德指出「日本人重視恥辱感遠勝於罪惡感」。日本的民族性格與日本二戰期間的軍國主義暴行有著內在的聯繫。歷史表明，一個民族在某一特定歷史階段，在政治家們的誤導下，會走入歧途。二戰以前的德國和日本就是如此。德國和日本人民同世界各國人民一樣，也是愛好和平的。但是，在軍國主義勢力的蠱惑、欺騙之下，善良的人民卻把政權交給了軍國主義分子，任由他們對內搞專制暴政，對外侵略擴張。

除了民族性特別，日本在國際舞台上對外政策的右傾化和冒險性是在特定的歷史條件下逐步形成的，根源在於二戰結束後美國對日本軍國主義清算不力，甚至使戰犯岸信介等人重新進入政治舞台，這在戰後的德國是不敢想像的。中國政府對於日本軍國主義的復活一直保持警惕，在1960年代，《人民日報》發表社論指出：「日本軍國主義正在加緊復活」，「儘管日本軍國主義的侵略矛頭指向何處，目前還難於預料，但它一旦自認為時機成熟，就可以憑藉它強大的經濟潛力和軍事力量，向外擴張，就會要在亞洲製造新的『九一八』事變，使日本人民和亞洲人民重罹侵略戰爭的災禍，卻是完全可以肯定的。對這個局勢，中日兩國人民和亞洲人民都應該保持高度警惕；任何對日本軍國主義復活的危險估計過低，都是絕對錯誤的」，「比起『九一八』事變的時候來，今天正在復活的日本軍國主義，具有更大的侵略野心，也具有更大的冒險性和瘋狂性。」

當今的時代主題是和平與發展，所以不能與半個世紀前中國面臨的國際局勢進行簡單的類比。現在，日本的「和平憲法」可以約

束它的發展方向，保證它不再走向軍國主義；當今的國際環境也不允許日本再走軍國主義的老路。但是在日本對歷史問題刻意迴避的背景下，強化美日安全同盟對於中國國家安全的影響不容忽視，日本在臺灣問題上公開強調其利益訴求也為其將來介入臺海局勢進行輿論上的鋪墊。從2005年2月，日本外務省發言人公開聲稱日美安保條約涵蓋臺灣海峽，到5月日本外相重申這一立場，日本在軍事層面介入臺海衝突的可能性上升。2005年臺灣進行「漢光」軍演兵棋推演時，首次實現了臺美日連線。同時，日美兩國已著手制定針對臺灣海峽爭端和朝鮮半島「有事」的共同作戰計劃，並籌建「聯合作戰指揮中心」，這意味著日本在軍事上介入臺灣問題的可能性越來越大。在一般情況下，國內外學者認為，在臺海發生軍事衝突以及美國介入的情況下，日本除了允許美國使用其軍事基地外，其他能做的無非是提供情報和後勤支援，但從日美同盟的發展趨勢看，日本自衛隊以某種形式與美軍「並肩戰鬥」的可能性越來越大。在日本國內新保守勢力和右翼勢力越來越猖獗的背景下，日本外交與安全政策的冒險性在增大。

　　1993～2009年間，日本先後產生了11位首相，堪稱一年一相，這一現象的出現與國際政治和日本國內政局的變化息息相關，究其深層原因在於日本社會面對政治轉型和經濟低迷的困惑期表現出來的政策、輿論和民意的搖擺不定。

　　從2001年到2006年，作為日本30年來在任時間最長的首相，小泉純一郎在其任期內使日美關係得到改善和加強，積極與美國政府達成戰略夥伴關係，與此相對，小泉對中國和韓國的外交方面乏善可陳，尤其在靖國神社、領土糾紛等問題上糾纏不清，小泉任內連續六次以不同的方式參拜靖國神社，造成日本同中、韓兩國領導人互訪中斷。其中對華戰略上奉行強硬戰略，到其卸任後還沒有實質性地改善日中關係。小泉後時代其繼任者即安倍晉三、福田康夫、麻生太郎紛紛上台，從前日本首相安倍晉三2006年10月訪華

的「破冰之旅」，到中國總理溫家寶2007年4月訪日的「融冰之旅」，再到前日本首相福田康夫2007年12月底的「迎春之旅」，兩國關係出現轉圜。2008年9月麻生太郎執政以來，為應對金融危機，加強同中國的合作，加強了同中國領導人的交往，兩次訪華。但是由於日本國內的政治現實所限，三位首相的任期短暫，同時沒有形成完整的對華改善方略並加以執行。

2009年8月30日，日本民主黨在日本眾院選舉中獲勝，日本實現政權更迭，民主黨代表鳩山由紀夫擔任首相的新政權誕生。清華大學日本問題專家劉江永教授在接受《世界新聞報》採訪時說：「從日本民主黨目前已經公布的具體政策上可以看出，其對華關係政策的積極面還是占據主導地位。」目前看，鳩山由紀夫是一個鴿派，屬於自由派政治家，有望更主動地排除中日關係發展的干擾因素，「助推」中日關係邁向一個新台階，中日政治關係將迎來發展的新機遇。但是，鳩山內閣的對華政策走向和內外阻力以及該內閣是否可以長期執政還存在許多不確定因素。所以，日本對華的政治走向至今不容樂觀，中日關係的徹底改善尚需時日。

同時，不論日本哪個黨派執政，日本右翼勢力的根深蒂固有目共睹，因為有著系統的意識形態和一定數量的群眾基礎以及突出的政治影響力，日本的內外政策經常受到右翼勢力的多方干擾。總體看，日本介入臺海戰爭的投機性仍然十分明顯，對臺政策左右搖擺的態勢沒有根本改觀。長期以來，日本對臺政策以「『無為』的表象掩蓋其『有為』的實質」，以達到既維護在臺利益，又不破壞中日關係的雙重目的。美日、中日、日臺三對關係中，日本以美日關係為標尺來衡量中日關係、日臺關係的走向，因此冷戰後日本在中美關係中的平衡作用一直沒有正常地發揮出來。日本追隨美國介入臺海局勢時，目的在於謀求在臺利益的最大化，因此在美國要求日本在東亞地區特別是臺海地區承擔更大的防務責任時，日本自身面臨戰略上的矛盾，一方面要重振大國特別是軍事強國的雄風，另一

方面卻要直接與近鄰中國進行軍事對峙甚至產生衝突，這使日本朝野上下面臨國家安全上的兩難選擇。當前，中日關係頻遇梗阻，日本多屆政府在右傾化的對外政策思維中以臺灣問題作為改善中日關係的籌碼，這種缺乏理性化的戰略思維必然導致中日關係的持續走低。中國的快速發展乃至崛起引發了中日兩國在東海油氣資源、釣魚島、臺灣海峽等一系列問題上的齟齬，所以當前兩國關係惡化是一種「併發症」，涉及經濟（資源）、政治、領土等多個領域；同時，在美國的支持下，日本欲以臺灣問題向中國施壓，進而達到迫使中國在其他領域讓步的目的，結果適得其反，日本的對華政策反而引發了本來就對日本在歷史問題上的反省態度嚴重不滿的中國民眾的反日情緒，使中日關係的改善十分困難。

在未來的臺海戰爭中，日本將會追隨美國對形勢的基本判斷，同時聯繫自身相關利益做出選擇。如果中美關係取得穩定進展，那麼唯美國馬首是瞻的日本將在臺灣問題上避免採取更加激怒中國的舉動，這是由日本對外政策的投機性所決定的。

總之，在中日關係複雜多變及中美關係持續改善的條件下，日本有可能衍生為中國國家統一的重要障礙。

第三節　中國圍繞國家統一可能進行的對美、對日外交政策的深層次調整

中國對美、對日外交涉及多個層面和多個領域，以下闡釋的是中國針對國家統一可能進行的對美、對日外交政策的深層次調整。

一、中國對美外交應加強在反恐、經貿領域裡的夥伴關係

1990年代，中國國家主席江澤民提出搞好中美關係的16字方針，即「增加信任，減少麻煩，發展合作，不搞對抗」。當前，中

美關係進入到了一個深化雙邊聯繫、加速多領域合作的逐步定位的過程,同時也是矛盾凸顯期、糾紛多發起期,2005年5月31日,美國總統布希在白宮記者會上談到中美關係時說,中國是一個崛起的大國,兩國關係十分複雜,在不同的問題上雙方的互動也有不同。所以,當前中美關係的發展軌跡就是擴大共識、規避矛盾、化解矛盾的過程,就臺灣問題而言中國對美外交的重點就是在多層次、寬領域的雙邊合作中加速臺灣問題在中美關係中的邊緣化進程。

2005年9月6日,美國《富比士》雜誌發表了題為〈朝核危機的解決依賴於穩定的美中關係〉一文,文章提到新加坡外交部長楊榮文在馬來西亞首都吉隆坡參加「環球領導論壇」會議回答有關朝鮮與國際社會就平壤核計劃的談判陷入僵局這一問題時說:「解決問題的核心動力是美國同中國之間的關係,美中關係是當今世界上唯一最為重要的雙邊關係。」楊榮文表示,「如果美中關係保持友好,我想美中兩國也有充分的理由要保持友好關係,那麼朝核問題就能夠得到解決,而且臺海問題也能夠得到解決。」

簡而言之,中美日三邊關係中,美國憑藉超強的綜合國力在當今國際事務中具有重大的影響力,在臺灣問題上美國的決策可以影響包括日本在內的一大批西方國家的政策走向,所以中國對美外交政策的立足點不應該僅僅在於「堵」住或者切斷美臺之間千絲萬縷的聯繫,因為這種做法既不奏效又不現實,而在於「疏導」,即利用美國對於臺灣問題的特殊影響,溝通中美兩國對於臺灣海峽安全的基本認識,達到遏制「臺獨」「踩紅線」的目的,2004年中美兩國聯手制止了陳水扁大肆製造兩岸緊張對峙的危險行徑,這是一次中國靈活調整對美外交政策以遏制「臺獨」活動的成功嘗試。

中國要達到化解美國對臺政策消極影響的目的,必須增大自身對於美國外交政策的積極影響,才能改變美國長期以來以臺灣問題為主要議題干擾中美關係發展的局面。今後,中國必須把握對美外交政策的兩大重點,一是涉及美國的國家安全,二是涉及美國的經

濟安全。

第一，中國要重視與美國在全球和地區安全領域裡的合作與溝通。美國重視中美關係的基點在於美國希望把中國納入美國的全球和地區安全框架，從而一勞永逸地規避中國崛起後對於美國國家安全所帶來的隱患。中國的國家安全戰略當然必須圍繞著自身的國家利益進行，同時應該重視和正面回應美國的安全關切。

今後，中國要加強同美國在反恐領域的合作，把反恐作為加強雙邊安全關係的主要支點。「9·11」後，美國一度以反恐畫線進行敵友甄別，布希以反恐為議題再度贏得大選得以連任總統，儘管當今國內外學術界認為布希政府以反恐為藉口行重新調整地緣戰略部署之實，但是「反恐」在美國朝野上下、內外政策中的核心位置一直無法替代。中國在「反恐」時把握自己的價值尺度同美國合作，能夠切實維護自身的國家利益，特別是中美合作並由聯合國界定「東突」組織為恐怖組織，為中國維護西部穩定和國家安全爭取到了國際支持。

今後，中國在與美國進行反恐合作時應該把握幾個原則，一是嚴格把握「反恐」的國際標準，反對雙重畫線，反對以意識形態論親疏；二是堅決反對以「反恐」為名干涉他國主權，堅決反對把具有國際法地位的國家行為體作為打擊目標；三是主張剷除滋生恐怖主義的根源，即貧窮、愚昧與種族的歧視。就臺灣問題而言，「臺獨」分子「以武拒統」的某些行徑已經可以納入恐怖行為的範疇，諸如揚言「炸三峽」、攻擊上海東方明珠電視塔等，中美兩國可以在國際反恐的背景下遏止「臺獨」勢力具有恐怖主義性質的分裂行為。事實上，美國一直肯定中國在反恐領域的配合，同時積極溝通雙方在「反恐」領域的不同看法。此外，在朝核、伊（朗）核、中東等問題，中美相互安全合作的空間也非常廣泛。

第二，中美加大經貿合作有助於改變中美不對稱的夥伴關係。

長期以來，由於在雙邊經貿領域中國對於美國的單方面依賴性比較強，導致美國不斷在經貿領域製造摩擦，致使中國在中美關係中經常處於被動應對的態勢。隨著中國經濟實力的增強，中國在美國對外貿易中的地位日益彰顯，現在美國是中國的第二大貿易夥伴，而中國是美國的第三大貿易夥伴，雙邊貿易額達到1700多億美元。中國向美國大量出口，所得順差收入用於大量購買美元計價資產，主要是美國債券。2005年，中國外匯儲備餘額已達8189億美元，中國的大量外匯儲備和商業性金融機構外匯資金投向美國的國債、聯邦機構債券市場，使中國連續數年位居世界第二大外匯儲備國和美國國庫券第二大外國持有人地位。

據中國社會科學院有關專家分析，中國經濟未來一段時期內仍然有較高的增長速度，同時中國政府按承諾履行WTO的相關條款，實行更為開放的政策。美國經濟也在穩定中增長。這種形勢對中美經貿關係的發展，有決定性的影響。當前，中美經貿領域面臨的主要問題是美國對華貿易的逆差問題，根據中國的統計，中美貿易1993年美方開始出現逆差62億美元，到2004年上升到803億美元，11年增長了近12倍。有關專家指出，中國產品對美出口增長是美國消費者旺盛的需求所致。因此，簡單地限制中國產品並不能解決美國貿易逆差問題，搞不好還可能給美國造成短期的商品短缺和市場混亂，以及長期的消費品價格上漲。美國具有競爭優勢的產品主要是科技含量高的製造業產品、農產品以及服務貿易產品，但是由於政治和所謂「安全」方面的原因，美國政府仍對高技術產品的對華出口進行限制。因此，美方貿易逆差的解決之道是美國增加其有競爭力的產品的出口，而不是限制中國產品的進口。中方為此已經作出了努力，2005年11月20日，布希訪華期間，中國航空器材進出口集團與美國波音公司簽訂協議，波音將對華提供70架B737-700和B737-800飛機，目錄價格總值達40億美元，這是中國民航史上購買飛機架數最多的一單協議。

2006年4月，胡錦濤訪美，他談到關於中美經貿分歧問題時指出：經貿關係是中美關係的重要組成部分，雖然兩國在經貿問題上存在分歧和摩擦，但互利雙贏是主流，分歧和摩擦可以透過平等協商，在擴大合作中得到妥善解決。所以，利益共同點大於分歧，合作多於摩擦，在互利與矛盾中發展，是中美經貿關係的主要特徵。

2009年3月6日，世界銀行行長佐利克（Robert.B.Zoellick）和世行首席經濟學家林毅夫在《華盛頓郵報》聯名發表文章〈世界經濟復甦取決「G2」〉。兩名世行的高官在開篇即指出：中國經濟增長率2009年將會下跌，美國正處於嚴重的衰退之中，世界經濟要想復甦，這兩個經濟發展的發動機必須合作，並成為20國集團的引擎。沒有「G2」（兩國集團）強勁發展，20國集團就將會令人失望。因此，加強中美兩國在經貿、反恐、地區安全等領域的合作，推動臺灣問題在兩國關係中的邊緣化進程，是為中國國家統一逐步消除最大外部阻力的積極舉措。

因此，中美關係中，中國經濟地位的上升必然對中美兩國的政治關係產生影響，儘管布希政府不再提中美兩國的建設性戰略協作夥伴關係，但是「區分議題、加強溝通、有所借助」的對華政策理念已經顯出輪廓，這必然有利於改變部分美國政要敵視中國的立場，使臺灣在美國的政治、經濟利益格局中的地位有所下降，最終有利於中國排除外部干擾，分步驟地解決臺灣問題。

二、中國對日外交要消弭歷史宿怨、分解日臺聯盟

進入21世紀後，中日關係面臨嚴峻的挑戰，在某種程度上比中美關係更加難以處理，連續幾年首腦互訪中斷、民間積怨特別是中國民間的反日情緒一直難以平息，而一貫右傾的日本政府在改善中日關係方面處處設障，至今許多棘手課題尚未完全解決，因此中國對日外交仍然面臨歷史、東海、臺灣、美日同盟等現實障礙。儘管如此中國仍然要努力破解僵局，不讓「臺獨」分子利用中日關係

的一時困難發展隱蔽性的日臺關係，阻礙國家統一。

　　第一，中國政府和民間要以長遠眼光消弭中日歷史宿怨，圍繞中國的國家統一，要辨證的認識和分析歷史問題。胡錦濤在紀念抗戰勝利60周年大會上的講話中指出：「我們回顧歷史，是為了獲取智慧和啟迪，從而更好地把握今天的生活和未來的方向。中國人民抗日戰爭和世界反法西斯戰爭的勝利給了我們很多深刻而重要的啟示」，「中國和日本都是亞洲和世界上有重要影響的國家。在中日兩國2000多年的交往史上，中日友好是主流」，「我們強調牢記歷史並不是要延續仇恨，而是要以史為鑑、面向未來」，「我願在此重申，中國政府發展中日友好合作關係的方針沒有改變。我們將嚴格遵守《中日聯合聲明》、《中日和平友好條約》和《中日聯合宣言》三個政治文件，堅持透過對話、平等協商，妥善處理中日之間的分歧，加強兩國在廣泛領域的交流合作，加強民間友好往來，增進相互瞭解，擴大共同利益，以實際行動致力於發展21世紀的中日友好合作關係，使中日關係健康穩定地向前發展，使中日兩國人民世世代代友好下去。」

　　所以，對於中日兩國的歷史問題要向前看，堅決防止和杜絕兩種傾向。其一不可以模糊歷史。對於抗日戰爭的勝利，臺灣當局為了討好日本右翼勢力，選擇了冷漠以對的態度，一些「臺獨」分子聲稱「臺灣與中國的抗戰無關」，「60年前曾經是敵對的雙方，今天早已成為合作的夥伴」，甚至狂言「日本一直關注臺海安全，臺灣應忘記此前的恩怨，反日勢力有意舉辦紀念活動，當局不需要太積極」等等，在島內輿論的壓力之下，陳水扁僅發表了一篇所謂的「紀念專文」，雖然有「抗戰」字樣，卻不提「日本」兩字，在談到抗日戰爭勝利時也用「終戰」代替「勝利」，這是以混淆歷史來換取日本右翼對於「臺獨」的支持。其二，不能鼓勵狹隘的「民粹式」愛國主義，把歷史問題引向盲目的仇恨，甚至不惜損害國家的聲譽和利益，所以處理中日之間的歷史問題必須辨證、客觀，本

著「有理、有利、有節」的原則，把握國家的整體利益，最終有利於中國的和平發展和中日關係的穩定發展。

　　2007年9月日本首相福田康夫接替辭職的安倍上任後，積極推進「中日戰略互惠關係」，與訪日的胡錦濤主席共同簽署了中日之間第四個政治文件《全面推進中日戰略互惠聯合聲明》。中日之間先前三份文件分別是中日兩國政府1972年9月29日簽署的《中日聯合聲明》，以中日實現邦交正常化為內容；1978年8月12日簽署的《中日和平友好條約》；1998年11月發表的《中日聯合宣言》，宣布兩國建立「致力於和平與發展的友好合作夥伴關係」。第四份政治文件對先前三份政治文件有著相當大的繼承性，除了肯定中日還要遵守先前三份文件的精神和原則，還以兩國領導人簽字形式確認了那三份文件。無論就歷史、還是就臺灣問題，三份文件都作出了明確規定並特別強調，中日要根據和平共處五項原則發展兩國關係，不以武力威脅方式解決兩國之間的任何爭端。這些中日之間的外交成果在日本右翼勢力的重重阻撓下形成不易，必須倍加珍惜。

　　第二，中國要重視針對日本的「民間外交」。中日民間交往歷史久遠，唐天寶元年即西元742年，日本僧人來華並敦請鑑真赴日傳佛。鑑真欣然應允，克服種種困難，先後六次終獲成功。他攜帶佛經、佛具及佛像，抵日本開始了傳播佛教和盛唐文化。日本前首相田中角榮曾說：「中國是日本的鄰國，有兩千多年的文化關係，日本受到中國文化的哺育，這是一個不以人們意志為轉移的事實。中日兩國就是在這樣的聯繫中生活過來的。」日本眾議院議長河野洋平在2006年12月中國文化節開幕式的講話中所說：「日本文化傳統中散發著中國文化的濃郁馨香，表明日中之間有著割捨不斷的因緣。」

　　2006年3月31日，中國國家主席胡錦濤在北京會見以前首相橋本為首的日本日中友好七團體會長一行時指出，在當前中日關係面

臨困難的情況下，七團體會長聯袂來訪充分體現了中日兩國人民對改善和發展中日關係的殷切期望，他說：「日中友好七團體一直是中日友好事業的骨幹力量，也是中日民間交流的橋梁。長期以來，日中友好七團體的朋友們為實現中日邦交正常化，發展中日睦鄰友好關係，做了大量有益的工作，做出了突出貢獻。」橋本說目前日中兩國在各個領域的民間交流很頻繁，希望這樣的交流能進一步加強。日本《每日新聞》就日本七團體攜手訪華發表評論指出：「中國一方面拒絕與小泉首相和對華強硬派麻聲外相舉行高端磋商，另一方面又熱情接待今年2月前來訪華的自民黨政調會長中川秀直、經濟產業大臣二階俊博以及其他日本執政黨幹部，活躍地展開對日外交。這次中國盛情款待的是『親華派』的7個日中友好團體的代表，是為了給自己創造一個平台，便於發出『重視中日關係』的信號。」2007年《瞭望東方週刊》與日本發行量最大的報紙《讀賣新聞》分別在中國、日本對大學生進行了調查，調查顯示參加調查的中日大學生們都把對方看作是對自己國家經濟發展至關重要的國家。特別值得一提的是，在「請列舉您認為對自己國家的經濟發展來說非常重要的國家和地區」一欄中，超過一半的日本調查者寫下了「中國」，位列榜首。而在中國學生看來，日本同樣是對中國經濟發展重要的國家，僅次於美國。這些都從某種意義上說明雙方有增進瞭解的必要。在1990年代曾經擔任聯合國難民署高級專員、現任日本國際協力機構理事長緒方貞子指出：「中日關係關鍵在於人與人的交流。」

　　第三，以務實態度分解日臺「地下」結盟。日臺結盟當前屬於非官方性質，但是日本政界和民間的右傾勢力已經影響到日本的對華、對臺政策趨向，所以具有「地下」或者「隱性」的色彩。日臺「地下」結盟與日美公開結盟互相呼應，具有隱蔽性、滲透性和突發性的破壞力。日臺地下結盟的組織基礎是日本的右傾勢力和臺灣島內的「臺獨」勢力，因此必須有意識地區分日本國內的侵華、反

華與親華、擁護中國實現國家統一的力量及中間勢力，有的放矢地分解日本國內敵對的反華、遏華陣營，堅決制止日本民間反華勢力上升到國家層面與「臺獨」勢力結盟，干涉中國的國家統一。

　　長期以來，在中國政府多次重申對臺灣問題的嚴正立場所形成的國際輿論氛圍下，日本政府在國際公開場合的正式表態從來沒有承認石原慎太郎等右翼分子美化日臺同盟的言論，而中國政府雖然一直譴責日本國內一些勢力否認日本發動侵略戰爭的性質和罪行進而竭力美化日本軍國主義戰爭的言行，同時也肯定日本國內正義人士為中日關係的改善所做出的努力。所謂日本政治右傾化，主要是指日本右翼保守勢力及其主張占據上風並影響政府決策的一種政治傾向。一旦持這種錯誤歷史觀、戰爭觀的人控制日本的執政黨、政府或自衛隊，中日關係的健康發展就可能再度受到日本政治右傾化的嚴重干擾。中日政治摩擦期也將隨之到來。曾任日本航空自衛隊幕僚長的田母神俊雄2009年3月出版《田母神塾——這才是能令人自豪的日本教科書》一書，主張徹底推翻1995年村山富市首相關於承認日本侵略歷史的講話，修改憲法第九條，日本擁有核武器等。這得到右翼勢力和極端民族主義的支持，在日本自衛隊中有一定影響。所以，未來日本的政治走向和領導人的對華政策傾向仍值得關注。

　　在策略層面上，必須以務實的態度處理日本與臺灣的關係，在經濟上要肯定有利於臺灣島內民生的日臺民間正常的經濟往來，但是要揭露臺灣當局以經濟上特別是貿易上的不平等交易換取日臺政治關係升級的賣國行徑；支持日臺間正常的文化交往、社會階層交流，堅決反對在民間交往掩蓋下的政界人員往來及官方色彩的政情溝通；對於日臺間或明或暗的政治、軍事交流，要堅決採取必要外交行為與輿論攻勢予以譴責，把這種行為上升到是否改善中日關係的大局上對日展開針鋒相對的鬥爭，制止日臺政治、軍事關係升級。

对於臺灣島內存在的親日、媚日群體以及力圖促成日臺結盟的「臺獨」勢力予以輿論上的討伐，有效地化解日臺「地下」結盟帶來的消極影響。

三、中國要在全方位外交背景下化解美日臺同盟的整合態勢

美日臺同盟對於中國國家統一具有相當的負面影響，對此中方要在全方位外交的背景下化解美日臺同盟的整合態勢。

第一，法理層面上，中國一直強調臺灣是中國的內政，拒絕外來干涉，對美、日插手臺灣事務在國際法的層面進行了有力的反制。在國際社會中，中國政府堅決拒絕將臺灣問題國際化，多次重申臺灣問題不能與朝鮮半島問題和東、西德問題相提並論，因為東西德、南北朝鮮問題的產生是二戰後根據國際協議形成的，其歷史背景和發展過程同臺灣問題完全不同，因此中國政府歷來堅決反對用處理德國問題和朝鮮問題的方式來處理臺灣問題。當前海峽兩岸尚未統一，但是仍然同屬一個中國；臺灣問題也應當在一個中國的框架內，由中國人自己來解決。由此，在法理層面上，對美、日特別是美國利用《臺灣關係法》為干涉臺灣事務尋找法理依據的企圖進行了反制，從國際法的角度闡明了美、日干涉臺海事務阻礙中國的國家統一違背了國際法中的基本準則——不干涉他國內部事務，使美日臺同盟缺乏基本的國際法依據。

第二，在策略層面上，要利用美臺、日臺關係的不對稱加以各個擊破。美臺關係和日臺關係有所區別，美國干涉臺海事務是中國面對的外來干涉的主要方面，具有公開性和主導性；日本涉臺是中國面對的外來干涉的相對次要方面，具有隱蔽性和從屬性。所以，中國應對美日臺同盟的整合態勢，必須抓住主要矛盾——美臺關係，以點帶面，進而逐步解決次要矛盾——日臺關係及其他涉臺外部勢力。美臺關係是歷史上形成的，根深蒂固，短期內難以解決，中國的相應對策就是加強雙方在臺灣問題上的溝通，利用中美

關係上升的一面化解美臺關係的不利影響，同時針對美國意欲協防「臺灣」的戰爭挑釁行為，針鋒相對，加緊進行應對臺海緊張局勢的軍事鬥爭的準備工作，做到一文一武，張弛有制；日臺關係很大程度上是日本侵華的「後遺症」，所以中國政府對日本涉臺要嚴正交涉，堅決打壓各種日臺官方關係，不斷揭露日本軍國主義侵華、侵臺給中國人民帶來的巨大傷害，不能在日本涉臺這一問題上有任何的妥協和鬆動。中美關係對臺灣問題的影響將直接決定日本涉臺的程度，日臺關係必將長期受到美臺關係的制約。當然，要看到矛盾具有轉換性，日本近年來一直加緊干涉臺灣事務，在將來某個具體的歷史時期內，中日關係對於臺灣問題影響的重要性將會有所上升。

第三，國際輿論層面上，中國要展開全方位外交，孤立、分化中國的敵對勢力，使其達不到有效的整合。國際上一小部分國家出於接受臺灣當局援助的需要，不斷為國際上製造「兩個中國」、「一中一臺」搖旗吶喊，特別是個別國家聯合提出要求臺灣加入聯合國的提案。2005年9月13日，第60屆聯合國大會總務委員會作出決定，拒絕將甘比亞等極少數國家提出的所謂「臺灣在聯合國代表權問題」和「聯合國在維護臺海和平方面積極作用」兩項提案列入本屆聯大議程。這是臺灣當局妄圖在聯合國內製造「兩個中國」、「一中一臺」的鬧劇連續第13次遭到慘敗。所以，在多邊外交場合，諸如聯合國、APEC等舞台，中國必須堅持遏制「臺獨」勢力的公開和隱蔽性分裂活動，為中國的國家統一爭取廣泛的同情與支持。

第四，妥善處理臺灣地區的涉外問題。2009年5月26日，胡錦濤總書記同吳伯雄主席舉行會談，就新形勢下進一步促進兩岸關係發展深入交換了意見，雙方都主張兩岸在涉外事務中避免不必要的內耗，增進中華民族整體利益。之前，中華臺北衛生署應邀派出人員作為觀察員參加了2009年的世界衛生大會。

第四節　中國大陸反「臺獨」活動的鬥爭及國家安全戰略上的調整

中國的外交政策最終服從和服務於維護國家主權與領土完整這個核心的安全利益，因此在中國圍繞國家統一開展對美、對日外交的同時，要全方位地針對「臺獨」活動展開鬥爭，並進行國家安全戰略的調整。

一、中國政府要針對「臺獨」活動開展有力的政治、經濟、外交鬥爭

中國的國家統一要做好打「持久戰」的準備，即在中國的和平發展並最終崛起於世界民族之林的過程中解決臺灣問題，從這個宏觀層面出發，中國大陸要對「臺獨」分裂活動在政治、法律、經濟、外交等方面展開全面的鬥爭。

第一，政治上，開展統一戰線工作尤其重要。當前，懾於島內外的巨大壓力，臺灣當局不敢宣布法理獨立，所以在輿論和軍事的高壓態勢下台灣將會維持現狀。事實上，只要臺灣當局不踩「法理獨立」的「紅線」，臺灣就可以在相當長的時期內分享大陸經濟發展帶來的「紅利」，從而維持兩岸的和平與穩定。對於大陸而言，臺海局勢維持現狀（即臺灣當局不宣布法理獨立），目前看是一個可以接受的策略選擇，有利於中國實現國家統一。長期看，解決臺灣問題從而最終實現國家統一關鍵在於爭取島內的民心，所以要針對臺灣島內的各種勢力和國際上的各種力量開展統一戰線工作。因此，在政治上做好實現統一的前期準備，必須做好爭取和團結島內擁護國家統一的政治勢力和民眾力量的工作，這是一項根本性的、長期性的戰略任務。

多年來，大陸不斷地向臺灣島內展示了和平統一國家的最大誠

意，動搖「臺獨」勢力的民意基礎，特別是2000年陳水扁上台後不斷製造「臺獨」分裂活動，大陸方面就更加重視在政治上鞏固與臺灣島內「泛藍」陣營的統一戰線。2005年9月，在中國人民抗日戰爭和世界反法西斯戰爭勝利六十周年紀念日，胡錦濤發表講話指出中國國民黨和中國共產黨領導的抗日軍隊，分別擔負著抗日戰爭中正面戰場和敵後戰場的作戰任務，形成了共同抗擊日本侵略者的戰略態勢。胡錦濤特別提到，以國民黨軍隊為主體的正面戰場，組織了一系列大仗，特別是全國抗戰初期的淞滬、忻口、徐州、武漢等戰役，給日軍以沉重打擊。對此，國民黨中常委、臺灣「立法委員」吳敦義認為，中共對抗戰中國民黨的貢獻作出正面肯定，十分珍貴，是胡總書記善意的表示。他認為，中共正面解讀八年抗戰中國民黨有那麼多犧牲的將領官兵，用生命熱血來捍衛國土，抵禦日本侵略者，將對國共兩黨及兩岸之間未來更好地交流，會有更大的幫助。

　　臺灣島內長期以來一直存在所謂「省籍」之爭，「臺獨」勢力不斷製造族群分裂，大肆煽動所謂本土派與外省人群的鬥爭，以達到主導統「獨」議題的目的；中國共產黨能夠超越黨派的歷史背景，肯定國民黨的抗日歷史功績，既維護了歷史的真實性，又團結了一大批臺灣島內的政治力量。毋庸諱言，中國共產黨的國家統一政策與臺灣島內的「泛藍」陣營的統一主張存在著重大的政治分歧，但是在「一個中國」的旗幟下摒棄政治上的歧見可以更加有效地遏制「臺獨」分裂行徑，有助於兩岸統一意識及民族認同感的整合。

　　第二，在法律的層面，《反分裂國家法》是中國遏制「臺獨」活動最重要的法律武器。長期以來，中國大陸對臺統戰工作一直是在國家政治特別在黨的政策層面上運作，沒有納入立法程序，對此國內外反華及分裂勢力一直攻擊大陸的國家統一行動只是黨派利益的體現。中國大陸透過立法把國家的統一納入了法律的軌道，為

「臺獨」活動劃下了「紅線」，樹立了中國作為法制國家的形象。現在透過立法上升為國家意志，有利於進一步界定分裂國家行為的性質及應對措施，團結國內外的進步、正義力量共同反對「臺獨」勢力，遏制分裂活動。

第三，兩岸經濟整合在國家統一進程中的作用逐漸突出。臺灣農產品登陸對於「臺獨」分裂行為的遏制效應初顯，使臺南農民、臺灣漁民對於國家統一產生了經濟上的認同，對於「臺獨」勢力特別是民進黨在臺南的票倉形成釜底抽薪之勢。大陸努力促成的兩岸「三通」得到了臺灣島內工商界的認同。隨著今後兩岸經濟的互動，兩岸經濟一體化為中國國家的統一奠定了物質基礎。當前，大陸對臺優惠政策已經成體系，有點對點到面對面，從經貿、教育、旅遊、航運、文化這些宏觀方面到臺農增收、臺胞大陸入學、新聞出版、地區互動等中觀和微觀層面，大陸惠臺政策可謂系統化、整體化、長期化。

第四，兩岸民間多領域的交流有助於增強臺灣民眾對於國家統一的認同。大陸贈臺灣大熊貓、對在大陸高校就讀的臺生實行與大陸同等的收費待遇、承認臺灣高等教育的學歷，所有這些措施促進了海峽兩岸的民間交流，提升了臺灣民眾對於國家統一的認同感和糾正了一些對於大陸的偏見與誤會。

第五，針對臺灣當局在國際上製造「兩個中國」或者「一中一臺」的分裂活動，中國政府要透過多邊外交和一系列雙邊外交打壓臺灣當局拓展的所謂「國際生存空間」，另外要從爭取臺灣人民的角度出發允許臺灣以「中國臺北」的名義加入沒有官方色彩的國際組織及開展商貿交流。在具體策略上，中國主要應該爭取美、日、俄等大國和廣大發展中國家對於中國國家統一的支持，對於那些國際上較少影響、缺乏起碼的國際道義、國際信譽的國家，中國政府沒有必要浪費大量的外交資源與臺灣當局展開「外交戰」，應把大

量精力集中在雙邊和多邊的國際舞台上開展國際統一戰線工作。

二、中國針對「臺獨」在軍事上的積極備戰與戰略上的有效威懾

在開展政治鬥爭的同時，中國對臺軍事鬥爭準備具有不可替代的作用。海峽兩岸的和平局勢是兩岸人民的福祉所在，但是大陸只有對「臺獨」勢力保持足夠的威懾，才能達到「不戰而屈人之兵」的戰略效果。換言之，只有大陸保持強大的軍事壓力，「臺獨」勢力才不敢輕易越過「法理獨立」這條「紅線」。

2004年12月27日，中國國務院新聞辦公室發表《2004年中國的國防》白皮書，其中指出：「『臺獨』分裂活動日益成為破壞中國主權和領土完整，危害臺海兩岸及亞太地區和平與穩定的最大現實威脅」，同時，中國維護國家安全的首要基本目標和任務是：「制止分裂，促進統一，防備和抵抗侵略，捍衛國家主權、領土完整和海洋權益」，所以「制止『臺獨』勢力分裂國家，是中國武裝力量的神聖職責」，「如果臺灣當局鋌而走險，膽敢製造重大『臺獨』事變，中國人民和武裝力量將不惜一切代價，堅決徹底地粉碎『臺獨』分裂圖謀」。

軍事上的積極備戰與戰略上的有效威懾是緊密相連的，為適應國際戰略形勢和國家安全環境的變化，迎接世界新軍事變革的挑戰，中國堅持積極防禦的軍事戰略方針，加速推進中國特色軍事變革。在發展道路上，堅持走複合式、跨越式發展道路，加強以海軍、空軍和第二砲兵為重點的作戰力量建設，全面提高軍隊的威懾和實戰能力。在軍事鬥爭準備上，人民解放軍立足打贏資訊化條件下的局部戰爭，突出加強武器裝備建設、聯合作戰能力建設和戰場建設，努力適應一體化聯合作戰的要求，建立能夠充分發揮武裝力量整體效能和國家戰爭潛力的現代作戰體系。從各種資料的綜合分析看，在「臺獨」勢力製造重大「臺獨」事變的時刻，中國可能進

行的對臺作戰的基本模式有三種：

第一，經濟封鎖。對臺灣島內的經濟封鎖可以達到「不戰而屈人之兵」的作戰效果，但是一旦實行，對於亞太地區的經濟發展特別是中國的經濟發展負面影響較大。臺灣地區囿於地理環境沒有任何陸上通道與外界相連，經濟上主要依靠對外貿易，一旦被封鎖，經濟上將會遭受致命性打擊，「臺獨」行徑必然得不到島內民眾的支持而歸於失敗。但是，美、日將會進行有針對性的反封鎖行動，並且伴隨西方社會對中國的經濟制裁，整個東亞甚至全球的經濟發展會陷入停滯。

第二，有限打擊。中國軍隊透過發射導彈進行多個波次的攻擊並且在海空軍掌握臺海的制海權和制空權後，可以有選擇地對「臺獨」勢力進行一定程度的有限打擊，主要目的在於阻嚇「臺獨」勢力推行重大的「臺獨」事變，並且催生島內政治力量的整合，最終使臺灣當局能夠回到「一個中國」的立場上來。但是，這種有限打擊在何種程度上可以達到其政治上的戰略意圖，其臨界點不好把握，而且一旦遇到外部干涉及美日對島內的支援則形成兩岸在軍事上的對峙局面，將會背離這種有限打擊的戰略初衷。

第三，登島作戰。透過中國人民解放軍的登島作戰，可以徹底根除島內分裂勢力的社會基礎和物質基礎，但是代價最大，只能是不得已而為之的最後選擇。解放軍登島作戰將會遠遠超出戰役作戰的範疇，將牽涉中國東部沿海地區的戰時動員甚至全國動員，在相當長的一個時期裡，一切工作將會服從和服務於對臺作戰及對臺工作這個全國性的中心工作。在面臨美、日等國家的進行軍事干涉和政治封鎖的強大壓力下，中國的和平發展和整個國家和民族的意志力、向心力都將經受極大的考驗。

總體來看，「臺獨」勢力的基本特徵在於對外挾洋自重，對內挑動族群分裂，並沒有在整個臺灣島內建構起全民徹底對抗大陸實

現分裂的意志和精神，只要中國政府與國際社會進行廣泛的溝通，取得多數國家在道義上的支持，「臺獨」勢力不顧一切進行「法理臺獨」的可能性不大；即使「臺獨」勢力在美日等國暗中縱容下鋌而走險，中國政府透過經濟封鎖和進行有選擇、有目標的有限打擊，可以挫敗某些重大的「臺獨」事變。至於登島作戰，其政治、經濟代價十分巨大，而且後續臺灣島的治理將會面臨諸多問題，要進行全面的論證，在國家安全層面建立一整套預案，以備在國家安全面臨最為嚴峻挑戰的時刻啟用。

三、中國要逐步對國家安全戰略進行有針對性的調整

臺海局勢當前看是「外患」大於「內憂」，「臺獨」勢力行分裂之實主要依靠外部勢力的支持，所以中國遏制「臺獨」的對外方略在於構建有利於實現國家統一的大國關係，特別是中美日大三角的走向直接決定臺海地區的和平與穩定。在國內，中國必須在國家安全層面上對可能的臺海戰爭做好準備，整體國家安全戰略包括核戰略要進行有針對性的調整，只有在對可能發生的一切情況做好充分準備的前提下，才有可能和平地實現國家的統一。

第一，要從國家安全的層面有針對性地進行區域經濟布局規劃。改革開放以來，中國東南沿海地區已經成為中國最重要的工業基地，在全國工業總產值中所占份額由1978年的31.7%上升到1996年的41.30%，上升了9.6個百分點；2003年，中國對外貿易達8500億美元，吸引外資近6000億美元，東南沿海地區占60%，沿海地區經濟增長速度超過全國2個百分點。臺海戰爭一旦發生，中國東南沿海地區（主要指華東和華南地區，包括福建、廣東、浙江、上海、江蘇南部、香港、澳門）要承受巨大的經濟損失，基礎設施將會遭到較為嚴重的破壞，對外貿易將大幅度倒退，中國的工業能力也將整體下降。所以，必須從國家安全戰略的宏觀層面看待西部大開發與東北老工業基地的振興。中國東北和西部地區相對臺

海地區而言是重要的戰略縱深，國家把開發重點轉向這兩個區域，將完全不同於計劃經濟年代的「大三線建設」，是國家經濟布局和國家安全戰略的有機結合。所以，加強中國東北和西部地區的開發建設，不僅僅是區域經濟平衡的問題，更為關鍵的是為未來可能發生的臺海戰爭提供堅實的物質基礎和技術支撐。

第二，建立戰時應急經濟運行體制的預案，特別是石油儲備的預案。未來的戰爭不僅是高科技層面上的鬥爭，更是國家間綜合國力特別是經濟力的對抗。2003年以來，美國每個月為伊拉克戰爭花費56億美元，是美國過去60年來費用最高昂的戰爭。截至2005年8月，美國國會迄今為伊拉克戰爭批准了4項撥款法案，開支總額達到2044億美元。未來的臺海戰爭對中國的經濟增長機制，特別是過度依賴對外貿易的經濟增長模式產生重要的影響，所以中國必須著手建立戰時應急經濟運行體制的預案，擴大內需，減少對外資和外貿的依賴程度。

另一方面，石油戰略儲備是一個國家能源安全體系最重要的一個環節。中國在1993年成為石油淨進口國。2003年中國進口石油超過9112萬噸，同比增長31.29%，進口原油占國內原油消費量的36.1%，2004年進口量突破1億噸，中國已經成為僅次於美國的世界第二大石油消費國。隨著中國石油對外依存度的迅速提高，石油安全問題成了非常緊迫的問題。中國要打贏高科技條件下的局部戰爭，現代化作戰條件下所需要的能源安全至關重要，中國政府必須從國家安全層面制定應急的能源安全特別是石油儲備預案，包括戰略石油儲備庫的建設，石油通道的安全保障、協調與主要石油供應國的關係以及加緊進行相關替代能源的開發等等。根據規劃，中國於2004年開始建設鎮海、舟山、大連、黃島等一期四座儲備基地，2007年12月18日中國國家發展和改革委員會宣布，中國國家石油儲備中心正式成立，旨在加強中國戰略石油儲備建設，健全石油儲備管理體系。

第三，中國要提高自身的核威懾能力以應對高技術條件下的局部戰爭。「9·11」事件之前，美國與俄羅斯、英國、法國和中國這幾個核武器大國一樣，承諾不會首先向無核武器國家發動核打擊。但「9·11」後，美國已改變了這一核戰略政策，並明確宣布對於伊朗、伊拉克、朝鮮、利比亞和敘利亞這些無核武器國家也有可能會首先使用核武器。中國當前的核戰略主要體現在「有限核威懾」理論上，中國現行的核戰略是一種「無條件」的核戰略，概括起來說由以下四個方面構成：（1）全面禁止和銷毀核武器；（2）在任何時候不首先使用核武器；（3）在任何時候不對無核國家或無核武器區使用或威脅使用核武器；（4）不擴散包括核武器在內的大規模殺傷性武器。

中國所擬定的「打贏高技術條件下的局部戰爭」的設想與這種「有限核威懾」理論基本上是相匹配的，但是在未來可能進行的臺海戰爭中面臨兩個問題：第一，由於奉行「有限核威懾」理論導致中國核威懾能力先天不足，事實上，中國在常規武器裝備的研發領域與美國等西方發達國家相比一直存在較大的差距，如果臺海形勢突變遇到外來軍事干涉時，中國是否能夠把常規戰爭的規模控制在局部範圍內？如果假想敵在局部戰爭的框架內無法達到目的，將戰爭升級為全面常規戰爭，中國一旦處於劣勢從而面臨國家即將分裂的危險時如何有效自衛？第二，在高技術條件下，核大國正在加強核武器的研發以降低核打擊的門檻。美國一心想要消除小型核武器和常規武器之間的差異，目前正在研製全新的第四代核武器——不存在核污染的純熱核武器。美國這種企圖降低核門檻，將戰略核武器戰術化的做法，可能在全球引發研製新型核武器的競賽，使本已籠罩在核烏雲下的世界更加不安，國際社會當前也面臨著如何界定新型核武器使用的臨界點這一嚴峻課題。

所以，中國必須立足現實，著眼長遠，一方面主張在全球範圍內全面、徹底地銷毀核武器，另一方面在國家安全戰略的調整中牢

牢把握國家的核心利益——維護國家主權和領土完整這一原則，使中國的核力量在遇有外部勢力軍事干涉中國國家統一進程中發揮重要的威懾作用。此外，要追蹤美國等發達國家研製新型特別是小型化、可控型核武器的動態，透過自身技術水平特別是研發能力的提升維持中國核力量的基本威懾能力和快速反應能力，以應對個別核大國的核訛詐，彌補中國在常規武器裝備領域中與美日等國家的相對劣勢。

第五節　中美日三國在臺灣問題上博弈的基本模型與未來走勢

　　進入21世紀，臺灣問題受中美關係和中日關係的影響日益複雜化，學術界對於臺灣問題未來走勢的預測也不盡一致。在經濟領域、國際關係等諸多領域中廣泛運用的「博弈論」可以為解讀這一走勢在理論上提供新的嘗試。

　　一、「博弈論」為詮釋「中美日——臺灣」的安全架構提供了一種新視角

　　博弈論，又稱對策論，是在1940年代形成並發展起來的使用嚴謹的數學模型研究衝突對抗條件下最優決策問題的理論。博弈論根據其所採用的假設不同而分為合作博弈理論和非合作博弈理論。前者主要強調的是團體理性；而後者主要研究人們在利益相互影響的局勢中如何選擇策略使得自己的收益最大，即策略選擇問題，強調的是個人理性。目前經濟學家談到博弈論主要指的是非合作博弈，也就是各方在給定的約束條件下如何追求各自利益最大化，最後達到力量均衡。非合作博弈論的代表人物——奈許奠定了現代非合作博弈論的基石，他證明了非合作博弈及其均衡解，並證明了均衡解的存在性，即著名的「奈許均衡」，「奈許均衡」的基本內

涵是：合作是有利的「利己策略」，參與合作的多方只有在互相合作與妥協的過程中才能達到「雙贏」。博弈論最早應用於經濟領域，後來在國際政治學界特別是軍控領域得以廣泛運用。

21世紀初期，中美日圍繞臺灣問題既存在一定的安全困境，又有著一定的合作空間，在博弈論的基礎上建立中美日三國在臺灣問題上的安全模型，有助於從一個新的視角來看待臺海局勢的走勢。

二、分別以中美、中日關係對於臺灣問題的影響建立兩個三方博弈的模型

透過「博弈論」建立「中美日-臺灣」三國四方的安全模型，首先要在理論上要將影響臺海局勢的美、日以外的其他外部因素忽略不計，從而純粹在中美日安全架構中探討臺灣問題的走向。首先，要對於中美日關係進行分解，以中美、中日關係對於臺灣問題的影響分別建立兩個三方博弈的模型。

建立模型前要給參與博弈的各方設定一個代碼：中國—A，美國—B，日本—C，臺海局勢設為變量T（T的波動區間賦值為【-5，5】，【0，5】表示臺海局勢基本趨向於穩定，【-5，0】表示臺海局勢基本趨向於動盪不安）。

以下將以中美、中日兩對雙邊關係對臺海局勢的影響為對象建立博弈模型。

（一）中美相互外交政策對於臺海局勢的影響

表1

美國＼台海局勢＼中國	中國傾向於與美國在台灣問題上合作 A_1	中國拒絕與美國在台灣問題上合作 A_2
美國傾向於與中國在台灣問題上合作 B_1	$0 < T_1 < 5$ 台海局勢趨於穩定、和平	$-3 < T_2 < 0$ 台海局勢摻雜諸多不穩定、非和平因素
美國拒絕與中國在台灣問題上合作 B_2	$-3 < T_3 < 0$ 台海局勢摻雜諸多不穩定、非和平因素	$-5 < T_4 < -3$ 台海局勢趨向於陷入動盪與戰亂

　　從表1中可以看出，中美關係對臺海形勢的影響基本從T1到T4進行演變，從歷史上臺海發生的三次危機來看，中美雙方都拒絕在臺灣問題上相互合作或者斷絕了進行資訊溝通的基本渠道，同時中美關係對於臺灣問題的影響具有主導性；因此一旦中美關係惡化對於臺海局勢的影響十分明顯，所以在（A2，B2）的情況下，數值變動設為-5＜T4＜-3。

　　進入21世紀後，中美雙方在臺海問題上進行了多輪博弈後，逐漸認識到雙方只有採取合作的態度才能維護自身的國家利益，因此中方採取的A1策略和美方採取的B1策略逐步使臺海局勢趨於平和，當然「臺獨」分子分裂活動一直沒有停止甚至在某一階段內相當猖獗，對於臺海局勢的影響是負面的，因此中長期內中美合作後的臺海局勢T的數值變量可以從0＜T1＜5修訂為0＜T1＜3（T的波動區間賦值為【-5，5】）。

（二）中日相互外交政策對於臺海局勢的影響

表2

台海局勢 日本 \ 中國	中國傾向於與日本在台灣問題上合作 A_3	中國拒絕與日本在台灣問題上合作 A_4
日本傾向於與中國在台灣問題上合作 C_1	$0 < T_5 < 3$ 台海局勢趨於穩定、和平	$-1 < T_6 < 0$ 台海局勢摻雜一些不穩定、非和平因素
日本拒絕與中國在台灣問題上合作 C_2	$-1 < T_7 < 0$ 台海局勢摻雜一些不穩定、非和平因素	$-3 < T_8 < -1$ 台海局勢趨向於動盪、不安

　　從表2中可以看出，中日關係對於臺海局勢的影響遠不如中美關係對於臺海局勢的影響明顯，因此雙方趨於合作時與雙方關係緊張時臺海局勢T（從T5到T8）的賦值波動幅度不同於中美關係對於臺海局勢（從T1到T4）的影響明顯，後者波動幅度更大一些。近年來中日關係趨於緊張，日本右翼勢力與「臺獨」勢力勾結的趨勢日益明顯，雙方在包括臺海問題上的一系列領域中產生嚴重的對立態勢，而且美國希望日本在遏制中國方面發揮更大的作用，中日關係在未來不容樂觀。雖然中日關係惡化的趨勢不可能完全反映在臺灣問題上，但是中長期內中日關係對於臺海局勢T的負面影響更多一些，將會從T6到T8之間變動，考慮到中日關係對於臺灣問題的影響不如中美關係對於臺灣的影響明顯，臺海局勢的數值變量可以修訂為$-2 < T_8 < 0$（T的波動區間賦值為【-5，5】）。

三、中美日三邊架構中臺海局勢的未來走勢

　　以上透過建立兩個模型獲得了一系列變量，得以透過數值的形式闡釋了中美、中日關係對於臺海局勢的影響，然而僅僅停留在除去美日之外的其他外部因素在中美、中日雙邊關係的基礎上所導出的理論上的結論，在現實中中美日三邊關係對於臺海局勢的影響是綜合的，所以要進一步進行歸納。

$$\begin{cases} -2 < T_8 < 0 \\ 0 < T_1 < 3 \end{cases} \longrightarrow -2 < T_8 + T_1 < 3 \longrightarrow -1 < 1/2(T_8 + T_1) < 1.5$$

臺海形勢的數值變量T在（-5，5）之間浮動時，設其中（-2.5，2.5）為中間範圍波動的區間。設1/2（T8＋T1）作為臺海局勢的未來走勢TW，則-1＜TW＜1.5，TW比照（-2.5，2.5）這個中間區間表示臺海形勢在未來既不會完全呈現和平與穩定的局勢，也不會陷入戰亂與動盪，在TW的狀態下，中美日三國的利益都為正值，表現為美國利益大於中國利益，中國利益大於日本利益，日本利益最小但是大於零。

在本世紀前二十年臺海局勢將會處在一個波折不斷、困難與機遇並存的時期，關鍵在於中美日三國的戰略認同與相互政策修訂以及島內政治生態格局的變遷。圍繞臺灣問題，中美日三個大國將進行多輪博弈，在多輪博弈中有陷入「零和博弈」（雙方因為缺乏信任拒絕合作）的僵局的可能性，特別是中日兩國在臺灣問題上的緊張局面就顯露出「零和博弈」的徵兆，但是中美兩國在臺灣問題上合作態勢的加強則體現了多輪博弈的另一個發展方向——多方共贏的博弈（參與各方透過合作達成妥協而利益均霑），即雙方認識到了在臺海形勢上合作對於維護各自國家利益的重要意義。由於美國相對比日本而言在臺灣問題上發揮主導性的作用，所以就中國在解決臺灣問題時面對的總體國際環境而言，積極的因素多於消極的因素，而隨著中國國力的進一步增強，對於中國國家統一有利的局面將會多於不利的局面。

第七章　中國國家統一的歷史思考和長遠戰略

　　臺灣問題是中華民族百年來的「國殤」，既折射了近代中國一個多世紀以來的從屈辱到復興的曲折歷程，又衍生成為當代中國崛起為世界性的大國、強國進程中的主要障礙。當今，臺灣問題對於中華民族的民族精神特別是耐受力、凝聚力、向心力構成了現實的考驗，因此美、日等世界各國看待臺灣問題應該認識到臺灣問題背後意蘊著中國的和平發展以及中華民族歷史上形成的民族情結等諸多內涵，特別是面臨著中國和平發展進程與中國的國家統一進程正在積極推進這一不可逆轉的時代潮流。

　　同時，中國是世界的中國，臺灣問題牽涉諸多國際因素，解決臺灣問題必須重視中國國家統一的國際環境。在亞太地區，解決臺灣問題與構建穩定的中美日安全架構是辯證統一的，構建穩定、合理的中美日安全架構將會為中國解決臺灣問題掃清外部障礙。

　　中國的國家統一進程具有長期性、艱巨性與不可逆轉性，是大勢所趨而又任重道遠。解決臺灣問題要立足當前，放眼長遠，在中華民族和平發展的進程中實現統一，以中國國家統一為動力促進中國的和平發展。

第一節　基於世界歷史與中國歷史有關國家統一的思考

　　一、民族國家最終實現統一是世界歷史演進中不可逆轉的進步

潮流

　　從世界歷史特別是世界近現代史看，任何一個民族國家要實現國家的繁榮昌盛前提在於國家的統一，一個民族國家喪失了主權獨立和領土完整後，只能淪為一些霸權國家的附庸；長此以往，其民族精神和民族凝聚力會逐漸消散，這個民族國家從實體和國家理念上都會走向消亡。

　　馬克思、恩格斯等革命導師一直強調民族國家的統一對於無產階級反抗資產階級的積極意義，並把喪失主權的民族國家實現其國家統一作為各國共產黨人在初級階段的革命綱領。1859年，馬克思在《義大利的統一問題》中指出：「儘管波拿巴主義者在搞陰謀，儘管皮蒙特君主主義者在搞王朝的反革命圖謀，但是在義大利有能夠透過革命民主主義的道路實現國家統一的力量。」1884年，恩格斯在《馬克思和新萊茵報》一文針對德意志的統一問題指出：「『新萊茵報』的政治綱領有兩個要點：建立統一的、不可分割的、民主的德意志共和國和對俄國進行一場包括恢復波蘭的戰爭。」「無產階級的利益迫切要求德國徹底統一成為一個民族，只有這樣才能把過去遺留的一切瑣屑障礙清除掉而掃清無產階級同資產階級較一較量的戰場。」「普魯士的消滅，奧地利國家的崩潰，德國真正統一成為共和國——我們在最近將來的革命綱領只能是這樣的。」

　　美國作為現在世界上唯一的超級大國，綜合國力列全球之冠，而19世紀在美國發生的南北戰爭為美國延續近兩個世紀的繁榮昌盛創造了重要的歷史條件，奠定了堅實的社會、政治基礎。19世紀下半葉，美國南方和北方因為對於是否廢除奴隸制意見不一而使國家面臨分裂的危險，為此當時的美國總統林肯領導美國人民進行了一場付出了巨大民族犧牲的南北戰爭，維護了國家的統一。林肯在1861年的就職演說中表達了維護國家統一的堅定意志：「從一

般法律和我們的憲法來仔細考慮，我堅信，我們各州組成的聯邦是永久性的」，「沒有一個名副其實的政府會在自己的根本法中定出一條，規定自己完結的期限。繼續執行中國憲法所明文規定的各項條文，聯邦便將永遠存在下去——除了採取並未見之於憲法的行動，誰也不可能毀滅掉聯邦」，「聯邦是不容分裂的；我也將竭盡全力，按照憲法明確賦予我的責任，堅決負責讓聯邦的一切法令在所有各州得以貫徹執行」，「決定內戰這個重大問題的是你們，我的心懷不滿的同胞們，而並非決定於我。政府決不會攻擊你們。只要你們自己不當侵略者，就不會發生衝突。你們並沒有對天發誓必須毀滅這個政府，而我卻曾無比莊嚴地宣誓，一定要『保持、保護和保衛』這個政府。」

　　1863年1月1日，美國總統林肯簽署了解放黑奴的宣言，在林肯看來，解放奴隸是他的人生觀和價值觀的核心理念。但是，當南部蓄奴州宣布要脫離聯邦尋求獨立時，林肯卻說：「我在這場鬥爭中的最高目的是拯救聯邦，而不是拯救或者消滅奴隸制。如果任何一個奴隸也不用解放就可以拯救聯邦，我願意這樣做。如果只有解放所有的奴隸才可以拯救聯邦，我願意這樣做。如果我必須解放一部分奴隸，留下一部分不管，才能拯救聯邦，我也願意這樣做。我對奴隸制和對黑種人所做的事情，是出於我相信那樣做將對拯救聯邦有利；有些事我之所以克制不去做，也是因為我不相信那樣做會有助於挽救聯邦。」所以為了挽救國家不至於分裂，林肯充分地表達了他不惜代價維護國家統一的決心和意志。由於林肯對於美國國家統一的巨大貢獻，他成為美國歷史上最受美國人民愛戴的總統之一。

　　二戰結束後，德國在冷戰的歷史條件下分裂為民德和西德。1990年9月12日，民德和西德、英國、法國、蘇聯和美國在莫斯科簽署了德國統一的協議，透過這個協議實現了盟國在德國權力的終結，促成了德國的獨立、統一。1990年10月3日，兩德正式統一，

統一後的德國領土面積達到了35.6萬平方公里，人口7800萬，全年國民生產總值達到2.4萬馬克，其經濟實力相當於英、法兩國的總和，所以「德國統一之父」──德國前總理柯爾指出德國的統一具有重大的歷史意義。統一後的德國逐步成為歐洲格局中的一個中心力量。1990年2月美國《新聞週刊》載文指出，由於統一後的德國具有橫跨中歐的地理特點和強大的經濟實力，將成為一個新興的經濟大國──經濟超級大國，具有稱雄全歐的實力。統一後的德國與法國一起結成「法德軸心」主導著歐洲事務。同時德國在世界事務中的發言權明顯增大，充滿自信地要求成為聯合國常任理事國，進一步推動世界朝著多極化的方向發展。儘管德國統一後經濟和社會發展一度因為東西部區域社會、經濟發展的不協調出現了一些問題，但是顯而易見，德國統一對於這個國家的積極作用遠遠大於負面效應。

二、對於歷史上中國國家統一與分裂的經驗教訓的縱深思考

解決臺灣問題必須要有歷史縱深感，我們必須以馬克思主義唯物史觀來分析歷史現象和現實問題，縱觀中國國家歷史上數次統一與分裂的經驗教訓，可以透過一些具體的實例抽象出一般性的規律。

第一，國家統一的前提是國力強盛，國家分裂的起因在於國力衰微。從中國歷史看，中國的國家統一乃至分裂與中國的國力強盛與否息息相關。中國的國家發展與國家統一具有辯證關係，即中國國家統一的前提是中國國力的增強。縱觀中國近代史，中國發生國家分裂和領土被侵占的歷史時期都是中國國力衰微的時期，而中國的完成國家統一都是在國力強盛時期；另一方面，中國完成統一後會進一步促進中國整體國力的提升。

17世紀初，荷蘭殖民者乘明末農民起義和東北滿族勢力日益強大，在明政府處境艱難之時，侵入臺灣。1661年4月，鄭成功從

荷蘭殖民者手中收復了臺灣。清軍入關後建立了清王朝，國力日益強盛，1683年清軍收復臺灣，中國完成了統一。1840年代，鴉片戰爭爆發後，中國國力日益衰微，陷入「瓜分豆剖」之窘境，先是英國透過鴉片戰爭強占了香港；接著在甲午戰爭後，臺灣被割讓給日本；1920年代在北洋軍閥政府時期，外蒙古獨立；此外帝國主義列強紛紛在中國劃分勢力範圍。1930年代，日本入侵中國，經過八年艱苦卓絕的抗日戰爭，中國國力日益增強，1945年日本戰敗投降後，臺灣回歸中國。

中華人民共和國成立後，中國共產黨人和中國政府以國家富強、民族統一為己任，國家逐步擺脫積貧積弱的落後狀態，鄧小平指出「黨的十一屆三中全會以後，我們集中力量搞四個現代化，著眼於振興中華民族。沒有四個現代化，中國在世界上就沒有應有的地位。」他銘記作為中國人的歷史責任感，經常以中國近代史上飽受屈辱的歷史警醒國人，指出九十年代初西方七國首腦會議制裁中國的行徑令人聯想起1900年八國聯軍侵略中國的歷史。

20世紀末，香港、澳門先後回歸中國，主要原因在於此時中國的國力已經今非昔比，「主要是我們這個國家這幾年發展起來了，是個興旺發達的國家，有力量的國家」，所以鄧小平在1982年會見英國首相柴契爾夫人時說：「主權問題，中國在這個問題上沒有迴旋餘地。坦率地講，主權問題不是一個可以討論的問題，」否則「任何一個中國領導人和政府都不能向中國人民交代，甚至也不能向世界人民交代。如果不收回，就意味著中國政府是晚清政府，中國領導人是李鴻章！」所以，儘管英國、美國在1997年之前曾為歸還香港給中國設立種種障礙，但是香港最終回歸中國。進入新世紀後，中英關係得到了健康的發展，主要在於包括英國在內的西方國家看到中國的蓬勃發展給他們帶來的巨大機遇。

鄧小平同志把國家統一看成是中華民族的最高國家利益，針對

臺灣問題，鄧小平指出中國「吞不下去（臺灣問題），不會吞下去的。如果真的出現這樣的情況，由於臺灣問題迫使中美關係倒退的話，中國不會吞下去。」他多次指出「我們一定要完成前人沒有完成的統一事業，」「實現國家統一是民族的願望，一百年不統一，一千年也要統一。」1986年，鄧小平再次談及臺灣問題，他認為臺灣必須同大陸統一，「首先是個民族問題，民族的感情問題。凡是中華民族子孫，都希望中國能統一，分裂狀況是違背民族意志的。其次，只要臺灣不同大陸統一，臺灣作為中國領土的地位是沒有保障的，不知道哪一天又被別人拿走了。」

因此，在中國國力強盛的前提下中國的統一才能得到實現，當今世界強權政治仍然存在，國力衰微的背後往往要面對國家分裂、民族紛爭的隱患，前蘇聯的解體就是一個明顯的例子。

第二，歷史上，分裂勢力一貫的頑固性、冒險性使中央政府可能完成和平統一的機率大為降低。在民族面臨統一，結束分裂的歷史關頭，總有一小部分人蚍蜉撼樹，逆歷史潮流而動企圖使國家分裂的局面固定化、長期化。在統一過程中，對這部分人從戰略上要藐視他們，因為最終他們是螳臂擋車；但是在戰術上要重視他們，因為歷史證明這些分裂勢力具有頑固性、冒險性及整合、勾結外部勢力的能力，對國家的統一大業破壞性極大。

1662年6月，愛國英雄鄭成功收復臺灣後不久去世。繼承延平王位的兒子鄭經、孫子鄭克塽等人，憑恃武力在臺灣割據。於是，遏制分裂，統一中國成為大清王朝的重要任務。1667年，在清朝「征剿」臺灣的幾次軍事行動受挫後，清廷的對臺政策改為「議和」。從1667年到1682年，康熙皇帝先後派福建招撫總兵孔元章和道員劉爾貢、知州馬星等人作為談判代表，與鄭經進行了四次七輪談判。鄭經堅持仿效朝鮮「稱臣納貢不登陸不削髮」，其理由為「朝鮮亦箕子之後，士各有志，未可相強」。當時清朝為統一國

家，做出了最大限度的讓步，同意臺灣鄭氏政權「稱臣納貢不登陸」，但康熙皇帝堅決拒絕「不削髮」的條件，因為「削髮」是清朝臣民的象徵，臺灣是大清王朝的領土，朝鮮只是保護國，臺灣「東寧小朝廷」不能不削髮。其實鄭氏集團早已圖謀「自立乾坤」，公開分裂國土，並無和談誠意。面對其分裂行徑，康熙起用施琅將軍，採取「因剿寓撫」的正確戰略，著手完成統一大業。鄭氏集團驚慌失措，一些人甚至主張，派使者南聯呂宋、蘇祿諸國，北結日本，許以重酬，請他們派船派兵來臺，共同趕走清軍。1683年，澎湖決戰，清軍擊敗鄭軍，鄭氏集團無奈同意議和，對清廷稱臣，臺灣又一次回歸中國。

無獨有偶，當前臺海局勢與當年清朝收復臺灣之前的情勢有許多相似之處。兩個時期的分裂勢力都從在「一個中國」框架內對抗中央政府，轉而謀求割據一方，分裂國家。鄭經要求清朝給予臺灣類似朝鮮的屬國地位；李登輝則完全踐踏汪辜會談所達成的「九二共識」，公然拋出「兩國論」，陳水扁更是大肆推行「統獨公投」，叫囂2006年「制憲」，2008年「建國」。陳水扁下台後，以民進黨陳菊一派為代表的「臺獨」勢力蓄意破壞海峽兩岸的和平發展氛圍，與達賴為首的「藏獨」分子和熱比婭為首的「疆獨」分子來往密切，遙相呼應，大有「三獨」勢力合流的趨勢。

第三，軍事鬥爭準備在國家統一進程中具有其不可替代性，同時為和平手段提供威懾保證。在國家完成統一的歷史關頭，必須樹立正確的戰爭史觀，充分宣示完成國家統一的決心和意志。按照克勞塞維茲的戰爭學說，「一方絕對忍受就不成為戰爭」，馬列主義、毛澤東思想根據戰爭性質把戰爭分為正義戰爭和非正義戰爭，所以必須正確理解人們渴望和平的主觀願望與戰爭爆發的客觀性。

對待戰爭的態度，可以引用毛澤東1964年接見外賓時講的一段話：「一九二一年，中國成立了共產黨，我就變成了共產黨員。

那時候，我們也沒有準備打仗。我是一個知識分子，當一個小學教員，也沒有學過軍事，怎麼知道打仗呢？就是由於國民黨搞白色恐怖，把工會、農會都打掉了，把五萬共產黨員殺了一大批，抓了一大批，我們才拿起槍來，上山打游擊。」毛澤東言簡意賅地揭示了戰爭是不以人的意志為轉移的客觀存在，他的這段話主要涉及了中國革命的一些基本問題，同樣適用於詮釋中國人民對於爭取民族獨立的解放戰爭的基本態度，因此盲目地、無原則地乞求和平只會吞下損害民族、國家利益的苦果。

近年來有人提出「中日不再戰」，這完全混淆了戰爭的責任問題，抹煞了中國人民抗日戰爭的正義性，把戰爭責任分攤給中日兩國。1939年6月，在國內抗日戰爭進入相持階段後，毛澤東就怒斥國內的投降派，指出「戰下去，團結下去———中國必存。和下去，分裂下去———中國必亡」。1949年，以毛澤東為首的中國共產黨人堅決反對蘇聯等國家提出中國共產黨與國民黨以長江為界「劃江而治」的方案，在《中國人民解放軍布告》中宣布：「我們已命令人民解放軍奮勇前進，消滅一切敢於抵抗的國民黨反動軍隊，逮捕一切怙惡不悛的戰爭罪犯，解放全國人民，保衛中國主權的獨立和完整，實現全國人民所渴望的真正的統一。」

李登輝、陳水扁一直鼓噪維持臺海間的和平，攻擊大陸「製造戰爭」、「破壞和平」。按照這種邏輯，只要中國政府放棄「一個中國」的原則，按照歐盟的邦聯模式構築大陸與臺灣的關係，則天下太平，臺海寧靜。這顯然是一個極端荒謬的悖論。臺灣作為中國的固有領土，涉及中國的國家核心利益，具有專有性和排他性。在必要的時候以一場正義戰爭的方式維護統一、遏制分裂，是中國人民所具有的正當權利。鄧小平同志指出：「我們謀求用和平的方式解決臺灣，但是始終沒有放棄非和平方式的可能性，我們不能做這樣的承諾。」「決不能輕易使用武力，因為我們精力要花在經濟建設上，統一問題晚一些解決無傷大局。但是，不能排除使用武力，

我們要記住這一點，我們的下一代要記住這一點。這是一種戰略考慮。」中華民族自古以來形成了崇尚和平的歷史傳統和民族性格，「中國人只是在國家民族的生死存亡懸於一髮的不得已情況下，才會萬眾一心地起來拚命」，所以中國會盡最大努力維護兩岸和平，但是絕對不能放棄使用武力實現國家統一。

第四，中華民族「天下一家」的「家國意識」、「天人合一」的大同理想成為中國國家統一的文化底蘊。從秦始皇統一六國開始，到歷史上中華民族的幾度融合，各朝中央政權的不斷鞏固，崇尚國家統一、反對民族分裂成為中華文化的基本內涵。中華民族「天下一家」的「家國意識」、「天人合一」的大同理想逐漸深入人心，所以國家的統一有其深厚的文化底蘊。就臺灣問題而言，日本侵占臺灣時推行文化上的「皇民化」運動並未剷除深植於臺灣民眾中的民族文化之根，現在陳水扁當局在文化、教育上大搞「去中國化」運動，同樣不能撼動臺灣民眾的回歸意識和反對「臺獨」的精神鬥志。

解決臺灣問題在排除外來干擾的同時，必須要彌合兩岸多年來留下的歷史的傷痕。李家泉在〈「臺獨」乃歷史「悲情意識」之異化〉一文中分析在臺灣民眾中「悲情意識」的形成。李家泉指出「臺灣商界過去常常提及島內民眾由於歷史原因而產生的一種『悲情意識』。這指的似還是比較原始、樸素，並且是自然產生的那種感情，本是可以理解，也頗值得同情，是無可非議的。」而後來，這種情況卻逐漸變化了，特別陳水扁當局利用這種悲情意識培植「臺獨」意識，則已是上述悲情意識的一種質變和異化，「兩岸都是中國人，血脈相連，禍福與共，自古一家。不幸的是，由於清朝政府的腐敗無能，甲午戰爭中被日本侵略者打敗，割地賠款，使我臺灣同胞當了整整五十年的亡國奴。抗日戰爭勝利，臺灣同胞喜慶回歸中國，然卻迎來了國民黨的反動統治，竟致發生一九四七年的『二二八』流血事件。而這兩件，都是在當時位於大陸、代表全中

國的『中央政府』之下發生的。這一次又一次的『悲情』，遂使島內一些人對中國逐漸產生了一種疏離感。『蒼蠅不叮無縫的雞蛋』，一些外國侵略勢力和別有用心者趁機而入，挑撥離間，無所不用其極，於是這種『悲情意識』，又由『疏離意識』而逐漸演化為『臺獨意識』。如今在臺執政的民進黨，已經成了有理論、有綱領、有外國勢力撐腰，並掌握有臺灣政權機器的『臺獨』政黨了，翻手為雲，覆手為雨，利用悲情，製造悲情，推動『去中國化』，早已成了家常便飯」。「溯自鴉片戰爭以後的一百多年，我中華民族一直成為外國侵略者欺凌、壓迫和奴役的對象，幾乎世界上所有帝國主義國家都侵略過中國，臺灣歷史上所遭受的不幸，不過是我整個中華民族所遭受的不幸的一個特殊部分。如果說，中華民族所遭受的這種不幸是『大悲情』，那麼臺灣所遭受的不幸則是這個『大悲情』中的一個局部，它是隸屬於整個『大悲情』中的『小悲情』。當然，這個『小悲情』，實際上也是這整個『大悲情』中受害最慘烈的局部。一九四七年在臺灣所發生『二二八』事件，從本質上說仍不過是上述悲情歷史的一個延續，假若沒有美國幫助國民黨打內戰，這個悲情歷史是完全可以避免的。」

　　臺灣人民感情上的歷史傷痕由西方列強造成，而國民黨蔣介石獨裁政府加深了這一歷史傷痕，「臺獨」勢力則趁火打劫完全加以異化。因此，這種以悲情意識為主體的歷史傷痕的彌合需要時間，需要兩岸領導人寬廣的胸襟和超前的氣魄，大陸民眾和臺灣民眾之間要逐步溝通感情，全面加強瞭解。

第二節　中國實現國家統一的長遠戰略與現實對策

　　一、中國的發展質量是解決臺灣問題及構建穩定的中美日安全

架構的前提和基礎

鄧小平把經濟建設看成是中國的大局和解決一切國內國際問題的基礎，他說：「先把經濟搞上去，一切都好辦。現在就是要硬著頭皮把經濟搞上去，就這麼一個大局，一切都要服從這個大局。」同時，他一直強調指出「中國還有個臺灣問題要解決。中國最終要統一。能否真正順利地實現大陸和臺灣的統一，一要看香港實現『一國兩制』的結果，二要看我們的經濟能不能真正發展。中國解決所有問題的關鍵是要靠自己的發展。」因此，中國的發展質量則是解決臺灣問題及構建穩定的中美日安全架構的前提和基礎。19世紀中葉，中國在鴉片戰爭中戰敗給英國時，中國的GDP總量仍然占世界的1/3，但是科學研究實力特別是軍事實力已經遠遠地被拋在了後面。從歷史教訓來看，中國解決一切問題，包括臺灣問題，最終要透過發展特別是增強綜合國力從根本上加以解決，尤其是透過科學發展保證經濟和社會發展的內在質量。

經過了20多年的快速發展，中國已經開始注意由粗放式經營轉向集約式經營，注重提高中國的發展質量。中國「十五」期間，國家的經濟實力、綜合國力和國際地位顯著提高，「根據國家統計局初步預計，2005年國內生產總值將超過15萬億元，五年平均增長8.8%；財政收入將達3萬億元左右，比2000年的13395億元增長1.3倍。」「『十一五』時期面臨的國內外環境，和平、發展、合作成為當今時代的潮流，世界政治力量對比有利於保持國際環境的總體穩定，經濟全球化趨勢深入發展，科技進步日新月異，生產要素流動和產業轉移加快，中國與世界經濟的相互聯繫和影響日益加深，國內國際兩個市場、兩種資源相互補充，外部環境總體上對中國發展有利。同時，國際環境複雜多變，影響和平與發展的不穩定不確定因素增多，發達國家在經濟科技上占優勢的壓力將長期存在，世界經濟發展不平衡狀況加劇，圍繞資源、市場、技術、人才的競爭更加激烈，貿易保護主義有新的表現，對中國經濟社會發展

和安全提出了新的挑戰」，中國今後要「堅持以科學發展觀統領經濟社會發展全局。制定『十一五』規劃，要以鄧小平理論和『三個代表』重要思想為指導，全面貫徹落實科學發展觀。堅持發展是硬道理，堅持抓好發展這個執政興國的第一要務，堅持以經濟建設為中心，堅持用發展和改革的辦法解決前進中的問題」。

　　隨著中國大陸經濟發展欣欣向榮，臺灣與大陸經濟實力的對比正從數量的增減轉向質的變化，臺灣《聯合報》載文指出，再有活力的企業，在臺灣當局僵固政策的箝制下，競爭力也會大打折扣。幾年前沒人想到大陸會有單一省份的出口超過臺灣，但2005年廣東省前三季整體出口值達1656億美元，大幅超過臺灣的1371億美元，同廣東迅速發展相比，臺灣則呈現整體衰落，止步不前。而廣東的經濟發展在大陸的經濟格局中並非「一枝獨秀」，中國的區域經濟發展呈現「百花齊放」的局面，2005年上半年，根據中國社會經濟發展統計數據顯示，山東規模以上工業增加值同比增長了近29%，首次超越廣東居全國第一位；中國西部地區如內蒙古等省區的經濟發展速度已經在中國大陸地區躍居前列，預計今後幾年中國沿海省份和西部省區的經濟和社會發展將呈現蓬勃發展、競相爭先的可喜局面。在地區經濟發展的速度和經濟總量等經濟指標上，將不斷有大陸的單一省份超越臺灣地區。

　　臺灣的經濟頹勢在東亞地區也是有目共睹。2005年12月8日，臺灣《經濟日報》發表社論〈臺灣沒被韓國超過嗎？〉指出臺灣與韓國均屬「亞洲四小龍」，過去較長時期臺灣經濟發展表現優異，為「四小龍」之首，但政黨輪替後，執政當局只會選舉，不會治臺，五年來經濟一蹶不振，不論經濟成長率、出口增加率與出口金額，均已淪為「四小龍」之末。2005年前，按臺灣的統計方法，臺灣人均GDP還高於韓國，可是2005年初韓國發表按聯合國國民所得新制計算的2004年人均GDP金額，竟然超過臺灣，引起各方高度關注。其中最重要的原因在於韓國、新加坡等國能夠抓住中國

經濟快速增長的契機，透過「搭便車」保持了各自經濟的活力，而臺灣地區沒有抓住兩岸經濟整合的有利時機，逐漸在東亞經濟騰飛時落伍。2005年12月初，執政的民進黨在臺灣地區「三合一」選舉中大敗給泛藍陣營，表明民眾對於民進黨當局的執政能力嚴重不滿。從臺灣工商界到臺灣島內的普通民眾，要求臺灣當局解除人為障礙，儘早、盡快實現包括兩岸「三通」在內的經濟交流的呼聲日益迫切。民進黨前主席許信良2005年5月8日在兩岸關係研討會上表示，「2004年臺灣大選，陳水扁最大的助選員是大陸，因其近一年來對臺灣大量入超，讓臺灣擺脫經濟凋零的窘境。如果沒有大陸，去年臺灣的貿易赤字將達200多億美元」。

臺灣地區在兩岸綜合實力動態對比中地位的下降必然導致其在國際社會中的邊緣化。美、日利用臺灣問題遏制中國必須首先考慮臺灣的「實用價值」，即臺灣對於美日而言的政治、經濟價值，及其與中國大陸的政治、經濟價值的效用比，當臺灣對於美、日的價值遠遠少於中國大陸對於美、日的價值，特別是當臺灣的戰略價值在中國發展和崛起過程中相對降低時，美日等國利用臺灣遏制中國的邊際效用會隨即降低。這時美、日會尋找更加有力的遏制中國的工具，臺灣就會成為國際社會的「棄兒」，相對而言中國的反獨促統工作的阻力減小，臺灣內部的「臺獨」勢力也將會得到有效遏制。

從「以靜制動」、「以逸待勞」的角度看，中國保持政治穩定、經濟發展、社會進步，則對外能夠發展中美日關係，對內能夠遏制「臺獨」，因為經濟實力的抬升會增強中國的「硬實力」（特別是國防實力），同時中國改革發展的「溢出效應」必然在政治層面上提高中國的國際地位，在中美日的政治博弈中取得更多的話語權。十七大報告指出：「中國經濟從一度瀕於崩潰的邊緣發展到總量躍至世界第四，進出口總額位居世界第三，人民生活從溫飽不足發展到總體小康，農村貧困人口從兩億五千多萬減少到兩千多萬，

政治建設、文化建設、社會建設取得舉世矚目的成就。中國的發展，不僅使中國人民穩定地走上了富裕安康的廣闊道路，而且為世界經濟發展和人類文明進步作出了重大貢獻。」

　　針對美國等西方國家對中國社會制度、意識形態的責難，中國要在政治上主動應對，改變被動辯解的局面，透過政治體制和機制的逐步改革樹立中國的整體民主政治形象。十六大報告指出：「必須在堅持四項基本原則的前提下，繼續積極穩妥地推進政治體制改革，擴大社會主義民主，健全社會主義法制，建設社會主義法治國家，鞏固和發展民主團結、生動活潑、安定和諧的政治局面」，「政治體制改革是社會主義政治制度的自我完善和發展。推進政治體制改革要有利於增強黨和國家的活力，發揮社會主義制度的特點和優勢，充分調動人民群眾的積極性創造性，維護國家統一、民族團結和社會穩定，促進經濟發展和社會全面進步。」十七大報告指出：「政治體制改革作為中國全面改革的重要組成部分，必須隨著經濟社會發展而不斷深化，與人民政治參與積極性不斷提高相適應。」

　　顧慮中國的國際影響和綜合國力，美日一貫以在臺海問題上的「模糊化」謀求其利益的最大化，但是在中國政府明確宣示臺灣問題在國家利益中的「核心化」並將其納入法制的軌道後，美日在臺海問題上的迴旋餘地已經大大壓縮了。

　　相反，一旦中國改革開放停滯或者發生社會動亂，則美日會加快分化、演化中國大陸的步伐，「臺獨」勢力也會抓住時機，鋌而走險，內外不利因素將接踵而至，經濟滯後和社會動亂所帶來的「多米諾骨牌」效應凸顯，不但臺灣的分裂走向「法理化」，中國還將會再次面臨領土分裂的局面，以及中國經濟發展和社會進步倒退幾十年的危險。從前蘇聯的解體可以看出，在前蘇聯解體前面臨著各種錯綜複雜的矛盾，但是主要矛盾還是來自國內，並且矛盾的

主要方面在於蘇聯的經濟發展和社會機制出現難以克服的困難，最終其國內反對派勢力在西方外部勢力的幫助下促成蘇聯的解體。而近年來，俄羅斯克服了國內一系列經濟和社會問題，國內各種矛盾得以緩和，所以儘管西方勢力肆意支持俄國內分裂勢力，特別是公開干涉北高加索的局勢，但是俄羅斯仍然採取強有力的措施維護了本國的穩定與統一。

所以，在解決臺灣問題的過程中要練好「內功」，既要重視美、日等國際勢力干涉的外部因素，更要重視內因，即中國的發展質量，這是解決臺灣問題和構建穩定的中美日安全架構的前提和基礎。

二、圍繞解決臺灣問題構建中美日安全架構必須清醒把握中美、中日關係的未來走向

構建中美日安全架構是一個複雜的系統工程，涉及多個子系統的構建，但是不可能面面俱到，在不同的歷史時期會有不同的側重點，當前和今後的一個時期都不可能迴避臺灣問題，否則會使中美日安全架構空心化。對中國而言，構建中美日安全架構的出發點在於有助於解決臺灣問題，儘管這一目標與美、日等國的利益訴求不盡一致，但是可以透過尋找乃至擴大中美日三國的利益交匯點，最終糾正美、日在臺灣問題上遏制中國的立場，在國際社會上形成遏制「臺獨」勢力的整體態勢。

以解決臺灣問題為基點，從中國自身的角度構建中美日安全架構必須要理性地看待中美、中日關係及中美日關係的現狀和未來。

第一，理性認識和把握中美關係的複雜化傾向。美國對外戰略中最為核心的理念是現實利益，所以美國在外交實踐中忠實地履行「沒有永遠的朋友與敵人」這一至理名言，對華戰略同樣如此，遏制中國以防止其崛起與加強合作達到利益均霑並行不悖，但是如果兩項政策出現了衝突時，美國就會計算其中的利益得失，兩害相權

取其輕，兩利相權取其重。因此，近年來隨著中國綜合國力的急劇上升，美國對華政策的搖擺幅度也隨之增大，美國國內各種勢力對對華政策的爭論與矛盾顯露無遺，所以中美關係的波折在所難免。美國亨利·盧斯基金會副主席特瑞·羅茲指出：「當中國國力衰微、疆土分裂時，中國在美國的形像往往比較正面；但是當中國強大起來並開始具備外向發展的潛力時，美國的中國形象則趨於負面。」

布希政府的決策層在第二任期已經認識到中美之間的利益衝突共存的局面，因此布希將中美關係歸結為「複雜」，對中美關係提出「區別議題」、分別處理的策略，當然其出發點還是保證美國利益的最大化。美國決策層認為中國在未來的發展中存在與美國合作的趨勢，因此，美國需要選擇與中國合作，促使中國成為這個體系中負責任的、利益相關的參與者。美國政府在其2006年版的《四年防務評估報告》中提出美國的政策重點仍然在於鼓勵中國在亞太地區扮演建設性及和平的角色，作為處理共同安全挑戰的夥伴。

2009年，歐巴馬擔任美國總統後，一些專家熱議中美關係將處於積極改善的狀態，7月歐巴馬也在華盛頓為中美戰略與經濟對話主持開幕時指出美國和中國的關係將塑造21世紀，但是伴隨而來是中美輪胎特保案的摩擦，因此基於現實主義的美國對華政策影響下的中美關係依然是複雜多變的。美國國際戰略研究中心的中國專家弗里曼說，近年來美國和中國的關係雖然日益密切，但雙方之間在戰略課題上，依然存在著一種根本的互不信任。

中國認識到美國對華政策搖擺背後的利益衝突，因此一方面明確和擴大中美兩國的利益交匯點，除了經貿、反恐外，在意識形態領域和社會政治制度方面倡導「和而不同」。2006年4月，胡錦濤訪美在耶魯大學發表演講時指出中美兩國「應該積極維護世界多樣性，推動不同文明的對話和交融，相互借鑑而不是相互排斥，使人類更加和睦幸福，讓世界更加豐富多彩。」同時，保持兩國間的對

話與溝通，2005年初開始的中美戰略對話機制的形成對於構建中美雙邊安全機制的推動作用已經日益明顯，為此新加坡《聯合早報》撰文指出「中美關係存在著『總體穩定框架』，是1970年代初期『季辛吉』式把中國納入『美國桃園』的重大戰略決定。美國國務卿鮑威爾說，從尼克森到小布希的幾任總統，對華政策上基本一致」。另一方面要將臺灣問題在中美關係中「去核心化」，過去十幾年「臺灣問題」不僅牽動中國的外交政策，更被北京稱為中美關係的「核心問題」，進入2005年後，中國對於臺灣島內各種動態變化不再有過激的反應，對臺海局勢的掌控能力大幅提升，使美國「借力打力」的策略無從下手，同時中國加強同美國在臺灣問題上的溝通，每次中美峰會，中方都坦率地提出這個議題，亮明中方的觀點。在臺灣問題不再成為中美之間的核心問題之後，美國打「臺灣牌」的難度增加，北京也不再強硬地處處在臺灣問題上向美國施壓，兩國關係將回歸到經貿、反恐、防擴散等基本層面上。中美關係的改善是構建中美日安全架構的重要一環，中美關係徹底消除麻煩並好起來需要假以時日，但是透過「區別議題」，完全可以促使在中國國家安全利益中「核心化」的臺灣問題在中美關係中的「邊緣化」。

事實上，中美之間存在巨大的合作空間，美國政界只要保持相對理性，圍繞國家利益而不是以單純遏制中國為目的制定對華政策，中美關係就不會走向完全的惡化；即使臺海局勢陷入緊張狀態，中美兩國的立場不盡一致，美國涉入臺海戰爭的機率也會很低。今後，中國對待美國，要繼續堅持對話，達到分而化之的目的，避免中美兩國間某一領域（如經貿領域）的階段性摩擦影響到其他領域。

第二，理性看待和處理中日關係低潮化的傾向。小泉執政期間，中日關係在全面降溫後逐漸惡化，在小泉及其追隨者執政期間，中日關係在政治上改善的可能性在降低，主要在於中國政府和

民間對小泉及其政府的信任度基本喪失，導致中日之間在外交層面上正常的溝通與接觸都十分困難。小泉時期中日關係的全面倒退，其實質是日本小泉政府開歷史倒車，向1972年中日邦交正常化之前的日本對華政策倒退。例如，在臺灣問題上，重提1960年岸信介內閣的過時謬論並預做軍事介入臺海局勢的準備；在教科書問題上，無視1982年鈴木內閣的有關承諾，為右翼教科書放行；在參拜靖國神社問題上，推翻1985年中曾根內閣與中國達成的政治默契，即現職首相、外相和官房長官不前往參拜，所以人們在質疑「日本是否在重新走一戰後德國的老路」。

　　中央黨校國際戰略研究所劉建飛教授指出，「當前日本右翼勢力正在否定歷史，實際上就是肯定當年日本軍國主義所宣揚的『大和民族優越論』；同時也是在對國民進行錯誤歷史觀的教育，使國民忘記日本的戰爭責任，甚至將日本打扮成戰爭的受害者。如果戰爭受害者觀念在日本社會樹立起來了，下一步就很可能導致民族復仇主義出籠。近來日本同中韓等國在領土、海洋權益上的糾紛，大有爭奪生存空間的味道。按說，日本提出的某些領土和海洋權益要求，都缺少國際法依據，但是日本右翼勢力和部分政客卻對之大肆炒作，讓人聯想到二戰前德日軍國主義者的做法。日本右翼是不是想重祭『生存空間論』這面大旗，用以誤導日本民眾，以獲取民眾的支持？若真是如此，難道不需要世人警惕嗎？右翼勢力正在為軍國主義招魂，並讓其附在自己的肉體上」。日本右翼的動向值得關注，更需要重視的還是日本的政治現狀。據日本學者透露，日本近半數國民反對小泉參拜靖國神社，而且日本一家高等法院還作出了小泉參拜是違憲的判決。然而，這些並未阻止小泉連任首相併組成更加保守的內閣；更未能阻止小泉及其他政要繼續參拜。原因可能在於：日本國民愛好和平的良好願望是一回事，而他們阻止右翼勢力掌握政權、操控政治議程的能力則是另一回事。

　　中日關係低潮化乃至惡化的主因不在臺灣問題而在於歷史問題

及其衍生問題,但是要防止中日關係惡化的焦點轉向臺灣的單一化傾向。中日關係中,日方在歷史問題上蓄意激怒中國,在東海問題、釣魚島問題、能源問題上處處與中方對立,當前在歷史淵源和現實利益的導引下,中日關係惡化的局面有逐漸向臺灣問題上轉移的傾向。

中國對待日本,必須保持耐心,低潮時期並非全面改善的良機,但是要防止進一步惡化。對待中日關係,切忌情緒化和「民粹」化,正視日本侵華歷史,但是不可以片面地掀起對日本整個民族和國家的狹隘的仇恨感,我們需要在理性的視角下認真地研究日本,做好中日關係的大文章。戴季陶曾經講過:「中國這個題目,日本不知放在解剖台上,解剖了幾千百次,裝在試驗管裡化驗了幾千百次。我們中國人卻只是一味地排斥反對,再不肯做研究功夫,幾乎連日本字都不願意看,日本話都不願意聽,日本人都不願意見,這真叫思想上的閉關自守,智識上的義和團。」這對於目前的中日關係同樣具有借鑑意義。在臺灣問題上,要看到日本在對臺問題上追隨美國的特點,對美日區別對待,可以允許美國在臺灣問題上發揮一定的作用,但是堅決反對日本插手臺灣的企圖。處理日臺關係要有的放矢,緊緊抓住日臺發展隱蔽性的官方關係這個主要矛盾,從中日關係的歷史和現實出發,堅決反對日臺官方關係的任何進展。1990年代,法國等歐洲國家效法美國企圖透過售臺武器從中牟利,中國對於法國等歐洲國家干涉臺灣問題的做法進行了抵制,並在經貿交流方面採取了相應的措施,中國必要時對於日本的涉臺行為可以從政治和經濟上採取類似的反制措施。

第三,要辨證地認識美日雙邊關係中的合作與衝突。「中——美——日」三邊架構中,美日合作遏制中國是主流,美日之間的分歧是支流。當前,美日加強在亞太地區的軍事同盟,特別是美國支持日本擴大在東亞地區的軍事影響,在於美國已經意識到單純地以臺灣問題遏制中國所得到的戰略收益在縮水,所以企圖利用中日矛

盾遏制中國從中漁利，以彌補在臺灣問題上遏制中國在戰略效用方面的不足。另一方面，美國、日本在臺灣問題上都看到一旦深度涉入未來的臺海戰爭，最終會傷及自身利益，所以美日臺三方存在一定的矛盾。「隨著中國經濟的繼續成長，中國和國際社會特別是美國、日本的共同利益也會愈來愈大，這種共同利益愈大，美國、日本在臺海問題上的作為就會受到更多的制約，」「只有當臺灣獨立而帶來的利益遠遠少於保持臺海現狀所帶來的利益的情況下，美、日才有意願和中國大陸共同構造制約臺灣的『鳥籠』」。因此要利用美日各自竭力規避國家安全風險的戰略出發點，圍繞臺灣問題構建中美日安全架構，破解美日臺同盟，達成中美日三國在臺灣問題上的安全共識。中美這一邊的安全架構正在搭建，即雖然美國遏制中國的一面不會改變，但是將會逐漸奉行「遏制與接觸」並重的「區分議題」的對華政策，特別是可能改變單純以臺灣問題來遏制中國的戰略部署；中日這一邊是缺失的，要在防範雙邊關係進一步惡化的同時，疏通同日本民間對華友好群體的溝通渠道，爭取日本民間對華友好的理性認識的回歸，同時強力牽制日本右翼勢力插手臺灣問題的企圖。

　　總之，要利用美日臺三方關係的不對稱和不平衡來構建中美日安全框架，挫敗臺灣內部分裂勢力「挾洋自重」、「以洋促獨」的陰謀，中美日安全架構的最終目的就是遏制「臺獨」勢力從而維護臺海和平，爭取亞太地區的和平與穩定。

　　三、解決臺灣問題實現國家統一須把握「四點論」

　　圍繞臺灣問題構建中美日安全架構，達成中美日在臺灣問題上的安全共識，進而促進亞太地區的和平與穩定，這是中國應該採取的外交戰略，但是中美日安全關係複雜多變，易受各種突發因素的影響，構建進程作為一種歷史「合力」促成的客觀結果與中國的主觀願望不可能完全一致。所以，要以歷史唯物主義和辯證唯物主義

的視角看待這一課題，必須做到立足當前，放眼長遠。「立足當前」是制定符合當今實際的現實目標——「防獨」，這點符合中美日共同的安全利益，並有助於中國遏制「臺獨」勢力，為完成國家統一做好前期準備；「放眼長遠」是「促統」，臺灣問題的解決是個長期的過程，需要大陸加快發展自己，深化兩岸經濟、文化融合，消弭政治分歧，最終實現國家統一。

結合國際和國內的實際情況，中國要根據對臺工作需要相應調整自身的國際、國內戰略，必須把握「重點論」、「兩點論」、「節點論」、「燃點論」等四項對策。

第一，堅持「重點論」，認清當前工作重點仍然在於推動國家的經濟發展和社會的全面進步，把握和平與發展的時代主題，緊緊抓住中國面臨的戰略機遇期，為中國的國家統一奠定政治、經濟、文化基礎。

「重點論」就是必須認清事物發展進程中主要矛盾和矛盾的主要方面。美國、日本介入臺灣問題的核心動機就是忌憚中國崛起，企圖以臺灣問題干擾中國的現代化建設，中國必須為此保持足夠的警惕和耐心，抓住有利的戰略機遇期，貫徹科學發展、和諧發展的理念，穩步推進經濟和社會發展等各項事業的進步。2004年11月14日，在里約熱內盧訪問的中國國家主席胡錦濤會見包括來自臺灣地區僑胞在內的當地華僑華人代表時指出：中國要強盛，中華民族要振興，第一要發展，第二要統一，實現了中國的完全統一，大陸和臺灣地區就都能更好地發展。2008年12月31日，胡錦濤在紀念《告臺灣同胞書》發表30周年座談會上的講話中指出實現中華民族偉大復興要靠兩岸同胞共同奮鬥，兩岸關係和平發展新局面要靠兩岸同胞共同開創，兩岸關係和平發展成果由兩岸同胞共同享有。

恩格斯在《自然辯證法》中指出：「每一時代的理論思維，從

而我們時代的理論思維，都是一種歷史的產物，不同的時代具有非常不同的形式，並因而具有不同的內容。」把握經濟建設和社會發展這個重點，必須清醒的認識和平與發展的時代主題及戰略機遇期。1985年3月4日，鄧小平指出：「現在世界上真正大的問題，帶有全球性的戰略問題，一個是和平問題，一個是經濟問題或者說發展問題。和平問題是東西問題，發展問題是南北問題。概括起來，就是東西南北四個字。南北問題是核心問題。」當今時代，儘管霸權主義和強權政治有了新的發展，但是和平與發展仍然是當今世界的主題。

從西方傳統國際關係理論，如「均勢」理論、現實主義理論的觀點看，中國的迅速發展是對地區安全平衡的破壞，必然伴隨著對亞太地區乃至世界主導權的爭奪，使中國周邊及亞太國家產生不安全感，從而催生「中國威脅論」。實際上，中國發展的方式訴諸於和平手段，發展的過程是與其他國家共同發展、繁榮，最終走向「雙贏」，而非我得彼失的「零和」遊戲。鄧小平多次指出，中國一打內戰，就會生產衰落，交通中斷，難民將不是百萬、千萬而是上億地往外跑，將釀成世界性的災難。所以，「中國不能把自己搞亂，這當然是對中國自己負責，同時也是對全世界全人類負責。」

中國要牢牢把握住戰略機遇期，走和平發展的道路要以具體的時間和空間為轉換條件，首先必須排除中國介入大規模戰爭的可能性，否則備戰型的經濟模式會與市場配置資源的經濟模式發生根本的對立，從而錯過有利於經濟發展的寶貴時機；其次，必須明確發展的主要內涵在於綜合國力特別是經濟實力的提升，前蘇聯以軍力的擴張來維持所謂的超級大國地位卻最終為軍備競賽拖垮的經驗教訓值得汲取。同時，中國的和平發展會形成制約戰爭發展的重要力量，成為世界和平力量發展的重要因素，進一步降低爆發世界大戰的可能性。

第二，堅持「兩點論」，認清中國和平發展與國家統一進程中的複雜性，正確把握影響臺灣問題解決的外生因素。在搞好國內經濟建設的同時，針對影響臺灣問題的以美國、日本為代表的國際因素，要著手構築中美日三國安全框架，營造有利於國家統一的國際環境。

事物發展的起因總是呈現內部與外部的兩個因素，內因和外因是相對的，在一定的歷史條件下可以進行相互轉化，要全面認識事物發展的各個階段和各個方面，必須堅持「兩點論」，所以重視內因，但是不能忽視外因的影響。中國的和平發展與實現國家統一的方向是殊途同歸，受到內外各種因素的制約，而各種因素在一定的歷史條件下會發生功能上的耦合和表現形式的轉換。美、日等西方勢力對於中國發展的忌憚不僅僅在於意識形態上的迴異，更多地定位在地緣安全威脅和維護既得利益上。儘管前蘇東地區已經變色，但是西方勢力對於所謂民主「外圈」國家的滲透、干涉仍然不遺餘力，2004年以來烏克蘭、前蘇聯的中亞國家爆發的「顏色革命」不斷地給中國敲響警鐘，所以「埋頭苦幹」不等於閉塞視聽，「韜光養晦」並非默認西方社會破壞中國的主權和領土完整。針對西方國家對中國內政的干涉與意識形態的滲透，中國「反演變、反滲透、反干涉」的任務相當艱巨。

同時中國面對一個全球化的世界，必須以更加開放的態度、更加寬廣的胸襟、更加包容的理念對待國際社會的新態勢，研究美國、日本及其他西方國家的內外政策，預測這些國家中長期的對外戰略走向，著手建立中國特色的國家關係理論體系，特別是樹立以「中華文化圈」為基軸的中國外交核心文化理念，應對中國和平發展與國家統一過程中諸多矛盾相互交織的複雜局面。

如前文所述，美國、日本是世界上對中國國家統一的進程最具影響力的大國，在外交實踐中，中國必須努力化解美日臺同盟，構

築中美日三國安全框架，打破美國主導、中日疏遠的「軸心——軸輻」式安全結構，構建一個穩定的三邊互動模式。對美國，加強兩國在經貿、反恐、地區安全等領域的合作，推動臺灣問題在兩國關係中的邊緣化進程；對於日本，要建設性地擱置和化解歷史宿怨，加強中日民間的對話和溝通，使中日關係的發展服從和服務於中國發展和統一這個大局的需要。同時，加大中美日經貿整合的力度，透過中美日三國經濟圈的建設增大中國國家統一的籌碼，以東亞乃至亞太的經濟整合和安全上的認同消弭「臺獨」分子操縱臺灣島內政治分裂所帶來的消極影響。2009年10月10日，日本首相鳩山由紀夫在中日韓三國首腦會談上稱「一直以來日本過於依賴美國」，他提出了建立中日在內的東亞共同體的構想，對於重建「軸心——軸輻」式中美日三邊安全架構而言是一個積極的信號。

就中國面臨的整體環境而言，「臺獨」的外部條件正在收縮。中美日安全關係只是中國對外關係的一部分，中美日安全架構的構建作為一個點還要面對整個國際大環境，中國今後在周邊安全、大國外交、多邊外交、經貿外交等領域有許多文章可以做，只有跳出中美日關係的圈子看三邊關係，才有可能占據戰略制高點，獲取戰略主動權。

第三，堅持「燃點論」，認清中國國家統一進程中突變事件的偶發性，對臺軍事鬥爭準備不可鬆懈，要做好應對「臺獨」勢力實質性推動「法理建國」的最後準備。

偶然性是必然性的表現形式，但是在一定的歷史時期偶發因素與事物發展的必然方向不盡一致，這需要縝密的觀察和前瞻性的判斷。在中國解決臺灣問題的預案中，軍事鬥爭準備是最後一道防線也是極其必要的準備。和平與發展的時代主題不會改變，但是在「臺獨」勢力掌控臺灣政權的情況下，如果美、日的右翼勢力繼續主導各自國內的對外政策，臺海安全形勢必然存在一定的安全變

數，必須要有充分的思想認識和軍事鬥爭準備。

　　美國近年來一直加大武裝臺灣的步伐，對臺軍售由過去臺灣的「我要買」變成美國的「我要賣」，對於臺灣「軍售案」在「立法院」屢屢受挫十分不滿，美臺軍事合作的升級使臺海安全形勢受到嚴峻的考驗。在美國的支持下，日本的軍備擴張當前十分引人注意。日本右翼勢力聲稱：「如果打一場有限的戰爭能夠使中國出現混亂局面的話，那麼即使日本會有所損失，也會是值得的。」1990年代以來，日本加快了軍備發展的步伐，特別是國家的軍費預算到90年代中期就已經上升至世界第二位，僅排在美國之後。到上個世紀末，日本軍費開支已大大超過中韓朝三國的總和，其絕對值是中國的7倍，若按人均國防費用計算，日本是中國的70倍以上。為了修改戰後憲法，自民黨已起草了新憲法草案，草案重新改寫了憲法的前言部分，並增加了數條條款，其中的一條條款稱日本可擁有用於自衛的軍事力量，軍事力量可以參加國際安全行動。

　　中國為處理臺海局勢中的突發事態已經在幾個重要的涉臺公開文件中界定了以非和平方式（包括使用武力）解決臺灣問題的條件、辦法。2001年2月21日，國務院臺灣事務辦公室、國務院新聞辦公室發表《一個中國的原則與臺灣問題》白皮書指出：「如果出現臺灣被以任何名義從中國分割出去的重大事變，如果出現外國侵占臺灣，如果臺灣當局無限期地拒絕透過談判和平解決兩岸統一問題，中國政府只能被迫採取一切可能的斷然措施，包括使用武力，來維護中國的主權和領土完整，完成中國的統一大業。」2004年12月27日，中國國務院新聞辦公室發表《2004年中國的國防》白皮書指出「如果臺灣當局鋌而走險，膽敢製造重大『臺獨』事變，中國人民和武裝力量將不惜一切代價，堅決徹底地粉碎『臺獨』分裂圖謀。」2005年3月14日，中國全國人大通過的《反分裂國家法》第八條指出：「『臺獨』分裂勢力以任何名義、任何方式造成臺灣從中國分裂出去的事實，或者發生將會導致臺灣從中國分裂出

去的重大事變,或者和平統一的可能性完全喪失,國家得採取非和平方式及其他必要措施,捍衛國家主權和領土完整」。「臺獨」勢力「法理建國」的時刻就是臺海局勢的「燃點」,中國的對臺軍事鬥爭準備越充分,對「臺獨」勢力的冒險行徑粉碎的越堅決、越徹底,美日等外部勢力直接軍事介入的可能性越小。

同時,能戰方能言和,備戰可以逼和。強大的針對「臺獨」勢力的軍事威懾、充分的對臺軍事鬥爭準備,不但可以遏制臺灣當局走向「法理獨立」,而且對於臺灣的主流民意有相當的影響和制約作用,促使臺灣民眾對於「臺獨」的危害性及臺海形勢的未來走向保持相對理性的認識。2004年7月22日,臺灣《商業周刊》公布的一份民意調查表明,有58%的臺灣民眾認為,如果宣布「臺灣獨立」將引起兩岸戰爭。調查還發現,認為自己是臺灣人也是中國人的達58%,他們認為「臺獨」是臺海安全的紅線。

第四,堅持「節點論」,認識中國國家統一的長期性,把握中國國家統一的時機。臺灣問題的解決如同一個複雜的電路圖,中間有許多關鍵的「節點」(「節點」本意是物理學的術語,本書借指某些事情發展到一定的階段面臨的幾種可能的發展趨勢)。根據臺灣島內的形勢和中國面臨的國際環境,中國的國家統一不可能畢其功於一役,在具體的演進中面臨諸多「節點」,即機遇與挑戰。在可預見的將來,解決臺灣問題要分為兩個階段進行:第一階段是「防獨」,第二階段是「促統」,第一階段是完成第二階段的前提和基礎,第二階段是第一階段的延續和提升。

第一個階段是有效地遏制臺灣的分裂活動,2008年前以陳水扁為首的「臺獨」勢力以「進兩步,退一步」的手法走「蠕變式」「臺獨」路線,急於搞「法理獨立」。2003年5月20日,陳水扁提出要推動「臺灣加入世衛組織」的「公投」,9月28日宣稱2006年要「催生臺灣新憲法」,此後逐步形成了一個「臺獨」時間表:

2004年實施首次「公投」；2006年「公投制憲」；2008年正式實施「新憲法」使「臺灣成為正常的、完整的國家」。2006年3月，陳水扁宣布「終止運作」「國統會」和「國統綱領」。2008年3月，陳水扁當局不顧海內外強烈反對而執意推動所謂「入聯公投」，「公投」未獲通過。民進黨八年的執政路線說明他們一刻也沒有放棄「臺獨」，但是「臺獨」不得人心，因此「臺獨」勢力的分裂沒有得逞。2008年之後，「臺獨」一度蟄伏後逐步活躍，一是堅持力挺「陳水扁」這張「臺獨」的王牌，另外密切關注大陸內部的分裂活動，伺機運作「臺獨」、「藏獨」、「疆獨」三股分裂勢力的合流。為此，中國大陸要保持足夠的警惕，整合國內外力量，加強對於「臺獨」分裂活動的「文攻武備」，特別是中國通過的《反分裂國家法》從法律層面上為「臺獨」勢力的分裂活動劃上了一條不可踰越的紅線。

防止臺灣「急獨」是中美日三國在臺海問題上的基本共識，反映了中美日安全關係中的積極一面，因為臺海戰爭一旦爆發，將會使美日兩國的安全利益受到嚴重威脅，亞太地區的經濟和社會發展面臨災難性的後果。防止「急獨」也是中國國家統一進程中第一階段的核心目標，就2005～2008年上半年的臺海局勢看，這一階段的任務已經有步驟、有目標地推進，「臺獨」的氣勢已經大不如前，國際上遏制「臺獨」的呼聲日益增強，主張「臺獨」路線的一些民進黨人要進一步推動「臺獨」的阻力愈來愈大，大陸逐漸掌握了控制臺海形勢的主動權。

第二個階段是促進中國的國家統一，這是一項長期而又艱巨的任務。曾任國務委員的唐家璇強調，臺灣同胞是我們的骨肉兄弟，具有光榮的愛國主義傳統，是推動兩岸關係發展的重要力量，也是維護國家統一、反對和遏制「臺獨」分裂活動的重要力量。

所以，必須深入貫徹「寄希望於臺灣人民」的方針，與臺灣同

胞密切往來、加強交流、擴大合作、共同發展，才能最終完成國家的統一。臺灣內部的政治生態近年來正在發生激烈的變化，民進黨執政幾年來，不但政績不彰，貪汙腐敗、賄選買票的手段盛行，黑金政治持續惡化，比國民黨執政時猶有過之。2005年末，民進黨在縣市長選舉中慘敗，23個縣市中僅奪得6席，銳減4席，足以顯示選民的不滿程度。島內外評論指出與其說國民黨打敗了民進黨，不如說民進黨自己打敗自己。2008年，民進黨喪失了執政權。香港《亞洲週刊》指出：「民進黨只有在挑釁中始可成長，當停止挑釁，它的內部結構及內政表現，即會讓它破綻顯現。」目前，處於弱勢的民進黨，要強行「急獨」，幾乎已是不可能的任務。

　　有人把國民黨在縣市長選舉中的大勝歸結為「馬英九效應」，但是要以歷史唯物主義的視角看待這一問題，即：不是英雄創造歷史，而是人民群眾創造了領袖人物成長的條件，「馬英九效應」更多地展現了在臺灣民眾中認同國家統一的主流意識的回歸。

　　今後，解決臺灣問題不能理想化地把希望寄託在某個政黨甚至個人身上，即使2008年以馬英九為首的國民黨在臺灣上台執政，臺灣問題的解決也不會一帆風順，我們必須深入、細緻地展開對於臺灣民眾的各方面工作。而從2005年開始，中國大陸實施的一系列惠及臺灣民眾的經貿、社會政策已經受到了臺灣民眾的熱烈響應。這些措施完全實施後，以「臺獨」理念為黨綱的民進黨的「忠實票倉」——臺南農民、臺灣漁民受惠較多，從而將從根本上動搖民進黨的執政基礎，造成其「臺獨」理念的泡沫化。在2006年4月的兩岸經貿論壇上，中共中央臺辦主任陳雲林受權宣布了15項對臺優惠措施，臺灣島內輿論指出這些優惠措施已經類似於大陸和香港簽署的CEPA協定的主要內容，勢必給近年來停滯不前的臺灣經濟帶來新機會，增加臺灣各項重要產業人才的培育與就業機會。2006年4月16日，中共中央總書記胡錦濤會見中國國民黨榮譽主席連戰時就推動兩岸關係和平發展提出的四點建議，在臺灣島內引起

強烈反響。海外和臺灣輿論指出，胡錦濤總書記的講話展現了對推動兩岸關係和平發展的誠意。2008年末，胡錦濤指出，今後兩岸同胞要開展經濟大合作，擴大兩岸直接「三通」，厚植共同利益，形成緊密聯繫，實現互利雙贏；兩岸還可以為此簽訂綜合性經濟合作協議，建立具有兩岸特色的經濟合作機制，以最大限度實現優勢互補、互惠互利。

收土必先收心，中國解決臺灣問題實現國家統一的重要前提在於增強島內民眾對於大陸的認同感和包括海峽兩岸在內的中華民族的凝聚力。

以上四點是對中國如何實現國家統一的前瞻性思考，「重點論」是實現國家統一的前提與基礎；「兩點論」是把握和創造實現中國和平發展和國家統一的外部條件；「燃點論」是處理國家統一進程中突發情況的應急預案；「節點論」則是對分步驟實現國家統一進行的戰略性部署。

滄海百年，實現國家統一是中華民族的夢想，同時將是長期、曲折、艱難的進程，但是在幾代人的努力下，一個統一、繁榮、富強的中國必將屹立於世界之巔。

結束語　2008年及其後臺灣島內政局述評

　　本書作為博士論文通過論文答辯是在2006年6月，當時海峽兩岸局勢十分緊張和複雜，現在已經過去三年了，自2008年臺灣島內國民黨獲得執政權以來，臺海局勢逐漸恢復平靜，兩岸關係逐步恢復信任，因此特將2008年及其後續臺灣島內政局做一述評，並作為本書的結束語。

　　2000年國民黨失去臺灣地區執政權後，全黨開展了深刻的檢討。2001年7月，國民黨召開十六次全國黨員代表大會，會場瀰漫著濃烈的團結悲壯氣氛，在集體合唱《總理紀念歌》中「莫散了團體，莫喪了志氣」的歌詞時，包括黨主席連戰在內的，數千人全部灑下熱淚，立志發憤圖強、重奪執政權的熱烈情景至今令人難忘。

　　「時勢造英雄」，2008年馬英九代表國民黨參選成功可謂「天遂人願」，海峽兩岸同盼倘若馬英九能夠認真反思臺灣多年來變局的根源所在，遠離「臺獨」，深耕海峽兩岸的和平與發展這塊沃土，那麼馬英九主政的四年乃至八年將有可能真正成為兩岸和諧發展和欣欣向榮的重要轉折期。

　　2008年5月20日，馬英九宣誓就任臺灣地區領導人之時，臺灣民眾對其期許甚多，因為2000年至2008年民進黨執政時期，兩岸關係惡化，島內民生凋敝。不過，臺灣民眾熱議的「馬英九時代」的來臨並非意味著馬英九及其執政團隊可以一廂情願地在兩岸關係上發揮主導作用，因為兩岸關係的主導權不在臺灣方面而在大陸。但客觀而言，臺灣民眾期盼馬英九能夠順應兩岸大勢、積極推動兩岸關係順暢交流，以及寄希望於馬英九遠離「臺獨」和激進的選舉

語言，由此則必將促成兩岸同根、同種的中華文化情結的培育和壯大。

　　在當時的局勢下，馬英九對兩岸關係有基本正確的認識，同時較為重視島內民意，傾聽民眾呼聲，上任之初首先謀求穩住兩岸關係，委派蕭萬長在「就任」前到海南博鰲論壇與胡錦濤主席會晤，為兩岸關係融冰。2008年以來，兩岸恢復協商並簽署多項協議，海協會的陳雲林和海基會的江丙坤已經舉行過3次正式會議，陳雲林更是首名「登陸」臺灣的大陸最高層人士，而馬英九當局開放陸資入島、實現兩岸直航以及全面開放大陸遊客赴臺等措施，成功降低了兩岸之間的敵意，外資也認為臺灣的投資環境趨向安全。因此，國外媒體評論指出，儘管馬英九上台後不久就遇到全球經濟衰退，但因為推動兩岸關係的發展，臺灣當前正走向經濟復甦的道路。

　　兩岸全方位交流起始在經貿，開花和結果在文化和教育上。2008年12月，胡錦濤在紀念《告臺灣同胞書》30周年座談會上提出的「六條」，就不僅強調了兩岸經濟合作的重要性，也同時強調了「弘揚中華文化」的重要性，他指出中華文化源遠流長、瑰麗燦爛，是兩岸同胞共同的寶貴財富，是維繫兩岸同胞民族感情的重要紐帶，中華文化在臺灣根深葉茂，臺灣文化豐富了中華文化內涵。2009年7月11日，第五屆兩岸經貿文化論壇在湖南長沙開幕，中共中央政治局常委、全國政協主席賈慶林，中臺辦主任王毅，中國國民黨主席吳伯雄，中國國民黨副主席林豐正等出席開幕式。全國政協主席賈慶林在本屆論壇的致辭中指出：「文化是一個民族的靈魂，孕育著民族的生命力、凝聚力和創造力。」經濟是一個社會的物質基礎，而文化就是這個社會的精神和思想基礎。中華文化乃中國人的「根」，根深則葉茂，根衰則葉枯。

　　2009年5月20日，馬英九在上任一周年記者會上表示執政一年

来两岸关系的突破是最多的。马英九说，在两岸关系发展上，就是因为看到过去八年是「失去的八年」，因此才趕快用过去一年把时间趕回来，让两岸关系逐渐回到正軌。他表示，大家的目标都是希望创造双赢，因此求同存异、建立互信相当重要。对于国务院台湾事务办公室主任王毅在首届海峡论坛上宣布的8项惠台新举措，马英九表示，任何有利两岸经贸发展都乐观其成。马英九说，两岸两会签订的9个协议没有一个傷害台湾，都对台湾有利。「改善两岸关系，締造台海和平」是台湾未来要推动的重点工作之一。

　　台海地区的局势历来受到来自大陆与台湾两个方面的多种因素影响、制约，特别是与海峡两岸执政党基本理念乃至领导人的政治性格息息相关的。大陆自改革开放以来，对台政策日益成熟，保持了连贯性和一致性，几任中共领导集体对于「台独」势力的挑衅都表现出了审慎和冷静，成功化解多次台海危机。反观台湾地区自1990年代初期蒋经国去世后，李登辉、陈水扁陆续上台，縱容和引领「台独」势力兴风作浪，导致岛内政局不稳，经济滑坡，民怨沸騰，而马英九上台后则把握时局大势，稳定两岸关系，著手复甦台湾经济，顺应了台湾地区的主流民意，一定程度上改善了台湾社会状况。

　　马英九取得的这些政绩除了得益于国民党上下的鼎力相助及其自身的才幹外，还有一部分是得益于其个人魅力方面的因素。长期以来在台湾政坛上，他一直是作为「政治偶像」出现并被蓝营民众所推崇，「师奶殺手」、「小马哥」这样类似追星一样的语言萦绕在其周围。不可否认，诸多斑斓炫目的「称号」吸引了很多普通民众的目光，也为马英九赢得了更多的支持，但是马英九应该始终有清醒的认识，即作为台湾地区领导人的责任和义务不仅仅侷限于政治作秀，而应看是否具备衝破重重阻力的决心和意志及审时度势的前瞻力和领导力，真正的领导人应做到既能聽取民众的呼声，广纳民意，又能擺脱「民粹」和简单民意的束缚开拓创新。

具體到臺灣島內的民意以及民主意識，實際上其民眾的民主意識還是不成熟的，易受一時一事的影響，又對於領導人有情緒化的政治傾向，在某種不特定的情形下容易形成民粹化的選舉氛圍和政治文化。根據臺灣《聯合報》的調查，馬英九就任時民望超過70%；但是由於馬英九的個人性格特質及其一些施政風格和手法，引來不少指責和批評，就任兩個月滿意度跌至40%，不滿意度升至43%；就任半年，滿意度為37%，不滿意度為46%。由於在兩岸關係上的貢獻，就任一周年，民眾對他的滿意度回升至52%，臺灣《中國時報》的調查更高達56%。但是在2009年「8‧8」水災後，馬英九的滿意度降為30%，隨後臺當局行政機構團隊總辭，新團隊呈現新氣象，馬英九聲望回升到47%。臺灣這種不成熟的「民意政治」往往對執政當局制定政策的預見力和執行力都構成一定制約，尤其易造成兩岸政策的搖擺現象和短視行為，這一點應為臺灣地區領導人理性對待。

此外，在臺灣地區的政黨布局上，當前其兩黨制的雛形已現，中國國民黨在未來四年乃至八年中可能成為執政黨，那麼作為第二大黨、在野黨的民進黨是否能夠反思敗局，有效調整路線並推出一個充滿活力的領導集體呢？換言之，如何看待民進黨的制衡作用和政治生命力？

今後臺灣島內政局的演變不會一帆風順，主要基於兩個內在原因：第一，大陸與臺灣尚未實現統一；第二，臺灣島內的民主社會體制尚未成熟。民進黨由於急於擺脫政治邊緣化的窘境，已經黔驢技窮，他們不得不繼續豎起「臺獨」的旗幟，緊緊握住這根救命稻草不放，因為只有「逢中必反」和「逢統必反」、「逢藍必反」才能吸引臺灣島內深綠和「民粹化」程度較深的民眾的注意力和選票；長此以往一個只是專注於與執政黨大唱反調的政黨必然迷失基本的政治方向，其路線也不會得到大部分理性民眾的支持，顯然當前的民進黨已經成為影響兩岸和平與發展的不穩定因素。

回溯至2008年5月，陳水扁下台前夕，臺灣當局突然驚爆「金援外交」重大弊案。5月6日，臺灣媒體稱「歷史會記下臺灣的這一天」，當天臺灣「行政院」、「國防部」、「外交部」都因為高層官員涉貪被檢察官搜索；「副閣揆」、「外交部長」、「國防部副部長」官邸也都被搜索。這是民進黨永遠的汙點，有評論指出這個「金援弊案」對於民進黨的殺傷力遠比2008年選舉敗北的殺傷力要大，是壓倒陳水扁當局及民進黨的「最後一根稻草」。《新華澳報》發表評論文章說，這宗「外交醜聞」案，使本已遍體鱗傷、奄奄一息的民進黨，再遭重擊。而至廣大民進黨人更為灰心喪意，連臨時全代會也因代表出席未過半而流會。「金援外交」巨款遭侵吞案重創了民進黨的士氣，據轉述，時任民進黨主席的謝長廷在2008年5月7日中常會報告時指出，民進黨最新民調支持度，只剩下18%，創下選後新低。

2009年9月11日，臺北地方法院對陳水扁家族弊案作出一審宣判，陳水扁涉五罪被判處無期徒刑，罰金2億新臺幣，褫奪公權終身。陳水扁是臺灣首位卸任領導人涉及貪瀆弊案，特偵組2008年12月12日偵結時，檢察官請求處以「最嚴厲的制裁」。扁家涉及「國務機要費」、龍潭購地、海外洗錢、南港展覽館弊案，以及以安排金融機構人事、募集政治獻金為名分別向陳敏薰、辜仲諒收受巨款。

9月21日，因涉及貪汙等案一審遭重判的陳水扁，在臺灣高等法院裁定羈押時，上書美國軍事上訴法院，請求該法院下令馬英九撤銷對他的無期徒刑判決，並且立即釋放他。10月6日，位於華盛頓的美國軍事上訴法院宣布，對陳水扁所提的案子沒有管轄權，所以不予受理。同時，軍事上訴法院表示，陳水扁是向美國「尋求救濟（request relief）」。陳水扁在上訪書中說，他是美國軍政府的代理人，八年「總統」任內，他其實是美國軍政府在臺灣的行政長官，始終服從美國軍政府的旨意，在許多事上接受美國在臺協會

的指示。陳水扁說，在臺灣，美國軍政府是最高權力機構，他就是這個最高權力機構的代理人。唯有危急時刻，他才會證實軍政府的存在，而現在正是關鍵時刻，所以他要求美國軍政府出面干預，保護他。陳水扁說，他只要求軍事法院責成軍政府做到下列幾件事：第一，承認他的代理人身份；第二，承認他的所作所為都根據這個代理人身份；第三，指示現任的行政長官馬英九撤銷對他的無期徒刑判決，並還他自由。美國軍事上訴法院表示，陳水扁自貶身價，變成「占領區」的「行政長官」，法院聞所未聞。陳水扁的荒唐舉動更加暴露了其「臺獨教主」的本色。

2009年9月9日，民進黨中執會無異議通過臺南市長許添財的臨時提案「一審判決後放人（陳水扁）」的決議，否則將以群眾運動方式發起街頭抗爭。民進黨執政8年，臺灣民眾最痛恨的莫過於陳水扁家族的貪腐與濫權。按理說，民進黨丟失政權，首先要追究陳水扁的責任，站在社會正義一邊，協助檢調部門清查扁家的貪腐弊案，與陳水扁徹底劃清界限，展現出「革故鼎新」的氣象，以求得臺灣民眾的寬恕與支持。然而一年來，民進黨美其名曰與陳水扁「柔性切割」，實則「柔性」有餘，「切割」為虛，把「毒瘤」當「資產」，打著「捍衛司法人權」、反對「政治迫害」的幌子，對陳水扁家含情脈脈，難捨難分，最終在陳水扁的無恥恐嚇與「急獨」派挺扁勢力的裹挾之下，蔡英文被迫到臺北看守所探監，向陳水扁妥協讓步。北京聯合大學臺灣研究院徐博東教授指出，蔡英文性格軟弱，難以抗拒陳水扁和「急獨派」挺扁勢力的威脅與裹挾；但從深層次分析，當年「兩國論」的炮製者蔡英文，本身就是如假包換的「臺獨」分子，其政治理念和思想脈搏與陳水扁和「急獨派」挺扁人士一脈相承、並無二致。因此，在當今「只問立場，不問是非」的臺灣政黨政治現實環境下，原本格局有限的蔡英文，自然難以擺脫陳水扁和「急獨派」挺扁勢力的綁架與裹挾，最終成為他們的政治俘虜！

2009年10月，民進黨成立23周年，臺灣TVBS電視臺最新民調顯示，與10年前相較，民進黨政黨形象大幅下滑。TVBS最新民調顯示，近6成（58%）民眾認為民進黨不廉潔，僅21%民眾認為廉潔，認為民進黨廉潔的比例10年來下滑26個百分點，顯示民進黨廉潔形像已經因陳水扁案遭到重挫。

在兩岸關係上，正當馬英九當局積極採取大量措施，創造有利於兩岸和平與發展的氛圍之時，民進黨卻為了遏止當前兩岸交流的強勁勢頭，再次挑起臺灣的統「獨」爭議。2009年8月至9月，民進黨籍高雄市長陳菊繼高調邀訪達賴後，又在高雄播出熱比婭的自傳記錄片「愛的十個條件」。陳菊不明智的挑釁行動損傷了兩岸關係，但是唯此才能增加她在「臺獨」基本教義派的影響力。香港中評社的社評說，針對大陸，激怒大陸，破壞當前的兩岸關係發展勢頭，也是「臺獨」分子所用的招數。以目前「臺獨」分子操弄「藏獨」、「疆獨」的手法來看，「臺獨」分子遵循的操弄原則，其實很簡單。大陸支持的他們就反對，大陸反對的他們就支持；再升高一個級別，大陸越反對他們越支持，搞到臺灣民眾叫苦連篇、臺灣經濟毀於一旦也在所不惜。所以，繼陳菊邀達賴訪、在高雄播放熱比婭自傳紀錄片，之後又有「獨」派團體計劃邀請熱比婭赴臺，都呈現出「臺獨」分子搞政治操弄激怒大陸的一貫策略。

事實上，民進黨在重重弊案的折騰下早已使以往清新、變革、廉政的形象蕩然無存，而隨著民眾認識的逐步提高，明辨的思維日益清晰，民進黨操控民粹意識、製造族群分裂等五花八門的伎倆往往收效甚微，無法達到其取得島內輿論主導權的預期目標；因此民進黨必須透過路線和綱領的徹底修訂才能真正取得在臺灣政壇內名副其實的第二大黨的位置，並且發揮相應的制衡作用。

實踐證明，形勢比人強。「臺獨」勢力盲目劫奪臺灣人的悲情意識，宛如打開了潘朵拉的盒子，製造了島內混亂和兩岸關係緊

張，雖然占得了一時的便宜，卻最終被臺灣多數民眾所唾棄，事實上只有順應兩岸和平與發展的大勢方能真正有所作為。

參考文獻

一、中文參考文獻

（一）專著[M]、論文集[C]、學位論文[D]、報告[R]、未定義類型的文獻標識[Z]

[1]馬克思恩格斯全集（第13卷）[M].北京：人民出版社，1998.

[2]馬克思恩格斯全集（第21卷）[M].北京：人民出版社，1965.

[3]馬克思恩格斯全集（第37卷）[M].北京：人民出版社，1965.

[4]馬克思恩格斯選集（第1卷~第4卷）[M].北京：人民出版社，1972.

[5]毛澤東選集（第1卷~第4卷）[M].北京：人民出版社，1966.

[6]中華人民共和國外交部外交史研究室編.毛澤東外交思想研究[C]，1994.

[7]中華人民共和國外交部、中共中央文獻研究室編.毛澤東外交文選[C].北京：世界知識出版社、中央文獻出版社，1994.

[8]周恩來外交文選[M].北京：中央文獻出版社，1990.

[9]周恩來外交活動大事記[M].北京：世界知識出版社，1993.

[10]周恩來年譜（1949~1976）[M].北京：中央文獻出版社，2007.

[11]周恩來政論選（下冊）[M].北京：中央文獻出版社、人民日報出版社[M].1993年.

[12]鄧小平文選（第2卷）[M].北京：人民出版社，1983.

[13]鄧小平文選（第3卷）[M].北京：人民出版社，1993.

[14]鄧小平年譜（一九七五～一九九七）[M].北京：中央文獻出版社，2004.

[15]王泰平主編.鄧小平外交思想研究論文集[C].北京：世界知識出版社，2001.

[16]江澤民.全面建設小康社會，開創中國特色社會主義事業新局面[M].北京：人民出版社，2002.

[17]江澤民.在全國黨校工作會議上的講話（單行本）[M].北京：人民出版社，2000.

[18]中美關係文件和資料選編[Z].北京：人民出版社，1971.

[19]十一屆三中全會以來重要文獻選編（上、下）[Z].北京：人民出版社，1982年.

[20]黨的十五大以來重要文獻選編（上、下）[Z].北京：人民出版社，2000.

[21]田曾佩主編.改革開放以來的中國外交[M].北京：世界知識出版社，1993.

[22]謝益顯主編.中國當代外交史（1949～1995）[M].北京：中國青年出版社，1997.

[23]中共中央臺灣工作辦公室、國務院臺灣事務辦公室.中國臺灣問題[M].北京：九州出版社，1998.

[24]中共中央黨校、中共中央臺灣工作辦公室編著.《臺灣問題

讀本（試用本）》[M].北京：中共中央黨校出版社、九州出版社，2001年.

[25]中國史學會主編.中國近代史資料叢刊——中日戰爭（三）[C].上海：新知識出版社，1956.

[26]楊肇嘉.楊肇嘉回憶錄[M].臺北：三民書局，1977.

[27]秦孝儀主編，中國國民黨中央委員會黨史委員會編印.先總統蔣公思想言論總集[M].臺北：臺北中央文物供應社，1984.

[28]清實錄·德宗實錄（卷366）.光緒二十一年四月戊午[M].北京：中華書局，1987年.

[29]姚夫.解放戰爭紀事[M].北京：解放軍出版社，1987.

[30]中國社會科學院臺研所.臺灣研究文集[C].北京：時事出版社，1988.

[31]戚其章主編.中國近代史資料叢刊續編——中日戰爭（第3冊）[M].北京：中華書局，1991.

[32]賈亦斌編.論「臺獨」[M].北京：團結出版社，1993年.

[33]資中筠主編.戰後美國外交史——從杜魯門到雷根（上、下冊）[M].北京：世界知識出版社，1994.

[34]田桓主編.戰後中日關係文獻集（1945~1970）[M].北京：中國社會科學出版社，1996.

[35]蘇格.美國對華政策與臺灣問題[M].北京：世界知識出版社，1998.

[36]朱成虎.中美關係的發展變化及其趨勢[M].徐州：江蘇人民出版社，1998.

[37]郝雨凡.美國對華政策內幕[M].北京：臺海出版社，1998.

[38]陶文釗.中美關係史（1949～1972）（中卷）[M].上海：上海人民出版社，1999.

[39]王逸舟主編.全球化時代的國際安全[M].上海：上海人民出版社，1999.

[40]關捷、譚汝謙、李家巍主編.中日關係全書[M].瀋陽：遼海出版社，1999.

[41]唐正瑞.中美棋局中的「臺灣問題」（1969.1～1999.12）[M].上海：上海人民出版社，2000.

[42]劉建飛.美國與反共主義：論美國對於社會主義國家的意識形態外交[M].北京：中國社會科學出版社，2001.

[43]吳彤.自組織方法論研究[M].北京：清華大學出版社，2001.

[44]崔之清主編.臺灣是中國領土不可分割的一部分[M].北京：人民出版社，2001.

[45]劉建飛、林小光.21世紀初期的中美日戰略關係[M].北京：中央黨校出版社，2002.

[46]張耀武.中日關係中的臺灣問題[M].北京：新華出版社，2004.

[47]劉建飛.大博弈[M].杭州：浙江人民出版社，2005.

[48]胡鞍鋼、王亞華.國情與發展[M].北京：清華大學出版社，2005.

[49]宋成有、李寒梅等著.戰後日本外交史[M].北京：世界知識出版社，1995.

[50]陳舟.美國的安全戰略與東亞——美國著名國際戰略專家

訪談錄[M].北京：世界知識出版社，2002.

[51]劉連第編著.中美關係的軌跡1993年～2000年大事縱覽[M].北京：時事出版社，2001.

[52]楚樹龍.冷戰後中美關係的走向[M].北京：中國社會科學出版社，2001.

[53]郝雨凡、張燕冬.無形的手——與美國中國問題專家點評中美關係[M].北京：新華出版社，2002.

[54]楊潔勉主編.世界格局中的臺灣問題：變化與挑戰[M].上海：上海人民出版社，2002.

[55]蘇格.跨世紀國際關係格局與中國對策[M].北京：中央黨校出版社，2002.

[56]中國現代國際研究院.國際戰略與安全形勢評[M].北京：時事出版社，2004.

[57]關捷、譚汝謙、李家巍.中日關係全書[M].瀋陽：遼海出版社，1999.

[58]辛向陽.百年恩仇——兩個東亞大國現代化比較的丙子報告[M].北京：中國社會出版社，1996.

[59]田桓.戰後中日關係文獻集（1945-1970）[M].北京：中國社會科學出版社，1996.

[60]盧曉衡.中國對外關係中的臺灣問題[C].北京：經濟管理出版社，2002.

[61]李非.臺灣經濟發展通論[M].北京：九州出版社，2004.

[62]中國社會科學院臺灣研究所編.臺灣年鑑[M].北京：中國友誼出版公司，1991.

[63]李曉、張覺明.揭李登輝底牌[M].臺北：臺灣光華出版事業有限公司，1995.

[64]宋強等.中國可以說不——冷戰後時代的政治與情感抉擇[M].北京：中華工商聯合出版社，1996.

[65]梅孜.美國國家安全戰略報告匯編[M].北京：時事出版社，1996.

[66]黃雨石、辜正坤、鄧蜀生譯.林肯集——演說、信件、雜文、公告、總統咨文和公告（上）[M].北京：生活·讀書·三聯書店，1993.

[67]（臺灣）財團法人兩岸交流遠景基金會.亞太情勢與兩岸關係學術研討會論文集[C]，2002.

[68]賀志軍.臺灣問題的國際因素與中國解決臺灣問題的國際戰略（博士畢業論文）[D].北京：北京大學圖書館學位論文庫收錄，2003.

[69]世界知識年鑑（2000/2001，2001/2002，2002/2003）[Z]，北京：世界知識出版社.

（二）期刊文章[J]

[70]胡錦濤同志在全國培養選拔年輕幹部工作座談會上的講話.組工通訊[J]，2003，1.

[71]張蘊嶺.轉變中的中美日關係.當代亞太[J]，1996，6.

[72]趙階琦.冷戰後的中美日三邊安全關係.日本學刊[J]，1997，3.

[73]夏豔.試論中美日大三角關係中國受到的壓力、制約及其對策.重慶工學院學報[J]，2000，3.

[74]丁大煒.試析中美日三角關係失衡傾向.中國社會科學院研究生院學報[J],2003,3.

[75]金沖及.中國近代革命與改革.新華文摘[J],2004,8.

[76]夏立平.論新世紀中美日三邊關係.太平洋學報[J],2004,7.

[77]卞慶祖.從臺灣問題看美國對華政策的兩面性.和平與發展[J],2004,3.

[78]徐萬勝.日美同盟與日本的軍事大國化傾向.當代亞太[J],2004,4.

[79]王公龍.從「遠東條款」到「周邊事態」——亞太格局的轉換與日本對臺灣海峽防衛政策的調整.世界經濟與政治[J],1999,8.

[80]王逸舟.「9·11綜合症」與國際安全.世界知識[J],2001,19.

[81]袁鵬.「9·11事件」與中美關係.現代國際關係[J],2001,11.

[82]蘇格.中美關係登高望遠.現代國際關係[J],2000,9.

[83]林立民.國際地緣戰略形勢與中國的選擇.現代國際關係[J],2002,3.

[84]楊潔勉.中美關係面臨考驗——布希新政府對華政策.美國研究[J],2000,2.

[85]蔣曉燕.淺析布希政府的「先發制人」戰略.現代國際關係[J],2002,9.

[86]李長久.中美經貿關係的未來.現代國際關係[J],2002,6.

[87]胡永佳.論美國對中國文化的誤讀及其對中美關係的影響.北京社會科學[J]，1999，1.

[88]唐國棟.最新《美國國家安全戰略》報告淺析.現代國際關係[J]，2002，10.

[89]喬旋.淺析「倒薩」戰爭原因及戰爭對國際秩序的影響.懷化學院學報[J]，2004，1.

[90]資中筠.中美建交十周年與二十周年——變與不變.美國研究[J]，1999，1.

[91]胡聯合.二十一世紀美國國家安全戰略的基本框架.黨政幹部論壇[J]，2000，7.

[92]施能泉.為統一，施琅立奇功.兩岸關係[J]，2004，1.

[93]李增田.從鮑大可的著述看美國在臺灣問題上的利益需求[J]，國際論壇[J]，2004，7.

[94]袁明、范士明.「冷戰」後美國對中國（安全）形象的認識[J]，美國研究，[J]1995，4.

[95]于江欣.兩難：美國在臺海問題上[J]，世界知識，2000，6.

[96]劉建飛、芮效儉：中國崛起不至於導致兩國發生衝突.亞洲論壇[J]，2005，9.

[97]范慶華.摩擦中迅速發展——就入世後中美經貿關係訪周世儉先生.世界知識[J]，2002，6.

[98]劉麗華.論40～50年代美國對臺政策的變動性與穩定性.內蒙古師大學報（哲學社會科學版）[J]，2000，5.

[99]劉麗華.論70年代以來美國對臺灣政策的變動性與穩定性.

內蒙古師大學報（哲學社會科學版）[J]，1999，6.

[100]封永平.從建構主義視角解讀美國和平崛起.學術探索[J]，2004，9.

[101]時殷弘.全球化潮流中世界政治的內在矛盾和衝突.世界經濟與政治[J]，2001，12.

[102]特約評論員.在考驗和調整中發展的國際形勢.現代國際關係[J]，1999，1-2.

[103]力軍.兩岸「政經」之辯.（香港）廣角鏡[J]，2006，3.

[104]林凌.東亞經濟格局的變化與臺灣經濟的未來.社會科學研究[J]，2002，2.

[105]黃剛.冷戰後美日同盟：建構主義的解釋.國際觀察[J]，2002，1.

[106]王和.群體本位的中國人.中華文藝論壇[J]，2002，2.

[107]林曉光.日本國家安全戰略與防衛政策的調整——關於「有事法制」的思考.世界經濟與政治論壇[J]，2003，6.

[108]鄭永年.戰爭並非解決臺灣問題的唯一選擇.香港信報，2004，5.

[109]劉建飛.警惕日本軍國主義復活.瞭望新聞週刊[J]，2005，4.

[110]李鍾發.怎樣看德國統一.半月談[J]，1990，19.

[111]孫力.臺海兩岸分合歷史之反思.史學集刊[J]，2003，4.

[112]朱崇開.怎樣對待日本，是個問題.世界知識[J]，2005，2.

[113]何家棟.日美同盟同床異夢.南風窗[J]，2006，2.

[114]范躍江.試析影響日本對華政策的「臺灣情結」.日本學刊[J]，1999，2.

[115]全國人民代表大會常務委員會關於批准《中華人民共和國和俄羅斯聯邦睦鄰友好合作條約》的決定.全國人民代表大會常務委員會公報[J]，2001，7.

[116]蘭德公司報告：美國滅亡中國的計劃.環球視野[J]，2005，37.

[117]孫升亮.陳水扁當局04年「臺獨」活動升級六大表現[J]，半月談，2005，1.

[118]余永勝.美日因素有差異.世界知識[J]，2006，4.

[119]陳言.中日關係關鍵在於人與人的交流——專訪日本國際協力機構理事長緒方貞子.中國新聞週刊[J]，2006，12.

（三）報紙文章[N]

[120]鄧小平會見英國前首相希思.人民日報[N]，1982年7月24日，第1版.

[121]李鵬.關於制定國民經濟和社會發展「九五」計劃和2010年遠景目標建設的說明.人民日報[N]，1995年10月26日，第1版.

[122]江澤民.「在歡迎我駐南聯盟工作人員大會上的講話」.人民日報[N]，1999年5月14日，第1版.

[123]胡錦濤在澳洲聯邦議會發表重要演講.人民日報[N]，2003年10月25日，第1版.

[124]胡錦濤在看望參加政協會議的民革臺盟臺聯委員時強調：包括臺灣同胞在內的全體中華兒女團結起來，共同為推進中國和平統一大業而努力奮鬥.人民日報[N]，2005年3月5日，第1版.

[125]胡錦濤在韓國國會發表重要演講.人民日報[N],2005年11月18日,第1版.

[126]胡錦濤會見日本日中友好七團體負責人.人民日報[N],2006年4月1日,第1版.

[127]胡錦濤.在美國耶魯大學的演講.人民日報[N],2006年4月23日,第1版.

[128]胡錦濤.攜手推動兩岸關係和平發展,同心實現中華民族偉大復興——在紀念《告臺灣同胞書》發表30周年座談會上的講話.人民日報[N],2009年1月1日,第2版.

[129]經貿合作是中美關係發展重要支柱.人民日報(海外版)[N],2006年4月21日,第1版.

[130]社論:不許新的「九一八」事變在亞洲重演.人民日報[N],1961年9月18日,第1版.

[131]鍾嚴.論釣魚島主權的歸屬.人民日報[N],1996年10月18日.

[132]在以武拒統道路上越走越遠的危險信號——解放軍報發表署名文章評臺灣當局領導人鼓吹美日臺軍事合作的言論.人民日報[N],2001年7月26日,第4版.

[133]蘇海河.日本有事立法將完成,首相可直接出動自衛隊.中國青年報[N],2003年5月14日,第1版.

[134]雲雷.日本《新防衛白皮書》出爐,斷言我軍在「質變」.世界新聞報[N],2004年7月12日.

[135]中國發表2004年國防白皮書.人民日報(海外版),2004年12月28日[N],第3版.

[136]阿扁求救,山姆大叔左右為難.臺灣《新新報》週報[N],

2005年4月27日.轉引自2005年4月26日《參考消息》,第12版.

[137]中共中央關於制定國民經濟和社會發展第十一個五年規劃的建議.人民日報[N],2005年10月19日,第1版.

[138]反分裂國家法(2005年3月14日第十屆全國人民代表大會第三次會議通過).人民日報[N],2005年3月15日,第1版.

[139]日圍繞東海問題小動作頻頻.參考消息[N],2006年3月25日,第1版.

[140]李潤田.臺走私武器被截獲.環球時報[N],2004年10月19日,第1版.

[141]中日關係將進入新模式.參考消息[N],2006年4月1日,第16版.

[142]美日再向「臺獨」發出錯誤信號.人民日報(海外版)[N],2005年3月3日,第3版.

[143]錢彥琮.美日臺三方「反潛聯盟」瞄準解放軍.國際先驅導報[N],2004年11月26日,第3版.

[144]澳洲總理霍華德稱中國發展對全世界有利.環球時報[N],2005年9月14日,第6版.

[145]李濟然.美暗布「第一島鏈預警帶」.國際先驅導報[N],2006年4月21日,第3版.

[146]扁再提「憲改」遭痛批.人民日報(海外版)[N],2005年6月28日,第3版.

[147]美上將談96臺海危機內幕:大陸是否動武成焦點.環球時報[N],2004年11月24日,第1版.

[148]戴軍.積極發展兩國戰略關係,拒絕美國協防臺灣要求

——澳洲看重中國.環球時報[N]，2005年10月17日，第10版.

[149]劉恩東.新在何處：新版美國國家安全戰略報告解析.學習時報[N]，第331期，2006年4月18日.

[150]吳心伯.日本完成對華戰略重新定位，積極介入臺灣問題.環球時報[N]，2005年6月22日.

[151]中美經貿問題及對策.人民日報[N]，2005年9月14日，第7版.

[152]王孜弘.拉鋸戰中的中美經貿關係.中國經濟時報[N]，2005年9月1日.

[153]紀念中國人民抗日戰爭暨世界反法西斯戰爭勝利60周年大會在京隆重舉行.人民日報[N]，2005年9月4日，第1版.

[154]王衛星.言抗戰不提日本侵略稱終戰不說中國勝利[N]，解放軍報，2005年8月30日.

[155]日本七團體攜手訪華.參考消息[N]，2006年3月31日，第1版.

[156]李學江.澳美聯盟走向何處（述評）.人民日報[N]，2001年8月01日，第3版.

[157]關於制定國民經濟和社會發展第十一個五年規劃建議的說明.人民日報[N]，2005年10月20日，第1版。

[158]中蒙發表聯合聲明——中國和蒙古建立睦鄰互信夥伴關係.人民日報[N]，2003年6月6日，第1版.

[159]羅援.「臺獨」是危害國家安全的大毒瘤.國防知識報[N]，2004年第2期.

[160]國務院臺灣事務辦公室、國務院新聞辦公室.「一個中國

的原則與臺灣問題」白皮書.人民日報[N]，2002年2月22日，第1版.

[161]王義桅.以公共外交提升國力.環球時報[N]，2004年5月7日，第13版.

[162]布希三次嚴詞警告陳水扁，在矛盾中展望中美關係.環球時報[N]，2004年12月27日，第1版.

[163]吳佳.澳洲不願在臺海玩火，臺當局大失所望.世界新聞報[N]，2004年8月23日.

[164]國務院新聞辦公室.中國的和平發展道路.人民日報（海外版）[N]，2005年12月23日，第1版.

[165]溫總理大洋洲之行令各方矚目.參考消息[N]，2006年4月2日，第1版.

[166]譚中文章：中美關係存在著「總體穩定框架」.參考消息[N]，2006年4月26日，第16版.

[167]歐洲大國反對北約插足亞太.參考消息[N]，2006年4月29日，第1版.

（四）電子文獻[EB/OL]

[168]胡錦濤在美國西雅圖午餐會上的講話（全文）.新華網，http：//news.xinhuanet.com/newscenter/2006-04/20/content_4452837.htm[EB/OL].

[169]侯瑞方.近三十年來美日對臺干涉政策的比較分析（碩士畢業論文）.中國優秀博碩士全文論文數據庫收錄（2002年），http：//ckrd.cnki.net/grid20/detail.aspx？QueryID=37&CurRec=1[EB/OL].

[170]王飛.冷戰後日臺關係強化的動因分析（碩士畢業論文）.中國優秀博碩士全文論文數據庫收錄（2004年），http：//ckrd.cnki.net/grid20/detail.aspx？QueryID=8&CurRec=1[EB/OL].

[171]新華網新聞：諾曼第登陸60周年紀念儀式隆重舉行.http：//news.qq.com/a/20040607/000107.htm[EB/OL]，2004年6月7日.

[172]中國GDP總量有望躋身全球第四[EB/OL].

[173]馮昭奎.日本經濟仍處於「特殊蕭條期」.北京週報[EB/OL].

[174]章原.美日強強聯手建立軍事同盟？中國該如何應對？人民網——軍事論壇[EB/OL].

[175]中華人民共和國駐秘魯大使館.唐家璇在華盛頓發表演講全文（2001年9月21日），http：//www.embajadachina.org.pe/chn/xwss/t134679.htm[EB/OL].

[176]小泉：對華ODA屆畢業期.香港商報，http：//www.cnwnc.com/20041130/ca1296925.html[EB/OL]，2004年11月30日.

[177]中國共產黨80年大事記·1988年.人民網，http：//www.people.com.cn/GB/shizheng/252/5580/5581/20(

[178]王飛.日臺關係歷史演變.Tom文化，http：//news.tom.com/1002/2005120-1782617.html[EB/OL].

[179]2004年臺灣軍事大事記，http：//news.sohu.com/20050121/n224473381.shtml[EB/OL].

[180]陸伊伊（音譯）.對臺灣的新戰略.亞洲時報（香港），

http：//www.asiatimes-chinese.com/simplify/indexSIMPLIFY.html[EB/OL]，2005年5月14日.

[181]美臺簽署自貿協定有戲嗎？人民網，http：//www.chinataiwan.org/web/webportal/W2001030/A12

[182]國民黨主席連戰北大演講全文.http：//spaces.msn.com/members/gdceo/Blog/cns！1p7axhF2r0nqUMKk2Y71Zbyw！11.entry[EB/OL].

[183]李翌鵬.日本對臺海安全的戰略考慮及其影響，www.chinaiiss.org/bewrite/lipeng/20040102.html[EB/OL].

[184]石原慎太郎大放厥詞，無端指責中國建立亞洲霸權，http：//news.enorth.com.cn/system/2001/09/11/000139894.s

[185]美日共同戰略首次列入臺海問題，頓成關注焦點.北京青年報，http：//news.xinhuanet.com/world/2005-02/21/content_2598148.html[EB/OL].

[186]中華人民共和國和美利堅合眾國聯合公報（1982年）.http：//news.xinhuanet.com/ziliao/2002-01/28/content_257069.htm[EB/OL].

[187]美國國務卿萊斯反對解除對華軍售禁令.中國日報網站，http：//news.sina.com.cn/c/2005-03-21/14305421343s.shtml[EB/OL].

[188]李登輝叫囂美國48艘核潛艇瞄準京滬與三峽，http：//news.xinhuanet.com/taiwan/2004-12/01/content_2282019.htm[EB/OL].

[189]日擬用下地島為反潛作戰基地，

http：//news.sohu.com/20041119/n223075502.shtml[EB/OL].

[190]邰海.評論：無可奈何的詛咒.新華網，http：//news.xinhuanet.com/newscenter/2005-05/01/content_2903014.html[EB/OL].

[191]李登輝聲稱臺灣要「獨立」應與美國談法定地位，http：//news.sohu.com/20050704/n226182875.shtml[EB/OL].

[192]日本加緊滲透臺灣扶植政治代言人控制島內企業，http：//news.sohu.com/20050107/n223823760.shtml[EB/OL].

[193]詹得雄.2005年世界風雲變幻，美國的全球政策引發的國際大勢，激發人們的思考.新華網，http：//learning.sohu.com/20051230/n241196432.shtml[EB/C

[194]新華網：「受權發布：《反分裂國家法》全文」，http：//news.xinhuanet.com/newscenter/2005-03/14/content_2694168.html[EB/OL].

[195]人民網.日本政府對陳水扁「公投」表示憂慮，http：//www.people.com.cn/GB/guoji/1029/2270767.html[EB/

[196]美稱若解放軍戰機大量集結將啟動臺海作戰方案，http：//news.sina.com.cn/c/2005-06-07/12076869863.shtml[EB/OL].

[197]中國國務院新聞辦公室.2004年中國的國防（白皮書），http：//news3.xinhuanet.com/mil/2004-12/27/content_2384964.html[EB/[198]中韓貿易額超千億美元，http：//www.fw188.com/Article_Show.asp？ArticleID=407[EB/OL].

[199]專家.美如介入臺海衝突，中美或爆發大規模戰爭，

http：//mil.news.sohu.com/20060331/n242566341_1.shtml[EE

[200]聯合國主頁（中文網址）.聯合國憲章,
http：//www.un.org/chinese/aboutun/charter/contents.html[E

[201]臺海是和是戰？美俄印三國學者各有解讀,央視國際（2004年12月6日）,
http：//www.cctv.com/news/china/20041206/106608.shtml[El

[202]符祝慧.潛艇風波：中國表示遺憾,日本當成道歉,
http：//www.zaobao.com/special/china/sino_jp/pages/sino_jp

[203]美副助理國務卿戴利：兩岸同意下,美不反對臺海改變現狀,
http：//www.zaobao.com/special/china/taiwan/pages6/taiwa

[204]陳水扁就職演說全文,
http：//www.zaobao.com/special/newspapers/2004/05/other

[205]陳子帛.北京會接受「暫時架構」嗎？
http：//www.zaobao.com/special/china/taiwan/pages10/taiwa

二、中文譯著

[206][美]山謬·杭廷頓.文明的衝突與世界秩序的重建[M].北京：新華出版社.2002.

[207][美]吉姆·赫爾姆斯、詹姆斯·普利斯特主編.外交與威懾：美國對華戰略[M].北京：新華出版社,1998.

[208][美]布里辛斯基.大棋局（中國國際問題研究所譯）[M].上海：上海人民出版社,1998.

[209][美]肯尼思·沃爾茲,王紅纓譯.國際政治理論[M].北京：中國人民公安大學出版社,1992.

[210][美]白宮.美國國家安全戰略報告[M].2002，9月.轉引自林利民：《「9·11」以來美國地緣戰略的調整及其影響》，《世界經濟與政治》，2004年5期。

[211][美]米爾頓·埃茲拉蒂，沈建譯.日本變局將如何改變世界均勢[M].北京：新華出版社，2003.

[212][美]詹姆斯·多爾蒂、小勞勃·普法爾茨格拉夫著.閻學通、陳寒溪等譯.爭論中的國際關係理論（第五版）.北京：世界知識出版社，2003.

[213][美]露絲·潘乃德，孫志民、馬小鶴、朱理勝譯.菊花與刀[M].北京：九州出版社，2005.

[214][日]森島通夫.透視日本——興與衰的怪圈[M].北京：中國財政經濟出版社，2000.

[215][美]勞勃·羅斯.武力的限度：中美關係中的臺灣問題.臺灣問題研究[J].2001.

[216][美]米切爾·多伊利.康德、自由主義遺產和外交事務.[美]哲學和公共事務[J].1983.

[217][美]克里斯托弗·恩萊.「不可靠的計劃——美國對華戰略」.世界政策研究[J].1997.

[218][美]解決地區熱點問題有賴中美關係穩定.富比士[J].2005年9月6日.《環球時報》轉載，萬新譯，2005年9月9日第6版.

[219][美]布里辛斯基.如何與中國共處.戰略與管理[J].2000，4.

[220][美]唐·李發.中日經濟關係在政治冷淡時期發展.[美]洛杉磯時報[N].2006年4月17日報導，轉引自：《參考訊息》，2006年4月22日，第8版.

[221][日]正論[J].1999.8.轉引自《參考消息》，1999年8月.

[222][日]呼聲[J]，2004，4.轉引自《參考消息》，2004年4月.

[223][日]世界[J]，2002，9.轉引自《參考消息》，2002年9月.

[224][日]朝日新聞[N].2003，5.轉引自《參考消息》，2003年5月.

[225][日]朝日新聞[N].2006，5.轉引自《參考消息》，2006年5月.

[226]若宮啟文.能在美國談談靖國神社問題嗎？[日]《朝日新聞》，2006年5月29日，轉引自《參考消息》，2006年5月30日，第1版.

[227][巴基斯坦]邊疆郵報[N].2001，10.轉引自袁鵬：《「9·11事件」與中美關係》，《現代國際關係》，2001年第11期.

三、外文著作、期刊

[228]Foreign Relations of the United States（1861-1972）.

[229]United States Relations with China with special Reference to the Period 1944-1949，Washington，D.C.U.S.Government PrintingOffice，1949.

[230]Michael S. Frost，Taiwan's Security and United States Policy：Executive and Congressional Strategy in 1978-1979，School of Law，University of Maryland，1982.

[231]Stephen M. Walt，The Origins of Alli-ances，Ithaca：Cornell University Press，1987.

[232]Jean-Maric Henckaerts、The international Status of Taiwan in the new world orde、Kluwer Law international Ltd. 1996.

[233]Michael Oksenberg、The United States、Japan and Asia、New York：Norton、1994.

[234]Kenneth Lieberthal、U. S.Policy Toward China、Copyright 2001、The Brookings Institution.http：//www.brookings.edu/printme.wbs？page=/comm/policybriefs/pb72.html.

[235]Kenneth Liebertha、「A New China Strategy：The Challenge」、Foreign Affairs、November/December 1995.

[236]Kurt M. Campbell and Derek J.Mitchell、「Crisis in the Taiwan Strait？」、Foreign Affairs、August 2002.

[237]Michael D. Swaine、「Trouble in Taiwan」、Foreign Affairs、March/April 2004.

[238]The White House、The National Security Strategy of The United States of America、September 2002、P. 1.http：//www.whitehouse.gov/.

[239]The New York Times、June 4、1998、A10.

[240]Harry Harding、The Asia Challenge、Speech to the Faculty of Business Administration of the Chinese University of HK、Hong Kong、Sept 25、1995.

[241]Kent E. Calder、「China and Japan's Simmering Rivalry」、Foreign Affairs、March/April 2006.

[242]Robert S. Ross、「Taiwan's Fading Independence

Movement」·Foreign Affairs· March/April 2006.

[243]David Zweig and Bi Jianhai·「China's Global Hunt for Energy」·Foreign Affairs· September/October 2005.

[244]John J. Mearsheimer·「The Future of the American Pacifier」·Foreign Affairs· September/October 2001.

[245]Kishore Mahbubani·「Understanding China」·Foreign Affairs· September/October 2005.

[246]Chuck Hagel·「A Republican Foreign Policy」·Foreign Affairs· July/August.

[247]David H. Levey and Stuart S.Brown·「The Overstretch Myth」·Foreign Affairs· December 2005-WTO Special Edition.

[248]Morton Abramowitz and Stephen Bosworth·「Adjusting to the New Asia」·Foreign Affairs· July/August 2003.

[249]Eric Heginbotham and Richard J. Samuels·「Japan's Dual Hedge」·Foreign Affairs· September/October 2002.

後記

　　本書付梓，感慨萬端。在導師劉建飛的悉心指導下，我的博士學位論文於2006年4月完成，並於同年6月完成答辯，其後不斷補充臺海形勢的最新資料，三年後終於拿出來與讀者見面。

　　從開題到定稿，無論是收集資料，還是構思創意，都經歷了一些曲折和困難，但是最終收穫的畢竟還是這樣一份沉甸甸的喜悅，為我三年來攻讀博士學位及其後續研究作了一個最好的註腳。

　　泛舟學海，受益匪淺。讀博期間，在學術的殿堂中徜徉，不勝歡悅；與眾多專家教授晤面交流，茅塞頓開。然學海無涯，就本書涉及的中美日關係和臺灣問題而言，均屬理論前沿問題，同時現實性較強，需要在今後的學術研究中繼續追蹤最新動態，縝密思考應對策略，以彌補本書乃至相關研究領域中的欠缺。

　　多方歷練，收穫良多。中共中央黨校是中國共產黨的最高學府，其莊重的政治氛圍、美麗的校園環境、人本的教育理念，都潛移默化地影響著我和周圍的同學們。2003年至2006年在中央黨校學習期間，我感覺自身的馬克思主義理論水平、黨性修養、分析和處理問題的能力與入學前相比都有了明顯的進步。2007年至2009年末，我在清華大學人文學院做博士後研究，清華大學作為國內一流學府，其濃郁的學術氣氛促使我不斷磨礪個人學術品格，學術視野也更加開闊。

　　薪火相傳，師恩永記。我是中央黨校國際戰略研究所劉建飛教授指導下的第一個博士生。劉建飛教授作為研究國際關係的知名學者，三年來身教重於言傳，在學術上對我嚴格要求，循循善誘，傾囊以授，特別是在指導我的博士學位論文期間，從選題的反覆斟酌

到成稿後每一個字詞的精心增刪，無不凝聚著他的汗水與心血。同時，劉建飛教授為人敦厚，處事磊落，在人格上對我的熏陶將繼續鞭策我在今後的歲月中腳踏實地、樂觀向上地面對事業與生活。

　　此外，國際戰略研究所宮力教授、郭建平教授、亓成章教授耐心、認真地對我的論文開題和寫作提出了許多中肯的啟發性建議。我的碩士生導師、內蒙古大學劉麗華教授，博士後合作導師清華大學吳彤教授，悉心關注我的學術進步和個人發展，這裡一併表示感謝。中央黨校研究生院2003級博士生組織員馬萬華老師多年來無微不至地關心著我的生活和學習，在思想上不斷啟迪著我們，在這裡也表示衷心的感謝。

　　同時，家人為我順利完成學業特別是在論文成章和修改期間傾注了諸多關愛與辛勞，妻子劉麗君為本書承擔了大量的文字修改和文獻補充工作，我會銘記在心。

　　此為後記。

　　張仕榮

國家圖書館出版品預行編目(CIP)資料

21世紀初期中美日安全關係中的臺灣問題 / 張仕榮 著. -- 第一版.
-- 臺北市 : 崧燁文化, 2018.12

面 ; 公分

ISBN 978-957-681-667-3(平裝)

1.臺灣問題 2.中美關係

573.09　　　　107021633

書　名：21世紀初期中美日安全關係中的臺灣問題
作　者：張仕榮著
發行人：黃振庭
出版者：崧燁文化事業有限公司
發行者：崧燁文化事業有限公司
E-mail：sonbookservice@gmail.com
粉絲頁　　　　　　網　址：
地　址：台北市中正區重慶南路一段六十一號八樓815室
8F.-815, No.61, Sec. 1, Chongqing S. Rd., Zhongzheng Dist., Taipei City 100, Taiwan (R.O.C.)
電　話：(02)2370-3310　傳　真：(02) 2370-3210
總經銷：紅螞蟻圖書有限公司
地　址：台北市內湖區舊宗路二段 121 巷 19 號
電　話：02-2795-3656　傳真：02-2795-4100　網址：
印　刷：京峯彩色印刷有限公司（京峰數位）

　　本書版權為九州出版社所有授權崧博出版事業股份有限公司獨家發行電子書繁體字版。若有其他相關權利及授權需求請與本公司聯繫。

定價：600 元

發行日期：2018 年 12 月第一版

◎ 本書以POD印製發行